遼東半島
上馬石貝塚の研究

Research on the Shangmashi Shell Midden Site
on the Liaodong Peninsula, China

宮本一夫 編

九州大学出版会

巻首図版 1

1. 大長山島遠景

2. A区付近貝層

巻首図版 2

1. B区付近貝層

2. C区近景（北から）

巻首図版3

379

409

414

418

224

244

上馬石貝塚出土土器

巻首図版 4

233

270

259

258

222

410

上馬石貝塚出土土器

巻首図版 5

234

238

237

240

239

243

上馬石貝塚出土土器

巻首図版 6

286

288

287

308

77

328

上馬石貝塚出土土器

巻首図版 7

上馬石貝塚出土石器

巻首図版 8

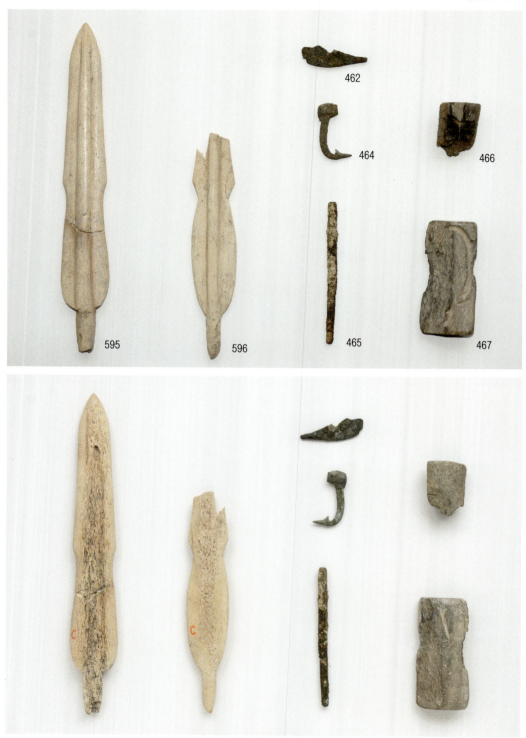

上馬石貝塚出土角剣と青銅器関連遺物

序——上馬石貝塚発掘報告書の刊行にあたって——

　上馬石貝塚は遼東半島の南岸の大長山島にある。この貝塚が初めて発掘されたのは 1941 年で，日本学術振興会が主催し，京都大学文学部教授梅原末治博士が担当して行われたものであった（梅原「南満洲特に関東洲の史前文物に関する新見解」，梅原末治著『東亜考古学概論』所収，星野書店，1947 年）。今ようやく，その発掘報告書が，九州大学大学院人文科学研究院の宮本一夫教授によって刊行されるという。宮本教授は，研究業績を一見すれば分るように，たえず東アジア全体の先史時代を視野に入れて研究を展開し，優れた成果を挙げてこられた研究者であるから最適任者である。

　先史時代，特に東アジアの先史時代研究に不案内な筆者に，報告書の刊行にさいして一文を依頼して来られたのは，筆者が長期間，京都大学文学部考古学研究室に在籍していたことによるのであろう。上馬石貝塚の出土品が，筆者にどのように見えていたかを記して，発掘報告書の刊行をともに慶びたい。

　2 回生の 1952 年 2 月だったと記憶しているが，京都大学吉田分校の掲示板に，『京都大学文学部陳列館考古図録』新輯が京都大学文学部より出版され，考古学研究室において 500 円で頒布すると張り出されているのを見掛けた。3 回生になると考古学を専攻すると決めていたので，考古学研究室を訪ねて図録一冊を求めた。当時，考古学研究室はロの字形建物であった陳列館の西側北端にあった。助手の横山浩一さんが対応してくれた。

　この図録から，上馬石貝塚の代表的な出土品，土器，角剣，闘斧の存在を知ることができた。同年 4 月から考古学の新専攻生として，考古学研究室に通ううちに，これらの遺物が，研究室の出入り口に最も近い廊下の陳列棚にあることを発見した。ラベルを見ると，角剣と闘斧はいずれも石膏模型であった。その外に土器数個と土器破片があり，土器の破片は石膏の補塡が加えられていた。

　上馬石貝塚の発掘は 1941 年，この図録が出版されたのは 1951 年であるから，上馬石貝塚の出土品がある程度に整理されて，展示できるようになるまでの期間，1941 年から 1951 年までは，敗戦の年をはさんで，研究を持続して展開するのがかなり困難な時期であったと思われる。この時期に，標本の整理と当然のこととして研究の進展に携わって居られた考古学研究室の先輩諸兄に敬意を表するとともに，改めて感謝の意を伝えたい。

　2014 年 8 月 19 日

京都大学名誉教授　　小野山　節

目　次

巻首図版

序——上馬石貝塚発掘報告書の刊行にあたって—— ……………………… 小野山　節　　i

第1章　調査の経過と周辺の遺跡 ……………………………… 宮 本 一 夫　　1

　　1.　発掘調査の経過　　1

　　2.　上馬石貝塚日誌抄　　3

　　3.　整理調査の経過　　7

　　4.　遼東半島先史時代　　8

　　5.　遺跡の地形と周辺の遺跡　　10

　　6.　遼東半島の戦後の遺跡調査と上馬石貝塚の意義　　13

第2章　上馬石貝塚の層位と遺構 ……………………………… 宮 本 一 夫　　17

　　1.　調査地点の配置　　17

　　2.　A区のトレンチと層位　　20

　　3.　B区のトレンチと層位　　22

　　4.　C区のトレンチと層位　　25

　　5.　D区のトレンチと層位　　28

　　6.　その他の地点　　29

　　7.　調査地点と貝層　　34

第3章　上馬石貝塚出土土器・青銅器 ……………………………… 宮 本 一 夫　　37

　　1.　土器の名称　　37

　　2.　A区の土器　　38

　　3.　BⅠ区の土器　　47

　　4.　BⅡ区の土器　　51

5. C区の土器　60

6. D区の土器　80

7. 東丘西南端崖　83

8. 西丘東南端崖　84

9. 地表採集品　86

10. 植物種子圧痕検出土器　89

11. 青銅器・青銅器関連遺物　98

第4章　上馬石貝塚出土石器・骨角器 ……………………………… 森　　貴教　100

1. 石　　　器　100

2. 骨　角　器　115

第5章　遼東半島土器編年と上馬石貝塚出土土器の位置づけ …… 宮本一夫　124

1. はじめに　124

2. 上馬石貝塚の地点別比較　125

3. 上馬石貝塚の編年　127

4. 上馬石貝塚からみた遼東半島土器編年　164

5. おわりに　177

第6章　遼東半島先史時代の土器製作技術――上馬石貝塚を中心として――

………………………………………………………………… 三阪一徳　179

1. はじめに　179

2. 研究史と問題の所在　180

3. 資料と方法　182

4. 土器製作技術の分類　183

5. 遼東半島における土器製作技術の変化とその要因　187

6. 朝鮮半島南部の新石器時代から青銅器時代への移行と遼東半島　200

7. おわりに　201

第7章　遼東半島先史時代における磨製石器の変遷 …………… 森　　貴教　203

1. はじめに　203

2. 対象資料と方法　203

3. 分　　析　204

4. 考察：上馬石貝塚出土石器の時期的位置づけ　210

5. おわりに　216

第8章　上馬石遺跡の石器・骨角器の製作痕・使用痕観察⋯⋯⋯ 上 條 信 彦　217

1. はじめに　217

2. 使用痕観察の資料とその方法　217

3. 石鎌の観察結果　218

4. 石庖丁の観察結果　221

5. 磨棒の形態と使用痕の観察結果　222

6. 凹みのある台石の形態と使用痕の観察結果　224

7. 磨製石鏃の形態と製作痕の観察結果　225

8. 角剣の研磨痕の観察結果　227

第9章　上馬石貝塚出土土器圧痕調査の成果⋯⋯⋯⋯⋯⋯⋯⋯ 小 畑 弘 己　228

1. 調査対象資料と調査法　228

2. 調査結果と成果　229

3. 考　　察　246

第10章　上馬石貝塚の籾圧痕について⋯⋯⋯⋯⋯⋯⋯⋯⋯⋯⋯ 李　　作 婷　253

1. はじめに　253

2. 資　　料　253

3. 分 析 手 順　254

4. 分 析 結 果　256

5. 考　　察　258

第11章　上馬石貝塚からみた遼東半島先史時代⋯⋯⋯⋯⋯⋯⋯ 宮 本 一 夫　259

1. はじめに　259

2. 上馬石貝塚からみた遼東半島土器編年　260

3. 弥生土器の製作技術の系譜　264

4. 韓半島無文土器文化の成立　269

5. 土器編年からみた東北アジアの実年代——弥生時代開始期の実年代——　278

6. 石器の分析や土器圧痕分析からみる遼東半島の初期農耕発達段階　282

7. 上馬石貝塚からみた東北アジア先史時代——まとめに代えて——　284

附　篇　上馬石貝塚の動物遺残 ……………………………………… 長谷部言人　288

図　　版 ………………………………………………………………… 301

参 考 文 献 ……………………………………………………………… 359

英 語 要 旨 ……………………………………………………………… 367

中国語要旨 ……………………………………………………………… 371

韓国語要旨 ……………………………………………………………… 373

あ と が き ……………………………………………………… 宮 本 一 夫　376

図 表 一 覧

巻首図版1　1．大長山島遠景，2．A区付近貝層
巻首図版2　1．B区付近貝層，2．C区近景（北から）
巻首図版3　上馬石貝塚出土土器
巻首図版4　上馬石貝塚出土土器
巻首図版5　上馬石貝塚出土土器
巻首図版6　上馬石貝塚出土土器
巻首図版7　上馬石貝塚出土石器
巻首図版8　上馬石貝塚出土角剣と青銅器関連遺物

図1　遼東半島先史時代遺跡分布図（縮尺1／1,250,000）……………………………… 9
図2　上馬石貝塚の位置 ……………………………………………………………………… 12
図3　上馬石貝塚の調査地点（縮尺1／1,700）…………………………………………… 17
図4　中国による上馬石貝塚調査地点 …………………………………………………… 18
図5　上馬石貝塚の現状 …………………………………………………………………… 19
図6　A区のトレンチと層位（縮尺1／80）……………………………………………… 21
図7　A区・D区のトレンチの位置と地形 ……………………………………………… 22
図8　BⅠ区のトレンチと層位（縮尺1／80）…………………………………………… 23
図9　BⅡ区のトレンチと層位（縮尺1／80）…………………………………………… 25
図10　C区のトレンチと層位（縮尺1／100）…………………………………………… 26
図11　C区出土の石列（縮尺1／80）……………………………………………………… 27
図12　D区のトレンチと層位（縮尺1／80）…………………………………………… 29
図13　丁区の地形と層位（縮尺1／150）………………………………………………… 30
図14　東丘西南端崖の土器採集地点（X地点）（縮尺1／1,500）……………………… 31
図15　東丘西南端崖の層位（縮尺1／50）……………………………………………… 31
図16　東丘東南端崖の地形と層位（縮尺1／300，1／100）…………………………… 32
図17　西丘東南端崖の地形と層位（縮尺1／250，1／100）…………………………… 33
図18　西丘東南端崖の遺物採集地点の層位（縮尺1／30）…………………………… 34
図19　A区下層出土土器（縮尺1／4）…………………………………………………… 39
図20　A区下層出土土器（縮尺1／4）…………………………………………………… 40
図21　A区下層出土土器（縮尺1／4）…………………………………………………… 41
図22　A区下層出土土器（縮尺1／4）…………………………………………………… 42
図23　A区上層出土土器（縮尺1／4）…………………………………………………… 44
図24　A区上層出土土器（縮尺1／4）…………………………………………………… 45
図25　A区上層出土土器（縮尺1／4）…………………………………………………… 46
図26　BⅠ区出土土器（縮尺1／4）……………………………………………………… 48
図27　BⅠ区出土土器（縮尺1／4）……………………………………………………… 49
図28　BⅠ区出土土器（縮尺1／4）……………………………………………………… 50

図 29	B II 区出土土器（縮尺 1/4）	……………………	51
図 30	B II 区出土土器（縮尺 1/4）	……………………	52
図 31	B II 区出土土器（縮尺 1/4）	……………………	53
図 32	B II 区出土土器（縮尺 1/4）	……………………	54
図 33	B II 区出土土器（縮尺 1/4）	……………………	55
図 34	B II 区出土土器（縮尺 1/4）	……………………	56
図 35	B II 区出土土器（縮尺 1/4）	……………………	57
図 36	B II 区出土土器（縮尺 1/4）	……………………	58
図 37	B II 区出土土器（縮尺 1/4）	……………………	59
図 38	C 区出土土器（縮尺 1/4）	……………………	61
図 39	C 区出土土器（縮尺 1/4）	……………………	62
図 40	C 区出土土器（縮尺 1/4）	……………………	63
図 41	C 区出土土器（縮尺 1/4）	……………………	64
図 42	C 区出土土器（縮尺 1/4）	……………………	65
図 43	C 区出土土器（縮尺 1/4）	……………………	66
図 44	C 区出土土器（縮尺 1/4）	……………………	67
図 45	C 区出土土器（縮尺 1/4）	……………………	68
図 46	C 区出土土器（縮尺 1/4）	……………………	69
図 47	C 区出土土器（縮尺 1/4）	……………………	70
図 48	C 区出土土器（縮尺 1/4）	……………………	71
図 49	C 区出土土器（縮尺 1/4）	……………………	71
図 50	C 区出土土器（縮尺 1/4）	……………………	72
図 51	C 区出土土器（縮尺 1/4）	……………………	72
図 52	C 区出土土器（縮尺 1/4）	……………………	73
図 53	C 区出土土器（縮尺 1/4）	……………………	74
図 54	C 区出土土器（縮尺 1/4）	……………………	75
図 55	C 区出土土器（縮尺 1/4）	……………………	76
図 56	C 区出土土器（縮尺 1/4）	……………………	77
図 57	C 区出土土器（縮尺 1/4）	……………………	78
図 58	D 区下層出土土器（縮尺 1/4）	……………………	81
図 59	D 区上層出土土器（縮尺 1/4）	……………………	82
図 60	東丘西南端崖出土土器（縮尺 1/4）	……………………	83
図 61	西丘東南端崖出土土器（縮尺 1/4）	……………………	85
図 62	地表採集土器（縮尺 1/4）	……………………	86
図 63	地表採集土器（縮尺 1/4）	……………………	87
図 64	地表採集土製紡錘車（縮尺 1/2）	……………………	87
図 65	種子圧痕検出土器（縮尺 1/4）	……………………	89
図 66	上馬石貝塚出土青銅器と鋳型（縮尺 1/2）	……………………	99
図 67	A 区出土石器（縮尺 1/3）	……………………	101
図 68	B I 区出土石器（縮尺 2/3）	……………………	102
図 69	B II 区出土石器（縮尺 1/3）	……………………	103
図 70	B II 区出土石器（縮尺 1/4）	……………………	104
図 71	C 区出土石器（縮尺 1/3）	……………………	106

図 表 一 覧

図 72　　地表採集石器（521〜530 縮尺 2 / 3，531〜535 縮尺 1 / 2）……………………………107
図 73　　地表採集石器（縮尺 1 / 3）………………………………………………………………108
図 74　　地表採集石器（545〜547 縮尺 1 / 3，548・549 縮尺 1 / 4）…………………………109
図 75　　B I 区・B II 区出土石器（縮尺 2 / 3）……………………………………………………110
図 76　　C 区出土石器（552〜556 縮尺 2 / 3，557〜564 縮尺 1 / 3）…………………………111
図 77　　D 区出土石器（565〜571 縮尺 2 / 3，572〜575 縮尺 1 / 3）…………………………112
図 78　　B I 区・B II 区出土骨角器（縮尺 1 / 2）…………………………………………………116
図 79　　C 区出土骨角器（縮尺 1 / 2）……………………………………………………………117
図 80　　地表採集・出土地点不明骨角器（縮尺 1 / 2）…………………………………………118
図 81　　A 区出土骨角器（縮尺 1 / 2）……………………………………………………………119
図 82　　B I 区・B II 区出土骨角器（縮尺 1 / 2）…………………………………………………120
図 83　　C 区出土骨角器（縮尺 1 / 2）……………………………………………………………121
図 84　　D 区出土骨角器（縮尺 1 / 2）……………………………………………………………122
図 85　　滑石混入紅褐陶の型式分類（縮尺 1 / 4）………………………………………………128
図 86　　紅褐陶の型式分類（縮尺 1 / 4）…………………………………………………………129
図 87　　紅陶の型式分類（縮尺 1 / 4）……………………………………………………………130
図 88　　褐陶の型式分類（縮尺 1 / 4）……………………………………………………………132
図 89　　褐陶の型式分類（縮尺 1 / 4）……………………………………………………………133
図 90　　褐陶の型式分類（縮尺 1 / 4）……………………………………………………………134
図 91　　褐陶の型式分類（縮尺 1 / 4）……………………………………………………………135
図 92　　黒陶の型式分類（縮尺 1 / 4）……………………………………………………………137
図 93　　黒褐陶の型式分類（縮尺 1 / 4）…………………………………………………………139
図 94　　黒褐陶の型式分類（縮尺 1 / 4）…………………………………………………………140
図 95　　黒褐陶の型式分類（縮尺 1 / 4）…………………………………………………………141
図 96　　黒褐陶の型式分類（縮尺 1 / 4）…………………………………………………………142
図 97　　黒褐陶の型式分類（縮尺 1 / 4）…………………………………………………………143
図 98　　黒褐陶の型式分類（縮尺 1 / 4）…………………………………………………………144
図 99　　黒褐陶・灰褐陶の型式分類（縮尺 1 / 4）………………………………………………145
図 100　　灰褐陶の型式分類（縮尺 1 / 4）…………………………………………………………146
図 101　　灰褐陶の型式分類（縮尺 1 / 4）…………………………………………………………147
図 102　　筒形罐の型式変化（縮尺 1 / 6）…………………………………………………………148
図 103　　罐の型式変化（縮尺 1 / 6）………………………………………………………………149
図 104　　三環足器の型式変化（縮尺 1 / 6）………………………………………………………151
図 105　　広口壺の型式変化（縮尺 1 / 6）…………………………………………………………151
図 106　　短頸壺の型式変化（縮尺 1 / 6）…………………………………………………………152
図 107　　鉢形口縁壺の型式変化（縮尺 1 / 6）……………………………………………………153
図 108　　小型壺の型式変化（縮尺 1 / 6）…………………………………………………………154
図 109　　粘土帯罐の型式変化（縮尺 1 / 6）………………………………………………………155
図 110　　甗の型式変化（縮尺 1 / 6）………………………………………………………………156
図 111　　上馬石貝塚における土器編年図（縮尺 1 / 10）……………………………………162・163
図 112　　偏堡文化の土器型式変遷図（縮尺 1 / 8）………………………………………………165
図 113　　呉家村期の遺跡分布………………………………………………………………………167
図 114　　偏堡文化前期の遺跡分布…………………………………………………………………167

図 115	偏堡文化中・後期の遺跡分布 ………………………………………………………	168
図 116	粘土帯の積み上げ方法 ………………………………………………………………	184
図 117	器面調整方法 …………………………………………………………………………	185
図 118	焼成方法 ………………………………………………………………………………	186
図 119	粘土帯幅 ………………………………………………………………………………	187
図 120	接合面長 ………………………………………………………………………………	188
図 121	接合面長×粘土帯幅 …………………………………………………………………	189
図 122	接合面の傾き …………………………………………………………………………	190
図 123	木製板工具調整の有無 ………………………………………………………………	190
図 124	回転運動を伴う横方向のナデ ………………………………………………………	191
図 125	平行条線タタキ ………………………………………………………………………	191
図 126	黒色化 …………………………………………………………………………………	192
図 127	赤色磨研 ………………………………………………………………………………	192
図 128	粘土帯の積み上げ ……………………………………………………………………	193
図 129	木製板工具調整の有無 1 ……………………………………………………………	194
図 130	木製板工具調整の有無 2 ……………………………………………………………	195
図 131	回転運動を伴う横方向のナデ ………………………………………………………	196
図 132	平行条線タタキ調整 …………………………………………………………………	197
図 133	焼成方法 ………………………………………………………………………………	197
図 134	赤色磨研 ………………………………………………………………………………	197
図 135	無茎式石鏃の型式分類（縮尺 1／2） ………………………………………………	205
図 136	無茎式石鏃の型式変遷 ………………………………………………………………	206
図 137	無茎式石鏃の全長の時期的変遷 ……………………………………………………	206
図 138	磨製石斧の法量 ………………………………………………………………………	207
図 139	石庖丁の刃部形態の時期的変遷 ……………………………………………………	209
図 140	石庖丁の全長の時期的変遷 …………………………………………………………	209
図 141	遼東半島における磨製石器の変遷 1（1〜16・61〜63 縮尺 1/2, その他 1／4） ……	212・213
図 142	遼東半島における磨製石器の変遷 2（1〜26 縮尺 1/2, その他 1／4） ……………	214・215
図 143	上馬石遺跡石器使用痕（石鎌） ……………………………………………………	219
図 144	上馬石遺跡石器使用痕（石庖丁・磨棒・台石） …………………………………	223
図 145	上馬石遺跡石器製作痕（石鏃・角剣） ……………………………………………	226
図 146	上馬石遺跡土器圧痕・レプリカ SEM 画像 1 ………………………………………	230
図 147	上馬石遺跡土器圧痕・レプリカ SEM 画像 2 ………………………………………	231
図 148	上馬石遺跡土器圧痕・レプリカ SEM 画像 3 ………………………………………	232
図 149	上馬石遺跡土器圧痕・レプリカ SEM 画像 4 ………………………………………	233
図 150	キビ・アワ・ヒエ有稃果の模式図 …………………………………………………	234
図 151	上馬石遺跡土器圧痕・レプリカ SEM 画像 5 ………………………………………	235
図 152	上馬石遺跡土器圧痕・レプリカ SEM 画像 6 ………………………………………	236
図 153	上馬石遺跡土器圧痕・レプリカ SEM 画像 7 ………………………………………	237
図 154	上馬石遺跡土器圧痕・レプリカ SEM 画像 8 ………………………………………	238
図 155	上馬石遺跡土器圧痕・レプリカ SEM 画像 9 ………………………………………	239
図 156	上馬石遺跡土器圧痕・レプリカ SEM 画像 10 ……………………………………	240
図 157	上馬石遺跡土器圧痕・レプリカ SEM 画像 11 ……………………………………	241

図表一覧

図 158	上馬石遺跡土器圧痕・レプリカ SEM 画像 12	242
図 159	上馬石貝塚の圧痕キビ・アワと韓国・日本の圧痕キビ・アワの有稃果圧痕の形態比較グラフ	248
図 160	上馬石貝塚出土圧痕キビ・アワの他地域考古資料との形態比較グラフ	249
図 161	東アジアのダイズ属種子のサイズと上馬石貝塚出土ダイズ属種子のサイズ比較	250
図 162	実体顕微鏡で撮影した圧痕の写真	254・255
図 163	SMSL 0020 籾圧痕がつく土器片と圧痕の 10 倍拡大の写真	256
図 164	SMSL 0020 籾圧痕の走査型電子顕微鏡写真（20 x）	257
図 165	他の種子らしい圧痕の走査型電子顕微鏡写真（30 x）	258
図 166	遼東半島と韓半島中西部の土器比較	263
図 167	偏堡文化と岳石文化の土器調整痕跡の比較	265
図 168	呉家村期と偏堡文化の遺跡分布の変遷	267
図 169	東北アジア初期農耕化第 2 段階	268
図 170	偏堡文化の壺形土器の伝播過程（縮尺 1 / 10）	270
図 171	北部九州弥生早期・前期初頭の土器変遷（縮尺 1 / 16）	271
図 172	韓半島西部の櫛目文土器から無文土器（コマ形土器）へ（縮尺 1 / 16）	273
図 173	公貴里式（深貴里 1 号住居址）土器（縮尺 1 / 16）	274
図 174	公貴里式から突帯文土器へ（縮尺 1 / 16）	275
図 175	韓半島新石器時代晩期遺跡と青銅器時代突帯文土器遺跡分布の比較	276
図 176	東北アジア初期農耕化第 3 段階	277
図 177	韓半島南部と北部九州の並行関係と実年代	279
図 178	粘土帯土器の変遷・伝播過程（縮尺 1 / 6）	280

表 1	東北アジア土器編年表	9
表 2	上馬石貝塚 1941 年調査地区別土器型式	35
表 3	上馬石貝塚出土土器観察表	90 〜 98
表 4	上馬石貝塚出土青銅器・青銅器関係遺物集成	99
表 5	上馬石貝塚出土石器観察表	113 〜 115
表 6	上馬石貝塚出土骨角器観察表	122・123
表 7	上馬石貝塚 1941 年調査地区別土器型式	126
表 8	上馬石貝塚 1977・1978 年調査地区別土器型式	126
表 9	地点別大別形式・細別形式	158
表 10	土器様式設定	159
表 11	遼東半島土器編年表	160
表 12	偏堡文化遺跡地名表	169
表 13	東アジア土器編年表	174・175
表 14	東北アジア初期農耕化の段階性	182
表 15	東北アジアの土器編年	182
表 16	上馬石貝塚における土器製作技術の時間的変化	198
表 17	対象遺跡と所属時期	204
表 18	上馬石貝塚出土土器から検出した圧痕の時期別の種類と数	229
表 19	上馬石貝塚検出の圧痕土器と圧痕の属性	244・245
表 20	上馬石貝塚から検出された圧痕試料の出土地点データ	253

表 21	SMSL 0020 サンプルの形状測定値	257
表 22	遼東半島・山東半島の古代稲	258
表 23	東アジア先史時代土器編年表	262・263
表 24	上馬石貝塚貝種表（酒詰仲男査定）	290
表 25	猪歯牙の大きさの比較	292
表 26	鹿歯牙の大きさの比較	293
表 27	上馬石貝塚出土脛骨の計測値とその比較	295
表 28	上馬石貝塚出土距骨の計測値	295
表 29	上馬石貝塚出土距骨の計測値とその比較	295
表 30	上馬石貝塚出土蹠骨の計測値	296
表 31	中国東北部先史時代遺跡出土犬の計測値比較	297
表 32	先史時代犬の大きさの等級	298

図版 1	1. 遺跡全景（最南端丘上から），2. 遺跡全景（南方海岸から）， 3. 遺跡全景（東南方丘上から），4. 遺跡全景（東から）	302
図版 2	1. A区遠景（北から），2. A・D・BⅠ区遠景（北方の丘陵から）	303
図版 3	1. A区トレンチ遠景，2. A区トレンチ遠景	304
図版 4	1. A区トレンチ近景，2. A区発掘風景	305
図版 5	1. A区トレンチ層位，2. A区トレンチ層位	306
図版 6	A区東壁層位	307
図版 7	1. BⅠ区調査前遠景，2. BⅠ区トレンチ遠景	308
図版 8	1. BⅠ区調査遠景，2. BⅠ区発掘風景	309
図版 9	1. BⅠ区トレンチ層位，2. 発掘中のBⅠ区およびA区	310
図版 10	1. BⅡ区発掘風景，2. BⅡ区トレンチ層位	311
図版 11	1. C区トレンチ遠景（東から），2. C区トレンチ遠景（南から）	312
図版 12	1. C区遠景（北から），2. C区発掘風景	313
図版 13	1. CⅠ区トレンチ石列出土状況，2. CⅠ区トレンチ石列出土状況	314
図版 14	1. C区トレンチ石列出土状況，2. C区トレンチ石列出土状況	315
図版 15	1. C区トレンチ層位，2. C区トレンチ層位	316
図版 16	1. C区トレンチ層位，2. C区トレンチ層位	317
図版 17	1. C区遺物出土状況，2. C区遺物出土状況	318
図版 18	1. D区トレンチ遠景，2. D区トレンチ層位	319
図版 19	D区トレンチ層位	320
図版 20	1. 遺跡の南端断崖，2. 甲区貝層断面	321
図版 21	1. 甲区貝層断面，2. 乙区貝層断面	322
図版 22	1. 丙区貝層断面，2. 丁区貝層断面	323
図版 23	1. A区北隣の貝層，2. A区北隣の貝層	324
図版 24	1. 東丘東南端崖貝層（東面），2. 東丘東南端崖貝層（南面）	325
図版 25	1. 西丘東南端崖の貝層，2. 西丘東南端崖の貝層	326
図版 26	1. 宿舎引き上げ時の記念撮影，2. 宿舎における食事風景	327
図版 27	1. A区下層出土土器，2. A区下層出土土器	328
図版 28	1. A区下層出土土器（表），2. A区下層出土土器（裏）	329
図版 29	1. A区上層出土土器，2. A区上層出土土器	330

図 表 一 覧

図版 30	1．Ａ区上層出土土器，2．Ａ区上層出土土器	331
図版 31	1．ＢⅠ区出土土器，2．ＢⅠ区出土土器	332
図版 32	1．ＢⅡ区出土土器，2．ＢⅡ区出土土器	333
図版 33	1．ＢⅡ区出土土器，2．ＢⅡ区出土土器	334
図版 34	1．ＢⅡ区出土土器，2．ＢⅡ区出土土器	335
図版 35	1．ＢⅡ区出土土器，2．ＢⅡ区出土土器	336
図版 36	1．ＢⅡ区出土土器（表），2．ＢⅡ区出土土器（裏）	337
図版 37	1．Ｃ区出土土器，2．Ｃ区出土土器	338
図版 38	1．Ｃ区出土土器，2．Ｃ区出土土器	339
図版 39	1．Ｃ区出土土器，2．Ｃ区出土土器	340
図版 40	1．Ｃ区出土土器，2．Ｃ区出土土器	341
図版 41	1．Ｃ区出土土器，2．Ｃ区出土土器	342
図版 42	1．Ｃ区出土土器，2．Ｄ区出土土器	343
図版 43	1．Ｄ区出土土器，2．Ｄ区出土土器	344
図版 44	1．西丘東南端崖出土土器（表），2．西丘東南端崖出土土器（裏）	345
図版 45	1．地表採集土器，2．地表採集土器	346
図版 46	地表採集鞴羽口	347
図版 47	Ａ区出土石器	348
図版 48	Ａ区出土骨角器・銅滓	349
図版 49	Ａ区出土骨角器	350
図版 50	ＢⅠ区・ＢⅡ区出土石器	351
図版 51	ＢⅡ区出土石器	352
図版 52	ＢⅠ区・ＢⅡ区出土骨角器・青銅器片	353
図版 53	1．Ｃ区出土石器，2．Ｃ区出土石器	354
図版 54	Ｃ区出土石器	355
図版 55	Ｃ区出土骨角器	356
図版 56	Ｃ区出土骨角器・銅滓	357
図版 57	1．Ｄ区出土石器，2．Ｄ区出土石器・骨角器・青銅器片・銅滓	358

第1章　調査の経過と周辺の遺跡

宮 本 一 夫

1.　発掘調査の経過

　遼東半島での考古学的な調査は，鳥居龍蔵の調査旅行から始まっている（鳥居 1910）。第1回は 1895（明治 28）年に始まり，貔子窩，熊岳城，析木城などの調査が行われた。1905（明治38）年の第2回調査は遼陽における漢代磚室墓の発掘調査を行い，1909（明治 42）年には遼東半島での積石塚や貝塚の調査を行った。その際，旅順老鉄山積石塚の調査を行い，積石塚が先史時代に遡る遺跡であることを明らかにした（鳥居 1910・1915）。続いて 1910（明治 43）年には，京都帝国大学の濱田耕作が老鉄山付近の遺跡を踏査し，老鉄山積石塚と刁家屯の漢墓の発掘を行った（濱田 1911）。この時には，老鉄山積石塚の構造や出土品について報告されることはなかったが，積石塚の出土品はすべて京都帝国大学考古学教室に運ばれた。一方，八木奘三郎は1919（大正 8）年に遼陽や撫順などを踏査し，先史遺跡での遺物の採集を行っている（八木1928）。八木は引き続いて 1922（大正 11）年から 1923（大正 12）年にかけて，この地域の広範な調査を行い，遺跡の分布を記録した。また，森修は 1927（昭和 2）年に遼東半島の大台山遺跡の簡単な発掘報告を行っている（森 1927）。

　1911（明治 44）年の辛亥革命により，北京から日本に亡命し京都に滞在していた羅振玉によって，殷墟出土品が招来された。それをみた濱田耕作は，殷墟の発掘を考え，1926（昭和元）年，原田淑人・島村孝三郎らとともに，東京，京都両帝国大学を中心にして東亜考古学会を組織した。しかし，殷墟発掘は李済ら中央研究院歴史語言研究所によって進められたところから，濱田はこの発掘を断念せざるをえなかった。そこで，1927（昭和 2）年，すでに鳥居龍蔵らによって発見されていた単砣子島や高麗寨遺跡からなる貔子窩を，第1回の東亜考古学会の発掘調査として選んだ（濱田編 1929）。これをもって，遼東半島における組織的な発掘調査が始まったのである。その貔子窩の土器を検討する際に，老鉄山積石塚などの土器も併せて比較検討され，1929（昭和 4）年には濱田によって 1910（明治 43）年に発掘された老鉄山積石塚の報告がなされている（濱田 1929）。

　東亜考古学会は，引き続き遼東半島を中心に牧羊城（原田・駒井 1931），南山裡（濱田・島田1933），営城子（森・内藤 1934）の一連の調査を行った。同じく 1933（昭和 8）年には羊頭窪の調査が行われ（金関・三宅・水野 1943），自然遺物の調査も含めた成果を提供している。これは，

今日，双砣子文化と呼ばれる時期の代表的遺跡である。1935（昭和10）年には紅山文化と命名された標準遺跡である赤峰紅山後の調査が行われ（濱田・水野1938），中国東北部にも彩陶文化が存在することが明らかとなった。このような一連の調査は日本の大陸侵略と呼応した動きであり，遼東半島を中心とする中国東北部での考古学的な調査は日本人の手により開始したのである。

　一方，昭和初年には旅順周辺の遺跡が好事家によりかなり荒らされていた（三宅1985）。双砣子遺跡の遺物も1930（昭和5）年に地元民が採集した資料を日本人好事家が購入した資料であり，ここを踏査した江上波夫らにより報告がなされている（江上・駒井・水野1934）。九州大学考古学研究室に保管されている文家屯遺跡や双砣子遺跡の松永憲蔵採集資料（渡辺1958，宮本・村野2002）も，1927（昭和2）〜1930（昭和5）年にかけて採集が行われており，科学的な発掘を経ないものである。また，同じく松永憲蔵は，南山裡遺跡の遺物の採集を，それらを遡る1923（大正12）年に行っている。

　三宅俊成は，1932（昭和7）〜1934（昭和9）年にかけて4回にわたって長山列島の先史遺跡を調査している（三宅1975）。三宅俊成はこの踏査の結果を「長山列島先史時代の小遺跡」と題して発表した（三宅1936）。これによれば，長山列島の大長山島には上馬石貝塚があり，山東龍山文化と同じ黒陶が出土していると報告されていた。

　1928（昭和3）年，中央研究院歴史語言研究所の呉金鼎，梁思永によって山東の城子崖で調査がなされた。ここで龍山文化の卵殻黒陶が発見されたことから，京都帝国大学の梅原末治は，山東龍山文化の遼東半島への伝播について関心を高めた。なぜなら，濱田耕作によって遼東半島老鉄山積石塚から卵殻黒陶と白陶が発見されていたからである。この白陶は今日でいう龍山文化の白陶鬶にあたっているが，濱田は殷墟で発見された白陶との関係を考えていた（濱田1929）。さらに，城子崖の調査と同年には中央研究院歴史語言研究所によって河南省彰徳府郊外の後岡で発掘がなされ，彩陶を最下層として黒陶・白陶がこれについで層序的に出土することが確かめられた。1937（昭和12）年日中戦争の勃発後，南京に残されていた後岡の遺物から，日本人研究者によってこれら黒陶・白陶が遼東半島積石塚のものと同じである可能性が考えられた。そこで，梅原末治は中国中原文化が遼東半島へ波及した可能性を考えたのである（岡村編2002）。

　このため，日本学術振興会は，1941（昭和16）年春，三宅俊成が報告した同じ黒陶が出土する大長山島の上馬石貝塚を発掘することにした。これが日本学術振興会による第1回の遼東半島先史遺跡調査であった。この発掘によって，もともと北方の櫛目文土器的新石器文化要素があるなかに，山東龍山の黒陶文化が伝播していくことが確かめられた。これは山東龍山文化にみられる黒陶文化と北方系文化の融合であると想定されたが，遼東半島における黒陶文化をより明らかにする必要が考えられた。

　梅原は，上馬石貝塚の調査過程で，黒陶が出土する積石塚に興味をもち，次の調査を遼東半島の積石塚とした。旅順博物館にいた森修は，第1回の上馬石貝塚の発掘に参加した後，引き

続き単身で老鉄山を起点として営城子付近まで渤海湾に面した丘陵を踏査して，積石塚の分布調査を行った（森2008）。その予備調査の成果をふまえ，黒陶が副葬されている旅順の積石塚に調査対象を移すこととなった。日本学術振興会は1941（昭和16）年秋，旅順の老鉄山積石塚と営城子の四平山積石塚（澄田ほか編2008）を発掘調査した。これが第2回の日本学術振興会による遼東半島先史調査である。

　翌1942（昭和17）年秋には，すでに太平洋戦争が始まっていたにもかかわらず，四平山近くにある営城子の文家屯遺跡を発掘し，第3回の遼東半島先史遺跡調査とした（岡村編2002）。これは，積石塚を営んだ人たちの集落や生活実態を明らかにするために企画されたものである。

　第1回の日本学術振興会の調査は1941（昭和16）年3月末から4月中旬にかけて行われた。隊長は梅原末治（京都帝国大学教授）であり，隊員は長谷部言人（東京帝国大学理学部教授），八幡一郎（東京帝国大学理学部講師），島田貞彦（旅順博物館嘱託），森修（旅順博物館嘱託），澄田正一（京都帝国大学大学院生），澤俊一（朝鮮総督府学務部嘱託）からなる（図版26）。

　この第1回の遼東半島先史遺跡調査は，1941（昭和16）年3月29日に大連に調査団が集合し開始された。上馬石貝塚の発掘調査それ自体は4月3日から開始し，4月14日に終了した。その後，八幡，澤，澄田の3名は広鹿島の遺跡踏査へ出かけ，梅原，島田，森の3名は貔子窩にて遺跡踏査を行った。4月21日に2グループが大連へ帰着し，4月23日には大連港を後にし，帰国の途についている。以下に，発掘調査日誌を掲げる。

2.　上馬石貝塚日誌抄

1941（昭和16）年3月29日　　梅原末治，長谷部言人，八幡一郎，澄田正一の4名は3月26日ブラジル丸にて神戸より出航し，29日朝大連に到着。澤俊一は3月28日ソウルを出発し，29日夕刻大連に到着。この日の朝，島田貞彦が旅順から大連に至り，調査隊員全員が勢揃いする。この日をもって調査開始とする。

　なお，隊員の森は旅順博物館館員中村氏とともに3月19日より貔子窩に出張し，調査上の打ち合わせを行い，22日に帰任する。さらに森は，宿舎その他の事前の準備のため，3月28日に先発し，貔子窩を経て30日大長山島に至り，事務にあたる。

　3月31日　　　隊員一行は大連を出発し，貔子窩に到着。

　4月1日　　　単砣子遺跡を見学。

　4月2日　　　大長山島到着。三官廟屯の宿舎に入る。

　4月3日　　　午前9時45分，発掘開始。遺跡を一巡の後，遺跡のほぼ中央部にあたる地点をA地点として，発掘を開始する。5m四方のトレンチを設定し，人夫12名（日給80銭）を使い発掘する。麦畑である表土を除き，深さ20cm単位で混貝土層を掘り，午前中で表土下40cmに達する。11時45分作業中止。

　午後1時半作業開始。午後も同じように発掘するが，混貝土層中，局部的に貝層が密集する

ところがある。また，焼土や木炭が混じる部分もみられる。深さ 90 cm に達したところで午後 4 時半作業を終える。

午後 5 時から 6 時まで，採集土器片を整理する。

4 月 4 日　　午前 9 時 15 分作業を始め，A 地点の発掘を続行する。深さ 80 cm のところで銅片を，深さ 90 cm のところで坩堝らしきものを発見する。深さ 1 m 以下で厚さ 20 cm の間層をなす。12 時作業中止。

午後 1 時 40 分から間層下の貝層の発掘を続行する。間層下ではマガキを主体とする貝層となる。土器片はみられるものの，骨角器はほとんどみられない。寒さのため，発掘作業を午後 4 時にて終了する。深さ 1 m 50 cm に達する。

4 月 5 日　　午前 9 時から A 地点の発掘を続ける。トレンチの南西角の深さ 1.55 m で砂土層に達する。これより，間層下層の貝層はトレンチ南西角に向かって傾斜しており，南西角部分の深さは 2.1 m に達する。6 人の人夫でこの貝層を掘る。A 地点の発掘は午前中に終了し，作業を 11 時 15 分終了する。

B 地点の発掘を午前 10 時 10 分から始める。6 人の人夫を使い，表土を除去し，貝の含有量が少ない砂土層の遺物包含層にあたる。深さ 60〜70 cm で午前中の作業をとどめ，12 時昼休みとする。午後 B 地点の発掘を続ける。同日 3 時には B 地点の発掘を終了する。

午後 3 時過ぎ，島田・梅原両名にて新たな発掘地点を選定し，C 地点として午後 3 時 50 分から発掘を開始する。トレンチは東西 4 m，南北 10 m とする。12 人の人夫で表土を除去し始める。午後 4 時 30 分作業終了。

4 月 6 日　　午前 9 時作業を始め，C 地点の発掘を続行する。午前中の発掘で深さ 60 cm に達する。土器は厚手黒褐色土器である甑の破片が多い。また，注目すべきこととして，深さ 30 cm のところで骨剣を発見したことである。

午前中風邪気味であった梅原は宿舎にとどまり発掘品の整理にあたるが，午後は発掘に参加する。トレンチの北側に行くに従い，貝殻が密集し土器の包含量を増す。午後 4 時半，作業終了。

4 月 7 日　　長谷部は午前 8 時半宿舎を出発し，同日大連に出て，10 日発のウスリイ丸にて帰途につく。八幡が港までお送りする。長谷部は本日まで収集された獣骨・貝類を帯同される。

島田監督の下，C 地点の発掘を続行する。午前 9 時作業開始。午後，八幡も発掘に参加。トレンチの北半分の出土品が多い。貝層中に，あるいは住居の礎石かと思えるように，石が並んだ状態がみてとれる。また，深さ 1.5 m のところで完全な鏃斧を発見する。午後 4 時半作業を終了する。

風がようやく収まったため，今朝から遺跡の主要地帯の地形測量を開始する。梅原，澄田，澤，森の 4 名で 200 分の 1 の平板測量を行い，夕刻大体を終了させる。

4 月 8 日　　午前 9 時半，島田・八幡の監視の下，C 地点の発掘を開始する。貝層中に礎石状の石の並びが出てきたため，その続きを知るべく，C 地点の東側に調査区を広げ，CⅡ区と

第1章　調査の経過と周辺の遺跡

する。CⅡ区にはこれまで発掘した廃土が置いてあったため，それを移動するのに時間がかかり，午前中に終了せず。午後2時頃に廃土の移動作業を終え，表土の除去にかかる。CⅡ区は，表土下20cmのところで午後5時前作業を止める。

梅原と澄田は前日に続き地形図の補則と修正を行い，午前中に終了させる。午後，梅原は遺跡全体の貝殻分布の状態を調査し，地形測量図に記入する。澤は写真撮影にあたり，森は遺跡地全体を巡検する。

4月9日　　午前9時，島田・八幡の監督の下，CⅡ区の発掘を続行する。扁平な石とともに，鞍状把手を有する土器が出土し，その近くから骨針などが出土する。これを写真に収める。午後5時作業終了。

この日午前9時半から，澄田監督の下に人夫4名を使い，D地点の発掘を開始する。時折，梅原がそれを援助する。耕作土を除くと，トレンチ北半で，黒灰色ないし焼土状のものを多量に含んでいる。砂土にて発掘が容易で，午後4時で深さ1.2mに達する。間層の下に貝殻や石英片とともに小珠山下層土器が出土し，D地点の上下で遺物の差異が明確となっている。

午前，山品清人巡査（警官）来訪。地主との打ち合わせ等に尽力される。

午後，全地域の貝層分布状態の調査を開始する。梅原・森両名で北溝東丘の貝殻分布状況を踏査し，略図作成。これに山品警官も同行される。

この夜6時半より貔子窩大長山島会の李行恭会長の招宴あり，一同感激する。山品巡査も参加される。

4月10日　　降雨のため，発掘作業を中止する。午前中，発掘出土品の整理にあてる。

4月11日　　午前9時作業開始。

澄田，人夫4人を使いD地点の発掘続行。下層の砂層より小珠山下層土器が少量出土する。また，獣骨片や貝殻もごく少量である。深さ1.6mでほぼ地盤と思われる堅い土層に達し，遺物はない。その下を少し深掘りし遺物のないことを確認した後，12時前にはD地点の作業を終了する。

C地点では，島田・八幡監督の下，人夫8人でCⅡ区の発掘を続行する。遺物は乏しい（午前中に採集した骨角器4点を紛失する）。午後，島田・澄田監督の下，7人の人夫で作業を続ける。トレンチ中央部にてほぼCⅠ区と同じ高さに達し，礎石状の石も現れる他，トレンチ西端で骨剣や骨釣が出土する。また，作業終了直前に形を復元しうる土器3点（黒陶三環足器を含む）を発見。

午前中選定していたB地点近くの発掘地点をBⅡ地点とし，幅3m，長さ6mのトレンチを設定し，八幡監督の下，人夫4人で耕作土を除去し，表土下30cmのところで作業をとどめる。トレンチ西北部に大型カキの密集層現れる。

午前，梅原，澤，森の3名にて東丘最高所に至り，その範囲の測量とともに，貝層露出地の写真撮影箇所を指定する。

午後4時半作業を終える。

4月12日　　午前9時過ぎ作業開始。

BⅡ地点は，八幡監督の下，前日同様人夫4人で発掘を続行する。銅製品などが出土し，午前中で深さ60cmに達する。午後引き続き発掘を続け，作業終了前に隕石製の加重器が出土する。

C地点は，島田・澄田監督により人夫8人で発掘を続行する。午前中でCⅡ区の深さがCⅠ区と同じ高さに達する。澄田が住居の敷石とおぼしき石の配置略図を作成する。午後も作業を続行。

澤は全景の写真撮影に従う。

遺跡の一般調査として，森が午前中遺跡を踏査し，土器片を採集する。午後，梅原・森が共同して西丘北半の貝層の分布調査とともに，西丘南端を調査する。この後，森がA地点のトレンチ付近で銅製釣針を採集する。午後4時半より人夫2人を伴い，東丘東南端崖の貝層断面を削って写真撮影。

午後4時頃，山品巡査の案内で，旅順博物館の中村氏，満州日々記者来訪し，今夜宿泊する。

午後5時作業終了。

4月13日　　午前9時半作業開始。

C地点は，島田・澄田監督により，前日同様の人夫で調査を続行し，午後になりCⅡ区もCⅠ区とほぼ同様に掘りきる。断面図の作成にかかる。また，澤が層位の写真撮影を行う。トレンチ中央部で深掘りを行い，下部に貝層や遺物包含層がないことを確認するとともに，まもなく砂土の基盤層を確認する。これをもって，夕方，C地点の発掘を終了する。

BⅡ地点は，八幡の監督の下，前日同様の4人の人夫で発掘を続行する。カキやオオノガイの密集する貝層にあたり，その厚さは1mに及ぶ。調査日程の都合上，北区のみを1mばかり深く掘り下げる。この下は貝殻を減じ砂土層となるものの，遺物を含む。午後5時近くとなり地表下1.6mで風化著しい貝層に達し，この日の作業を終える。

梅原は午前中東丘東南端崖の貝層露出作業を終えて，同丘陵西南端崖の包含層から土器片を採集する。引き続き森の手助けのもとにこの部分の地形測量を行い，午後も両名で地形観察を行い，北方の山丘を巡る。これにて貝層分布調査を終了する。

午前，山品巡査夫人一行の見学，寿司の差し入れあり。中村氏・新聞記者ともに帰途につく。

午後5時作業終了。

4月14日　　BⅡ地点は，梅原・島田・森3名と人夫4名でトレンチ下底部の調査を行う。断掘り法を用いて中央部をまず北辺同様に深く掘り下げ，さらに北辺を掘り下げることにより最下層に達し，新石器土器を採集する。正午過ぎ発掘を終了する。

午後1時半発し，梅原・森両名と人夫4人が一部の貝塚を試掘する。西丘東南端崖では上部の幅3mを測って貝層の状態を調べる。表土下0.8～1.0mの貝層はすべて焼けた痕跡が認められる。その下に，朱彩土器片その他の土器片が出土する。東丘西側斜面の貝層2ヶ所を削って貝層状態をみる。貝層が窪み状に堆積した部分や貝層が厚い部分などが認められるもの

の，遺物はほとんどない。さらに，東丘西南端崖で前日新石器土器を採集した部分を調べ，少量ながらさらに新石器土器を含む土層であることを確認する。4時過ぎ，試掘調査を終了する。

八幡，澤，澄田は，本日午前9時から島内一般調査を，人夫2名を伴い実施する。大長山島の東半の遺跡踏査を行う。清化宮遺跡では小珠山下層土器を発見する。さらに高麗城の貝塚を巡検して，午後5時過ぎ帰着する。

大長山島での全調査を終了する。

4月15日　　出土品の整理後，荷作り。

4月16日　　調査隊全員離島。八幡，澤，澄田の3名は広鹿島の一般調査へ。梅原，島田，森の3名は貔子窩に帰着。

4月17日　　梅原らは森脇六十一氏を連れ，貔子窩管内の遺跡の一般調査を行う。

4月18日　　島田は夫人病気のため急遽離隊し，大連へ帰着する。

4月19日　　貔子窩管内における一般調査を終了。

4月21日　　早朝，広鹿島一般調査隊が大連に帰着。梅原は大連在住の澄田の叔父に挨拶に出かける。続いて旅順に向かい，旅順・大連積石塚出土品の調査。調査後，島田の案内で旅順要塞司令部の陸軍少将太田米雄氏を訪問。積石塚調査の許可を懇請し，同意を得る。その後，森が同道して大連に戻り，大和ホテルにて夕食。第2回調査である積石塚調査の打ち合わせを行う。

4月23日　　ブラジル丸にて梅原帰途につく。

（本日誌は，梅原，八幡，澄田らの個別日誌を整理し，筆者がまとめたものである。）

3.　整理調査の経過

本発掘では，大量の土器・石器ならびに骨角器などが出土した。発掘後，上馬石貝塚の遺物は京都帝国大学文学部考古学教室に送られ，森修らによって整理が開始された。その後，戦後中国から帰国した澄田正一によって1960年代に図面作成などの基礎整理がなされ，原稿作成段階にまで達したが，報告書作成までには至らなかった。一方，貝塚からみつかった動物遺存体や貝も日本に持ち帰られたと思われる。貝に関しては酒詰仲男の種別個数算定が行われており，また動物骨に関しては長谷部言人によって鑑定・分析が行われ，その文章が残っていた。現在，それら自然遺物の所在は不明であるが，長谷部の文章に関しては本書附篇に掲載している。

澄田正一（当時，名古屋大学教授，後に愛知学院大学教授）は，自身参加した日本学術振興会による遼東半島先史遺跡調査について基本整理を行い報告書出版の用意をしていたが，果たせなかった。そのため，それら一連の概報を，上馬石遺跡（澄田1986・1988・1989），四平山積石塚（澄田1990 b），文家屯遺跡（澄田1987）と個別に報告し，併せて貔子窩遺跡付近の分布調査（澄田1990 a）も報告している。

日本学術振興会の第3回調査である文家屯遺跡に関しては，澄田正一が愛知学院大学におい

て保管していた。澄田正一の他界後，1999 年に岡村秀典京都大学助教授（当時）がそれらの資料を京都大学人文科学研究所に移管し再整理を行い，2002 年 3 月には『文家屯 1942 年遼東先史遺跡発掘調査報告書』として，文家屯遺跡の発掘調査報告が出版されている。

　一方，日本学術振興会第 2 回調査の四平山積石塚の整理調査は，1980 年代後半となり，澄田正一の申し出によって，京都大学文学部考古学研究室を中心として小野山節（当時，京都大学教授）によって本格的な整理調査が再開されることとなった。整理調査には当時の文学部助手であった岡村秀典，宮本一夫，菱田哲郎があたることとなった。しかしながら，その後，担当者の職場移動などに伴い，各自の仕事が遅々として進まず，最終的に宮本が全体をまとめる形で，2008 年 3 月に『遼東半島四平山積石塚の研究』という形で報告書を刊行することができた。

　こうして最後に残された資料が第 1 回調査の上馬石貝塚であった。四平山積石塚報告書完成後，宮本は上馬石貝塚の報告書刊行のための整理調査を行うため，上馬石貝塚全資料を九州大学考古学研究室に借り受けることとした。当時の山中一郎京都大学総合博物館教授ならびに上原真人京都大学大学院文学研究科教授の許可をいただき，2008 年 3 月に上馬石貝塚資料を京都大学総合博物館から九州大学人文科学研究院考古学研究室に移動させた。

　その後，2010 年に科学研究費（C）「遼東半島土器編年からみた弥生開始期の実年代研究」（研究代表者宮本一夫）が採択され，整理調査全体を宮本一夫が統括しながら本格的な整理作業にあたった。土器の整理には三阪一徳（当時，九州大学大学院人文科学府博士課程学生），白石渓冴，絹畠歩，金民善，金玟姫，細石朋希（当時，九州大学大学院人文科学府修士課程学生）らがあたり，石器・骨角器・青銅器の整理には森貴教（当時，九州大学大学院人文科学府博士課程学生）があたった。鋳銅関係遺物に関しては，金想民（当時，九州大学大学院比較社会文化学府博士課程学生）の助力があった。また，土器の圧痕分析には李作婷（当時，九州大学大学院比較社会文化学府博士課程学生）があたり，その後，小畑弘己（熊本大学文学部教授）にも，土器圧痕分析を依頼した。最終的な遺構・遺物のトレースには，三阪一徳（当時，九州大学大学院人文科学府博士課程学生），高赫淳，金玟姫，齊藤希（当時，九州大学大学院人文科学府修士課程学生）があたった。さらに遺物の撮影は宮本一夫が担当した。なお，石器の図版写真に関しては澄田正一が用意していたものがあったので，それを利用した。おそらく高橋猪ノ介氏撮影によるものと思われる。また，1941 年調査時の写真や図面・日誌は，京都大学人文科学研究所に保管されており，また一部は澄田正一の遺品として残っていた。そこでそれらを可能な限り譲り受け，研究報告書作成の基礎資料とした。

4．遼東半島先史時代

　遼東半島には多くの先史時代遺跡が存在している（図1）。ここで，遼東半島先史時代の基本的な土器編年を筆者の作成した編年表をもとに示すならば，表1のようになる。小珠山下層期

第1章　調査の経過と周辺の遺跡

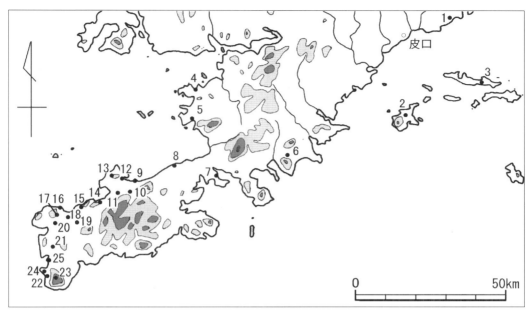

1 高麗寨・単砣子　2 小珠山・呉家村　3 上馬石　4 廟山・土龍　5 王宝山　6 臥龍泉　7 大嘴子　8 羊圏子
9 双砣子　10 崗上・楼上　11 営城子　12 文家屯・東大山　13 四平山　14 望魚山　15 小黒石　16 二嘴子
17 大砣子　18 王家屯　19 三澗堡　20 李家溝　21 大潘家村　22 牧羊城・尹家村　23 郭家村・将軍山・老鉄山
24 于家村　25 羊頭窪

図1　遼東半島先史時代遺跡分布図（縮尺1/1,250,000）

表1　東北アジア土器編年表

年代	中原	遼東半島	鴨緑江下流域	韓半島西北部	韓半島中・南部	（無文土器時代区分）	北部九州
BC 2000 —	王湾3期	小珠山上層	堂山上層	南京2期	新石器晩期		縄文後期
	新砦	双砣子1期	新岩里1期				
	二里頭文化	双砣子2期	新岩里第3地点第Ⅰ文化層				
BC 1500 —	二里岡文化	双砣子3期	新岩里2期	コマ形土器Ⅰ	突帯文土器	（早期）	
	殷墟期	双砣子3期			横帯斜線文土器（可楽洞）	（前期前半）	
BC 1000 —	西周	上馬石A区下層	新岩里3期	コマ形土器Ⅱ	横帯斜格子文土器（欣岩里）	（前期中葉）	縄文晩期
		上馬石A区上層	美松里上層		孔列文土器（駅三洞）	（前期後葉）	
	春秋	上馬石BⅡ区			先松菊里（休岩里）	（後期）	弥生早期
BC 500 —					松菊里		弥生前期
	戦国	尹家村下層2期			粘土帯土器		

は小長山島の小珠山遺跡をはじめ，大長山島の上馬石貝塚などに存在する。小珠山中層期になると，小珠山遺跡以外では旅順口区の郭家村遺跡などにも認められ，さらに呉家村・郭家村3層期には，小珠山遺跡や郭家村遺跡以外で小長山島の呉家村遺跡や文家屯遺跡に認められる。同じ時期，瀋陽など遼東を中心とする土器系統である偏堡類型土器が存在する（宮本1995b）。金州区の三堂遺跡などでは偏堡類型が主体的であるが，一部が文家屯遺跡や上馬石遺跡でも認められる。近年では小珠山遺跡の発掘調査により，偏堡類型新段階が呉家村期より新しく，郭家村上層（小珠山上層）より古い段階であることが層位的に示されている（中国社会科学院考古研究所ほか2009）。ともかく新石器時代において遼東半島先端部は遼東とは異なった文化系統を示している。その意味で，積石塚は遼東では遼東半島先端部のみに認められる墓制である（宮本1995a）。新石器時代末期の郭家村上層（小珠山上層）期に積石塚が出現するが，その分布は大きく旅順の老鉄山・将軍山積石塚と黄龍尾半島の四平山・東大山積石塚に分かれる。それぞれに拠点的な集落として郭家屯遺跡と文家屯遺跡が存在する。一方，遼東半島南西部の島嶼部である広鹿島には小珠山遺跡や呉家村遺跡が存在する。また，大長山島にも上馬石貝塚が存在している。

　青銅器時代に移行する段階である双砣子1〜3期は，甘井子区の双砣子遺跡や廟山遺跡，羊頭窪遺跡，貔子窩遺跡，上馬石貝塚でも認められる。その後，上馬石A区下層・上層を経て，崗上・楼上墓期を迎える。この段階の遺跡は上馬石貝塚，貔子窩遺跡などに認められ，そのほか尹家村遺跡，牧羊城下層などにも認められる。双砣子1期〜崗上・楼上墓期までは，遼東半島先端部では一貫して積石塚が墓制として採用されており，遼東の支石墓とは大きく様相を異にしている（宮本1995a，宮本2000）。この段階の積石塚は，土龍，砣頭，崗上墓，楼上墓，臥龍泉があたる。また，崗上墓，楼上墓，臥龍泉，尹家村では遼寧式銅剣が副葬されている。遼寧式銅剣という北方青銅器文化の系統の中に，遼東半島や遼東が位置づけられるのである（宮本2000）。

　旅順に位置する牧羊城遺跡は，戦国後期に燕の都城として始まった可能性が高いが，漢代は県城として使用されていた（大貫編2007）。戦国後期には遼東半島も燕の領域化に入り，燕文化という中原的文化様式に大きく転換している（宮本2007）。同じく営城子にも漢代の県城が存在していた可能性があり，営城子には前漢の貝墓や後漢の営城子1号墓・2号墓のような磚室墓がたくさん存在している。旅順と営城子では，漢代においても大きく地域単位を異にしていたのである。

5.　遺跡の地形と周辺の遺跡

　中国東北部の南端に位置する遼東は，華北から延びる長城地帯と韓（朝鮮）半島の結節点にある。その遼東から黄海に突出するのが遼東半島である。遼東半島は山東半島とも海を介して対峙した位置関係にある。その間には廟島列島が存在しており，島伝いに相互交流がみられた

第1章　調査の経過と周辺の遺跡

地域である。こうした地理的関係は，我が国における北部九州と韓半島南部が壱岐・対馬を介
して先史・古代から相互交流があった地理関係と相似している。

　遼東半島の南端は戦前関東州と呼ばれ，そこに旅順や大連が位置していたが，現在，旅順は
旅順口区として遼寧省大連市の一部となっている。大連市の市街地は大連湾に面しており，旅
順口区は遼東半島の最先端に位置する。黄海に面するのが大連湾であるが，それとは反対の北
側に位置する金州湾は渤海に面する。大連湾の東側海上には長山列島が存在する。この島嶼群
には先史時代の貝塚が多く発見されている。

　遼東半島の南東に位置する長山列島は，解放後，大連市長海県として行政区画上の一単位と
なっている。長海県は大小 50 余りの島嶼からなるが，最も大きいものが大長山島（巻首図版
1-1）であり，その次が小長山島，広鹿島，獐子島，海洋島と続く。

　大長山島に本書で報告される上馬石貝塚が位置する（図2）。大長山島を北東にほぼ直線上に
陸地に達したところが皮口である。現在もここから船で大長山島へ渡る最も近い航路となって
いる。この皮口がかつて貔子窩と呼ばれたところであり，ここから東側近くに高麗寨遺跡や単
砣子遺跡が位置している（図1）。1927 年にこれらの遺跡を発掘した濱田耕作は，報告書の名
前にこの貔子窩を用いたのである。したがって，長山列島は，大連などの遼東半島先端部とは
異なり，貔子窩を含めて遼東半島中部に位置づけられる。

　上馬石貝塚は，大長山島の南岸の中央部からやや東側に片寄った湾部に面した低丘陵部に位
置している。上馬石以外に清化宮，高麗城山の遺跡が知られている。清化宮遺跡は滑石混入土
器が出土しており（旅順博物館 1962，三宅 1975），小珠山下層期のものである。高麗城山遺跡か
らは彩絵陶が出土しており（旅順博物館 1962，三宅 1975），双砣子1〜3期であろう（許明綱
1995）。

　小長山島は，三宅俊成の 1930 年代の調査によって姚家溝貝塚，棋杆山貝塚，唐家溝貝塚，
英砣子貝塚が発見された（三宅 1975）。1959 年の調査では，大渓山北麓貝塚，三宮廟貝塚，英
傑村西嶺東地貝塚（英砣子貝塚）が発見されている（旅順博物館 1961）。大渓山北麓貝塚は出
土した磨製石鏃からは新石器時代と考えられ，三宮廟貝塚は時代不明である。英傑村西嶺東地
貝塚は，旅順などに多い彩陶とともに鬲足が出土しており，彩陶はおそらく彩絵陶であり（旅
順博物館 1962），これらは双砣子2〜3期のものであろう。1960 年の調査ではさらに唐家溝貝塚，
棋杆山貝塚，姚家溝貝塚が発見されている。姚家溝貝塚からは小珠山上層遺物が確認されてい
る（旅順博物館 1962）。

　広鹿島では柳条溝東山貝塚，洪子東西大礁貝塚が知られる（旅順博物館 1961）。前者は 1978
年に旅順博物館などによって調査されており，小珠山下層に属する（遼寧省博物館ほか 1981）。
後者は小珠山上層期の遺物が出土しているが，後に東水口遺跡と呼ばれている（旅順博物館
1962）。これらは広鹿島の東海岸に位置する。東海岸ではこの他，朱家村遺跡が知られる。朱
家村遺跡は上下に層に分かれ，上層が漢代の城堡遺跡であり，下層には彩絵陶が含まれるとこ
ろから双砣子1〜3期である。広鹿島では小珠山下層・中層・上層の標準遺跡である小珠山遺

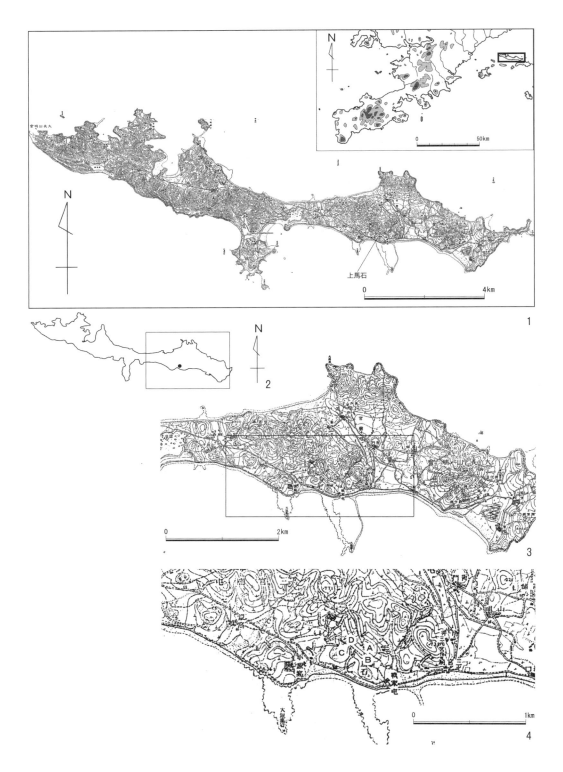

図2 上馬石貝塚の位置

跡（遼寧省博物館ほか 1981），あるいは小珠山上層新段階である呉家村遺跡（遼寧省博物館ほか 1981）が有名である。これらは広鹿島の中心部に位置し，海浜部の貝塚遺跡とは違い可耕地が広がっており，農耕を伴った集落遺跡でありながら，貝塚を伴っている。後に，これらの遺跡は社会科学院考古研究所によって大規模な発掘が行われ，小珠山下層期の住居址などが出土し，層位的な分層も進み成果を収めている（中国社会科学院考古研究所ほか 2009）。さらに，広鹿島の南西部の最高峰南大山の北麓の台地上に位置する蠣査崗遺跡，南窑遺跡がある。ともに小珠山上層期の遺跡であり，後者からは住居址が発見されている。

なお，広鹿島の東岸に近接して洪子東島が位置するが，この島の西側に貝塚が存在する。洪子東貝塚と呼ばれる。本貝塚では小珠山上層も認められるが（旅順博物館 1962），青銅器時代の上馬石上層文化の土器も存在する。

獐子島では，沙泡子村貝塚や李墙子貝塚が存在する（旅順博物館 1962，三宅 1975）。前者は小珠山下層土器が出土している。獐子島の東側に位置する海洋島では南玉村貝塚のみが発見されており，同じく小珠山下層土器である（旅順博物館 1962）。

6. 遼東半島の戦後の遺跡調査と上馬石貝塚の意義

この地域の考古活動は，中華人民共和国が成立した 1949 年より早く，1948 年に東北文物管理委員会が成立して文物への保護が始まっている。その後，1953 年から旅順博物館を中心に解放後の考古学調査が事実上本格的に始まっている。この間，1961 年には佟柱臣による先史土器の編年案が提示された（佟柱臣 1961）。1963～1965 年には中国社会科学院考古研究所東北隊と朝鮮民主主義人民共和国との共同調査によって，崗上・楼上墓や双砣子遺跡などが調査された（朝中共同発掘隊 1966）。双砣子遺跡や尹家村遺跡の分層的発掘調査は，遼東半島の基礎的編年における重要な指標を与えた。共和国側からは，この成果をもとに飛躍的に進歩した編年観が 1969 年に発表されている（社会科学院考古研究所・歴史研究所 1969）。しかし，この間こうした共同調査の成果は，中国側からは一切発表がなかった。特に中国では，楼上墓に明刀銭や鉄器が伴うという誤認がそのまま否定されることなく，遼寧式銅剣の年代観を戦国にまで下げる根拠として長らく使用されることとなる。共同調査の成果が中国側から正式に発表されたのは，発掘後 30 年経った 1996 年のことであり（中国社会科学院考古研究所 1996），この段階で明刀銭や鉄器の存在が否定されるに至っている。

三宅俊成は，1930 年代の 4 回の調査をもとに，まだ中国側から遼東半島の詳細な発掘調査成果が出ていない段階に，上馬石貝塚を含めた長山列島の先史時代土器を 4 類に分けている（三宅 1975）。これらを現在の土器型式でまとめるならば，第 1 類が之字形文土器からなる小珠山下層期，第 2 類が彩絵陶を有する双砣子文化期，第 3 類が山東龍山文化系統の小珠山上層文化期，第 4 期が灰陶文化期であり双砣子文化，上馬石上層文化，尹家村下層期など青銅器時代文化に相当する。これらの相対的な関係については，梅原末治や澄田正一が断片的に示した上

馬石貝塚の層位関係から，第1類，第3類，第2類，第4類といった相対的順序を示しており，今日的な成果からすれば，この捉え方は正確であった。しかし，その相対関係の妥当性に関しては，学史上評価されないまま今日に至っている。また，第1類の之字形文土器を北方系と捉え，その後の第3類以下が中原との関係で生まれたことを想定している。この見方も今日においては妥当なものであり，遼東半島先史時代を捉える基本的な考えであるが，残念ながら国交がなかった当時にあって，中国側からの評価はないままであった。三宅が第4類とした青銅器時代土器編年については，その後，遼東半島における発掘調査の進展から，一定の細分はなされながらも，細かい編年はなされていなかった。なおここで強調しておくべきは，遼東半島青銅器時代編年のさらなる細分とその周辺地域との相対的関係については，上馬石貝塚資料の評価と大きく関わっていることであり，三宅の第4類の意義はここにある。後に上馬石上層と呼ばれる青銅器文化は，東北アジアの青銅器文化を考えるにあたって重要な位置を占めることになる。

　1973～1975年には，旅大市文物管理委員会が老鉄山積石を発掘調査し，その構造の一端が明らかになった（旅大市文物管理組1978）。1977～1978年には，遼寧省博物館と旅順博物館が，遼東半島や長山列島での一連の発掘を行い，重要な編年学的な成果をあげている。遼東半島では郭家村遺跡（遼寧省博物館・旅順博物館1984）や于家村遺跡（旅順博物館・遼寧省博物館1981）であり，長山列島では小珠山遺跡や上馬石遺跡（遼寧省博物館ほか1981）である。これらの遺跡の分層発掘により，基本的な編年観が確立したのである。これらの資料を使い，1982年には許玉林・許明綱が編年案を示し（許玉林・許明綱・高美璇1982），同じ年，共和国側の編年案とその後の層位的資料をもとに大貫（小川）静夫が検討している（小川（大貫）1982）。さらに，戦前の日本学術振興会が調査した上馬石貝塚や文家屯遺跡を実見した宮本一夫は，それらの資料をふまえ，かつ羊頭窪や貔子窩あるいは長山列島の資料をもとに大貫の編年をさらに細かなものとした（宮本1985）。特に商代並行期以降の土器編年の細分に関しては，大貫静夫の西北朝鮮の新岩里遺跡の細分（大貫1989）を踏まえながら，上馬石A区の層位資料をもとに，土器編年の細分案を提示した（宮本1991）。これが先に述べた三宅俊成の第4類にあたり，その細分と詳細な編年案が示されたことが大きな成果であった。すなわち，双砣子1期から尹家村下層2期までの編年が確立したことにある。

　1990年には三堂遺跡の調査が行われ（遼寧省文物考古研究所ほか1992），遼東半島北部にも遼河下流域の偏堡文化が分布することが判明した（陳全家・陳国慶1992）。宮本一夫は，1941年の日本学術振興会の文家屯遺跡資料の一部を提示しながら，偏堡文化の位置づけや細分案を示し，遼東半島の新石器時代編年や周辺地域との並行関係を再吟味した（宮本1995b）。こうして，1990年代半ばには遼東半島の先史時代の土器編年に関してはほぼ固まったものが成立した（宮本1995b）ということがいえるであろう。同じ時期に発表された安志敏の土器編年（安志敏1993）も，旅順地区と長山列島を地域的に分けて土器編年を示す工夫がなされているが，従来の説を超えるものではない。

第1章　調査の経過と周辺の遺跡

　その後，北呉屯遺跡（遼寧省文物考古研究所ほか1994），大潘家村遺跡（大連市文物考古研究所1994），大嘴子遺跡（大連市文物考古研究所2000），大砣子遺跡（大連市文物考古研究所・遼寧師範大学歴史文化旅游学院2006）などの調査結果が発表されているが，土器編年に関して新たな知見はないといえよう。近年では古澤義久によって，遼東半島と韓半島西部との土器編年の並行関係に関して見直しがなされているが，偏堡文化の始まりの位置づけについて多少の見解の違いはあるものの，遼東半島の基本的な土器編年には変更がない（古澤2007）。

　また，上馬石貝塚の分析において最も重要であった上馬石上層の細分に関しては，弥生時代開始年代問題とも絡み，遼寧式銅剣の開始年代に波及するように意図されながら，宮本編年への再考が議論されている。それは大貫静夫による牧羊城下層の再整理とその位置づけから始まった議論であった（大貫2007ｂ）。宮本編年による上馬石Ａ区下層→上馬石Ａ区上層→上馬石ＢⅡ区という編年に対し，逆転編年ともいうべく，上馬石ＢⅡ区→上馬石器Ａ区下層→上馬石Ａ区上層という大貫編年である。これに対しては，隆帯の断面形の変化からこの大貫編年を支持する中村大介の考え方（中村2007・2012）がある。その一方で，双砣子3期の編年研究を行い，特に広口罐の編年から従来の宮本編年を支持する白石渓冴の考え方（白石2011）がある。基本的に，この問題は上馬石貝塚の詳しい分析をもとに議論されるべきであり，一部の資料と弥生時代実年代問題に誘引される必要はない。結論的には宮本編年がやはり妥当ということができるが，これについては次章以降で実証していきたい。

　2006年と2008年には中国社会科学院考古研究所を中心に，小珠山遺跡と呉家村遺跡の再発掘がなされ，層位関係などをもとに新石器時代を大きく4期に分けている（中国社会科学院考古研究所ほか2009）。第1期は遼西の趙宝溝段階，遼河下流域の新楽下層に並行するものであり，北呉屯下層や後窪下層にも認められる，この地域最古のものとする。第2期は従来小珠山下層に含まれていたものであるが，層位的には第1期より新しいもので筆者が型式学的に新しいとした左家山Ⅲ段階のもの（宮本1995ｂ）を含んでいる。第3期は従来の小珠山中層にあたる。第4期は偏堡類型に相当し，偏堡類型の細分でいえば，偏堡類型古段階の三堂1期より新しい段階に位置づけられる。第5期は小珠山上層に相当するものである。このように，小珠山遺跡の再発掘の成果は，小珠山下層期を細分できたことと，偏堡文化が小珠山上層より古い段階に位置づけうることが明らかとなったことにあろう。

　また，文家屯遺跡や双砣子遺跡など遼東半島先史遺跡では，磨製石鏃や柱状片刃石斧・扁平片刃石斧・遼東形石斧・石庖丁などが出土しているが，これらは韓半島無文土器文化の石器群に直接つながるものであり（下條1988，下條2000，下條2002），系譜関係が認められる。さらにはこうした石器群が山東半島との関係で遼東半島へもたらされた可能性がある（宮本2003・2008ｃ）。こうした土器や石器群の動きは，山東半島，遼東半島，さらには韓半島という先史農耕の重要な伝播経路であったことをも示している（宮本2009ａ）。宮本は，東北アジアの農耕化を一時的な寒冷期との対応の中で農耕民の移動として捉え，それを4段階で示し，農耕化の過程をモデル化した（宮本2009ａ，Miyamoto 2014）。その中で，本地域ならびに上馬石貝塚に関

係があるのは東北アジア初期農耕化第2段階と第3段階である。どちらも山東半島東部である膠東半島と遼東半島との関係で示され、農耕伝播とともに文化伝播や人の動きが示されている。土器編年や文化伝播の解明から、こうしたモデルをより正確にするためにも、上馬石貝塚は重要な資料を提供していることになる。具体的にいえば、遼東の偏堡文化と山東龍山文化の関係である。この時期がちょうど東北アジア初期農耕化第2段階にあたっている。また、膠東半島の岳石文化から遼東半島の双砣子2・3期における文化伝播である。これは東北アジア初期農耕化第3段階にあたる。

さらに、上馬石貝塚資料で最も重要なのが上馬石上層文化である。これまで、上馬石上層あるいは牧羊城下層として一括されていたものを、本貝塚資料がその細分を可能にしたのである。双砣子文化から上馬石上層文化の土器編年は、韓半島の無文土器文化の土器の成立を韓半島西北部と考える韓国研究者（安在晧2000・2010）にとって重要な編年案であり、これに基づいて韓半島の無文土器編年の相対関係（裵眞晟2007）が考えられている。その意味では、遼東半島土器編年はひとつ遼東半島だけのものでなく、東北アジア全体で重要な土器編年であることが理解されるであろう。

このことは、遼東の鄭家窪子文化や涼泉文化の年代関係や韓半島の初期鉄器時代前半期である粘土帯土器文化の成立（朴淳發2004）を考えるうえでも重要である。何より、この上馬石上層文化の細分が双房類型や松菊里型土器の位置づけと関係し、遼寧式銅剣の実年代問題とも絡んでいるからである。後に詳細な分析によりその内容を示す上馬石BⅡ区こそが、崗上墓などの古式遼寧式銅剣段階に相当しており、日本列島の弥生時代開始期とも比較的近接した時代にあたっている。まさに、宮本がいう東北アジア初期農耕化第4段階（宮本2009 a, Miyamoto 2014）にあたっているのである。

このように遼東半島先史社会研究とりわけ上馬石貝塚の研究は、単に個別の地域社会研究というのではなく、韓半島やひいては日本列島など東北アジア全体の農耕社会の成立を考えるにあたって、最も重要な土器編年の解明においてきわめて重要な遺跡である。そして、またこのことは、弥生時代の実年代を土器の相対年代でつなぎあわせて実証するという、きわめて考古学的な手法における最大の到達点に至ることになるであろう。さらに、そのことは弥生時代の始まりを東北アジア的観点から解き明かすだけではなく、韓国無文土器文化の始まりという、これまで触れられてこなかった研究上の課題に挑戦することになったのである。

以上のように、現段階においても上馬石貝塚の発掘内容を公にすることは、中国に限らず、韓半島や日本における学術的な貢献が多大なものであるといわざるをえない。

第2章 上馬石貝塚の層位と遺構

宮本一夫

1. 調査地点の配置

　上馬石貝塚は大長山島の中央部からやや西に向かった湾部に位置している（図2）。海を望む低丘陵に位置する。その低丘陵は谷部を挟んで大きく東西の2つの丘陵の張り出しからなっている。この谷部の奥は1970年代に貯水池を作るために地形が改変されているが，そのほかは1941年の発掘時とは大きく地形は変わっていない。貝塚はこの2つの海に向かって張り出した丘陵部ないしは丘陵斜面部に位置している。2つの丘陵の間の谷部は，海に向けて湾部を形成しており，2つの丘陵からは海に向けて低い岬が延びている。

　1941年の日本学術振興会の発掘では上馬石貝塚は合計4つの貝塚地点に区分され（図2），

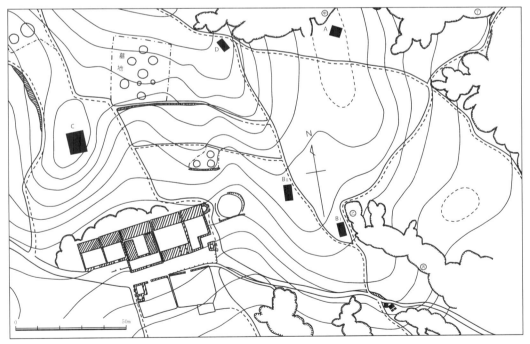

図3　上馬石貝塚の調査地点（縮尺1/1,700）

そこにトレンチが5つ設定されている（図3，図版1）。1941年の発掘当時は「地点」と呼んでいたが，型式名称に「地点」を使う場合やや煩雑であることから，「区」という名前で統一したい。これら貝塚地点のうち，A・B区が東側低丘陵に，C区が西側丘陵に位置する。そして，D区はこれら東西丘陵部が結節する丘陵上部に位置している（図2）。東側低丘陵の頂部にA区が位置し，その低丘陵が海側に延びた西側斜面部にB区が位置する。B区はBⅠ区とBⅡ区に分けられる。同じ貝塚地点を2つに分けて発掘している。BⅠ区は東側低丘陵の先端部近くに位置し，BⅡ区は谷部を山側に登った西側斜面部に位置する。C区は西側低丘陵のほぼ頂部に位置している。D区が最も海抜の高い丘陵斜面部に位置している。これらのトレンチ位置は海抜高度からいえば，D区→C区→A区→BⅡ区→BⅠ区の順に低くなっている。

1974年，上馬石貝塚の土地の削平の段階に甕棺墓が発見され，1975年に甕棺部分が回収された。その後，大規模な農地化に伴う甕棺墓の破壊により，1977年に甕棺墓の発掘がなされた。この際に，さらに青銅短剣墓も発見された。その場所は1978年の調査時のⅠ区にあたっており（図4），日本学術振興会調査のC区にあたる。Ⅰ区の層位は1層の表土を除き，2〜4層ま

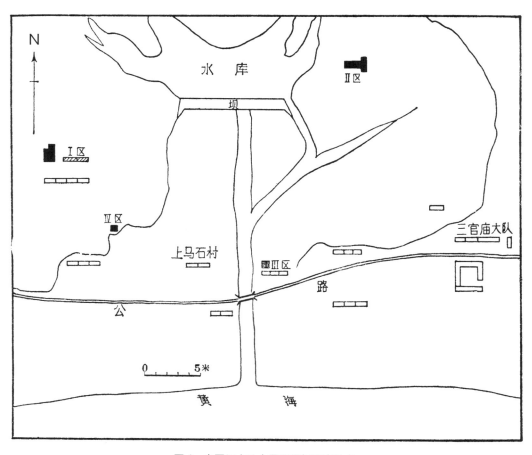

図4　中国による上馬石貝塚調査地点

第2章　上馬石貝塚の層位と遺構

1. A区

2. A区崖断面

3. B区

4. A・B区遠景（C区から）

5. C区

6. D区

図5　上馬石貝塚の現状

でが貝層ないし混貝土層である。このうち，2層が上馬石上層（青銅器時代），3・4層が上馬石中層（小珠山上層文化）に属するとされる（遼寧省博物館ほか1981）。甕棺墓や青銅短剣墓は1層に相当するものであろう。これらの銅剣は，筆者の分類による遼寧式銅剣2a式と遼寧式銅剣3式に属する（宮本2000・2008a）。また青銅製剣把頭飾は柄端部が内側に湾曲する剣把頭飾II式に伴うものであろう。遼寧式銅剣の型式や把頭飾の型式からみても，年代幅をもっているが，遼寧式銅剣の中でも崗上墓や楼上墓より遅れる段階のものである。

　1978年調査のII区（図4）は，位置からして日本学術振興会調査のA区にあたる。1978年調査の遺物には幾何学文様土器やZ字形文土器が含まれており（遼寧省博物館ほか1981），A区と同じ土器である。1978年調査のIII区（図4）は，日本学術振興会調査のBI区に相当しよう。このIII区は1〜4層に分層され，2・3層が上馬石中層（小珠山上層文化），4層が上馬石下層（小珠山下層文化）とされる（遼寧省博物館ほか1981）。さらに4層下部から竪穴住居址が発見されている。

　筆者は2011年3月に初めて大長山島を訪れ，上馬石貝塚を踏査することができた。その時の踏査では，これらA〜D区の貝層が比較的よく残っている印象を受けた。A区では現在一部が墓地になっていた（図5-1）が，崖面では上層と下層の貝層に分けうる（巻首図版1-2，図5-2）ことが現在でも確認できた。B区はやはり多量の貝層が斜面部に現在でも認められるが（巻首図版2-1，図5-3），B区の2つのトレンチ位置は確認できなかった（図5-4）。C区は表面一面に貝が確認され，一帯が貝層であり，豊富な貝層が存在していたと思われる。ここは最も文化層が充実した地点でもある。図3に示されるように，C区の南側にある民家は当時発掘調査隊の宿舎となっていた場所であるが，当時の民家と同じ場所に今でも家屋が建っている（巻首図版2-2，図5-5）。このC区は1978年に遼寧省博物館らによって調査がなされたI区にあたる（図4）。1977年発見の遼寧式銅剣墓葬が存在した地点も同じ場所で，上馬石貝塚の中心的な貝塚である。一方，1978年の遼寧省博物館らの発掘時は，2つの低丘陵の間にある谷部に貯水池が建設されていたため，D区はこの際に破壊されたのではないかと危惧していたが，貯水池の北側斜面にはまだ貝層が認められた（図5-6）。これがD区にあたるであろう。

　以上のように，上馬石貝塚は，1941年の調査時から基本的にはあまり変わらないように遺跡が残っている可能性が明らかとなった。また，1977・1978年以降は調査も行われておらず，上馬石上層文化という名称がついている標準遺跡として，1941年資料は現在においても高い資料的価値をもっているということができる。そして，その資料の公開が緊急の課題であることが，2011年の踏査によっても再確認できたのである。

2．A区のトレンチと層位

　東丘陵の頂部に位置するA区では，5m×5mのトレンチが設定された（図6，図版2〜6）。1941年4月3日から5日午前中の2日半で発掘が行われている。調査にあたって遺跡全域の

第 2 章　上馬石貝塚の層位と遺構

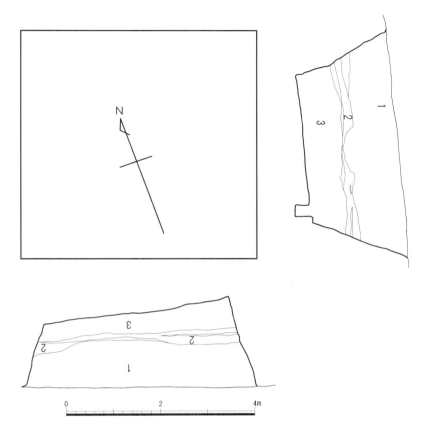

図 6　A区のトレンチと層位（縮尺 1 / 80）

踏査が行われているが，図3の地形図上に甲，乙，丙，丁と記入されている切れ込み状谷部の崖面にも貝層は確認され（図版20〜22），東丘陵のさらに東部にも遺跡が存続するものと考えられていた。そこで，遺跡の中央と考えられる東丘陵の頂部を遺跡全体の中央部と考え，ここにトレンチを設定したのである。

　図3や図7に示されるように，A区トレンチとD区トレンチは比較的近い位置に位置している。図3のA区トレンチの北東側崖面近くで，青銅製釣針が採集されている（図7）。A区の北側には墓地があり（図7），A区トレンチと墓地の間には深い切れ込んだ谷が存在している（図版2）。現状でもA区付近には墓地が存在し，その周囲には貝層が認められる（図5-1）。現在の墓地と1941年調査時の墓地位置が同じであるとすれば，この谷部はさらに拡大していると観察され，A区トレンチ位置は現状では谷部となって消滅している可能性がある。

　A区は，中間に無遺物層の間層（2層）を設けて上層と下層に明確に細分することができる（図版5，6）。間層はオオノガイの純貝層が部分的に存在する黒色砂層からなるものであり，遺物は認められない。表土層を含んだ上層（1層）はオオノガイを主とし，他にアカニシ，イボ

21

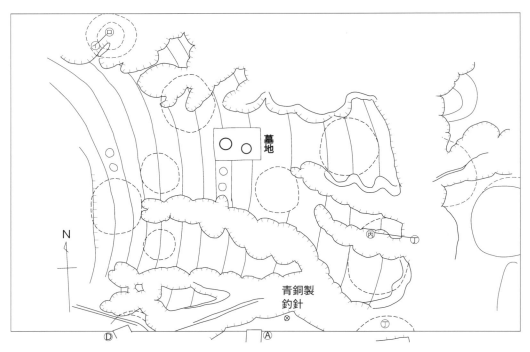

図7　A区・D区のトレンチの位置と地形

ニシ，アサリ等をごく少量含むものである。下層（3層）はマガキを主とした貝層に変化している。

1941年調査で唯一分層して遺物が取り上げられたのが，このA区であった。遼寧省博物館らによる1978年調査のⅡ区がこのA区に相当するが，残念ながらこの時の層位関係の記録は示されていない。

3.　B区のトレンチと層位

B区は，4月5日にA区終了間際に，東丘陵の丘陵先端部近くの貝塚をめざしてトレンチが設定され，1日で調査がなされたものである。その後，C区調査終了後の4月11日から12日にかけて，東丘陵西斜面のやや谷奥部に新たなB区のトレンチが設定され，2日間で発掘がなされた。前者をBⅠ区，後者をBⅡ区と呼び分ける。2つのトレンチはおおよそ30mの間隔で離れている。

(1)　BⅠ区トレンチ（図8，図版7～9）

BⅠ区は，南北に細長い4m×10mのトレンチである。層位は4層に区分され，1～3層まではほぼ水平に堆積しているが，4層はトレンチ南側の東丘陵斜面部にのみ堆積している。1

第2章　上馬石貝塚の層位と遺構

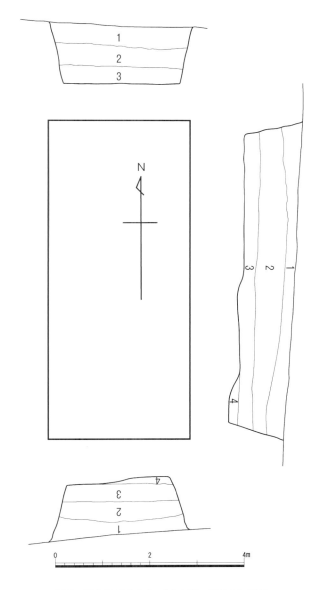

図8　BI区のトレンチと層位（縮尺1/80）

層は混貝黒色土層, 2層は褐色砂質土, 3層は黒色砂質土, 4層は黄褐色砂質土である。1層の表土層である貝層は, マガキを主として少量のオオノガイ, アサリ, イボニシからなるものであるが, これは二次堆積したものであろう。一方, 2層は貝を若干含む砂質土からなる。その貝はマガキを主とするものの破砕が目立つ。4層は貝を含まない黄褐色砂層に変わっていく。したがって, 主たる文化層には貝層がほとんど存在しないことになる。

　遺物は層位的に掘り上げられていないが, 1978年調査のⅢ区に本トレンチが対応している

とすれば，1978年の調査結果から，本調査の2・3層が小珠山上層文化，4層が小珠山下層文化に対応するであろう。後に詳述する出土土器の型式も，この層位関係と矛盾しないものである。

　一方で，1978年調査では4層下部から住居址が発見されている。出土土器は1点であり，小珠山下層文化の壺である。この竪穴住居は小珠山下層文化のものと考えられており，他に磨盤・磨棒も出土している。社会科学院考古研究所の2006・2008年調査によっても，小珠山下層文化の住居址からは一般的に磨盤・磨棒が出土しており（中国社会科学院考古研究所ほか2009），この1978年調査のⅢ区住居址も小珠山下層文化のものということができよう。1941年調査の4層は，漸移的に堆積しているというよりは，落ち込み状に切り込んで堆積しており，この4層も小珠山下層期の住居であった可能性がある。これが正しければ，東丘陵南端部に小珠山下層期の集落が存在していたということができる。これは，この時期の海岸線との対応関係からも興味深い遺跡配置である。

(2)　BⅡ区トレンチ（図9，図版10）

　BⅡ区も南北に細長いトレンチで，3m×6mをなす。BⅠ区と30mも離れた東丘陵西側斜面の谷奥部に位置しており，BⅠ区との層位的な対応関係は難しく，同一の層位関係とはいえないものである。1層は表土，2層は貝層となり，その東半は黒色有機土層を含み，西半はカキを主とする純貝層である。3層は貝層がなくなり砂土層であり，4層はトレンチ内を試験的に深掘りしたところである。2層の貝層は，マガキを主としながらオオノガイ，アカニシ，イボニシなどが含まれ，獣骨は少量である。この下位が3層であり，遺物包含層をなし，BⅡ区の大部分の遺物がここから出土している。3層の中間部には無遺物の青灰色土層があり，3層は分層できた可能性もある。一方，4層上部にも貝層があり，その下位に小珠山下層・上層期の遺物が若干認められる。その貝層はマガキを主とするものであるが，石灰化の傾向が著しく破砕しやすい状態にあると記録されている。出土した土器型式は，小珠山下層文化と上馬石上層文化のものからなる。その下位の4層は無遺物の地山層である。

　4層上部からはわずかに遺物が出土しているが，これが小珠山下層・上層文化に対応していると考えられる。BⅠ区4層の土色とも似ているところから，両者は連続した層位関係にあるかもしれない。一方，貝層が縞状に堆積するBⅡ区2層は，BⅠ区の1層に相当するかもしれないが，貝層が縞状に堆積する状況は，貝層が流れ込んだ二次堆積を示している。BⅡ区の3層が上馬石上層文化に対応している層である可能性が高く，年代的にはBⅠ区2・3層とは大きく異なっている。BⅠ区2・3層はBⅡ区の東丘陵西側斜面部には堆積せず，かわりに上馬石上層文化の3層が斜面堆積していると考えられる。斜面下部のBⅠ区に古い文化の堆積が認められ，新しい段階のものは斜面上部のBⅡ区に堆積していることになる。ただし，BⅡ区の上馬石上層文化土器は，A区の上馬石上層文化の土器内容とは異なっており，A区の堆積層がそのままBⅡ区まで延びているわけではない。

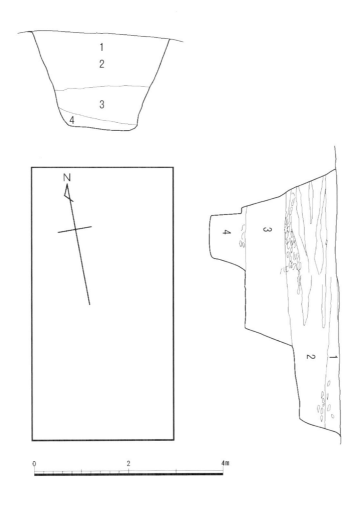

図9 BⅡ区のトレンチと層位（縮尺1/80）

4. C区のトレンチと層位

　C区の発掘は，B区の発掘が終了した4月5日から始まっている。B区発掘終了に伴い，調査地点を西丘陵に移し，トレンチが設定されたものである。最初，南北に細長い4m×10mのトレンチが設定された（図10，図版11〜17）。その後，トレンチ底部近くから石列が発見されたため（図11，図版13，14），4月8日になって西側にほぼ同じ大きさのトレンチを拡張することにした。そこで，最初に設定されたトレンチ部分をCⅠ区，さらに拡張されたトレンチ部分をCⅡ区と呼び分ける（図10）。遺物に単にC区と記載されたものは，おそらく4月8日までにトレンチが拡張されなかった最初のCⅠ区から出土した遺物であると推定される。

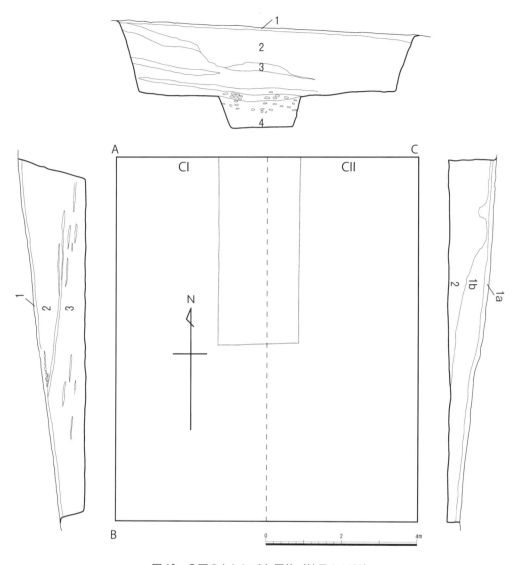

図10　C区のトレンチと層位（縮尺1/100）

　C区の層位は貝層がトレンチ北面では西から東に向けて斜面堆積し，トレンチ西面では南から北に向けて斜面堆積している。これは，全体的な堆積層が南西から北東に向けて斜面堆積していることを示しており，本トレンチがC区貝層の頂部からやや北東にずれたところに設定されたことを意味しよう。一方，1978年調査区の層位関係は，東から西に向けて斜面堆積しており，そのトレンチ位置がC区貝塚の西丘陵頂部から西に下った地点に位置していることを意味している。したがって，1941年調査区とは，西丘陵頂部とは東西に対極的な配置関係にあった可能性がある。また，1977年調査では甕棺墓検出のため設定された東西に長い16m

第2章　上馬石貝塚の層位と遺構

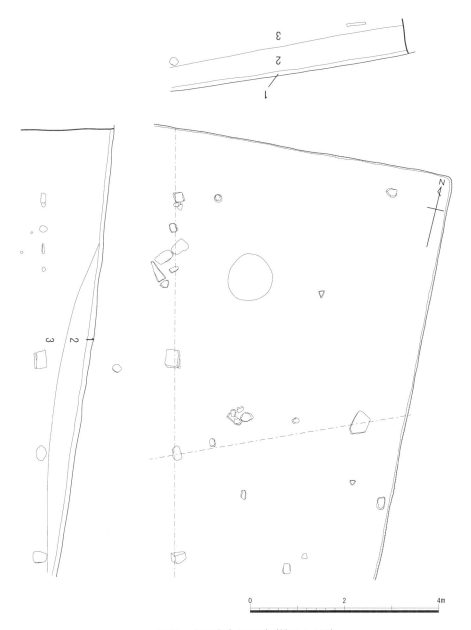

図11　C区出土の石列（縮尺1/80）

×4mのトレンチ（ⅠG1-G5）は，1978年トレンチの東側に位置しており（図4），おそらく西丘陵頂部ないしそのやや南の斜面部に位置しているということができるであろう。その西南角に4m×4mのトレンチが設けられ，さらに北に向けて拡張され，結局南北12m，東西4mのトレンチ（ⅠT1）が設定された。このトレンチから，青銅短剣墓が発見されている（旅順博物館・遼寧省博物館1982）。青銅短剣墓から15m離れた地点には甕棺墓が発見されており，

これら一連の青銅器時代墓が隣接して存在していたことが分かる。さらに1978年調査のⅣ区は，西丘陵南端近くに位置している。ここからは小珠山上層文化の竪穴住居址が確認されており，西丘陵南斜面部に小珠山上層文化の集落が形成されており，遼寧式銅剣文化期の墓地は西丘陵頂部付近に形成されていたものと推測される。

　C区の北面や南面の層位からみると，薄く堆積した炭あるいは灰の混入層を基準に大きく2つの貝層に分層できそうである。1層の表土を除き，上部貝層である2層は，灰黒色の混土貝層である。この2層は，南西から北東方向に向けて斜面堆積している。さらに下部貝層が3層である。この3層の内部にレンズ状に堆積する炭層を確認できる。さらに，下部貝層の下が砂層の4層である。4層は遺物の全く包含されない地山の砂層である。その砂層も厚さ約60cm以下は礫層に変化している。

　C区の土器は，大きく小珠山上層文化と双砣子2・3期，上馬石上層文化の3段階に分けることができる。4層は無遺物層の地山であるところから，小珠山上層から双砣子2・3期が3層に相当しよう。3層には一部レンズ状の炭層が認められたが，これを基準に上下に分層が可能であったかもしれない。その貝層の下層が小珠山上層に，そしてその上層が双砣子2・3期に相当する可能性を推測する。一方で上部貝層より上に厚く斜面堆積する2層は，上馬石上層文化に相当する。これが遼寧式銅剣墓の段階に相当する文化層である。

　C区では3層中にほぼ面を揃えた形で石列が認められた（図11，図版13，14）。発掘当時，建物の礎石の可能性を考え，それら石列を検出することに注意された。しかし，それら石列には必ずしも規則的な配置関係は認められず，建物の礎石列と認めることができない。むしろ，南北方向においてはほぼ水平に石列が配置されているところが注目されるところである。1977年調査のⅠG1－G5トレンチからは双砣子文化期の甕棺墓が発見されている（旅順博物館・遼寧省博物館1982）。それらのうち，口縁を上に向けた甕棺が6基で，口縁を下向きにした甕棺が11基出土している。前者では口縁上部に石板が置かれ，後者は板石が敷かれず，一部は底部を欠くものがみられるとする。1941年調査の石列は，このような甕棺に伴う蓋石用板石の可能性は考えられないであろうか。その場合，甕棺の開口面は2層にある。また1941年調査の土器の中には，双砣子文化3期の底部を欠くが胴部から口縁部にかけて残りのよい広口壺が認められる。これらの黒陶系壺は甕棺墓であった可能性が想定される。

　C区の貝層は大きく2つあるが，上下における差異は不明である。発掘調査日誌によれば，マガキが主であるが，オオノガイ・アカニシなどが相当量出土し，アサリやイボニシも多く，他にオキシジミやアワビ，ツメタガイも出土したとのことである。

5．D区のトレンチと層位

　D区は東丘陵と西丘陵が合流した丘陵頂部に位置する。ここに南北方向に長い3m×5mのトレンチが設定された（図12，図版18，19）。A区と比較的隣接してトレンチが配置されてい

第2章　上馬石貝塚の層位と遺構

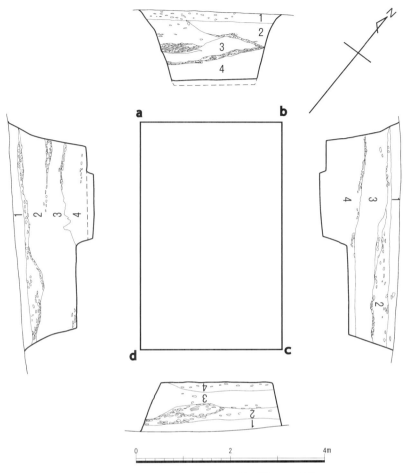

図12　D区のトレンチと層位（縮尺1/80）

ることは図7に示されている。表土である1層の下には薄い帯状に堆積する貝層が3つ認められる。この3つの貝層を基準に分層すると，1層の下が黒色土層の2層，黒灰色土層の3層，黄色砂層の4層に区分される。その下が赤褐色砂層の地山である。2・3層と4層が文化層と考えられるが，出土土器も大きく2群に分けうる。小珠山下層文化期と双砣子1～3期である。前者が4層に，後者が2・3層に対応しよう。

6.　その他の地点

1941年4月9日に梅原と森によって，遺跡全体の貝層の分布調査がなされている。A区トレンチの北側斜面の甲区（図3）には，A区と同じく2枚の貝層が間層を挟んで認められる（図

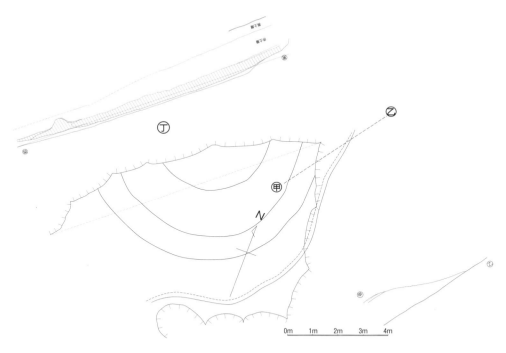

図13 丁区の地形と層位（縮尺1／150）

版20-2, 21-1）。特に下層の貝層は厚く斜面堆積している。また，甲区付近のＡ区北側斜面には2枚の貝層が連続している（図版23）。ＢⅠ区に隣接する乙区（図3）も表土下に貝層が認められ（図版21-2），ＢⅠ区と同様な貝層が認められる。また，ＢⅠ区付近から南東に延びる落ち込みの崖面（丙区）でも，表土下に厚い貝層が認められる（図版22-1）。そして，Ａ区トレンチの東側には丁区がある（図3）が，ここにも貝層が認められた（図13, 図版22-2）。表土の下すぐに貝層が堆積しており，その下位が赤土層，さらにその下に黒土層と続く。

東丘陵では図3にみられる地形測量図よりさらに東側の東丘西南端崖でも貝層が認められる（図14）。大きく2つの層位からなり，下層の西側に貝殻が密集している状態が観察されている（図15）。4月13日，梅原によって下層の混貝黒色土から土器片が採集されている。これは，小珠山中層の比較的大きな土器片であった。また，上層でも土器片が採集されているが，小珠山上層期のものであろう。したがって，上馬石貝塚ではこの地点のみで，小珠山中層期の土器が認められる。また，同日，東丘陵の東南端崖でも貝層が認められ（図版24），梅原と森によってこの部分の測量が行われている（図16）。やはり貝層は表土下に密集している。

一方，Ｃ区の西南方に存在する西丘陵の東南端崖にも貝層が認められた（図版25）。1941年4月14日に，梅原と森が人夫4人を使って，崖の一部を幅3ｍにわたって崩して層位を確認

第 2 章　上馬石貝塚の層位と遺構

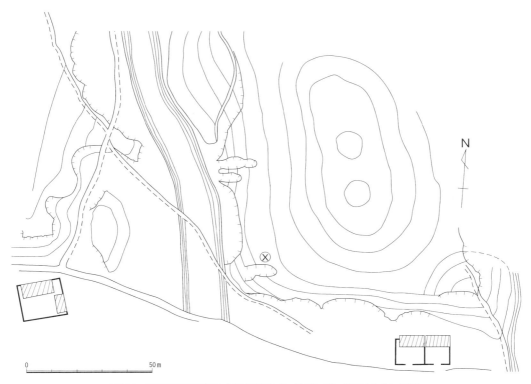

図 14　東丘西南端崖の土器採集地点（X 地点）（縮尺 1 / 1,500）

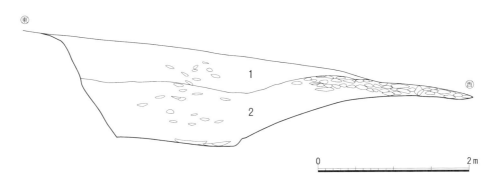

図 15　東丘西南端崖の層位（縮尺 1 / 50）

したものである（図 17）。第 2 層が比較的カキが密集した貝層である（図 18）。貝層は焼けており焼土も混じる特殊な状況であった。厚さが 80 cm ほどの貝層の下から，ほぼ面をなして紅陶を含む偏堡文化の土器が採集されている。この部分が偏堡文化の単純層をなしていた可能性がある。偏堡文化の土器はここでしか出土しておらず，重要な発見であった。

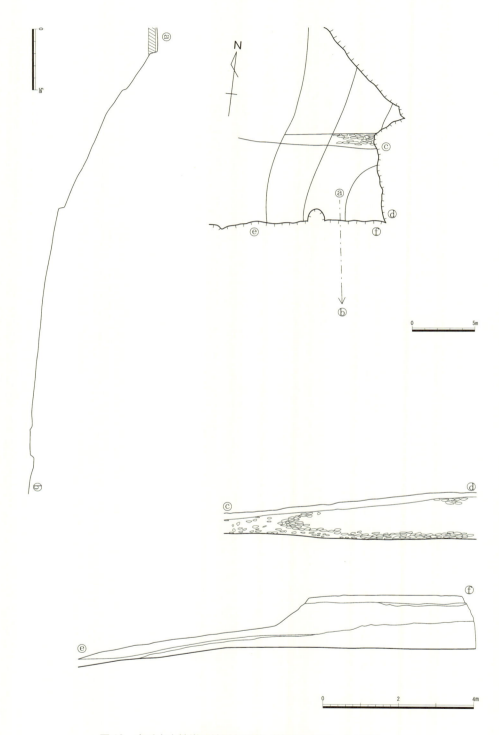

図16　東丘東南端崖の地形と層位（縮尺1／300，1／100）

第2章 上馬石貝塚の層位と遺構

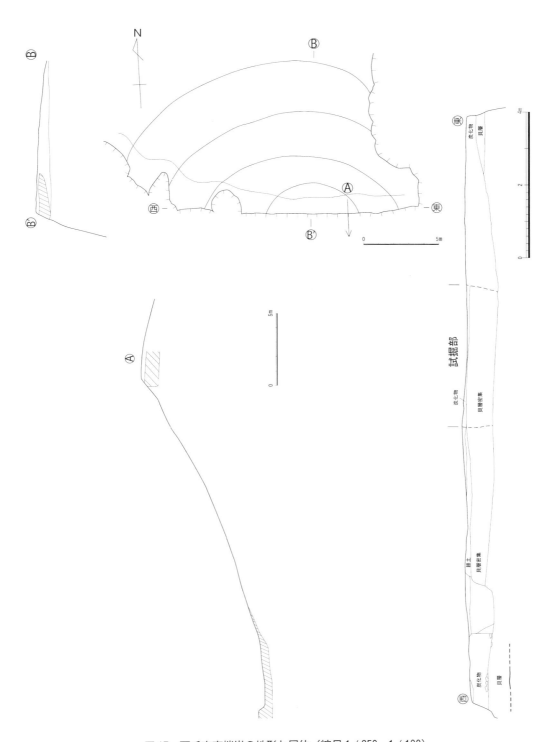

図17 西丘東南端崖の地形と層位（縮尺1/250，1/100）

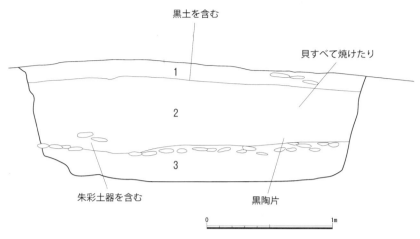

図18 西丘東南端崖の遺物採集地点の層位（縮尺1／30）

7. 調査地点と貝層

　以上のように，上馬石貝塚は1941年調査時において，A区，BⅠ区，BⅡ区，C区，D区，東丘西南端崖，西丘東南端崖の8地点から遺物が採集されており，その内容を異にしている（表2）。また，A区では貝層を挟んで明瞭に上層と下層に分層できる。さらにBⅠ区でも，1978年調査を踏まえると2層に区分でき，土器内容から小珠山下層文化と小珠山上層文化に分けうる。さらにC区では，1978年調査の層位関係とともに1977年調査の甕棺墓と銅剣墓の存在から，3層に区分できる。小珠山上層文化，双砣子文化，上馬石上層文化である。D区は1941年調査の分層結果から下層の小珠山下層文化，上層の双砣子文化に分けうる。また，西丘東南端崖は，出土土器から，偏堡文化，上馬石上層文化に分けることができる。そして，東丘西南端崖では上馬石貝塚で唯一の小珠山中層文化が存在する。

　こうした地点関係とこれまで構築されてきた遼東半島土器編年に照らし合わせたのが，表2である。この表により，上馬石貝塚資料が遼東半島の呉家村期を除く新石器時代から青銅器時代までのほぼ全時期にわたって存続していた遺跡であることが理解できるであろう。こうした遺跡は遼東半島では存在しておらず，その点でも貴重な遺跡であるだけではなく，遼東半島という山東半島と韓半島をつなぐ結節点における土器編年構築にあたって，標準遺跡であることを意味している。

　かつて筆者は上馬石上層を，上馬石貝塚資料を使って，上馬石A区下層，上馬石A区上層，上馬石BⅡ区に分け，このような方向の時間軸を考えたことがある（宮本1991）。表2にも示すように，これらの資料を補完するように，C区の上馬石上層文化資料を追加することができた。特にC区の上馬石上層文化は，1977年調査の遼寧式銅剣墓時期に相当する可能性があり，

第2章　上馬石貝塚の層位と遺構

表2　上馬石貝塚 1941 年調査地区別土器型式

地区・層位 土器型式		A区		BI区	BII区	C区	D区		西丘 東南 端崖	東丘 西南 端崖
		下層	上層				下層	上層		
小珠山下層				○	△		○			
小珠山中層										△
呉家村										
偏堡				△				△	○	
小珠山上層				○		○		△		
双砣子		△			△	○		○		
上馬石上層	A区下層	○								
	A区上層		○							
	BII区				○	○				
尹家村2期					○	○				

　年代的には春秋後半期から戦国前半期に相当している。その土器内容はBII区に類似している。また，BII区と同様に，尹家村2期の土器群が出土しており，その下限が戦国後期並行まで続く可能性がみられた。すなわち，上馬石A区では双砣子3期→A区下層→A区上層と連続するのに対して，上馬石BII区・C区ではBII区→尹家村2期という連続性が存在する。したがって，これまでの細分と編年関係には変更がないことが示されたのである。

　また，A区からD区までの貝層やその貝種を検討すると，旧海岸地形の変化を以下のように考えることができるであろう。C区など層位関係をみれば貝層が形成され始めるのは小珠山上層期など上馬石貝塚中層期からであり，小珠山下層期には明確な貝層の存在は認められない。そして，小珠山上層段階の貝層の種類はマガキを中心とした内湾環境から，オオノガイ，アカニシなど潮間帯に成育する貝種が認められ，遺跡周辺に内湾から潮間帯に至る海域が存在したことを示している。そうした内湾域の発達した可能性がある場所が，貝塚が存在する西丘陵と東丘陵の間にある谷部であり，谷部の河口部に湾が発達したであろう（図2-3・4）。これは現在の遺跡周辺の海域の状況とよく類似したものである。双砣子2・3期にかけてみられる貝層もほぼ同じ状況がみてとれる。この次の段階であるA区下層段階では，マガキを主とした貝層に変化しており，より内湾化ないしは干潟化している。これは，一時的に海進が進んだことにより，海岸近くの谷部が湾として発達したことを意味する可能性があるであろう。第5章の分析でいえば，この時期は商代後期から西周初期に並行する段階であり，一時的な温暖期である可能性がある。一方，続くA区上層期では貝種が大きく変化し，オオノガイを主とし他にアカニシ，イボニシ，アサリなどをごく少量含む潮間帯からそれ以下に生息する貝種に変化している。この段階には，急激な海退による内湾域や干潟の消滅が想像され，寒冷期に相当する。A区上層は第5章の分析でいえば，西周後半期に並行する。この時期から寒冷期が始まることには大きな問題はないであろう。さらに続くBII区に関しては，相当する時期の貝層が存在せず，

貝種からの海岸変動を想定することはできない。しかし，西周末〜春秋期に相当するこの時期は，一般的に寒冷期に相当している。海岸線が現状より遠ざかった可能性が高いであろう。そのため，貝塚も形成されにくくなったのではないだろうか。

第3章　上馬石貝塚出土土器・青銅器

宮 本 一 夫

1.　土器の名称

　土器の名称は，国や地域によって，時代や文化によって，あるいは個々の報告者によって使用する名称が若干異なり，命名の異なる場合が多々ある。中国考古学では，鼎，豆，鬹など特徴的な器種において器形と名称の対応はほぼ固定しているといえるが，例えば壺と罐のような近似した器形差の明確な定義はなされていない。本書では，基本的に中国東北地域で使われている器種名・器形名を用いて表記するが，『遼東半島四平山積石塚の研究』（澄田ほか編 2008）と同じように，以下のような器種分類を行い，土器の名称としたい。

　煮沸器　　筒形罐，罐，甕，甗（鼎）

　盛食器　　鉢，盆，三環足器，豆

　飲器　　　杯

　貯蔵器　　壺，缸

　その他　　器蓋

　紡錘車

　土錘

　ここで用いる個々の器名について説明しておきたい。煮沸具の筒形罐は，一般的に新石器時代の深鉢を指しているが，中国東北地域の在地的な新石器時代の罐が筒形罐と呼ばれる。一方，罐とは筒形罐と違い，口縁が外反して頸部を形成する罐であり，日本考古学でいう甕に相当する。この中で，口縁部に粘土帯が貼られる特徴的な罐を粘土帯罐と呼ぶ。遼東半島では鬲などの三足器は存在しないが，甑と鬲が合体した甗が存在している。甗は，遼東半島では双砣子2期以降に出現する（宮本 1985）。鼎は，その器形が青銅彝器の鼎と同様の特徴を有し，伝統的に脚部が3足の充足からなるものを指してこう呼ばれている。その用途は，青銅彝器の場合煮沸器であり，山東半島や膠東半島の白石村・龍山文化の鼎も，同様の用途が考えられる。遼東半島四平山積石塚の副葬品には黒陶鼎が認められる（澄田ほか編 2008）。小珠山上層文化期には山東龍山文化の影響で鼎などの黒陶が出現するが，上馬石貝塚では黒陶の鼎は認められない。

　一方，同じ時期に出現する黒陶の三環足器は鼎と一般的に考えられているが，底部には煮沸時の炭などの痕跡が認められず，煮沸具というよりは盛食器と考えておく。盛食器の鉢とした

ものは，中国語でいう盆，盒を含んでいる。鉢と盆は厳密な意味での区分が難しく，また鉢と盒においても時として区分が難しい器形が存在する。本書では大型のものを盆として鉢と区別する。豆は日本語でいう高杯に該当するもので，鉢状の受け部と脚部からなるものを指す。飲器としたものに，鬶，杯がある。四平山積石塚には鬶や杯の副葬が認められるが，上馬石貝塚では鬶と認められるものがない。また，上馬石貝塚では，飲器として杯が存在している可能性があるが，確実に断定できるものはない。その意味で，小珠山上層文化期や双砣子文化期にそれぞれ山東龍山文化や岳石文化の影響を受けつつも，山東半島や膠東半島において重要な飲器が上馬石貝塚など遼東半島では根づかなかった点が注目に値する。

　貯蔵器である壺と缸については，日本考古学で定義する壺に相当するが，缸としたものは日本考古学の甕のような煮沸具ではなく，大型の貯蔵器である。壺は長頸壺，短頸壺などいくつかの種類に分けることができる。その他として，器蓋を項目として挙げた。器蓋は鼎や杯，壺などの蓋として山東龍山文化に知られるものと器形的な特徴の類似点をもっている。なお，底部は破片資料であるため，全体的器形が明確でないものを一括して図示した。また，その他の紡錘車や土錘などの土製品については，別項の形で説明したい。

　遼東半島先史時代の土器は，土器の製作技法や焼成温度の違いから，土器の色調を基準としていくつのかの大別土器群を区分することができる。それは，紅褐陶，褐陶，黒陶，黒褐陶，灰褐陶である。また，紅褐陶に赤色顔料のスリップを塗ったものを紅陶と呼び，区別したい。新石器時代は，小珠山下層文化期には滑石混入の紅褐陶が，偏堡文化期に褐陶や黒褐陶が，そして小珠山上層文化期に山東龍山文化の影響を受けた黒陶が出現する。偏堡文化期から小珠山上層文化期には紅陶が認められることも，時期的特徴を示している。また，小珠山上層期ないしそれに後続する双砣子文化期に黒褐陶や灰褐陶が出現し，さらに在地的な土器文化が展開する上馬石上層期からは黒褐陶や褐陶が主流となる。中国考古学では，これら大別土器群の細分にさらに挟砂や泥質などの属性が付加される場合があるが，これらの属性は大別土器群の下位の器種に相関する場合がほとんどであり，自動的に区別が可能である。そこで，滑石混入紅褐陶を除き，これら胎土の属性要素は付加せずに大別土器群を定義しておきたい。各器種の説明をするにあたり，まずこれら大別土器群ごとに器種の説明をしていきたい。また，図化した土器・石器などには個体番号を付している。以下，本書では説明にあたって番号を指示した場合は，この個体番号を意味している。

2．A区の土器

（1）　A区下層（図19～22，表3，図版27，28）

a）　褐陶

壺　　壺は大きく短頸壺（3・5～9），鉢形口縁壺（4・11・12・15・17），小型壺（20・23）に

第3章　上馬石貝塚出土土器・青銅器

図 19　A区下層出土土器（縮尺 1/4）

分けることができる。これらは，口縁部に 2 条の平行直線文による横帯区画と区画内に斜格子文が施されるもの（3〜5）と，平行線文による横帯区画が施されず 1 つの直線文の上ないし直線文をもたないまま斜格子文が施されるもの（6〜9・11・12・15・17）に分かれる。鉢形口縁壺では，口縁部が斜格子文ではなく斜線文のもの（17）もみられる。48・49 はそれらの底部であろう。小型壺は無文のもの（20）であり，さらにミニチュア壺（21）も存在する。23 は，黒

39

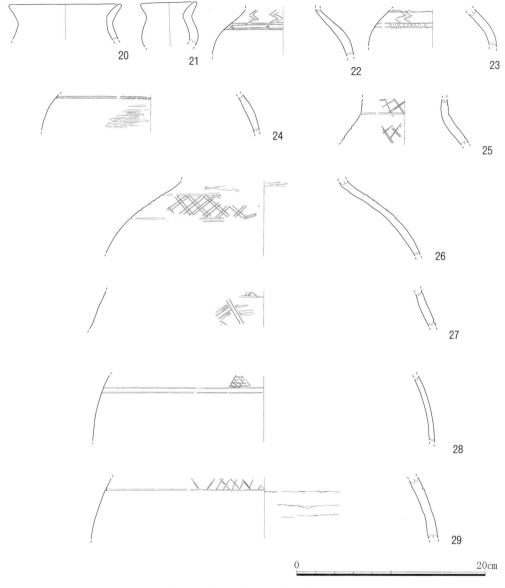

図20　A区下層出土土器（縮尺1/4）

褐陶小型壺22と類似したZ字形の幾何学文を肩部に施される小型壺である。
　粘土帯壺　　33は口縁幅が狭く、粘土帯が貼られた壺形の器形をなす。
　鬲　　粘土帯断面が方形（35）で口縁から胴部にかけて球形に張り出すものである。このうち、35の粘土帯上には円形の刺突文が施されている。37は鬲の脚部であり、同じ褐陶であることから、粘土帯断面方形のものが鬲の口縁部である可能性がある。

第3章　上馬石貝塚出土土器・青銅器

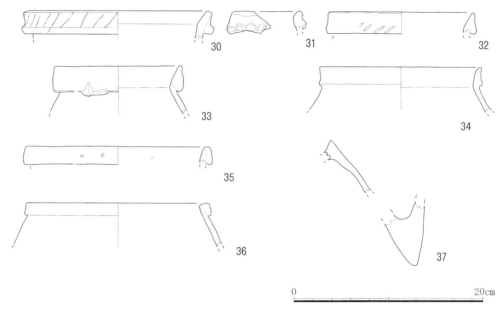

図21　A区下層出土土器（縮尺1/4）

　鉢　　40はボール状の小型の鉢である。41は口縁部形態が碗形をなし，頸部形態から豆の可能性が考えられる。

　豆　　43は豆の脚部であろう。

　把手　把手は柱状のもの（44・45）と橋状のもの（46）に分かれる。柱状のものの中にも縦方向の孔のあくもの（45）がある。

　胴部・底部　胴部には，外傾接合で刷毛目調整が施されるもの（47）が存在する。また，25の胴部破片も，このような短頸壺の一部であろう。底部（48・49）は平底であり，器種の不明なものである。壺あるいは罐の底部であろう。

b）　黒褐陶

　広口壺　1は口縁部に比較的狭い平行線文間に斜線文が施されるもの。2は口縁の一部しか残存していないが，平行沈線文による区画帯の間に斜格子文が施されるものであろう。

　鉢形口縁壺　13・14・16は，幾何学文様が頸部に施される。細かい平行直線文間を斜線文で刻むものであり，頸部から口縁部にかけては研き調整がなされている。19は口縁部が長頸化して口縁が内湾気味の鉢形口縁壺である。平行沈線文を斜線文で充塡したクランク文からなる。

　壺　　比較的大型の壺の胴部（26～29）には2条の平行直線文が施され，その間に斜線や斜格子文が施される。この胴部に比較的短頸でやや内湾気味の口縁（10）が伴うであろう。短頸

41

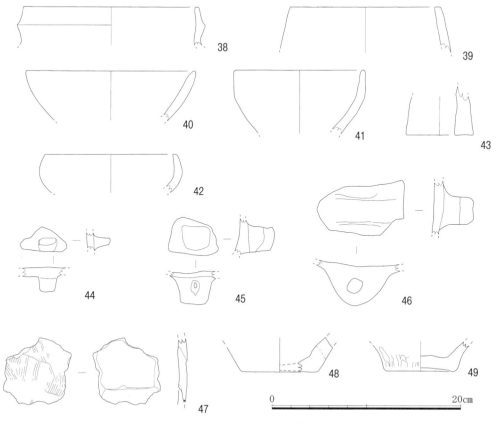

図22 A区下層出土土器（縮尺1/4）

壺ということができるであろう。

　小型壺　小型の壺であり，口縁（18）はやや外反するものである。この小型壺の頸部にZ字形の幾何学文が施される胴部（22）が伴うものと考えられる。

　粘土帯罐　断面三角形の粘土帯が口縁に接して貼りつけられるが，胴部以下の器形は不明である。粘土帯上に斜線文が施されるもの（30）と粘土帯下端を刻むもの（31・32），粘土帯が無文のもの（34）がある。罐の胴部と考えられるもの（47）には，明瞭な刷毛目痕跡とともに外傾接合痕が認められる。

　鬲　36は断面方形の隆帯を口唇に接して貼りつけ，弧腹状に胴部が張り出す鬲の口縁部と考えられる。

　把手　小型のつまみ状の把手（44）が認められる。

　c）黒陶

　盆　口縁が内傾する鉢形の器形（39）である。小珠山上層期などの古い時期のものが混入

第3章　上馬石貝塚出土土器・青銅器

している可能性がある。

d）　灰褐陶

子母口罐　　受け口をもつ短頸罐（38）が認められる。これは典型的な双砣子2期の子母口罐であり，古い時期の資料が混入したものであろう。

短頸壺　　10は口縁部に文様をもたないものである。大型の短頸壺である可能性があり，褐陶短頸壺とは異なる器種である。双砣子2・3期に遡る可能性がある。

鉢　　浅い受け部からなるもの（42）で，おそらく脚部付豆になるものと思われるが，確証がないところからここでは鉢としておく。

e）　まとめ

以上に記した上馬石A区下層資料は，一部，小珠山上層期や双砣子2期のものを含んでいるが，それを除くと比較的単一の様式的特徴をもっている。灰褐陶の子母口罐や鉢（豆）が双砣子2期のものである。

単一な特徴をもつものとは，褐陶短頸壺，褐陶鉢形口縁壺，黒褐陶広口壺，黒褐陶鉢形口縁壺，黒褐陶粘土帯罐，甑，鉢，豆などからなる。その中でも文様的な特徴として，褐陶短頸壺や褐陶鉢形口縁壺では文様が2種類に分かれる。口縁に平行沈線文による横帯区画が施されその間を斜格子文で充填するものと，横帯区画が消失し口縁に1条沈線を施してその上端に斜線や斜格子文を施すものの2種類である。型式学的には前者の方が古く，後者に変化するものと考えられる。また，前者の文様構成は双砣子3期新段階に認められ，この段階に相当する可能性がある。したがって，後者のみがA区下層の特徴的な型式としてみることができる。さらに，黒陶鉢形口縁壺や黒褐陶小型壺には幾何学文様が施され，これらもA区下層の特徴を示す土器である。

（2）　A区上層　（巻首図版6‐77，図23〜25，表3，図版29，30）

a）　褐陶

壺　　54は口縁端部がやや外反気味の壺の口縁部であるが，全体の形態は不明である。壺にはミニチュア壺（64）も存在する。

小型罐　　80は小型罐であるが，他に類例がない。80はこれまでの罐にみられない器形であり，いわゆる植木鉢形をなす。

甑　　65・72は頸部から大きく胴部が張り出す器形であり，甑の可能性が高い。A区下層の甑の可能性を考えた36に器形が類似しているからである。これらはともに断面三角形の隆帯が口縁に接して貼られ，隆帯の端部のみが刻まれている。89は甑の脚部の一部であり，A区上層に甑が存在する根拠となる。

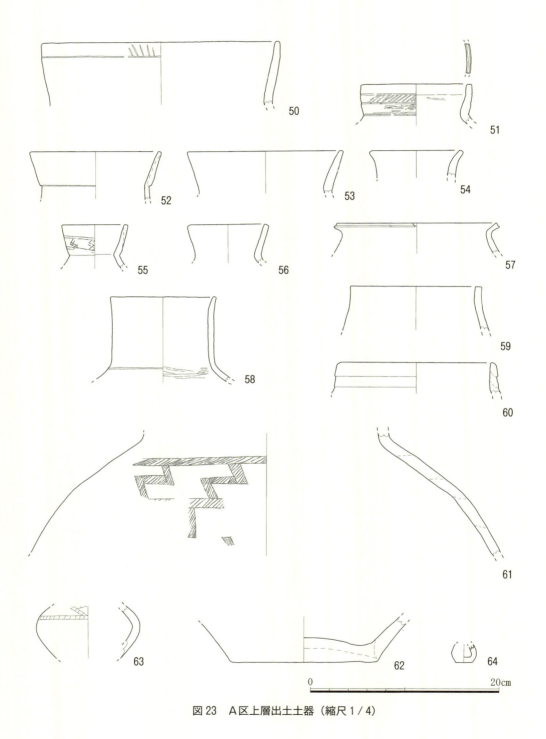

図 23 A区上層出土土器 (縮尺 1/4)

第3章　上馬石貝塚出土土器・青銅器

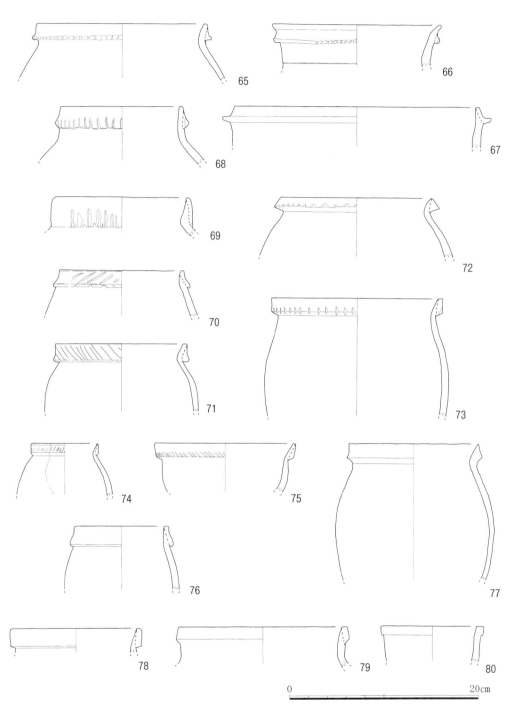

図24　A区上層出土土器（縮尺1/4）

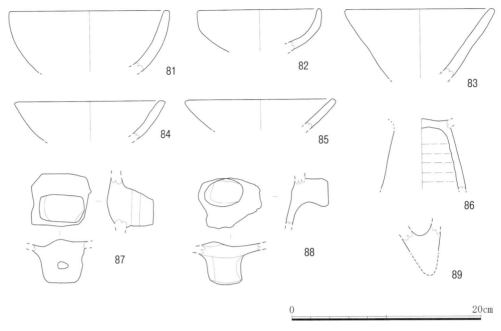

図25　A区上層出土土器（縮尺1/4）

b) 黒褐陶

壺　広口壺，短頸壺などがある。広口壺 (50) は，口縁端部に平行沈線文が引かれ，平行沈線文と口縁端部との間に斜線文が施される。短頸壺は2条沈線文間に斜線文が施されるもの (51) である。また，短頸壺 (52・53) は無文で，52は口縁が肥厚しており，53は肥厚しないものである。どちらもA区下層の口縁部に斜格子文を有する短頸壺と型式学的には連続するものであり，無文化している。68は断面三角形状の隆帯が口縁よりやや下がったところに貼られ，隆帯端部が刻まれる。これに対して79は断面方形の隆帯が口縁に接して貼られ，刻みも施されない。69も口縁が立ち上がり，頸部から張り出す胴部をなすものである。口縁は隆帯状の肥厚がなされ，口縁下に縦方向の刻みが施される。

小型壺　短頸の小型壺は口縁部に幾何学文が施されるもの (55) である。幾何学文は直線文間にZ字形文が施されている。こうした幾何学文をもった小型壺には，63のような同じZ字形幾何学文が施される胴部が伴う。

無頸壺　59は口縁端部が面取りされ口縁が内湾した弧腹形をなす無頸壺である。60は粘土紐が外傾に接合された痕跡が明瞭である。

罐　66・67ともに口唇からやや離れた位置に隆帯が張られ，口縁がやや外反をなすものである。胴部以下の器形が不明であるため，明確な器形の同定は難しいが，罐に含めておく。隆帯は他の褐陶罐などに比べ細く，かつ口縁も大型のものであり，褐陶罐とは全く異なる器形と用途をなすものである。

第3章　上馬石貝塚出土土器・青銅器

　粘土帯罐　　71・73・77 は粘土帯罐であるが，口縁部がややすぼまり気味ながら胴部があまり張り出さない器形が特徴的である。これらは全体に粘土帯の下端部が厚く下膨れ状の断面三角の隆帯が貼られる。71 は隆帯上に斜線文が，73 は隆帯上に刻まれるものである。74 は小型の粘土帯罐であり，粘土帯上面に斜線文が施されている。77 は口縁端部に断面三角形状の隆帯が貼られ無文の粘土帯罐である。76・78 は同じく無文の粘土帯罐であるが，粘土帯の断面は方形に変化している。

　粘土帯壺　　68・69 のように，口縁部に隆帯が貼られ，隆帯上を刻む形態に特徴がある。頸部から口縁部に向かって立ち上がり，胴部が大きくふくれる器形は壺であろう。

　c）　灰褐陶

　壺　　長頸壺と広口壺が認められる。長頸壺（58）は，肩部と頸部の境が沈線状に施されるもので，内面の胴部上半には研きが施されている。大型の壺（61）は，口縁形態が不明であるが，胴部上半には平行直線文間を斜線文で充填した幾何学文が施される。おそらく広口壺に属するものであろう。幾何学文様は平行直線文間を斜線で充填したクランク文で構成するもので，Z字形文の文様構成に類似している。この広口壺の底部と考えられるものが 62 である。

　弧腹罐　　57 は口縁部が外反するものであるが，59・60 に類似して胴部が膨れる弧腹罐であろう。口縁端部は凹線文をなすように調整されており，一部に刻目状の斜線文が認められる。

　粘土帯壺　　79 は口縁部に隆帯が貼られるが，刻目などの文様をもたないものである。

　粘土帯鉢　　75 は口縁に比べ胴がすぼまるものであり，粘土帯鉢に相当しよう。

　鉢　　81〜84 は鉢の口縁部であるが，豆の可能性もある。

　d）　まとめ

　A区下層からA区上層への変化のなか，褐陶短頸壺において口縁部文様の無文化という型式変化が認められる。また褐陶自体も表面が褐色をなしながらも内面は黒色化するなど，黒褐陶に焼成方法などが近づいており，黒褐陶の比率が高まっていることも特徴のひとつである。また，灰褐陶の比率も高まっており，灰褐陶の中には長頸壺と同時に，胴部にクランク文様などの幾何学文を有する広口壺が存在する。黒褐陶の幾何学文を有する小型壺などは，A区下層との連続性を示すものである。なお，甗に関しては，脚部が存在するところからその存在については問題がないが，口縁部形態はA区下層のものと系譜を異にしている。

3．BⅠ区の土器　（図26〜28，表3，図版31）

　a）　滑石混入紅褐陶

　筒形罐　　集線文（91・92）と之字形文（93・94）が，組み合わさるかまたはそれぞれが単独で施され，95・96 の底部とともに筒形罐を構成する。胎土に滑石が混入されていることが

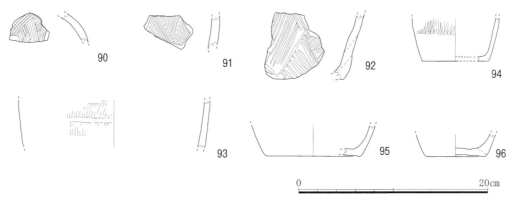

図26 BⅠ区出土土器（縮尺1/4）

特徴である。小珠山下層期のものである。
　壺　　胴部上半に集線文が施された壺（90）である。断面が湾曲する胴部は，壺の胴部と考えられる。筒形罐と同じく胎土に滑石が混入されている。99は口縁部が外反して屈折する壺で，頸部以下の胴部にやや粗雑な集線文が施される。90は小珠山下層期のものであり，99も小珠山下層期の新しい段階のものであろう。

　b）　紅褐陶
　隆帯文罐　　口縁に接して断面三角形状の隆帯が貼られ，隆帯端部が刻まれるもの（97・98）である。偏堡文化の新段階のものである。
　罐　　100は口縁が「く」字形口縁をなすが，口縁端部がやや内湾気味に終わるものである。頸部以下には斜線文が施される。109も罐の胴部破片で斜線文が施されている。
　把手ほか　　111は突起状の把手である。110は紅褐陶の破片の側面に抉りを入れた土製品である。

　c）　紅陶
　鉢　　107は表面に紅色のスリップが塗られ，紅陶をなす。胴部には刺突文による文様が施されている。類例は四平山積石塚などに認められ（澄田ほか編2008），小珠山上層期のものである。

　d）　褐陶
　広口壺　　108は口縁端部が面取りされながらナデが施されている。口縁部に文様をもたない広口壺である。
　罐　　101は口縁端部が鋭角的に貼りつけられ，この接合部を利用して口縁部内面側に圏線

第3章　上馬石貝塚出土土器・青銅器

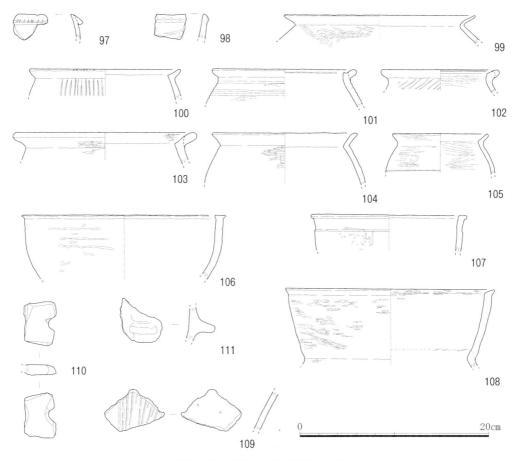

図27　BⅠ区出土土器（縮尺1/4）

を呈する。102も口縁端部がやや水平面に近いタイプであり，口縁端部内面に1条の圏線をもつ。頸部以下には斜線文が施されている。この他，103は「く」字形口縁に近い形態であるが，口縁端部はやや内湾気味である。100の頸部以下の文様も斜線文をなすであろう。105は完全に「く」字形口縁をなす甕であり，胴部は1条の沈線文が認められる。

　鉢　　106は口縁端部が受け口状に面取られる鉢である。

　e）黒陶
　壺　　112が長頸壺，113・114が短頸壺である。これらは頸部に平行沈線文を施すことに特徴がある。114は口縁端部がやや肥厚気味に外部に突出するところに特徴がある。112の長頸壺の口縁端部水平面をなし，水平面の内側に圏線をもつ。小珠山上層期の様式的な特徴をなす。115・116も壺の口縁の一部である。

　三環足器　　118は頸部に1条の太い沈線文が施され，胴部から底部へ湾曲しながら屈曲す

49

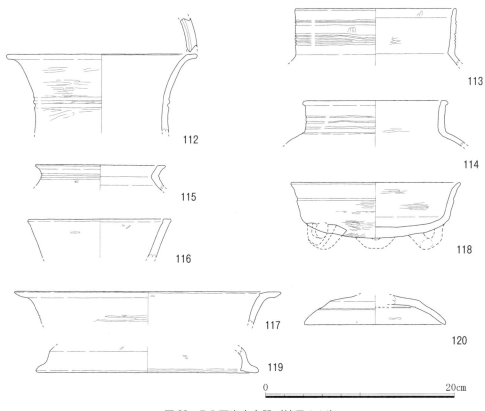

図28 ＢⅠ区出土土器（縮尺1/4）

る三環足器である。
　盆　　117は口縁が強く屈折して水平面をなす器形からなる盆である。脚部を有すれば，豆である可能性もある。
　蓋　　119・120は蓋である。前者は口縁端部が受け部をなす蓋である。

　f）黒褐陶
　罐　　104は「く」字形口縁をなす罐である。器形的には小珠山上層文化期の罐であるが，胴部に文様をもたない。
　盆　　106は深めの鉢形を呈し，口縁端部には蓋の受け部状の窪みを有する。

　g）まとめ
　ＢⅠ区は，小珠山下層の滑石混入紅褐陶，偏堡文化の紅褐陶筒形罐，小珠山上層の紅褐陶，紅陶，褐陶，黒陶，黒褐陶からなっており，小珠山中層・呉家村期を除いて新石器時代の文化層がすべて確認される。また，小珠山上層期の中でもやや新しい段階の土器型式が目立つ。な

お，ここで出土している黒褐陶はいわゆる亜流黒陶と呼ばれるものであり，黒陶を製作しようとしながら黒陶の焼成技術に達していないものである。

4. BⅡ区の土器 (図29～37，表3，図版32～36)

a) 滑石混入紅褐陶
筒形罐　之字文をなす筒形罐 (121) の破片がある。

b) 紅褐陶
罐　「く」字形口縁をなし，胴部には斜線の綾杉文からなる罐 (122) である。
盆　大型の盆 (125) であり，口縁端部が沈線文状に窪んでいる。口縁部がやや肥厚し内湾する椀形をなす盆 (126) もみられる。

c) 褐陶
罐　全体に小型の罐であり，口縁がわずかに立ち上がるもの (149・150) である。
鬲　断面方形ないし三角形の隆帯を口縁に接して貼り足し，頸部から胴部中央に向けて張り出す器形 (195～198・200・202～204・206・208～210) が，鬲の上半部をなすと考えられる。211は鬲の腹部であり，ここに突帯ないし隆帯を貼り，指押しによる刻目文が施されている。214・217は鬲の足部分である。
粘土帯罐　199は粘土帯罐であり，断面方形の隆帯を口縁端部に載せるように貼りつけるものである。207の粘土帯罐は断面方形の隆帯を口縁に接して貼りつけるものである。また，201はこれまでの粘土帯罐とは器形を異にしており，粘土帯壺の器形をなすものである。一方，172の色調は赤褐色を呈するが，このタイプが1つしかないところからここでは褐陶に含めて記述したい。172は口縁部に断面方形状の粘土帯を貼り足すように付着させ，胴部中央に柱状

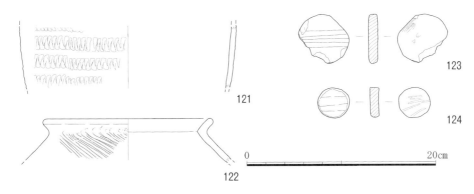

図29　BⅡ区出土土器 (縮尺1/4)

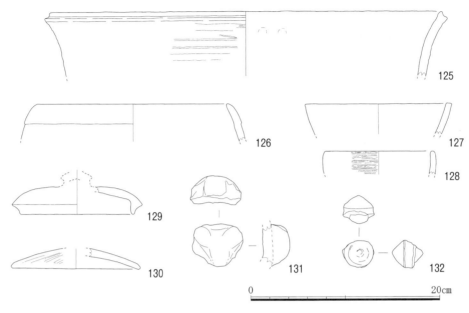

図30　BⅡ区出土土器（縮尺1/4）

の把手を取りつけるものである。

　鉢　　椀形の鉢（128）をなす。193は鉢の一部かあるいは豆の一部になるであろう。
　豆　　192は脚部であるところから，豆と考えられる。
　蓋　　132は宝珠形つまみをなし，双砣子2期の蓋のつまみである。

d）黒褐陶

　短頸壺　　口縁部形態は不明であるが，短頸壺の胴部肩部には縦方向の区画内を斜線文で充填する文様構成（144〜148）が認められる。また，縦方向の区画内に平行線文を施し，これを平行線文によって多段に交互に構成する胴部文様（141・146）も認められる。胴部に縦方向の三角形区画を斜線文で充填した幾何学形文が施される大型の壺（144・145・148）がある。185〜188がこれらの底部に相当しようが，187は底部に木の葉文が認められる。これら短頸壺の口縁部と以下に説明する罐の口縁部との差異が明確でないため，「く」字形口縁の大部分を罐とした。「く」字形口縁の一部は短頸壺となるものも存在しようが，口縁部だけで器形の特定が難しいため，これらは一括して罐に入れておく。

　小型壺　　小型の長頸をなす壺の口縁部には，三角形を斜線で充填させ短斜線による平行線からなる幾何学文（136），多条の平行沈線文が施されるもの（137）がある。また，胴部上半に短斜線文による幾何学文や平行線文を構成するもの（142・143）が存在する。

　罐　　153〜155・157・160・162・163が罐の口縁部と考えられるものである。「く」字形短頸壺の口縁というよりは，短い口縁部が立ち上がり気味の器形をなしている。胴部中央に円形

52

第3章 上馬石貝塚出土土器・青銅器

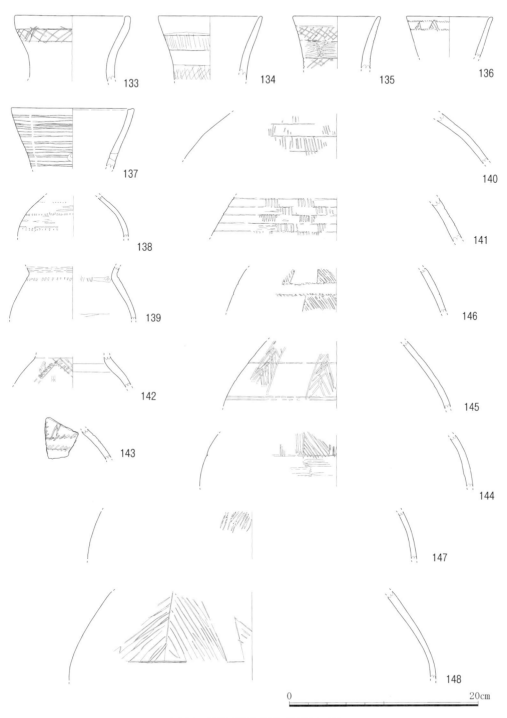

図31 BⅡ区出土土器（縮尺1/4）

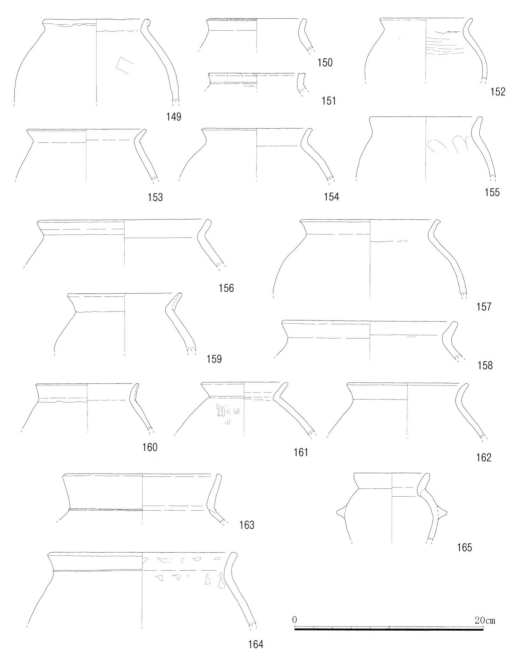

図32　BⅡ区出土土器（縮尺1/4）

54

第3章 上馬石貝塚出土土器・青銅器

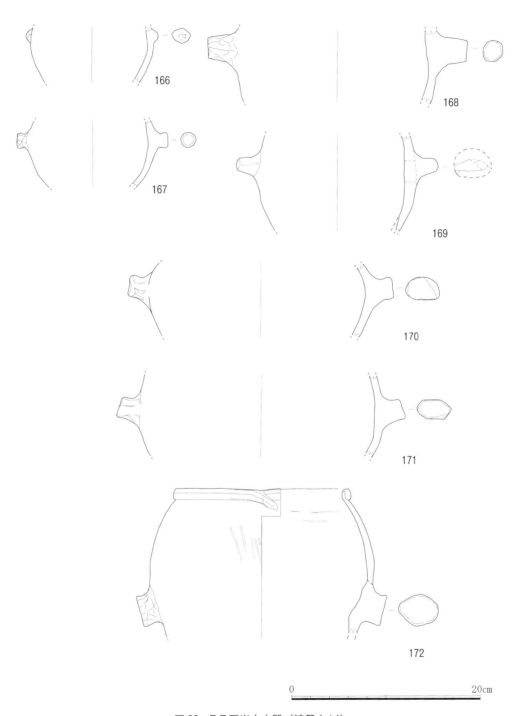

図33 BⅡ区出土土器（縮尺1/4）

55

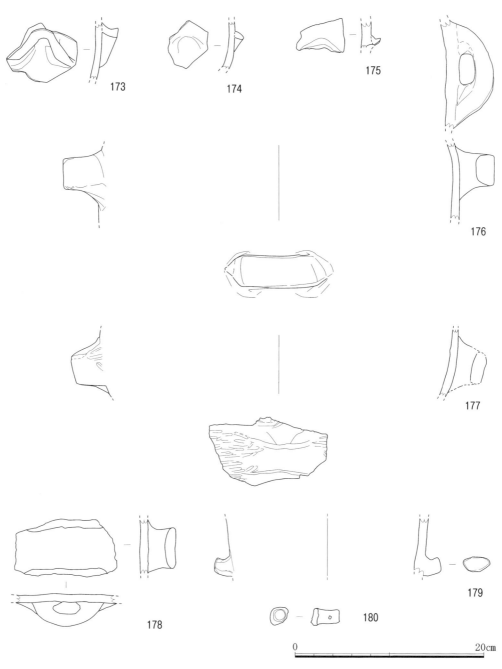

図 34　BⅡ区出土土器（縮尺 1／4）

第3章　上馬石貝塚出土土器・青銅器

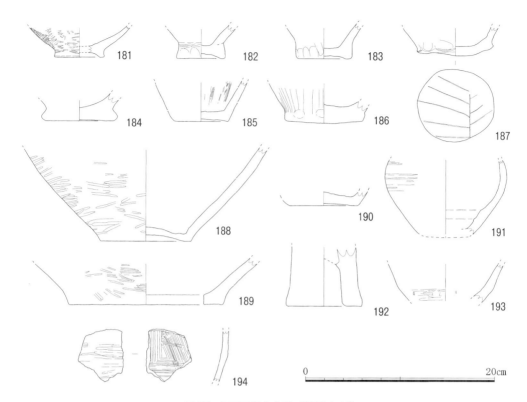

図35　BⅡ区出土土器（縮尺1/4）

の柱状把手をもつもの（166・167・169・170）が，これら罐の口縁部に伴うと考えられる。長胴化した形態をなし，他の地点にあまりみない器形である。

　小型罐　小型の罐である165は，胴部に円形のつまみ状の把手を有している。上記した罐をミニチュア化したものと考えられ，罐の全体的な形態をこの小型罐から想定できるであろう。

　粘土帯罐　断面三角形状の下膨れの粘土帯を口縁に接して貼り，胴部が張り出さない器形（205）をなす。

　鉢　口縁が外側に開く椀形の器形をなす鉢（127）である。

　蓋　返りをもつ蓋（129）である。

　把手　小型の鞍形把手（174）がみられる。橋状把手（177）が認められるが，これは大型の「く」字形口縁罐の胴部である可能性がある。また，179のような棒状の把手も認められる。

　底部　181・186～188・190・191は壺や罐の底部である。194は底部に近い胴部下半の破片である。内面に刷毛目痕跡が明瞭であるが，器種は不明である。

　e）灰褐陶
　小型壺　長頸で口縁部がやや内湾気味の形態をし，平行線文間を斜格子文で充填するもの

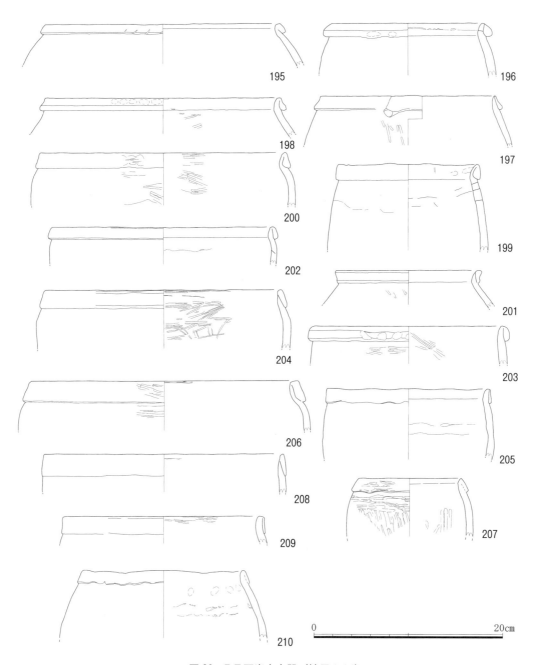

図36　BⅡ区出土土器（縮尺1/4）

第3章　上馬石貝塚出土土器・青銅器

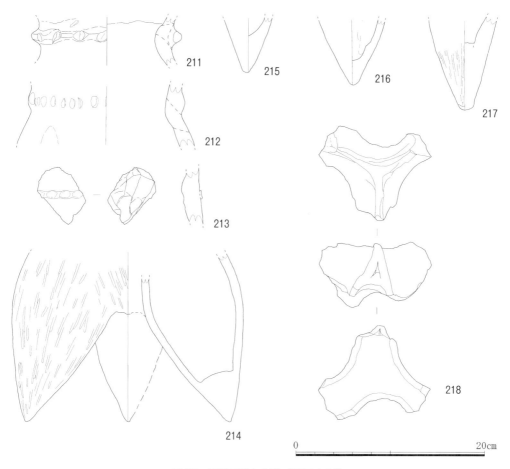

図37　BⅡ区出土土器（縮尺1/4）

(133)，平行直線文間を斜格子文で充塡してそれらを多段になすもの（134・135）がみられる。134は幾何学文上部の口縁端部に，135は幾何学文間の無文部分に黒色加彩が施されており，黒色磨研土器の一種である。138は胴部に刻み状の列点文を平行線状に施すものであり，幾何学状文様構成をなす。

　罐　　小型の無文の罐であり，口縁がわずかに立ち上がるもの（151・152）がある。また，口縁が「く」字形に折れ曲がる無文の罐（158・159・161・164）もある。このうち，164は大型の罐である。同じ灰褐陶で橋状把手を構成する胴部（176・178）が認められるが，これらが「く」字形口縁罐の胴部をなす可能性が考えられる。

　甗　　212・213は甗のくびれ部であり，くびれ部に隆帯を貼り指頭による刻目が施される。215・216は甗の脚部であり，218は脚部の組み合わせ部分である。

　蓋　　130は円盤状の蓋である。131は蓋のつまみであり，つまみ部には3方向のへこみ部

59

分がある。

把手　鞍形把手（173・175）は，C区の308や浜町貝塚（金関ほか1941）の長頸の小型壺からみれば，おそらくは小型壺に伴うであろう。なお，173の鞍形把手の表面には刷毛目調整の痕跡がよく残っている。また，橋状把手（176・178）も存在するが，これらは無文の短頸壺に伴うと考えられる。棒状の把手で縦方向の孔をもつ小型の把手が存在するが，これに伴う器形は不明である。180は棒状の把手であり，円孔が施されている。

底部　189は底部の端部が生きており，甑の底部であることが明瞭である。甑として認められる土器片はこの1点のみである。182は小型の壺の底部である。

f）　まとめ

滑石混入紅褐陶筒形罐の小珠山下層，紅褐陶罐・盆の小珠山上層，黒褐陶・灰褐陶蓋の双砣子2期の特色ある土器を除き，この他のほとんどが上馬石上層文化期の一時期の一括遺物をなす。特に，黒褐陶や灰褐陶の小型壺が特色的な土器構成をなしており，類似した土器は崗上墓などの遼寧式銅剣を伴う段階に認められる。遼寧式銅剣段階の土器群であることを示しており，尹家村1期とされたものに相当する。また，柱状把手をもつ黒褐陶罐・灰褐陶罐や粘土帯罐などはさらに新しい段階の尹家村2期に相当するものである。BII区の上馬石上層文化土器は，従来の編年（中国社会科学院考古研究所1996）でいう尹家村1期から尹家村2期に相当するものである可能性が高い。

5.　C区の土器（巻首図版3〜6，図38〜57，表3，図版37〜42‐1）

C区は新石器時代から青銅器時代の遺物が混在して出土している。本来は層位関係があり，分層によって時期差を区分できた可能性があるが，発掘段階では分層による発掘がなされていない。そこで型式学的な分類により，大きく3段階の時期区分が可能であろう。すなわち，小珠山上層文化期，双砣子文化期，上馬石上層文化期である。この順に遺物の説明を行いたい。

（1）　小珠山上層文化期

a）　紅褐陶
罐　口縁が「く」字形口縁をなし，胴部上半が綾杉文をなすもの（258）である。

鉢　249は口縁が直線的に伸びる椀形の鉢である。252は，249の鉢を小型化したミニチュア鉢である。

b）　黒陶
壺　277は口縁端部が水平面をなし圏線が巡るものであり，肩部に平行沈線文が施される壺である。272も口縁部が屈折して水平面をなす壺である。219〜221は，口縁が直口しやや外

第 3 章　上馬石貝塚出土土器・青銅器

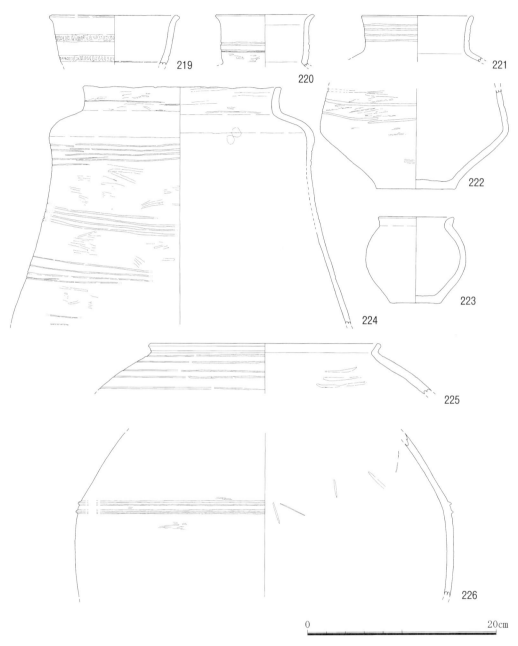

図 38　C 区出土土器（縮尺 1 / 4）

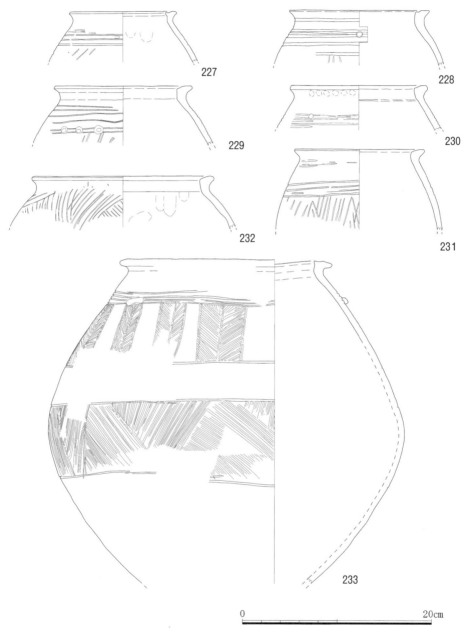

図 39　C区出土土器（縮尺 1/4）

第 3 章　上馬石貝塚出土土器・青銅器

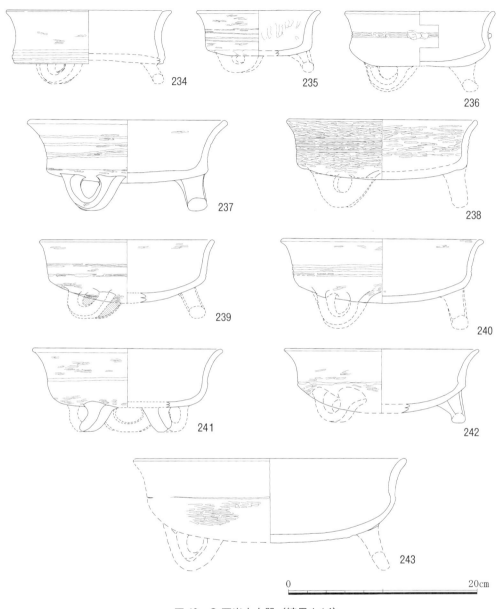

図 40　C 区出土土器（縮尺 1/4）

反気味で口縁部に沈線文が施されるものであり，219・220 が長頸壺で，221 が短頸壺である。222 は壺の胴部から底部の可能性がある。254 は大型の広口壺であり，頸部に平行沈線文が施され，その下方の肩部に集線文の沈線文が施される。223 はミニチュアの壺であろう。四平山積石塚（澄田ほか編 2008）では，褐陶でこのような形態のミニチュア壺が副葬されている。

　缸　　大型の貯蔵具であり，多様な形態をなす。口縁がすぼまり胴部下半にかけて膨れるも

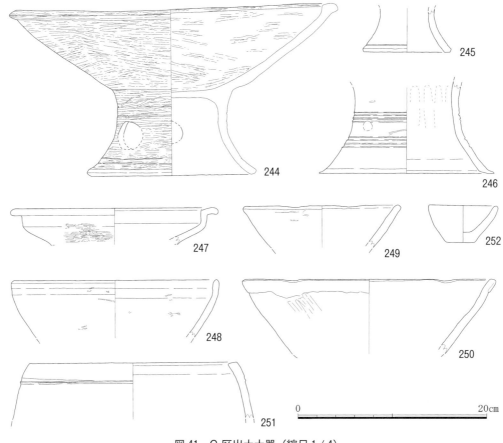

図41 C区出土土器（縮尺1/4）

の（224）で，数段にわたって平行沈線文が施されている。また，肩部下半に2条の突線が施されるもの（226）も，缸の一部であろう。

　罐　262は形態や文様が褐陶の罐に類似しているが，褐陶罐より小型である。268は褐陶罐と同じ形態と文様をなす。口縁が水平面を呈し，そこに圏線が引かれる型式である。273も同じ罐の口縁部形態を示しており，頸部には平行沈線が引かれ，その下位の胴部に櫛描き状の斜線文が引かれるものである。

　三環足器　底部と口縁部の屈折が直角に近く折れ曲がり稜線をもつもの（234・235）と，やや湾曲をなして折れ曲がるものの稜線を残すもの（236・238・242），さらに屈曲部の稜線がなくなり口縁部から底部に向けて湾曲するもの（241・243）に分かれる。これらの分類に従い次第に大型化しているようにみてとれる。また，これらの胴部には3条から1条の平行沈線が施されるのが特徴であるが，分類に従い平行沈線文が少なくなる傾向にある。

　豆　杯部が鉢形を呈し，口縁端部が若干肥厚する大型の豆（244）が存在する。また，口

第3章　上馬石貝塚出土土器・青銅器

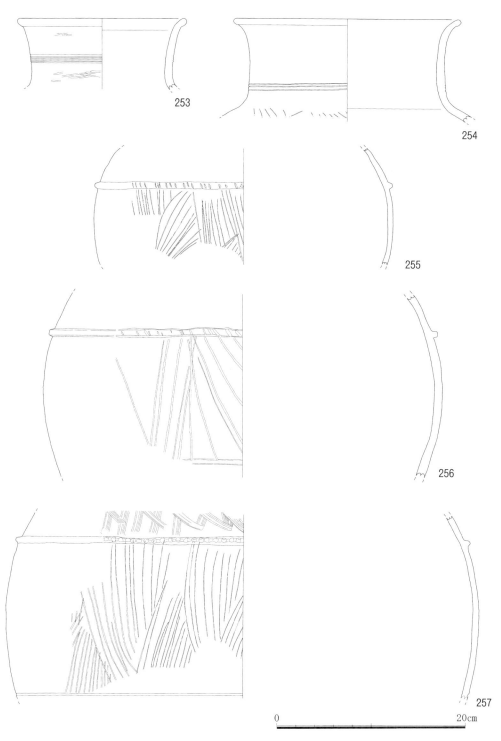

図42　C区出土土器（縮尺1/4）

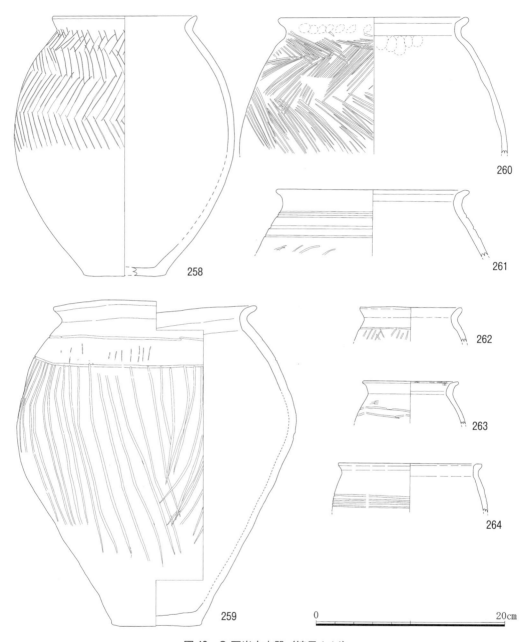

図43　C区出土土器（縮尺1/4）

第3章　上馬石貝塚出土土器・青銅器

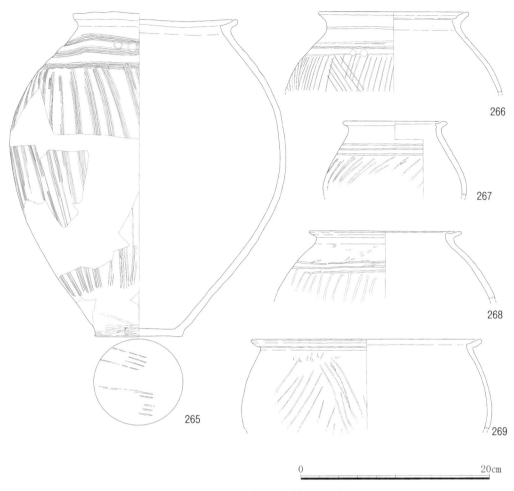

図44　C区出土土器（縮尺1/4）

縁端部が外面に屈折し平坦をなす豆（247）も存在する。
　蓋　　280は壺や罐に伴う落とし蓋状の扁平な蓋である。281は小型の蓋であり，壺などに伴うものであろうか。

　c）　褐陶
　缸　　口縁が「く」字形口縁をなし胴部が大きく張り出すもの（225）がある。
　罐　　267・274・275・278は口縁が水平面をなし圏線をもち，頸部に平行沈線文とその下位に櫛描き斜線文が施される罐である。その中でも267と278は小型の罐であり，267は口縁端部の水平面が斜めに傾く傾向にある。260・261は，口縁端部が水平面ではなく立ち上がる傾向にある罐である。文様は肩部に平行線文とその下位に櫛描き斜線文が施される261と綾杉

67

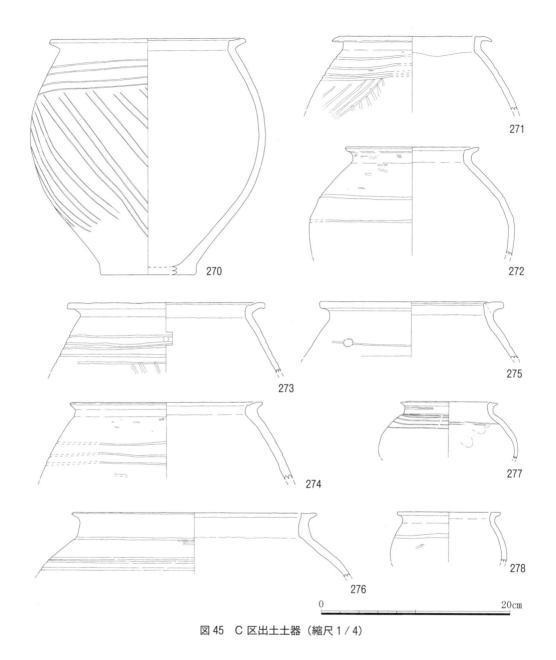

図45 C区出土土器（縮尺1/4）

沈線文が施される260に分かれる。263は口縁部が「く」字形口縁に変化した甕である。

　壺　253は大型の広口壺である。口縁が直口気味に立ち上がり，口縁端部が若干外反するもので，頸部近くに平行沈線文が施されるものである。これら口縁には，255～257の胴部が伴う。ともに肩部に1条の刻目隆帯が施され，刻目隆帯以下に細い斜線文による集線文が施される特徴をもつ。また隆帯の上面には櫛状の斜格子文が施されるもの（257）もある。肩部に

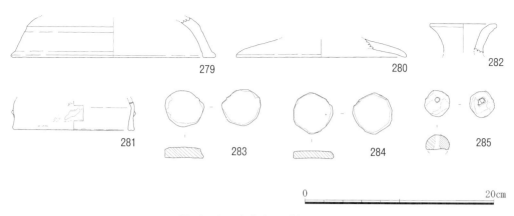

図46　C区出土土器（縮尺1/4）

は沈線による斜線文の集線文も施される場合（259）がある。

　蓋　　279は缸や罐に伴う蓋である。
　玉状土製品・円形土製品　　285は球形に円孔を有した玉状土製品であり，装身具であろう。283は褐陶の土器片を再加工したものである。

　d）黒褐陶
　罐　屈折した口縁部をもち，頸部には平行沈線文が施され，平行沈線文下に櫛描き状の斜線文が施されるのが一般的である。この中でも，口縁部形態によって大きく3つに分けることができる。口縁が屈折して水平面を呈し，水平面に圏線が引かれるもの（268・270・271・273），口縁の屈折が甘くなり，水平面が傾斜して圏線はかすかに残るもの（265・266），さらに圏線もなくなり，口縁が屈折して「く」字形口縁を呈するもの（259・264・269）である。
　三環足器　237・239は底部から口縁部に向けて屈折して口縁が外反気味な三環足器であるが，屈曲部の稜線が認められるものである。一方で，240の三環足器は屈曲部の稜線が認められず，屈曲部分が丸みを帯びるものである。前者の平行沈線文が間隔をおいて施されているのに対し，後者は密集して平行沈線文が施されている。
　筒形罐　311は口縁に接して断面三角形状の隆帯が貼られ刻目が施されるものであり，小珠山上層期に特徴的な隆帯刻目の筒形罐の可能性がある。
　蓋　　282は蓋のつまみ部分である。
　円形土製品　　284は黒褐陶土器片を再加工したものである。

（2）双砣子文化期

　a）紅褐陶
　広口壺　292は口縁がやや外反気味の大型の壺である。

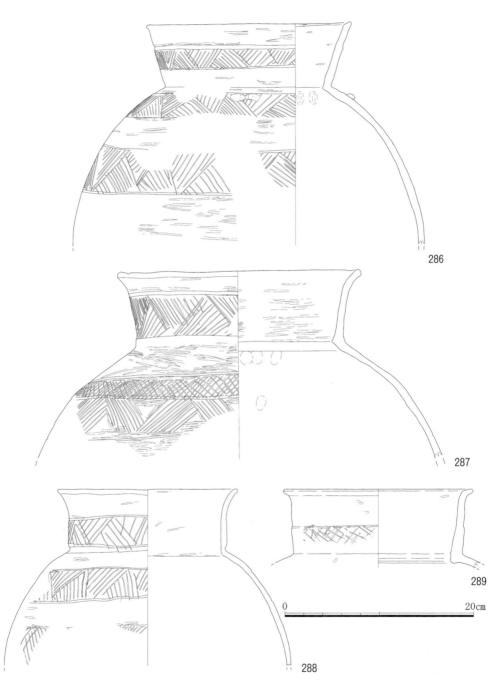

図47 C区出土土器（縮尺1/4）

70

第3章　上馬石貝塚出土土器・青銅器

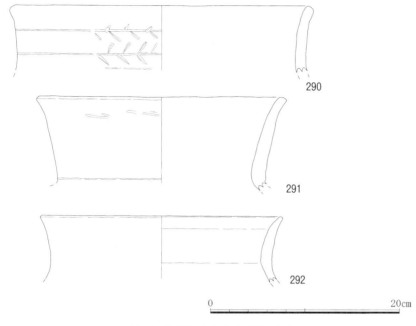

図48　C区出土土器（縮尺1/4）

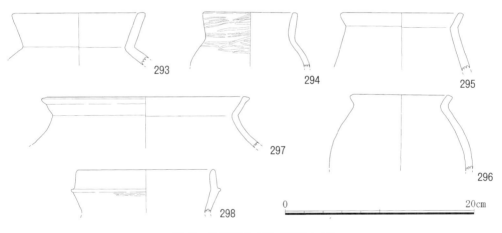

図49　C区出土土器（縮尺1/4）

b）褐陶

広口壺　口縁部がやや外反しながら，口縁部と胴部に帯状の斜線や斜格子文による集線文が施されるもの（287）である。同じ器形は黒褐陶にみられ，焼成条件が不安定かあるいは焼成窯の構造の違いによる焼きの違いによって生じた差異であり，土器型式としては黒褐陶の広口壺と同一のものである。また，291も広口壺であるが口縁部に文様帯をもたず，やや器壁も

71

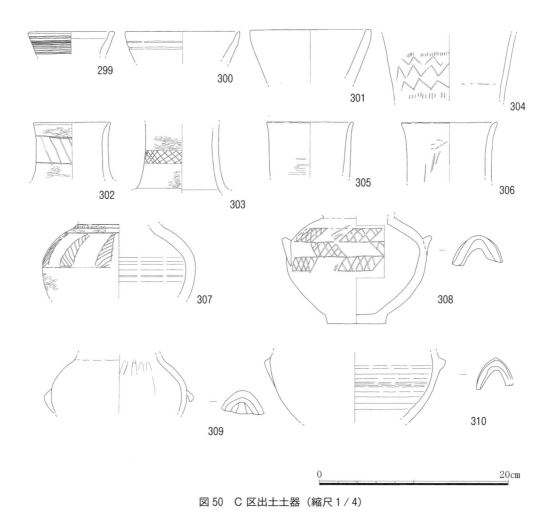

図 50 C区出土土器（縮尺1/4）

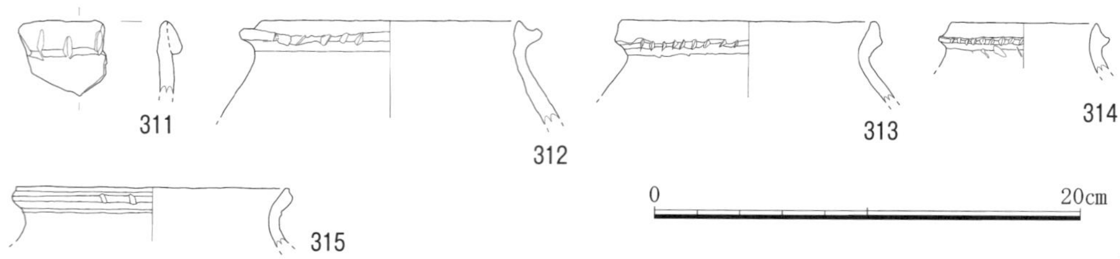

図 51 C区出土土器（縮尺1/4）

第3章　上馬石貝塚出土土器・青銅器

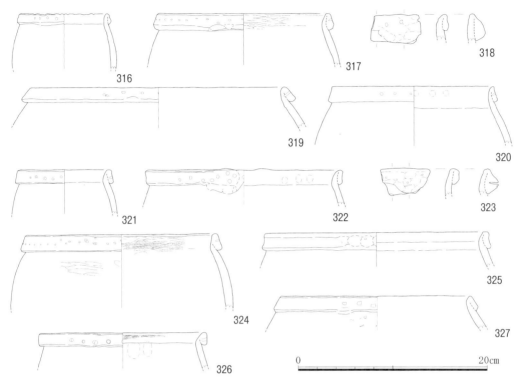

図52　C区出土土器（縮尺1/4）

厚い傾向を示す。

　甗　大型の317〜320・322〜327は甗の上半部であろう。これらは，断面方形を中心とした隆帯が口縁に接して貼りつけられ，隆帯上を刺突する列点文に共通の特徴が認められる。こうした列点文をもつ隆帯文の類例は双砣子2期の双砣子遺跡や大嘴子遺跡にも認められ，双砣子文化期のものと考えられる。甗のくびれ部で隆帯に刻みが施されない無文のもの（353）が認められるが，上馬石上層期のものとは異なっており，この時期のものであろう。355は甗の脚部が全体的に細長く，上馬石上層期のものと異なっており，双砣子2期などの双砣子文化期のものであろう。354はこの355に伴う脚部の分襠部であろう。

　c）黒褐陶

　広口壺　口縁部が斜めに直線的に立ち上がるもので，口縁端部が面取り気味に納められている。平行線文間を斜線による集線文で帯状に文様を構成し，これらの帯状文様帯が口縁部から胴部上半にかけて多段に施されるもの（286）である。焼成状態も黒陶に近く，双砣子1期文化の亜流黒陶に近いものであるが，黒褐陶に含めておく。同じように多段の帯状集線文が口縁部から胴部において3段施されるが，口縁端部が外反気味に終わり，口縁部の帯状集線文より

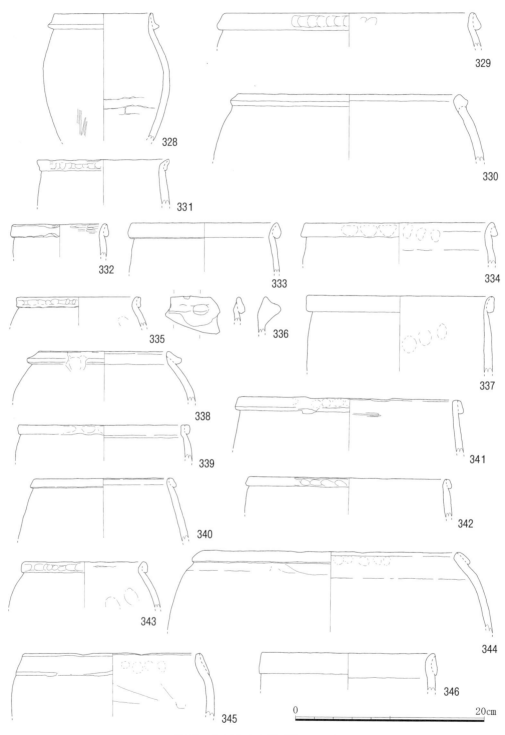

図53　C区出土土器（縮尺1/4）

第3章 上馬石貝塚出土土器・青銅器

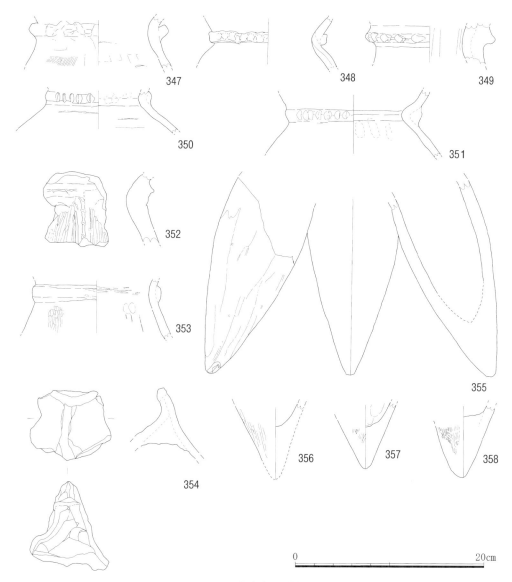

図54 C区出土土器（縮尺1/4）

頸部側に移動して施されるもの（288）がある。さらに口縁部の集線文が頸部と接するように施されるとともに下端部の平行沈線文が施されないもの（289）がある。これは，帯状集線文が斜格子文に変化しているとともに口縁端部がさらに外反して曲がるものであり，典型的な双砣子3期の文様を構成している。褐陶の広口壺を含めて考えると，黒陶に近く直口する286から口縁が外反気味の288へ，さらに胴部の帯状区画帯文が連結する287へ，そして口縁部の帯状区画帯文が頸部まで下降するとともに下段の平行沈線文を消失して口縁端部が外反する289

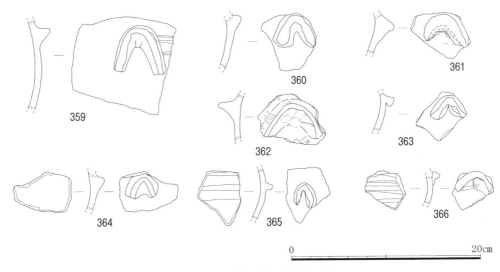

図55　C区出土土器（縮尺1/4）

への変化が想定できる。これらの変化は，双砣子文化1期から3期までの変化に相当するものと考えられる。このほか290も広口壺であるが，口縁部に平行線を施しその間を綾杉文で充塡する文様が施され，文様規範はその他のものと類似している。遼東半島西部の双砣子3期にみられる広口壺である。

　子母口罐壺　　子母口口縁の受け口をもつ罐であり，受け口部分の外面が箍状に肥厚するもの（298）であり，双砣子2期の特徴を示す壺である。

　粘土帯罐　　316・321の小型のものは罐であり，粘土帯罐と呼んでおきたい。この時期の様式的な特徴である粘土帯上面に列点文が施される特徴がある。

　d）灰褐陶

　甗　　甗のくびれ部として352のような断面三角形状の隆帯に細かい刻みが施され，さらに縦方向の隆帯が取りつくものがある。これは岳石文化に認められる甗であり，遼東半島には，この双砣子2期段階に甗が膠東半島から流入してきたことが分かる資料である。

(3)　上馬石上層文化期

　a）褐陶

　小型壺　　299・300・304が長頸の小型壺である。長頸部が斜めに立ち上がるもので，平行沈線文（299・300）と平行沈線文間を鋸歯状の列点文からなる幾何学文（304）が施されている。

　短頸壺　　293・295などの「く」字形口縁壺は短頸壺に類似するが，372〜375などの柱状把手がこれらの胴部につくものである可能性があり，柱状把手付短頸壺と称しておきたい。

第 3 章　上馬石貝塚出土土器・青銅器

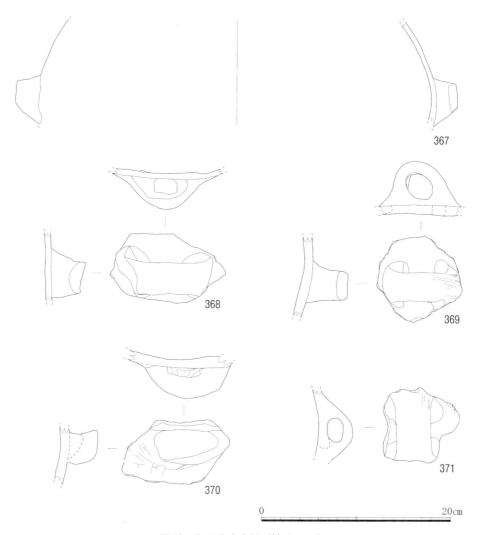

図 56　C 区出土土器（縮尺 1/4）

　粘土帯罐　口縁に接して断面が下膨れの三角形状を呈した粘土帯が貼られる小型の罐（328・331〜333・336）がある。また，断面長方形の粘土帯が口縁に接して貼られる粘土帯罐（339・340）もみられる。
　鬲　断面三角形隆帯ないし断面が薄い方形の隆帯を口縁に接して貼り，胴部が張り出す器形（329・341・342・344・345）をなす。胴部くびれ部に隆帯が貼られ，指頭状の大きな刻みが施されるもの（347〜350）は，鬲のくびれ部に相当する。356〜358は鬲の足部であるが，大半がこの時期のものと思われる。

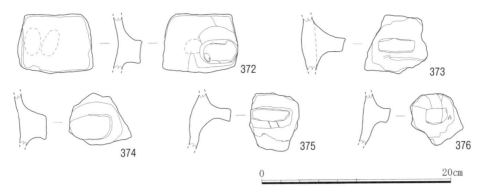

図57　C区出土土器（縮尺1/4）

b）　黒褐陶

　短頸壺　小型であり文様をもたず口縁が立ち上がる短頸壺（294）である。口縁部外面には研き痕跡が明瞭である。口縁が短い「く」字形の短頸壺（296）をなす。369の橋状把手はこうした短頸壺に伴う可能性のあるものである。

　小型壺　305は無文の長頸の小型壺の口縁部である。307は小型壺の胴部で，縦方向の三角形区画内を斜線で充塡するものであり，この時期の短頸壺の胴部文様と同じものである。310は無文の胴部であり口唇形把手がつく。361・362・364は黒褐陶の口唇形把手であり，これら小型壺に取りつくものである。

　粘土帯罐　口縁に接して断面が下膨れの三角形状ないし長方形を呈した粘土帯が貼られる比較的小型の罐（334・335・337・338・343・346）である。

　小型罐　口縁隆帯が口縁よりやや下がった場所に貼りつけられ，隆帯上に刻目が施されるもの（312～315）である。隆帯が口縁に接し刻目もまばらになった315もこれに含めておく。尹家村2期文化に認められる土器である。

c）　灰褐陶

　小型壺　303は平行沈線文の外側に黒色の加彩が施されており，黒色磨研土器の一種ということができる。309は小型壺の胴部であり，これらには口唇形把手がつくことが特徴である。363は小型壺の胴部に取りつく口唇形把手である。

　短頸罐　297は大型の短頸罐で，口縁が「く」字形を呈し口縁端部に面取りが施されるものである。368・371の橋状把手や376の柱状把手は，このような灰褐陶の短頸壺の胴部に取りつくものである。

d）　黒陶

　小型壺　302は，小型壺の長頸部に斜線文が充塡された横帯区画文をなす。この横帯区画

文の外側には黒色加彩がなされている。無文の 306 は，長頸部分の外面に黒色磨研が施されている。308 は小型壺の胴部であり，帯状文帯が交互に斜格子文で充塡される幾何学文からなり，幾何学文の充塡部分は黒色加彩が施されないが，その他は加彩されるものであり，302 と同一個体をなす可能性がある。こうした土器は，韓半島の粘土帯土器に認められる黒色磨研土器の技術的な原型ということができるであろう。365・366 の口唇形把手は黒陶であり，このような小型壺の胴部につくものである。

（4） まとめ

　C区は，小珠山上層文化期，双砣子文化期，上馬石上層文化期の 3 時期に区分することができる。量的に最も多い小珠山上層文化期の土器の中には，これに遡る偏堡文化の筒形罐の系譜を引く土器（311）がわずかに含まれており，偏堡文化と小珠山上層文化との連続性が物語られている。C区でまとまって小珠山上層文化期遺物が発見されることは，1978 年の調査においても同様である。また，1978 年調査の最下層が小珠山上層文化期とされるように，1941 年調査C区の 3 層下部がこの小珠山上層文化期に相当するであろう。

　また，双砣子文化期の遺物が存在するが，遼東東部では双砣子 1 期の存在は認められない。一方で双砣子 3 期段階の遼東東部は，遼東半島先端地の双砣子 3 期とは異なる地域性をもつことが知られており（白石 2011），C区における特徴的な黒褐陶・褐陶の広口罐は，これら双砣子 3 期に相当する可能性が高いであろう。一方で，双砣子 2 期に特徴的な受け口をもつ壺（298）なども知られており，双砣子 2 期から存在することは間違いない。ここではまとめて双砣子文化期としておくが，小珠山上層文化期から連続するように双砣子文化期が存在しているということができるであろう。この点で，1977 年の調査によって，C区において双砣子 3 期の小児用甕棺が発見されているという点と符合している。1941 年調査C区 3 層上部がこの段階の文化層に相当しよう。

　上馬石上層文化期とした段階は，土器内容からみると B Ⅱ区の土器群とほぼ同一である。1977 年の調査で，C区から遼寧式銅剣 1a 式を伴う土壙墓群が発見されているが，そうした段階の土器群であることを示している。また，C区から遼寧式銅剣 1a 式を模した角剣が出土しているが，崗上墓の段階に相当する B Ⅱ区と，年代的に同一段階であることを示していよう。したがって，C区の土器群は，崗上墓にみられる遼寧式銅剣の古式である遼寧式銅剣 1a 式段階から，遼寧式銅剣 2b 式段階（宮本 2000・2008 a）まで連続した土器群であると考えることができる。長頸の小型壺がこの時期の特徴的な土器である。さらに，刻目口縁隆帯をもつ小型罐（312〜314）や棒状把手をもつ褐陶罐・灰褐陶罐は，尹家村 2 期に認められるものである。遼東半島の尹家村 2 期（中国社会科学院考古研究所 1996）では，こうした土器に燕系土器が伴っているが，上馬石貝塚ではこうした土器が伴わないという地域性が存在することを考えれば，上馬石上層文化期は戦国後期並行期まで存続した可能性も考えられる。

6. D区の土器 （巻首図版3‐379，図58，59，表3，図版42‐2，43）

(1) D区下層

a) 滑石混入紅褐陶

筒形罐　377～384，386～389は滑石混入紅褐陶の筒形罐である。377・378・381のように，胴部上半に斜線集線文や斜格子文などの帯状文をもち下半部が之字形文からなるものと，379のように口縁部から胴部まで全面に横方向の之字形文が施されているものがある。また，387～389は筒形罐の底部であるが，389は底部片を再加工した土錘であろう。

b) 褐陶

鼎　385は滑石が混入されておらず，金雲母が多量に含まれる土器である。口縁が折れ曲がり，受け口状を呈している。膠東半島の白家村期の鼎である可能性がある。

(2) D区上層

a) 紅褐陶

蓋　401は口縁端部の傾きから考えておそらく蓋であろう。蓋とすれば小珠山上層文化期に属するものであろう。

b) 褐陶

罐　391～393は，頸部に平行線が引かれさらに胴部にかけて斜線文が施される罐である。391は「く」字形口縁をなすが，392・393は口縁端部が屈折して水平面をなし圏線が引かれるものである。これらの罐は典型的な小珠山上層文化期の罐である。408はこれら罐の底部であろう。底部外面には擦痕状の沈線文が認められる。

c) 黒褐陶

筒形罐　406は口縁隆帯が施され刻目が施される筒形罐である。

子母口罐　404は口縁が子母口状の段部を形成しており，双砣子2期の特徴的な子母口罐である。

ミニチュア罐　405は短頸の小型の罐である。

広口壺　402は，口縁がやや肥厚し平行沈線文が施されるもので，遼東半島西部の双砣子3期の典型的な広口壺である。403は口縁端部がやや外反する広口壺であり，平行刺突文が施されている。

罐　398は，C区の259にみられるような「く」字形口縁へ変化する前段階の罐の口縁部

第3章　上馬石貝塚出土土器・青銅器

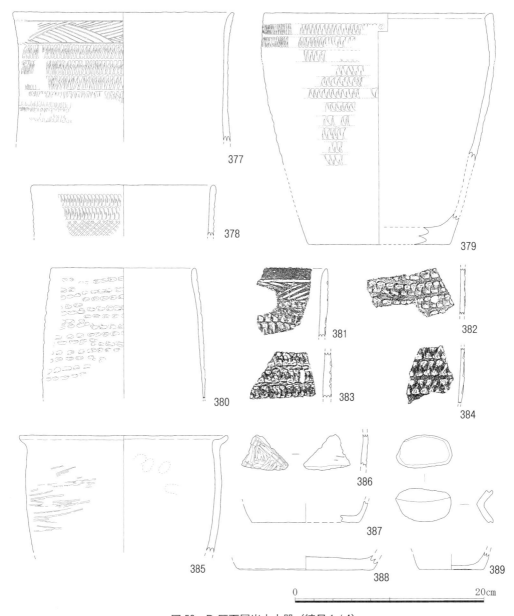

図58　D区下層出土土器（縮尺1/4）

である。小珠山上層文化期のものである。

　蓋　　390の外面は黒陶にみえるが，内面は褐陶の様相を示しており，亜流黒陶に属するもので，双砣子1期に属するかもしれない。口縁端部に強いナデ押しがみられるところが特徴である。

　底部　　399は三環足器の脚部である。400は罐の底部であろう。407は底部がやや外側に

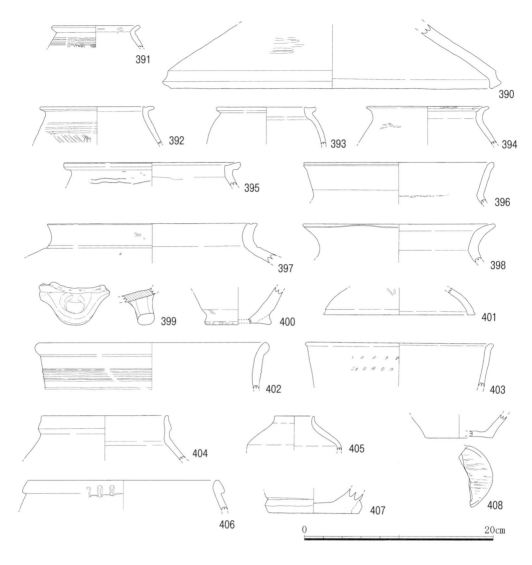

図59　D区上層出土土器（縮尺1/4）

張り出すもので，双砣子3期の鬲形器の脚部の特徴を示している。

(3) まとめ

　D区下層は小珠山下層文化期のものであるが，土器内容は小珠山下層文化期の前半から後半まで幅広く，膠東半島の白家村期の鼎は後半段階のものに伴うものであろう。一方，D区上層は小珠山上層文化期から双砣子3期までのものが認められる。点数は多くないが，小珠山上層から間断なく双砣子3期まで連続して遺物が認められるところに意義がある。

7. 東丘西南端崖（巻首図版3-409, 4-410, 図60, 表3）

(1) 出土土器

a) 褐陶

筒形罐 409は組帯文が崩れ，細沈線文による斜線文や区画内での列点文が認められる。典型的な小珠山中層文化期の筒形罐である。

b) 黒褐陶

壺 410は口縁端部がわずかに折れ曲がるものであり，口縁端部が屈折して水平面に近いものである。胴部の最大径は胴部下半に認められる。外面には明瞭な横方向の磨きが認められる。口縁端部の形態的特徴は，小珠山上層文化期の甕や壺などにみられるものであり，その時期のものであろう。

(2) まとめ

筒形罐と壺しか出土しておらず，一括遺物であるか不明である。どちらも比較的大きな破片で完形に近いものであるところから，比較的遺存状態のよい環境で採集されたものと思われる。そうした遺存状態のよさは，遺存状態のよい文化層あるいは同様な遺構が存在していた可能性を示唆する。土器の特徴からは，409が小珠山中層文化期，410が小珠山上層文化期のものと考えられ，時期的には異なっている。

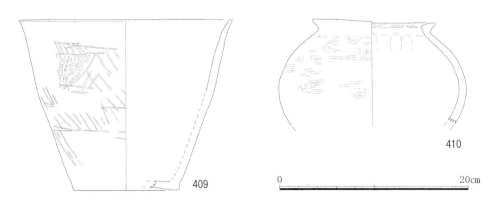

図60　東丘西南端崖出土土器（縮尺1/4）

8. 西丘東南端崖 （巻首図版3 - 414・418, 図61, 表3, 図版44）

(1) 出土土器

a) 紅褐陶

鉢　417・418は鉢である。417は口縁端部が内側に屈折する特徴をなす。418は小型の鉢であり，口縁が内湾気味に終わっている。417は外面が赤色の紅褐陶であるが，内面には縦方向の刷毛目痕跡が明瞭に認められる。

筒形罐　方形の隆帯が口縁に接して貼られ，隆帯上に鋸歯状の沈線文が施されるもの（420）である。胴部には縦方向の刻目をもつ隆帯（423）や微隆帯（426・427）が貼られる。

b) 褐陶

筒形罐　421は断面が正方形に近い隆帯が口縁端部に接して貼られるものであり，隆帯端部に刻目が施されている。

壺　411は頸部に波状の沈線文をもつ類例を知らない壺である。

罐　口縁端部が若干外反するもの（414）であり，口縁端部が横方向にナデられている。外面や内面には指による横方向や縦方向のナデの痕跡が明瞭である。また，内面の胴部下半には刷毛目調整の痕跡が残っている。416も同様に口縁端部に横方向のナデが施されやや外反気味の形態を呈する。415はこれらの底部であろう。

c) 黒褐陶

筒形罐　422は断面三角形状の隆帯が口縁に接して貼られ，隆帯上に斜線文が施されると同時に隆帯端部が刻まれるもので，さらに胴部に沈線による縦方向の直線文や横方向の綾杉文が施されている。425はおそらく422と同一個体であり，胴部に連弧状の隆帯が貼られ斜線が施されるもので，さらにその上部には綾杉沈線文がみられる。また，隆帯の下方には刷毛目痕跡が認められる。424は縦方向の刻目隆帯がつく筒形罐の胴部であり，内面に刷毛目痕跡が認められる。

罐　430は罐の肩部である。小珠山上層期のものの可能性があるが，西丘東南端崖出土の表記がなく，出土地点は不確かである。

d) 紅陶

無頸壺　弧腹状の鉢形を呈する無頸壺である。413・428は口縁が内湾しながら端部が若干立ち上がるものである。431はそれに伴う胴部以下の部分であると考えられる。429は肩部の一部であるが，同一個体であるかは不明である。431の内面には縦方向の刷毛目調整が認められる。

第3章　上馬石貝塚出土土器・青銅器

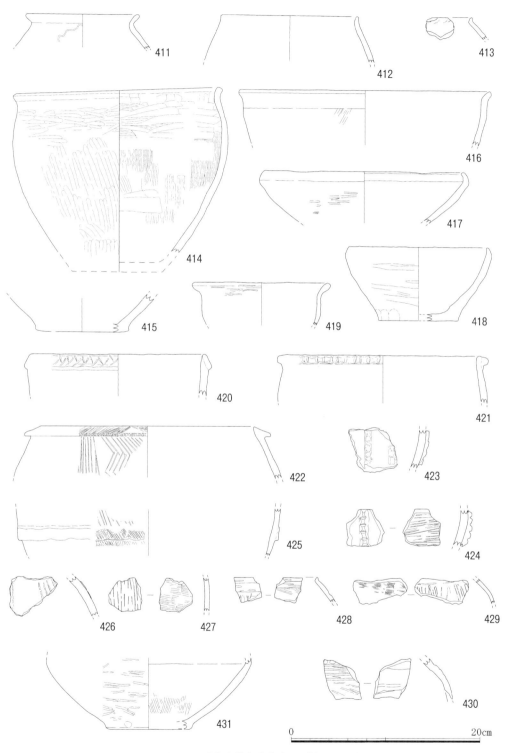

図61　西丘東南端崖出土土器（縮尺1/4）

(2) まとめ

　西丘東南端崖の出土品は多くはないが、偏堡文化の土器がまとまって出土しており、偏堡文化段階の一括遺物ということができるであろう。偏堡文化段階が上馬石貝塚においてもある一時期に単一時間をもって存在していることが示されたものである。近隣の広鹿島の小珠山遺跡では、2005・2006年の再発掘において偏堡文化段階が層位的に確認されている（中国社会科学院考古研究所ほか2009）が、上馬石貝塚では地点別に偏堡文化が単一時期を形成していることが明らかとなった。

9. 地表採集品（図62～64，表3，図版45）

a） 紅褐陶

　広口壺　　442は広口壺である。頸部以下には丁寧な研き調整が施されている。小珠山上層期に属するものであろうか。

b） 褐陶

　小型壺　　437は胴部部分であるが、押し引き状の単斜線文による平行線文とその間に単斜

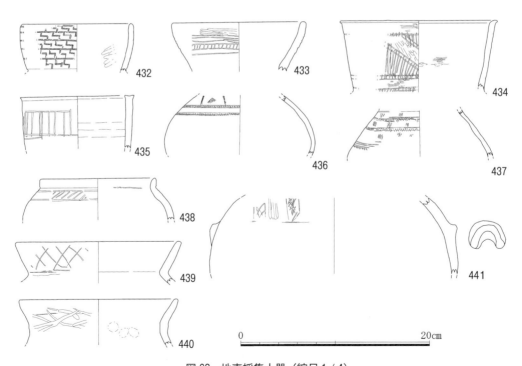

図62　地表採集土器（縮尺1/4）

第 3 章　上馬石貝塚出土土器・青銅器

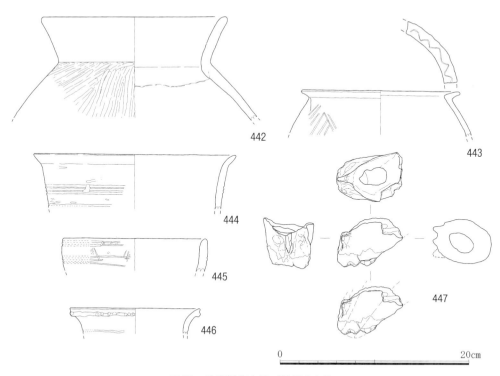

図 63　地表採集土器（縮尺 1 / 4）

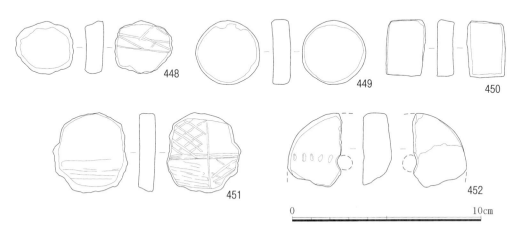

図 64　地表採集土製紡錘車（縮尺 1 / 2）

線文を施している。上馬石A区下層・上層期のものであろう。

鉢形口縁壺　445は口縁部に沈線文による文様が施されるものであり，湾曲する口縁部形態は鉢形口縁壺になろう。

罐　443は口縁が屈接して水平面に近い罐で，頸部以下にも集線文などの沈線が施される小珠山上層文化期の特徴を示す。しかし，水平口縁部に鋸歯状の沈線文が施す文様構成は，他に類例が知られない罐である。

　c）　黒褐陶
短頸壺　439は口縁部に斜格子文をなし，上馬石A区下層の特徴を示すものである。小型の短頸壺である438は，頸部に平行沈線文間を斜線文で充塡するものであり，A区上層の特徴をもつ。

小型壺　436は壺の肩部に狭い平行沈線文間を短斜線で充塡し，それを多段に使って幾何学文を施すものである。

長頸壺　434は口縁部から頸部にかけて，三角形区画を斜線文で充塡するもので，他に類例のない長頸壺である。

小型罐　446は口縁下に刻目隆帯が施されるもので，尹家村2期の罐であろう。

　d）　灰褐陶
短頸壺　440は口縁部に斜格子文をなす上馬石A区下層期の短頸壺である。441は胴部に口唇形把手をもち，縦区画の中を斜格子文で充塡するものであり，BⅡ区に類例が認められる。短頸壺の一部である可能性がある。

小型壺　口縁が内湾気味に長頸化したもの（433）と直口するもの（435）が存在する。これらはBⅡ区と同じ様相を示す長頸の小型壺であるが，文様構成においてはBⅡ区で類例がない。

鉢形口縁壺　432は鉢形口縁部にクランク状の幾何学文が施されるものであり，小型壺のZ字形文の祖形になるものかもしれない。

　e）　その他
452は紡錘車である。定形化しており，新石器時代のものと考えられるところから，小珠山上層文化期の可能性がある。448〜451は時期は不明であるが，土器を再加工した土錘の可能性がある。

　f）　まとめ
地表採集品であり，どの地点の採集品であるか不明であるが，小珠山上層期のもの以外では，上馬石A区下層・上層，さらにBⅡ区に相当する土器がまとまって採集されている。おそらく，一定のまとまった場所で採集されたものであろう。

10. 植物種子圧痕検出土器（図65，表3）

以下に，植物種子圧痕が検出された土器の説明をしておく。本来，ここでは図化しない予定であったが，第9章の植物種子のSEM圧痕分析によって植物種子が同定されている。その同定された土器の内容を追加的に説明しておきたい。

a) 紅褐陶
底部　460はおそらく小珠山上層文化期の罐の底部をなすものであろう。

b) 褐陶
筒形罐　459は紅褐陶ではないが褐陶で滑石を混入するものである。底部径が胴部に比して小さい点は小珠山下層文化の筒形罐より新しい段階であり，滑石が混入される特徴は偏堡文化前期の土器にも認められる。461は口縁端部から離れた位置に隆帯が貼られ刻目が施されるものである。両者は偏堡文化前期に属する可能性があるが，断定できない。
罐　453は口縁端部が屈折して水平面をなし圏線が巡る罐であり，小珠山上層文化期のものである。

c) 黒陶
三環足器　454は三環部分が脱落した三環足器の底部である。小珠山上層文化期あるいは双砣子1期のものである。
底部　455はおそらく壺の底部になるであろう。外面の全面には研き調整が明瞭である。

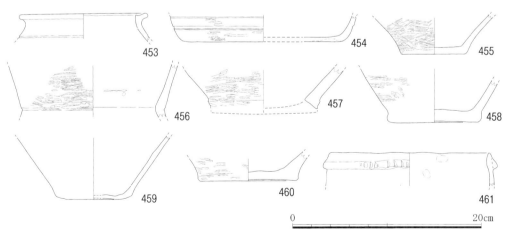

図65　種子圧痕検出土器（縮尺1/4）

表3 上馬石貝塚出土土器観察表

番号	区名	層位	陶質	胎土	器種	型式	器高(cm)	口径(cm)	最大径(cm)	底径(cm)	接合面の傾き	接合面長(平均,mm)	粘土帯の幅(平均,mm)	調整大分類(外/内)	色調外面	色調内面	圧痕分析番号
1	A区	下層	黒褐陶		広口壺	e	23.8				外傾			不明／ナデ	褐灰	灰黄褐	
2	A区	下層	黒褐陶		広口壺	d								ナデ／ナデ	褐灰	灰黄	SMS 0035
3	A区	下層	褐陶		短頸壺	b	12.0				不明			ナデ／ナデ	褐灰	にぶい褐	
4	A区	下層	褐陶		鉢形口縁壺	a	14.0				不明			ナデ／ナデ	灰褐	黒褐	
5	A区	下層	褐陶		短頸壺	b					外傾			ナデ／ナデ	にぶい黄橙	灰黄褐	
6	A区	下層	褐陶		短頸壺	c 1	13.8				外傾			ナデ／ナデ	にぶい赤褐	褐灰	
7	A区	下層	褐陶		短頸壺	c 1	15.4				外傾？			ナデ／ナデ	にぶい橙	灰黄	
8	A区	下層	褐陶		短頸壺	c 1	16.2				外傾	19.0		ナデ／ナデ	黄灰	灰黄	SMS 0034
9	A区	下層	褐陶		短頸壺	c 2	14.8							ナデ／ナデ	灰褐	にぶい赤褐	
10	A区	下層	灰褐陶		短頸壺	d 1	17.0				外傾？			ナデ／ナデ	黄灰	灰白	SMS 0036
11	A区	下層	褐陶		鉢形口縁壺	b	23.6				不明			ナデ／ナデ	黒褐	褐灰	
12	A区	下層	褐陶		鉢形口縁壺	b	17.0				不明			ナデ／ナデ	黒褐	黒褐	
13	A区	下層	黒褐陶		鉢形口縁壺	b	22.0				外傾？			ナデ／ナデ	黒褐	黄灰	
14	A区	下層	黒褐陶		鉢形口縁壺	b	16.0				不明			ナデ／ナデ	褐灰	黄灰	
15	A区	下層	褐陶		鉢形口縁壺	b	17.0				不明			ナデ／ナデ	黒褐	褐灰	
16	A区	下層	黒褐陶		鉢形口縁壺	b	11.0				外傾	12.0		ナデ／ナデ	黒褐	黒	
17	A区	下層	褐陶		鉢形口縁壺	b	18.0				不明			ナデ／ナデ	灰黄褐	にぶい褐	SMS 0037
18	A区	下層	黒褐陶		小型壺	a	14.2				不明			ナデ／ナデ	褐灰	黒褐	
19	A区	下層	黒褐陶		鉢形口縁壺	c	9.0				不明			ナデ／ナデ	黒	灰	
20	A区	下層	褐陶		小型壺		12.0				外傾	18.0		ナデ／ナデ	褐灰	黒褐	
21	A区	下層	褐陶		ミニチュア壺		6.0	6.0			外傾	12.0		ナデ／ナデ	灰	灰	
22	A区	下層	黒褐陶		小型壺	a					不明			ナデ／ナデ	オリーブ黒	黄灰	SMSL 0023
23	A区	下層	褐陶		小型壺	a					不明			ナデ／ナデ	灰黄褐	灰黄	
24	A区	下層	褐陶		胴部						不明			ナデ／ナデ	灰褐	にぶい褐	
25	A区	下層	褐陶		胴部						不明			ナデ／ナデ	灰	暗灰	
26	A区	下層	黒褐陶		胴部						外傾			ナデ／ナデ	灰	灰	
27	A区	下層	黒褐陶		胴部						外傾			ナデ／ナデ	黒褐	オリーブ黒	
28	A区	下層	黒褐陶		胴部						外傾			ナデ／ナデ	黒褐	褐灰	
29	A区	下層	黒褐陶		胴部						外傾		18.0	ナデ／ナデ	灰	暗灰	
30	A区	下層	黒褐陶		粘土帯罐	b 1	20.0				不明			ナデ／ナデ	黒褐 にぶい褐	黒褐	
31	A区	下層	黒褐陶		粘土帯罐	b					不明			ナデ／ナデ	褐灰	黄灰	
32	A区	下層	黒褐陶		粘土帯罐	b	15.6				不明			ナデ／ナデ	黄灰	灰	
33	A区	下層	褐陶		粘土帯罐	b	13.6				不明			ナデ／ナデ	灰褐	灰	
34	A区	下層	黒褐陶		粘土帯罐	c 1	17.2				不明			ナデ／ナデ	暗灰	暗灰	
35	A区	下層	褐陶		粘土帯罐	a	20.1				不明			ナデ／ナデ	にぶい黄褐	にぶい黄橙	
36	A区	下層	黒褐陶		甑	b	19.8				不明			ナデ／ナデ	黒	灰	
37	A区	下層	褐陶		甑足	b					不明			ナデ／ナデ	にぶい赤褐	にぶい橙	
38	A区	下層	灰褐陶		子母口罐		18.6				不明			ナデ／ナデ	黄褐	にぶい橙	
39	A区	下層	黒陶		盆？		16.0				不明			ナデ／ナデ	黒	黒	
40	A区	下層	褐陶		鉢	f 1	18.0				不明			ナデ／ナデ	黒褐	黒褐 にぶい黄褐	
41	A区	下層	褐陶		鉢	f 2	14.0				不明			ナデ／ナデ	褐灰	灰黄褐	SMS 0033
42	A区	下層	灰褐陶		鉢	e	14.0	15.2			不明			ナデ／ナデ	灰	灰	
43	A区	下層	褐陶		豆脚					7.0	外傾	16.0		ナデ／ナデ	黒	暗灰	
44	A区	下層	黒褐陶		把手	a					不明			ナデ／ナデ	灰	灰	
45	A区	下層	褐陶	雲母	把手	b					不明			ナデ／ナデ	にぶい赤褐	暗灰	
46	A区	下層	褐陶		把手	c					不明			ナデ／ナデ	黄灰	にぶい黄	
47	A区	下層	黒褐陶		胴部片						外傾？内傾？	17.0	42.0	板／ナデ	灰	暗灰	
48	A区	下層	褐陶		底部					7.8	外傾	15.0	14.0	不明／ナデ	にぶい黄	暗灰	
49	A区	下層	褐陶		底部					7.4	外傾			ナデ／ナデ	灰褐	黒	
50	A区	上層	黒褐陶	雲母	広口壺	f	25.4				外傾	20.0		ナデ／ナデ	灰	黄灰	
51	A区	上層	黒褐陶		短頸壺		11.8				外傾			ナデ／ナデ	灰	オリーブ黒	
52	A区	上層	黒褐陶		短頸壺	d 2	14.0				不明			ナデ／ナデ	灰褐	黒	
53	A区	上層	黒褐陶		短頸壺	d 1	16.6				不明			ナデ／ナデ	褐灰	黒褐	
54	A区	上層	褐陶		小型壺		10.0				外傾			ナデ／ナデ	にぶい橙	黒褐	
55	A区	上層	黒褐陶		小型壺	b	7.0				外傾？			ナデ／ナデ	黒褐	褐灰	
56	A区	上層	黒褐陶		小型壺	b	8.6				不明			ナデ／ナデ	黒褐	黒褐	
57	A区	上層	灰褐陶		罐		17.6				不明			ナデ／ナデ	黄灰	灰黄褐	
58	A区	上層	灰褐陶		長頸壺	c	11.3				外傾			ナデ／ナデ	灰	灰白	

第3章　上馬石貝塚出土土器・青銅器

番号	区名	層位	陶質	胎土	器種	型式	器高(cm)	口径(cm)	最大径(cm)	底径(cm)	接合面の傾き	接合面長(平均.mm)	粘土帯の幅(平均.mm)	調整大分類(外/内)	色調外面	色調内面	圧痕分析番号
59	A区	上層	黒褐陶	雲母	無頸壺			14.0			外傾			ナデ／板	灰黄褐	黒褐	
60	A区	上層	黒褐陶		無頸壺			16.0			外傾	11.5	10.0	ナデ／ナデ	黒	黒	
61	A区	上層	灰褐陶		広口壺胴部						外傾	21.5	30.0	ナデ／ナデ	黄灰	黄灰	
62	A区	上層	灰褐陶		底部					15.2	外傾	21.0		不明／ナデ	黄灰	黄灰	
63	A区	上層	灰褐陶		小型壺	b		11.0			不明			不明／不明	黄灰	灰	
64	A区	上層	褐陶		ミニチュア壺					1.8	不明			ナデ／ナデ	暗灰黄	にぶい黄橙	
65	A区	上層	褐陶		甑	c		18.0			不明			ナデ／ナデ	黄灰	暗灰	
66	A区	上層	黒褐陶		罐			18.0			不明			ナデ／ナデ	黄灰	灰黄	
67	A区	上層	黒褐陶		罐			26.0			外傾			ナデ／ナデ	褐灰	黄灰	
68	A区	上層	黒褐陶	雲母	粘土帯壺			13.0			水平?外傾?			ナデ／ナデ	黒褐	暗灰	
69	A区	上層	黒褐陶	雲母	粘土帯壺			14.0			不明			ナデ／ナデ	灰黄	黒	
70	A区	上層	黒褐陶	雲母	粘土帯罐	b2		13.2			不明			ナデ／ナデ	灰褐	黒褐	
71	A区	上層	黒褐陶		粘土帯罐	b2		14.0			不明			ナデ／ナデ	黒褐	黒褐	
72	A区	上層	褐陶		甑	c		16.0			外傾?			ナデ／ナデ	橙	浅黄	
73	A区	上層	黒褐陶	雲母	粘土帯罐	b3		18.2			外傾			ナデ／ナデ	黒褐	黒褐	
74	A区	上層	黒褐陶		粘土帯罐	b2		7.2			不明			ナデ／ナデ	黒褐	灰	
75	A区	上層	黒褐陶		粘土帯鉢			15.0			不明			ナデ／ナデ	褐灰	黄灰	
76	A区	上層	黒褐陶	雲母	粘土帯罐	d		10.0			不明			ナデ／ナデ	灰褐	黒	SMS 0048
77	A区	上層	黒褐陶		粘土帯罐	c2		13.8	17.0		不明			ナデ／ナデ	灰	灰	
78	A区	上層	黒褐陶	雲母	粘土帯罐			14.0			不明			ナデ／ナデ	にぶい赤褐	黒褐	
79	A区	上層	灰褐陶		粘土帯壺			18.0			不明			ナデ／ナデ	黄灰	暗灰黄	
80	A区	上層	褐陶		小型罐			11.0			不明			ナデ／ナデ	にぶい橙	にぶい褐	
81	A区	上層	灰褐陶		鉢	f2		17.0			不明			ナデ／ナデ	黄灰	黒褐	
82	A区	上層	灰褐陶		鉢	e		13.2			不明			不明／ナデ	褐灰	褐灰	
83	A区	上層	灰褐陶		鉢	f2		16.0			不明			ナデ／ナデ	黄灰	灰	
84	A区	上層	灰褐陶		鉢	f1		16.0			不明			ナデ／ナデ	灰	黄灰	
85	A区	上層	黒陶		鉢	f1		16.0			不明			ナデ／ナデ	黒	黒	
86	A区	上層	黒褐陶		豆						内傾	9.0	9.5	ナデ／ナデ	黒にぶい褐	暗灰	
87	A区	上層	黒褐陶		把手	b					不明			ナデ／ナデ	褐灰橙	灰黄	
88	A区	上層	褐陶		柱状把手	d					不明			ナデ／ナデ	褐灰	灰黄	
89	A区	上層	褐陶		甑足						不明			ナデ／ナデ	橙	赤褐	
90	BI区		紅褐陶	滑石	壺胴部片	a					外傾?内傾?	8.0		ナデ／ナデ	明赤褐赤灰	にぶい黄橙	
91	BI区		紅褐陶	滑石	筒形罐?						不明			不明／非板	にぶい赤褐	にぶい橙	
92	BI区		紅褐陶	滑石	筒形罐?	a1					内傾	6.5		不明／不明	灰黄褐	灰黄褐	
93	BI区		紅褐陶	滑石	筒形罐						不明			不明／非板	にぶい赤褐	灰黄褐	
94	BI区		紅褐陶	滑石	筒形罐					7.0	不明			非板／非板	灰褐	灰褐	SMSL 0019
95	BI区		紅褐陶	滑石	筒形罐					10.0	内傾	7.0		ナデ／ナデ	にぶい褐	灰褐	
96	BI区		紅褐陶	滑石	筒形罐					6.2	不明			非板／ナデ	にぶい褐	にぶい褐	
97	BI区		紅褐陶	雲母	筒形罐	d3					不明			ナデ／ナデ	にぶい赤褐	にぶい橙	
98	BI区		紅褐陶	雲母	筒形罐	d2					不明			ナデ／ナデ	灰褐	褐灰	
99	BI区		紅褐陶	滑石	壺	a	20.2				不明			ナデ／ナデ	暗赤灰	暗赤灰	
100	BI区		紅褐陶		罐	b2		16.0			不明			ナデ／ナデ	灰黄褐	にぶい黄橙	
101	BI区		褐陶		罐	b2		15.3			不明			ナデ／ナデ	黒褐	褐灰	
102	BI区		褐陶	雲母	罐	b2		12.4			不明			ナデ／ナデ	にぶい褐	褐灰	
103	BI区		褐陶		罐	c		19.5			不明			ナデ／ナデ	にぶい橙	黒褐	
104	BI区		黒褐陶		罐	c		15.4			不明			ナデ／板	褐灰	褐灰	
105	BI区		褐陶		罐	c		10.1			不明			ナデ／ナデ	褐灰	黒褐	
106	BI区		黒褐陶		盆			21.6			不明			ナデ／ナデ	褐灰	黄灰	
107	BI区		紅陶		鉢			16.5			不明			ナデ／ナデ	赤	明赤褐	
108	BI区		褐陶		広口壺	b		22.0			外傾?内傾?			ナデ／ナデ	黒	灰黄褐	
109	BI区		紅褐陶		罐						不明			ナデ／ナデ	褐	にぶい橙	SMSL 0018
110	BI区		褐陶		土製品						不明			ナデ／ナデ	にぶい褐	にぶい褐	
111	BI区		紅褐陶		把手	a					不明			ナデ／ナデ	灰黄褐明赤褐	にぶい黄褐黄褐	
112	BI区		黒陶		長頸壺	b		20.2			不明			ナデ／ナデ	暗灰黄	黒褐	
113	BI区		黒陶		短頸壺	a1		17.2			不明			ナデ／ナデ	黒褐	黒褐	
114	BI区		黒陶		短頸壺	a2		15.4			不明			ナデ／ナデ	黒褐	黒褐	
115	BI区		黒陶		壺	c		13.8			不明			ナデ／ナデ	黒褐	灰褐	

番号	区名	層位	陶質	胎土	器種	型式	器高(cm)	口径(cm)	最大径(cm)	底径(cm)	接合面の傾き	接合面長(平均,mm)	粘土帯の幅(平均,mm)	調整大分類(外/内)	色調外面	色調内面	圧痕分析番号
116	BⅠ区		黒陶		鉢			15.2			不明			ナデ/ナデ	黒	暗灰	
117	BⅠ区		黒陶		盆			28.2			不明			ナデ/ナデ	黒	黒	
118	BⅠ区		黒陶		三環足器	b	7.3	18.0			不明			ナデ/ナデ	黒褐	黒褐	?
119	BⅠ区		黒陶		器蓋			23.6			不明			ナデ/ナデ	黒褐	暗灰	
120	BⅠ区		黒陶		器蓋			15.0			不明			ナデ/ナデ	黒褐	黒褐	
121	BⅡ区		紅褐陶	滑石	筒形罐						水平？外傾？内傾？			不明/非板	灰褐	灰褐	
122	BⅡ区		紅褐陶		罐	c		18.1			不明			ナデ/ナデ	にぶい橙	にぶい橙	
123	BⅡ区		黒褐陶		円形土製品						不明			ナデ/ナデ	黒	黒	
124	BⅡ区		灰褐陶		円形土製品						不明			ナデ/ナデ	灰	灰	
125	BⅡ区		紅褐陶		盆			42.8			外傾			ナデ/ナデ	にぶい橙	にぶい橙	
126	BⅡ区		紅褐陶		盆			20.4			不明			ナデ/ナデ	暗灰	暗灰	SMS 0024
127	BⅡ区		黒褐陶		鉢	f2		15.6						ナデ/ナデ	黒褐	黒褐	
128	BⅡ区		褐陶		鉢	f2		12.2			不明			ナデ/ナデ	褐	にぶい黄褐	
129	BⅡ区		黒褐陶		器蓋			12.0			不明			ナデ/ナデ	黒	灰黄	
130	BⅡ区		灰褐陶		器蓋			13.4			不明			不明/ナデ	灰	灰	
131	BⅡ区		灰褐陶		器蓋鈕						不明			ナデ/ナデ	灰黄褐	にぶい赤褐	
132	BⅡ区		褐陶		器蓋鈕						不明			ナデ/不明	灰黄褐	にぶい赤褐	
133	BⅡ区		灰褐陶		小型壺	c		12.3			外傾			ナデ/ナデ	灰褐	黄灰	
134	BⅡ区		灰褐陶		小型壺	c		11.0			外傾			ナデ/ナデ	黄灰	灰黄	
135	BⅡ区		灰褐陶		小型壺	c		9.3			不明			ナデ/ナデ	灰	灰白	
136	BⅡ区		黒褐陶		小型壺	c		9.2			外傾	12.0		ナデ/ナデ	黄灰	黒	
137	BⅡ区		黒褐陶		小型壺	c		13.0			不明			ナデ/ナデ	黄灰	灰	
138	BⅡ区		灰褐陶		小型壺胴部						不明			ナデ/ナデ	黄灰	暗灰黄	
139	BⅡ区		黒褐陶		小型壺胴部						外傾？			ナデ/ナデ	黄灰	黒	
140	BⅡ区		灰褐陶		壺胴部	e1					不明			ナデ/ナデ	灰黄	灰黄	
141	BⅡ区		黒褐陶		壺胴部	e1					外傾？			ナデ/ナデ	暗灰黄	灰黄	
142	BⅡ区		黒褐陶		小型壺胴部									ナデ/ナデ	褐灰	褐灰	
143	BⅡ区		黒褐陶		小型壺胴部									ナデ/ナデ	褐灰	暗灰	
144	BⅡ区		黒褐陶		壺胴部	e2					外傾？			ナデ/ナデ	黄灰	黒	
145	BⅡ区		黒褐陶		壺胴部	e2					不明			ナデ/ナデ	にぶい橙	灰白	
146	BⅡ区		黒褐陶		壺胴部	e2					不明			ナデ/ナデ	暗灰	灰	
147	BⅡ区		黒褐陶		壺胴部	e2					外傾？			ナデ/ナデ	黒	暗灰黄	
148	BⅡ区		黒褐陶		壺胴部	e2					不明			ナデ/ナデ	にぶい黄橙	褐灰	
149	BⅡ区		褐陶		罐	d		11.4			不明			ナデ/板	褐灰	灰褐	
150	BⅡ区		褐陶		罐	d		10.6			不明			ナデ/ナデ	灰黄褐	褐灰	
151	BⅡ区		灰褐陶		罐	d		10.2			不明			ナデ/ナデ	灰	灰	
152	BⅡ区		灰褐陶		罐	d		10.0			水平？			ナデ/ナデ	黄灰	灰	
153	BⅡ区		黒褐陶		罐	d		12.8			不明			ナデ/ナデ	灰黄褐	褐灰	
154	BⅡ区		黒褐陶		罐	d		11.8			不明			ナデ/ナデ	黒褐	黒褐	
155	BⅡ区		黒褐陶		罐	d		12.1			不明			ナデ/ナデ	黒灰	黒褐	
156	BⅡ区		灰褐陶		短頸壺	d		18.4			不明			ナデ/ナデ	灰黄	にぶい黄橙	
157	BⅡ区		黒褐陶		罐	d		15.0			不明			ナデ/ナデ	灰褐	褐灰	
158	BⅡ区		灰褐陶		罐	d		18.8			不明			ナデ/ナデ	褐灰	黄灰	
159	BⅡ区		黒褐陶		罐	d		12.1			不明			ナデ/ナデ	黄灰	黄灰	
160	BⅡ区		黒褐陶		罐	d		11.0			不明			ナデ/ナデ	褐灰	暗灰	
161	BⅡ区		灰褐陶		罐	d		9.3			不明			ナデ/ナデ	灰	灰	
162	BⅡ区		黒褐陶		罐	d		13.0			不明			ナデ/ナデ	黒	灰	
163	BⅡ区		黒褐陶		罐	d		16.9			不明			ナデ/ナデ	灰	灰	
164	BⅡ区		灰褐陶		罐	d		20.2			不明			ナデ/ナデ	灰	暗灰黄	
165	BⅡ区		黒褐陶		ミニチュア罐			8.0			不明			ナデ/ナデ	黄灰	暗灰	
166	BⅡ区		黒褐陶		柱状把手	d					不明			ナデ/ナデ	黄灰	黄灰	
167	BⅡ区		黒褐陶		柱状把手	d					不明			ナデ/ナデ	褐灰	褐灰	
168	BⅡ区		灰褐陶		柱状把手	d					不明			ナデ/ナデ	黄灰	黄灰	
169	BⅡ区		黒褐陶		柱状把手	d					外傾	15.0	26.5	ナデ/ナデ	灰黄褐	黒	
170	BⅡ区		黒褐陶		柱状把手	d								ナデ/ナデ	灰オリーブ	黒	
171	BⅡ区		灰褐陶		柱状把手	d					不明			ナデ/ナデ	にぶい橙	黒	
172	BⅡ区		褐陶		粘土帯罐	f		18.2			不明		12.0	板/板	灰赤	にぶい赤褐	SMS 0017
173	BⅡ区		灰褐陶		鞍形把手	e					不明			板/ナデ	灰	灰	
174	BⅡ区		黒褐陶		鞍形把手	e					不明			ナデ/ナデ	褐灰	明赤褐	
175	BⅡ区		灰褐陶		鞍形把手	e					不明			ナデ/ナデ	にぶい黄橙	にぶい黄橙	
176	BⅡ区		灰褐陶		橋状把手	c					不明			不明/ナデ	褐灰	褐灰	
177	BⅡ区		黒褐陶		橋状把手	c					不明			ナデ/ナデ	黒褐	黄灰	

第3章　上馬石貝塚出土土器・青銅器

番号	区名	層位	陶質	胎土	器種	型式	器高(cm)	口径(cm)	最大径(cm)	底径(cm)	接合面の傾き	接合面長(平均,mm)	粘土帯の幅(平均,mm)	調整大分類(外/内)	色調外面	色調内面	圧痕分析番号
178	BⅡ区		灰褐陶		橋状把手	c					不明			不明/ナデ	灰オリーブ	灰黄	
179	BⅡ区		黒褐陶		棒状把手	a					外傾			ナデ/ナデ	にぶい赤褐	赤褐	
180	BⅡ区		灰褐陶		把手						不明			ナデ/不明	灰黄	—	
181	BⅡ区		黒褐陶		底部					5.3	不明			ナデ/ナデ	オリーブ黒	灰	
182	BⅡ区		灰褐陶		底部					9.1	外傾	8.0		ナデ/ナデ	黄灰	黄灰	
183	BⅡ区		褐陶		底部					6.0	不明			ナデ/ナデ	赤褐	明赤褐	
184	BⅡ区		褐陶		底部					8.1	不明			ナデ/不明	赤褐	赤褐	SMS 0003, SMSL 0020
185	BⅡ区		黒褐陶		底部					5.6	不明			ナデ/ナデ	黄灰	黒	
186	BⅡ区		黒褐陶		底部					8.5	外傾	18.0		ナデ/板	極暗赤褐	黒	
187	BⅡ区		黒褐陶		底部					8.1	不明			ナデ/ナデ	明赤褐	にぶい黄橙	
188	BⅡ区		黒褐陶		底部					9.6	外傾			ナデ/ナデ	黒	灰	
189	BⅡ区		灰褐陶		甑底部					16.4	不明			ナデ/ナデ	灰黄	灰黄	SMS 0068
190	BⅡ区		黒褐陶		底部					7.0	不明			ナデ/ナデ	灰黄	暗灰黄	
191	BⅡ区		黒褐陶		壺胴部						不明			ナデ/ナデ	暗灰黄	にぶい黄褐	
192	BⅡ区		褐陶		豆					8.1	不明			ナデ/ナデ	明赤褐	橙	
193	BⅡ区		褐陶		不明			11.5			不明			ナデ/ナデ	にぶい褐	明赤褐	SMSL 0015
194	BⅡ区		黒褐陶		不明									ナデ/板	黒褐	灰黄	SMSL 0014
195	BⅡ区		褐陶		甕	d		24.8			不明			ナデ/ナデ	にぶい黄橙	暗黄褐	
196	BⅡ区		褐陶		甕	d		16.3			不明			ナデ/ナデ	にぶい橙	にぶい黄褐	
197	BⅡ区		褐陶		甕	d		18.6			不明			ナデ/ナデ	灰黄褐	黒褐	
198	BⅡ区		褐陶		甕	d		25.0			不明			ナデ/ナデ	明赤褐	橙	
199	BⅡ区		褐陶		粘土帯甕	e		14.6			水平?外傾?		9.5	ナデ/ナデ	にぶい赤褐	にぶい赤褐	
200	BⅡ区		褐陶		甕	d		26.0			不明			ナデ/ナデ	褐灰	にぶい橙	
201	BⅡ区		褐陶		粘土帯壺			15.6			不明			ナデ/ナデ	灰黄褐	灰黄褐	
202	BⅡ区		褐陶		甕	d		23.0			水平?			ナデ/ナデ	にぶい褐	にぶい赤褐	
203	BⅡ区		褐陶		甕	d		20.0			不明			ナデ/ナデ	にぶい赤褐	にぶい赤褐	
204	BⅡ区		褐陶		甕	d		25.0			水平	8.0	13.5	ナデ/ナデ	にぶい赤褐	にぶい赤褐	
205	BⅡ区		黒褐陶		粘土帯甕	d		17.6			不明		8.0	ナデ/ナデ	灰褐	にぶい橙	
206	BⅡ区		褐陶		甕	d		28.2			不明			ナデ/ナデ	にぶい赤褐	にぶい橙	
207	BⅡ区		褐陶		粘土帯甕	d		10.8						不明/不明	にぶい褐	灰褐	
208	BⅡ区		褐陶		甕	d		25.2			不明			ナデ/ナデ	灰褐	灰褐	
209	BⅡ区		褐陶		甕	d		20.2			不明			ナデ/ナデ	灰褐	褐灰	
210	BⅡ区		褐陶		甕	d		17.2			不明			ナデ/板	灰褐	にぶい橙	
211	BⅡ区		褐陶		甕腰						外傾	22.0		ナデ/ナデ	灰黄褐	黒褐	
212	BⅡ区		灰褐陶		甕腰						外傾			ナデ/ナデ	黄灰	灰黄褐	
213	BⅡ区		灰褐陶		甕腰						不明			ナデ/ナデ	灰黄褐	褐灰	
214	BⅡ区		褐陶		甕足						不明			ナデ/板	黒褐	灰白	
215	BⅡ区		灰褐陶		甕足						不明			ナデ/ナデ	灰	灰白	
216	BⅡ区		灰褐陶		甕足						不明			ナデ/ナデ	黒褐	灰黄	
217	BⅡ区		褐陶		甕足						不明			ナデ/ナデ	黒褐 / にぶい黄褐	黒褐 / 明赤褐	
218	BⅡ区		灰褐陶		甕襟部						不明			ナデ/ナデ	灰	にぶい黄橙	
219	C区		黒陶		長頸壺	a		13.8			不明			ナデ/ナデ	黒褐	黒褐	
220	C区		黒陶		長頸壺	a		10.5			不明			不明/ナデ	黒褐	褐灰	
221	C区		黒陶		短頸壺	a1		11.9			不明			ナデ/ナデ	黒褐	黒	
222	C区		黒陶		壺					8.4	外傾?			ナデ/ナデ	灰	灰	
223	C区		黒陶		ミニチュア罐		9.6	8.1	10.6	5.4	不明			ナデ/ナデ	暗灰	灰 / 灰白	
224	C区		黒陶		缸			21.4			不明			ナデ/板	オリーブ黒	黄灰	
225	C区		褐陶		缸			24.6			不明			ナデ/ナデ	灰黄褐	黄灰	
226	C区		黒陶		缸					40.3	不明			ナデ/ナデ	赤橙 / 青黒	暗赤灰	
227	C区		褐陶		罐	b1		11.4						ナデ/ナデ	黒褐	黄灰	
228	C区		褐陶		罐	b1		14.9			不明			ナデ/板	にぶい赤褐	黒褐	
229	C区		褐陶		罐	b2		14.6			不明			ナデ/ナデ	暗赤灰	黒褐	SMS 0014
230	C区		黒陶		罐	b2		14.6			不明			ナデ/ナデ	黒	灰	
231	C区		褐陶		罐	b3		13.8			不明			ナデ/ナデ	褐灰	褐灰	
232	C区		褐陶		罐	b3		19.3			不明			ナデ/ナデ	黒	灰褐	SMS 0005
233	C区		褐陶		缸			22.5	37.7		外傾?			ナデ/ナデ	浅黄橙	黄灰	
234	C区		黒陶		三環足器	a1		17.5			不明			ナデ/ナデ	黒	黒褐	
235	C区		黒陶		三環足器	a1		13.2			不明			ナデ/ナデ	黒褐	黒	
236	C区		黒陶		三環足器	a1		16.0			不明			非板/ナデ	暗灰 / 灰	暗灰	SMS 0070

番号	区名	層位	陶質	胎土	器種	型式	器高(cm)	口径(cm)	最大径(cm)	底径(cm)	接合面の傾き	接合面長(平均, mm)	粘土帯の幅(平均, mm)	調整大分類(外 / 内)	色調外面	色調内面	圧痕分析番号
237	C区		黒褐陶		三環足器	a2	9.9	21.3			不明			ナデ/ナデ	黒褐	黒褐	SMS 0071
238	C区		黒陶		三環足器	a2	9.6	20.3			不明			ナデ/ナデ	黒褐	黒褐	
239	C区		黒褐陶		三環足器	a2		18.6			不明			ナデ/ナデ	極暗赤褐	赤黒	
240	C区		黒褐陶		三環足器	b		21.6			不明			ナデ/ナデ	黒 赤褐	赤褐	
241	C区		黒陶		三環足器	b		20.2			不明			ナデ/ナデ	黒	黒褐	SMSL 0003
242	C区		黒陶		三環足器	b		20.8			不明			ナデ/ナデ	黒褐	褐灰	
243	C区		黒陶		三環足器	b		29.0			不明			ナデ/ナデ	暗灰	黒褐 暗灰	
244	C区		黒陶		豆	b	18.7	34.8		18.0	不明			不明/ナデ	黒	黄灰 黒褐	
245	C区		褐陶		豆脚部					9.2	不明			ナデ/ナデ	褐	橙	
246	C区		黒褐陶		豆脚部					18.6	不明			ナデ/ナデ	褐灰	褐灰	
247	C区		黒陶		豆	a		22.0			不明			ナデ/ナデ	暗灰	暗灰	SMS 0002
248	C区		黒陶		鉢	d1		22.0			不明			ナデ/ナデ	にぶい赤褐	暗灰	
249	C区		紅褐陶		鉢	d2		16.8			不明			ナデ/ナデ	赤褐	橙	
250	C区		褐陶		盆			27.0			不明			ナデ/ナデ	にぶい赤褐	暗灰	
251	C区		褐陶		盆			22.0			不明			ナデ/ナデ	暗灰	暗灰	
252	C区		紅褐陶		ミニチュア鉢		4.1	7.4		3.0	不明			ナデ/ナデ	灰褐	灰	
253	C区		褐陶		広口壺	a		18.0			外傾			ナデ/ナデ	灰赤 赤黒	赤灰	
254	C区		黒陶		広口壺	a		24.2			不明			ナデ/ナデ	黒褐	暗赤灰	SMS 0026
255	C区		褐陶		壺胴部	a			31.9		不明			ナデ/ナデ	黒褐	暗灰	
256	C区		褐陶		壺胴部	a			42.6		不明			ナデ/ナデ	褐灰	灰 にぶい褐	SMS 0019
257	C区		褐陶		壺胴部	a			50.4		不明			ナデ/ナデ	灰黄 灰	明赤褐	
258	C区		紅褐陶		罐	c	28.5	15.4	23.4	8.7	不明			ナデ/ナデ	にぶい赤褐	にぶい赤褐	
259	C区		黒褐陶		罐	b3	35.9	21.5	29.6	9.6	外傾	30.0		ナデ/板	黄灰	黄灰	
260	C区		褐陶		罐	b3		20.2			不明		26.5	ナデ/非板	灰黄褐	にぶい黄橙	SMS 0021 SMSL 0004・ SMSL 0005
261	C区		褐陶		罐	b3		20.5			不明			ナデ/非板	明赤褐	褐灰	SMS 0015
262	C区		黒陶		罐	b3		10.9			不明			ナデ/ナデ	黒	黒	
263	C区		褐陶		罐	b3		10.2			不明			ナデ/ナデ	暗赤褐	にぶい赤褐	
264	C区		黒褐陶		罐	b3		15.3			不明			ナデ/ナデ	灰黄褐	黒褐	
265	C区		黒陶		罐	b2	35.7	17.5	29.4	9.3	不明			ナデ/ナデ	にぶい橙	灰褐	
266	C区		黒褐陶		罐	b2		16.0			不明			ナデ/板	黒 黒褐	褐灰	SMS 0051 SMSL 0002
267	C区		褐陶		罐	b1		11.2			外傾?			ナデ/ナデ	にぶい赤褐	褐灰	SMS 0001
268	C区		黒陶		罐	b1		16.2			外傾?			ナデ/ナデ	暗灰	褐灰	
269	C区		黒褐陶		罐	b2		24.5	26.6		不明			ナデ/ナデ	黄灰	黒褐	
270	C区		黒褐陶		罐	b1	25.8	20.8		10.0	不明			ナデ/ナデ	黒 灰黄褐	灰	
271	C区		黒褐陶		罐	b1		17.0			不明			ナデ/ナデ	暗赤灰	灰	SMS 0052
272	C区		黒陶		壺	b1		14.2	21.8		外傾?			ナデ/ナデ	黒 暗褐	黄灰	
273	C区		黒陶		罐	b1		20.1			不明			ナデ/ナデ	黄灰	灰	
274	C区		褐陶		罐	b1		20.4			不明			ナデ/ナデ	黒褐 赤褐	黄褐	SMS 0050
275	C区		褐陶		罐	b1		19.6			不明			ナデ/ナデ	赤褐	灰褐	
276	C区		黒陶		罐			26.0			不明			ナデ/ナデ	黒	オリーブ黒	
277	C区		黒陶		壺	c		8.6	14.8		不明			不明/板	黒	黒	
278	C区		褐陶		壺	c		11.0			不明			ナデ/ナデ	褐灰	暗灰	
279	C区		褐陶		器蓋			21.6			不明			ナデ/ナデ	褐灰	褐灰	
280	C区		黒陶		器蓋			18.0							暗灰	灰	
281	C区		黒陶		器蓋			12.8							黒	灰黄	
282	C区		黒褐陶		器蓋			7.1							灰	暗灰	
283	C区		褐陶		円形土製品						不明			不明/不明	灰黄褐 明黄褐	灰黄褐 明黄褐	
284	C区		黒褐陶		円形土製品						不明			不明/ナデ	暗灰	灰黄	SMS 0016
285	C区		褐陶		玉状土製品						不明			ナデ/不明	灰黄	—	
286	C区		黒褐陶		広口壺	c1		21.6			外傾?			ナデ/板	明赤褐 黒	橙 黒	SMS 0073

第3章　上馬石貝塚出土土器・青銅器

番号	区名	層位	陶質	胎土	器種	型式	器高(cm)	口径(cm)	最大径(cm)	底径(cm)	接合面の傾き	接合面長(平均,mm)	粘土帯の幅(平均,mm)	調整大分類(外/内)	色調外面	色調内面	圧痕分析番号
287	C区		褐陶		広口壺	c2		25.8			不明			ナデ／ナデ	橙	赤褐灰	
288	C区		黒褐陶		広口壺	c2		19.1			不明			ナデ／ナデ	黒橙	黒褐灰	SMS 0074
289	C区		黒褐陶		広口壺	c2		20.2			不明			ナデ／混在	暗灰灰	黒	
290	C区		黒褐陶		広口壺	b		32.0			外傾？			ナデ／ナデ	にぶい赤褐	灰	
291	C区		褐陶		広口壺	b		26.4			不明			不明／ナデ	灰黄褐	黄灰	
292	C区		紅褐陶		広口壺	b		25.6			外傾			ナデ／ナデ	橙	灰赤	
293	C区		褐陶		短頸壺	d		14.1			不明			ナデ／ナデ	にぶい橙褐灰	黄灰	
294	C区		黒褐陶		短頸壺	d		10.0			外傾？			ナデ／ナデ	褐	褐灰	
295	C区		褐陶		短頸壺	d		13.0			不明			ナデ／ナデ	灰褐	暗黄黄	SMS 0054
296	C区		黒褐陶		短頸壺	d		10.8			不明			ナデ／ナデ	黄褐	黄灰	
297	C区		灰褐陶		短頸壺	d		22.0			不明			ナデ／ナデ	黄灰	黄灰	
298	C区		黒褐陶		子母口罐			14.2			不明			不明／ナデ	暗灰オリーブ黒	暗灰	
299	C区		褐陶		小型壺	c		9.2			不明			ナデ／ナデ	黒褐	暗赤褐	
300	C区		褐陶		小型壺	c		12.2			不明			ナデ／ナデ	褐灰	黄灰	
301	C区		褐陶		小型壺	d		12.8			不明			ナデ／ナデ	褐	褐	
302	C区		黒陶		小型壺	c		8.2			不明			ナデ／ナデ	黒褐灰	黄灰	
303	C区		灰褐陶		小型壺	c					外傾？			ナデ／ナデ	灰黄褐	褐灰	
304	C区		褐陶		小型壺	c					不明			ナデ／ナデ	灰黄褐	にぶい橙	
305	C区		黒褐陶		小型壺	d		9.2			外傾			ナデ／ナデ	黒褐	褐灰	
306	C区		黒陶		小型壺	d		10.2			不明			ナデ／ナデ	暗褐	灰	
307	C区		黒褐陶		小型壺胴部	c			16.2		不明			ナデ／ナデ	暗赤褐	灰褐	
308	C区		黒陶		小型壺胴部	c			14.8	6.2	不明			ナデ／ナデ	暗灰	灰	SMS 0072
309	C区		灰褐陶		小型壺胴部	d			14.4		不明			ナデ／板	灰	灰	
310	C区		黒褐陶		小型壺胴部	d					不明			ナデ／ナデ	暗灰	灰	
311	C区		黒褐陶		筒形罐	e					不明			ナデ／ナデ	黄灰	灰黄褐	
312	C区		黒褐陶		小型罐				12.0		不明			ナデ／ナデ	灰褐	にぶい黄	
313	C区		黒褐陶		小型罐				12.0		不明			ナデ／ナデ	褐灰	褐灰	SMSL 0001
314	C区		黒褐陶		小型罐				6.8		不明			ナデ／ナデ	褐灰	灰褐	
315	C区		黒褐陶		小型罐				12.8		不明			ナデ／ナデ	灰黄褐	にぶい黄褐	
316	C区		黒褐陶		粘土帯罐	a			9.4		水平？			ナデ／ナデ	灰褐	黒褐	
317	C区		褐陶		甑	a			18.4		不明			ナデ／ナデ	灰黄褐	明赤褐	
318	C区		褐陶		甑	a					不明			ナデ／ナデ	明赤褐	明赤褐	
319	C区		褐陶		甑	a			26.7		不明			ナデ／ナデ	にぶい赤褐	明赤褐	
320	C区		褐陶		甑	a			17.4		不明			ナデ／ナデ	灰黄褐	にぶい黄褐	
321	C区		黒褐陶		粘土帯罐	a			10.0		不明			ナデ／ナデ	黒褐	黒褐	
322	C区		褐陶		甑	a			21.0		不明			ナデ／ナデ	明赤褐	にぶい赤褐	
323	C区		褐陶		甑	a					不明			ナデ／ナデ	赤	橙	
324	C区		褐陶		甑	a			20.4		不明			ナデ／ナデ	にぶい褐	橙	
325	C区		褐陶		甑	a			23.6		不明			ナデ／ナデ	にぶい赤褐	明赤褐	
326	C区		褐陶		甑	a			17.5		不明			ナデ／ナデ	黒褐にぶい赤褐	にぶい赤褐	
327	C区		褐陶		甑	a			20.8		不明			ナデ／ナデ	橙	にぶい赤褐	
328	C区		褐陶		粘土帯罐	d			10.4	13.4	外傾			板／板	灰褐	褐灰	
329	C区		褐陶		甑				26.4		外傾			ナデ／ナデ	暗灰	灰褐	
330	C区		黒褐陶		甑				23.6		不明			ナデ／ナデ	オリーブ黒	オリーブ黒	
331	C区		褐陶		粘土帯罐	d			14.0		外傾？			ナデ／ナデ	灰黄褐暗灰	にぶい赤褐	
332	C区		褐陶		粘土帯罐	d			9.7		不明			ナデ／ナデ	灰褐褐灰	灰褐	
333	C区		褐陶		粘土帯罐	e			15.5		不明			ナデ／ナデ	にぶい赤褐	にぶい赤褐	
334	C区		黒褐陶		粘土帯罐	d			19.8		不明			ナデ／ナデ	黒褐	にぶい橙	
335	C区		黒褐陶		粘土帯罐	e			13.2		外傾？			ナデ／ナデ	暗灰	褐灰	
336	C区		褐陶		粘土帯罐	e					不明			ナデ／ナデ	にぶい橙	にぶい橙	
337	C区		黒褐陶		粘土帯罐	e			20.0		不明			ナデ／ナデ	にぶい赤褐	赤	
338	C区		黒褐陶		粘土帯罐	e			13.8		外傾	13.0		ナデ／ナデ	にぶい赤褐	橙	
339	C区		褐陶		粘土帯罐	e			18.1		外傾	15.0		ナデ／ナデ	明褐	赤褐	
340	C区		褐陶		粘土帯罐	e			14.6		外傾			ナデ／ナデ	赤褐	明赤褐	
341	C区		褐陶		甑	d			23.6		不明			ナデ／ナデ	明赤褐	明赤褐	
342	C区		褐陶		甑	d			21.4		水平			ナデ／ナデ	暗灰	灰褐	

番号	区名	層位	陶質	胎土	器種	型式	器高(cm)	口径(cm)	最大径(cm)	底径(cm)	接合面の傾き	接合面長(平均.mm)	粘土帯の幅(平均.mm)	調整大分類(外/内)	色調外面	色調内面	圧痕分析番号
343	C区		黒褐陶		粘土帯罐	e		12.4			不明			ナデ/ナデ	暗灰	暗灰	
344	C区		褐陶		甑	d		27.4			不明			ナデ/ナデ	明赤褐	橙	
345	C区		褐陶		甑	d		9.6			不明			ナデ/ナデ	明赤褐	明赤褐	
346	C区		黒褐陶		粘土帯罐	d		18.3			不明			ナデ/ナデ	灰褐	褐灰	
347	C区		褐陶		甑腰						外傾?			ナデ/ナデ	明赤褐	明赤褐	
348	C区		褐陶		甑腰						外傾?			ナデ/ナデ	明赤褐	明赤褐	
349	C区		褐陶		甑腰						不明			ナデ/ナデ	にぶい黄褐	黄灰	
350	C区		褐陶		甑腰						外傾?			ナデ/ナデ	にぶい黄橙	にぶい褐	
351	C区		灰褐陶		甑腰						不明			ナデ/ナデ	にぶい黄橙	黄灰	
352	C区		灰褐陶		甑腰						外傾	34.0		ナデ/ナデ	黄灰	灰黄褐	
353	C区		褐陶		甑腰						不明			ナデ/ナデ	にぶい赤褐	にぶい赤褐	
354	C区		褐陶		甑腰						不明			ナデ/ナデ	にぶい黄橙	橙	
355	C区		褐陶		甑足						不明			ナデ/ナデ	明赤褐	にぶい赤褐	SMS 0018
356	C区		褐陶		甑足						不明			ナデ/ナデ	灰褐	灰褐	
357	C区		褐陶		甑足						不明			ナデ/ナデ	にぶい橙	褐灰	
358	C区		褐陶		甑足						不明			ナデ/ナデ	にぶい赤褐	灰褐	
359	C区		灰褐陶		鞍形把手	e					不明			ナデ/ナデ	灰	灰	
360	C区		灰褐陶		鞍形把手	e					不明			ナデ/ナデ	暗灰黄	灰	
361	C区		黒褐陶		鞍形把手	e					不明			ナデ/ナデ	暗灰	橙	
362	C区		黒褐陶		鞍形把手	e					不明			ナデ/ナデ	黒褐	にぶい橙	
363	C区		灰褐陶		鞍形把手	e					不明			ナデ/ナデ	灰	黒	
364	C区		黒褐陶		鞍形把手	e					不明			ナデ/ナデ	暗灰	灰	
365	C区		黒陶		鞍形把手	e					不明			ナデ/ナデ	黒	暗灰	
366	C区		黒陶		鞍形把手	e					不明			ナデ/ナデ	暗灰	灰	
367	C区		黒褐陶		橋状把手	c					不明			ナデ/ナデ	灰黄	黄灰	
368	C区		灰褐陶		橋状把手	c					不明			ナデ/ナデ	灰	黄灰	
369	C区		黒褐陶		橋状把手	c					不明			ナデ/ナデ	にぶい褐	褐灰	
370	C区		褐陶		橋状把手	c					不明			ナデ/不明	明赤褐	橙	
371	C区		灰褐陶		橋状把手	c					不明			ナデ/ナデ	灰	にぶい黄	
372	C区		褐陶		柱状把手	d					不明			ナデ/ナデ	にぶい黄褐	黄灰	
373	C区		褐陶		柱状把手	d					不明			ナデ/ナデ	にぶい赤褐	にぶい橙	
374	C区		褐陶		柱状把手	d					不明			ナデ/ナデ	にぶい橙	にぶい黄橙	
375	C区		褐陶		柱状把手	d					不明			ナデ/不明	にぶい橙	にぶい橙	
376	C区		灰褐陶		棒状把手	a					不明			ナデ/ナデ	灰	灰	SMS 0008
377	D区	下層	紅褐陶	滑石	筒形罐	a1		23.4			外傾	8.0		ナデ/ナデ	にぶい赤褐	にぶい褐	
378	D区	下層	紅褐陶	滑石	筒形罐	a1		19.6			外傾	7.0		不明/非板	にぶい褐	にぶい赤褐	
379	D区	下層	紅褐陶	滑石	筒形罐	a2	25.4	24.3	24.8	15.0	不明			ナデ/非板	赤褐 灰赤	明赤灰	
380	D区	下層	紅褐陶	滑石	筒形罐	b		15.4			水平			ナデ/非板	にぶい褐	にぶい橙	
381	D区	下層	紅褐陶	滑石	筒形罐	a1					不明			ナデ/ナデ	にぶい橙	にぶい橙	
382	D区	下層	紅褐陶	滑石	筒形罐	a					水平			ナデ/非板	にぶい赤褐	灰褐	
383	D区	下層	紅褐陶	滑石	筒形罐	a					不明			ナデ/非板	灰赤	褐灰	
384	D区	下層	紅褐陶	滑石	筒形罐	a					不明			ナデ/非板	黄灰	にぶい黄橙	
385	D区	下層	褐陶	雲母	鼎			22.2			不明			ナデ/ナデ	にぶい赤褐	にぶい黄	
386	D区	下層	紅褐陶	滑石	筒形罐	a1					外傾?内傾?			不明/非板	にぶい褐	にぶい黄橙	
387	D区	下層	紅褐陶	滑石	土器底部再加工品						不明			ナデ/ナデ	にぶい赤褐	黄灰	
388	D区	下層	紅褐陶	滑石	底部					14.6	不明			非板/非板	灰褐	にぶい赤褐	SMSL 0017
389	D区	下層	紅褐陶	滑石	底部					6.6	不明			不明/ナデ	橙	橙	
390	D区	上層	黒褐陶		器蓋			35.7			不明			ナデ/ナデ	暗灰	灰黄	
391	D区	上層	褐陶		罐	b3		9.4						/	明褐	黒褐	
392	D区	上層	褐陶		罐	b1		12.0			不明			ナデ/ナデ	明褐	黒	
393	D区	上層	褐陶		罐	b1		10.6			不明			ナデ/ナデ	黄灰	黒	
394	D区	上層	黒褐陶		罐	b2		13.0			不明			ナデ/ナデ	暗赤褐	灰	
395	D区	上層	黒褐陶		罐	b2		18.7			不明			ナデ/ナデ	オリーブ黒	灰	
396	D区	上層	褐陶		壺/罐			20.2			不明			ナデ/ナデ	明褐	赤褐	
397	D区	上層	黒褐陶		壺/罐			22.2			不明			ナデ/ナデ	黒褐	灰黄褐	
398	D区	上層	黒陶		壺/罐			20.3			不明			ナデ/ナデ	黒	黒	
399	D区	上層	黒褐陶		三環足器						不明			ナデ/ナデ	にぶい赤褐	にぶい赤褐	
400	D区	上層	黒褐陶		底部					7.0	不明			ナデ/ナデ	灰	灰	
401	D区	上層	紅褐陶		器蓋			16.0			不明			ナデ/ナデ	赤褐	明赤褐	
402	D区	上層	黒褐陶		広口壺			24.8			不明			ナデ/ナデ	褐灰	暗灰	
403	D区	上層	黒褐陶		広口壺	b		19.9			外傾			ナデ/ナデ	黒褐	黒褐	
404	D区	上層	黒褐陶		子母口罐			13.2			外傾			ナデ/ナデ	褐灰	褐灰	

第3章　上馬石貝塚出土土器・青銅器

番号	区名	層位	陶質	胎土	器種	型式	器高(cm)	口径(cm)	最大径(cm)	底径(cm)	接合面の傾き	接合面長(平均,mm)	粘土帯の幅(平均,mm)	調整大分類(外/内)	色調外面	色調内面	圧痕分析番号
405	D区	上層	黒褐陶		ミニチュア罐			4.0			不明			ナデ/ナデ	黄灰	灰	
406	D区	上層	黒褐陶		筒形罐	e		4.0			不明			ナデ/ナデ	黒	暗灰	
407	D区	上層	黒褐陶		底部					9.4	不明			不明/ナデ	灰	褐灰	
408	D区	上層	褐陶		底部					7.2	外傾	11.0		不明/ナデ	灰褐	褐灰	
409	東丘西南端崖		褐陶		筒形罐	c	18.6	22.4		11.0	水平?内傾?			ナデ/ナデ	にぶい赤褐	にぶい褐	
410	東丘西南端崖		黒褐陶		壺			12.9	19.9		不明			ナデ/ナデ	赤 黒	黒	
411	西丘東南端崖		褐陶		壺	c		12.0			不明			ナデ/ナデ	灰褐	にぶい赤褐	
412	西丘東南端崖		黒褐陶		無頸壺			14.6			不明			ナデ/ナデ	黒	にぶい赤褐	
413	西丘東南端崖		紅陶		壺						不明			不明/ナデ	明赤	黒褐	
414	西丘東南端崖		黒褐陶		罐	a	19.8	22.1		9.6	外傾?			ナデ/板	暗赤灰 灰赤	にぶい赤褐	
415	西丘東南端崖		褐陶		罐底部					9.9	外傾	25.0		不明/不明	黒褐	明赤褐	
416	西丘東南端崖		褐陶		罐	a		26.8			不明			板/板	褐灰	黒褐	
417	西丘東南端崖		紅褐陶		鉢	a1		21.0			不明			ナデ/板	明赤褐	赤褐	
418	西丘東南端崖		紅褐陶		鉢	a2	8.0	14.8		8.4	不明			ナデ/ナデ	にぶい橙	にぶい橙	
419	西丘東南端崖		紅褐陶		鉢	b	14.7				不明			ナデ/ナデ	明赤褐	にぶい黄橙	
420	西丘東南端崖		紅褐陶		筒形罐	d2		18.4			不明			ナデ/ナデ	にぶい赤褐	灰黄褐	
421	西丘東南端崖		褐陶		筒形罐	d1		22.4			不明			ナデ/ナデ	褐灰 にぶい橙	橙	
422	西丘東南端崖		黒褐陶		筒形罐	d3		22.6			不明			板/板	黒	灰褐	
423	西丘東南端崖		紅褐陶		筒形罐	d					不明			ナデ/板	にぶい赤褐	にぶい赤褐	
424	西丘東南端崖		黒褐陶		筒形罐	d					不明			ナデ/板	黒褐	明褐	
425	西丘東南端崖		黒褐陶		筒形罐	d3					不明			板/ナデ	黒	灰褐	
426	西丘東南端崖		紅褐陶		筒形罐	d					外傾?内傾?			板/板	にぶい橙	にぶい褐	
427	西丘東南端崖		紅褐陶		筒形罐	d					不明			ナデ/板	赤	赤	
428	西丘東南端崖		紅陶		無頸壺						不明			不明/板	赤	橙	SMS 0029
429	西丘東南端崖		紅陶		無頸壺						不明			不明/板	赤褐	にぶい橙	
430	西丘東南端崖?		黒褐陶		罐						外傾	13.0		不明/ナデ	黒褐	灰黄褐	
431	西丘東南端崖		紅陶		無頸壺					9.2	不明			板/板	赤	橙	
432	地表		灰褐陶		鉢形口縁壺	c		12.0			不明			ナデ/不明	赤灰	褐灰	
433	地表		灰褐陶		小型壺	c		14.2			外傾?			ナデ/ナデ	黄灰	灰白	
434	地表		黒褐陶		長頸壺			16.6			外傾?			ナデ/不明	黒 にぶい黄褐	黄灰	
435	地表		灰褐陶		長頸壺			12.0			外傾?			ナデ/ナデ	黄灰	灰黄	
436	地表		黒褐陶		小型壺胴部				16.0		不明			不明/板	黒褐	黒	
437	地表		褐陶		小型壺胴部						不明			不明/ナデ	灰褐	黒	SMS 0028
438	地表		黒褐陶		短頸壺			12.3			不明			ナデ/ナデ	褐灰	灰	
439	地表		黒褐陶		短頸壺	c1		17.6			不明			ナデ/ナデ	灰黄	暗灰黄	
440	地表		灰褐陶		短頸壺	c		16.8			不明			板/ナデ	にぶい黄橙	灰黄褐	
441	地表		灰褐陶		短頸壺胴部	e2					不明			ナデ/ナデ	灰黄	にぶい橙	SMSL 0016
442	地表		紅褐陶		広口壺			19.6			不明			ナデ/ナデ	橙	にぶい橙	
443	地表		褐陶		罐			16.8			不明			ナデ/ナデ	赤褐	黒褐	
444	地表		黒陶		広口壺			21.4			不明			ナデ/ナデ	暗灰	黄灰	

番号	区名	層位	陶質	胎土	器種	型式	器高 (cm)	口径 (cm)	最大径 (cm)	底径 (cm)	接合面の傾き	接合面長 (平均, mm)	粘土帯の幅 (平均, mm)	調整大分類 (外／内)	色調外面	色調内面	圧痕分析番号
445	地表		褐陶		鉢形口縁壺			15.0			不明			ナデ／ナデ	にぶい橙 灰	灰	
446	地表		黒褐陶		小型罐			13.8			不明			ナデ／ナデ	赤灰	にぶい黄橙	
447	地表		褐陶		送風管										灰白 黄情	灰白	
448	地表		黒褐陶		円形土製品										灰黄褐	灰黄褐	
449	地表		黒褐陶		円形土製品										褐灰	褐灰	
450	地表		褐陶		方形土製品										黄灰	黄灰	
451	地表		褐陶		円形土製品										褐灰	褐灰	
452	地表		黒褐陶		紡錘車										にぶい赤褐	にぶい赤褐	
453	D区		褐陶		罐	b1		13.6			不明			ナデ／ナデ	褐灰	暗灰	SMS 0049
454	C区？		黒陶		三環足器	b					不明			ナデ／ナデ	黒	黒	SMS 0040
455	C区		黒陶		壺底部					6.6	不明			ナデ／ナデ	黒	黒灰	SMS 0027
456	A区	上層	灰褐陶		短頸壺	d2					外傾？			ナデ／ナデ	灰	灰	SMS 0046
457	BⅡ区		灰褐陶		罐底部						不明			ナデ／ナデ	灰	褐灰	SMS 0069
458	A区	上層	灰褐陶		罐底部					10.0	不明			ナデ／ナデ	灰	灰	SMS 0047
459	C区		褐陶	滑石	筒形罐底部					8.0	不明			ナデ／ナデ	赤褐	灰褐	SMS 0055
460	C区		紅褐陶		罐底部					10.6	不明			ナデ／ナデ	橙	黄灰	SMS 0013
461	C区		褐陶	雲母	筒形罐	d2		16.8			不明			ナデ／ナデ	赤褐	赤褐	SMS 0007

おそらく小珠山上層期のものであろう。

d）灰褐陶

短頸壺　456 は，口縁の外面が肥厚気味で無文の短頸壺である。A区上層出土のものであり，52 の短頸壺と同じ特徴をもち，時期的にもその段階のものである。

底部　457 は BⅡ区出土のもので，この時期の短頸壺や罐の底部である。458 は A区上層出土であり，同時期の短頸壺などの底部であろう。これら底部の外面には，研きが施されている。

11．青銅器・青銅器関連遺物

(巻首図版8，図63，66，表4，図版45-2，46，48，52，56，50-2，57)

462〜465 が青銅製品である。462 は青銅器片であるが，刀子などの一部分であろう。464 は釣針である。これらの出土地点はともにA区北方3間とあり，A区段階の青銅器の可能性がある。463 の銅錐ないし銅針は，青銅器生産のための銅素材の可能性もある。BⅠ区付近の地表採集品である。465 は銅錐であり，BⅡ区出土である。遼寧式銅剣段階の青銅製品である。

467 は結晶片岩製の釣針鋳型であるが，地表採集品である。これは 464 の釣針に類似するが，製品はこれより縦長になったものである。466 は BⅡ区出土の銅斧の滑石製鋳型である。銅斧は基部側に突線を最低2本もつものであり，春秋並行期のものである。

このほか，実物は現存しないが，銅滓（468・469・473）や青銅器片（470〜472）が発見されている。青銅器片は稜線をもつものであるが，器種の特定は難しい。青銅器片や銅滓はD区での発見であるところから，D区上層のものであろう。D区上層であれば，大連市大嘴子遺跡出土品（大連市文物考古研究所 2000）と同じ双砣子3期の青銅器であろう。また，銅滓はA区やD区さらにはC区からも出土している。鋳型が出土したBⅡ区は遼寧式銅剣段階であるが，D区など双砣

第3章 上馬石貝塚出土土器・青銅器

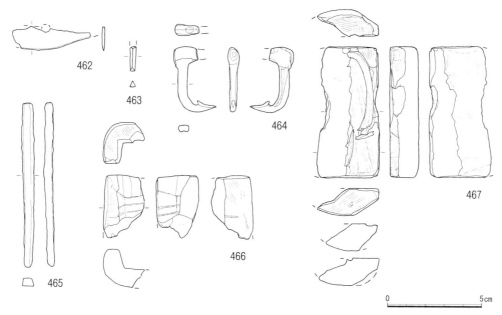

図66 上馬石貝塚出土青銅器と鋳型（縮尺1/2）

表4 上馬石貝塚出土青銅器・青銅器関係遺物集成

番号	器種	出土地点	長さ（cm）	幅（cm）	厚さ（cm）	重量（g）
462	青銅器片	地表採集	(4.1)	(1.3)	(0.1)	(2.71)
463	銅鑿	BⅠ区	1.4	0.4	0.3	―
464	釣針	地表採集	3.6	(2.2)	0.6	(5.75)
465	錐？	BⅡ区	9.0	0.7	0.5	(10.30)
466	石製鋳型	地表採集	(3.4)	(2.2)	(2.2)	(14.92)
467	石製鋳型	BⅡ区	7.2	(3.3)	1.5	(50.62)
468	銅滓	A区	3.1	2.0	―	―
469	銅滓	C区	1.6	1.3	―	―
470	青銅器片	D区	(2.5)	(0.7)	―	―
471	青銅器片	D区	(4.7)	0.7	―	―
472	青銅器片	D区	1.3	0.4	―	―
473	銅滓	D区	1.3	0.7	―	―

子3期やA区のような西周並行期段階からすでに本遺跡で青銅器生産が始まっていた可能性がある。

447（図63）は地表採集品ではあるが，馬の頭部を表現した鞴（送風管）の羽口であり，夏家店上層文化の遼寧省三官甸遺跡にみられるものである（村上2006）。また，馬頭表現の鞴羽口は内蒙古林西県大井古銅鉱遺跡からも出土している（遼寧省博物館文物工作隊1983）。夏家店上層期大井遺跡は西周並行期に始まっているので，本遺跡でいえば，遅くとも上馬石A区上層段階から青銅器生産が始まっていたことを再確認することができる。ただし，本遺跡出土の鞴羽口は三官甸遺跡のものに馬頭表現が類似している。三官甸遺跡の年代は前5世紀を中心とするものであることから，この羽口は上馬石BⅡ区時期に属するものであろう。

第4章　上馬石貝塚出土石器・骨角器

森　　貴　教

1. 石　　器

　上馬石貝塚出土もしくは採集の石器計113点について，区別に報告する（表5）。

　474〜484はA区出土（図67，図版47）。474〜476は磨製石鎌である。474は結晶片岩製である。平面形において刃部は先端に向かいやや内湾する。刃部の断面形は両刃であり，刃縁部のみを研磨している。475は結晶片岩製である。平面形において直刃である。刃部の断面形は両刃である。背部は研磨され平坦である。476は花崗岩製である。平面形において直刃である。刃部の断面形は両刃であり，剥離痕が多くみられる。表面は粗く研磨が施される。474・475と比較して厚手である。477は閃緑岩製の有孔石斧である。平面形は縦長の台形で，横断面形は横長の長方形を呈する。基端部から2.1cmの位置に長径9mmの孔がある。刃部は欠損している。478は閃緑岩製の両刃石斧である。刃部は摩耗し，丸みを帯びている。基端部は敲打痕が多く認められる。479は凝灰岩製の紡錘車である。表面は丁寧に研磨されている。孔径は7mmである。片側からの穿孔とみられる。480は砂岩製の磨石である。平面円形，断面隅丸方形を呈する。表面はやや赤変している。481は砂岩製の磨棒の把手片である。短軸の断面形は隅丸三角形を呈し，底面は平坦である。底面に短軸方向の擦痕が認められる。482は砂岩製の磨盤である。主面，裏面のほか右側面も使用されている。裏面には2条ほど幅2〜3mm程度の溝状痕が認められることから，砥石としても利用された可能性がある。483・484は台石である。483は砂岩製，484は片岩製である。ともに両面に深い凹部が認められる。

　485〜491はBⅠ区出土（図68，図版50）。485〜489は無茎式，490は有茎式の磨製石鏃である。485は赤紫色を呈するチャート製である。平面形は胴長の丸みを帯びた木葉形で，基部は三角形に抉られている。横断面形は六角形を呈する。長軸方向の擦り切りにより刃部を作り出す。鏃身中央は斜方向の研磨が施される。486は頁岩製である。平面形は長三角形で平基である。横断面形は六角形を呈する。擦り切りにより刃部を作り出す。鏃身中央は斜方向の研磨が施される。487は砂岩ホルンフェルス製である。平面形は長三角形で平基である。横断面形は六角形を呈する。基端部と側面の一部が研磨されている。擦り切りにより刃部を作り出す。鏃身中央は斜方向の研磨が施される。488は片岩製である。平面形は長三角形で平基である。横断面形は六角形を呈する。擦り切りにより刃部を作り出す。鏃身中央は斜方向の研磨が施され

第4章 上馬石貝塚出土石器・骨角器

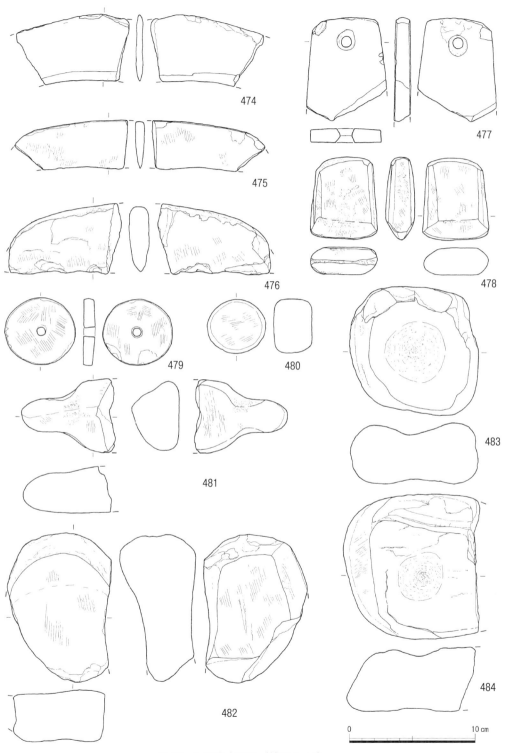

図67 A区出土石器（縮尺1/3）

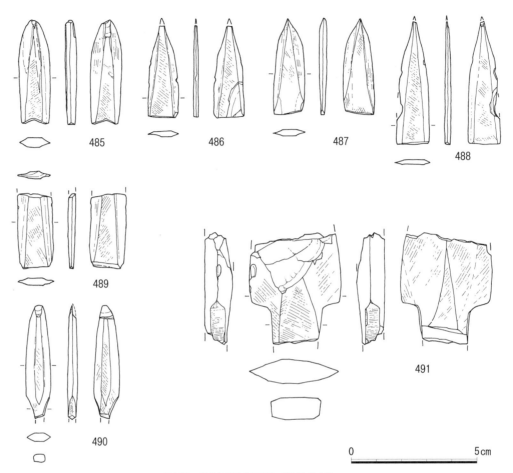

図68 BⅠ区出土石器（縮尺2/3）

る。489は赤紫色を呈するチャート製で485と同質の石材である。横断面形は六角形を呈する。擦り切りにより刃部を作り出す。鏃身中央は斜方向の研磨が施される。先端部は欠損している。490は片岩製である。刃部の横断面形は六角形，茎部は隅丸方形を呈する。茎部は側面も研磨されている。先端部，基端部は欠損している。491は頁岩製の有茎式磨製石剣である。関部が明瞭に屈曲し茎部が形成されている。茎部下半は欠損しており現在所在不明であるが，写真によると茎部長は5.9cmを測る。表面は研磨方向を変えることにより緩やかな稜が形成されている。茎部の側面は長軸に直交する方向に研磨されており，断面形は長方形を呈する。

　492～511はBⅡ区出土（図69，70，図版50，51）。このうち493～495・500は現在実物が存在しないことから，宮本一夫氏による実測図（宮本1991）を再トレースしたものである。492は結晶片岩製の板状の垂飾品である。平面形は歪な楕円形を呈する。孔が2ヶ所穿孔されているほか，未貫通の部分が3ヶ所認められる。表面は全体的に研磨されている。裏面の孔の上端部に弱い摩耗がみられ，紐擦れ痕とみられる。493・494は石庖丁である。493は頁岩製で外湾

第4章　上馬石貝塚出土石器・骨角器

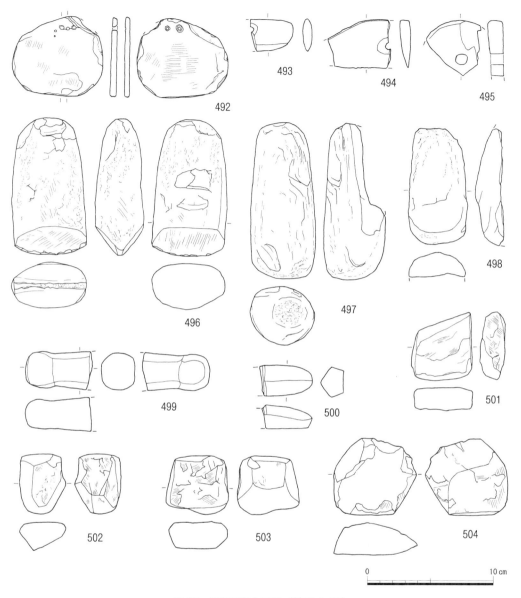

図69　BⅡ区出土石器（縮尺1/3）

刃半月形の小型品である。刃部の断面形は両刃である。494は輝緑岩製で直線刃半月形である。刃部の断面形は両刃である。器面を敲打した後，穿孔されたと考えられる。495は紡錘車片である。496は玄武岩製の両刃石斧である。刃面は明瞭であり，切刃状の鈍い刃部が形成される。刃端部は摩耗し丸みを帯びている。刃部のみが研磨され，表面には敲打痕が残存している。497・498は片岩製の棒状敲石である。483・484のような台石と組み合うものと考えられる。

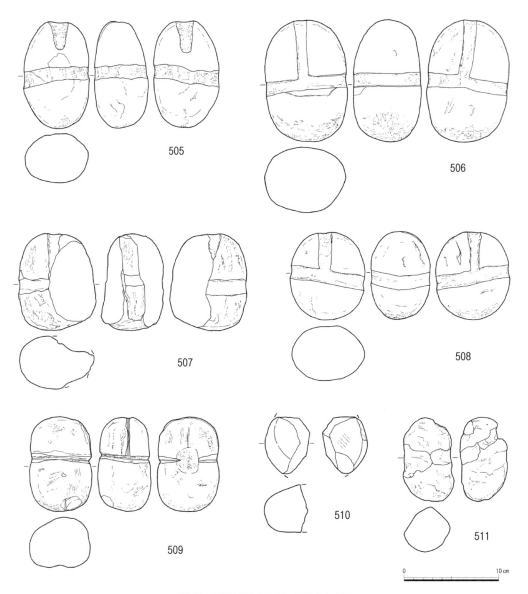

図70 BⅡ区出土石器（縮尺1/4）

横断面円形で端部に敲打痕が認められる。498の裏面は石材の片理に沿って半分に剥離している。499は花崗岩製の磨棒の把手片である。石錘の素材と同質の花崗岩を用いている。短軸の断面形は隅丸方形を呈する。500は石製把頭飾の破片である。長軸中央部に緩やかな稜があり，短軸中央部に溝が認められる。短軸の断面形は五角形を呈する。長軸の側面に擦痕が明瞭に残存する。501～504は鉄鉱石石材である。それぞれ表面が研磨され光沢がみられる。505～510

は石錘である。505 は花崗岩製である。T 字帯状の縄掛け用の溝があるが，長軸側は完全には彫り込まれていない。端部に敲打痕が認められることから，敲石としても使用されたと考えられる。506 は花崗岩製である。T 字帯状の縄掛け用の溝がある。端部に敲打痕が多く認められる。507 は片岩製である。T 字帯状の縄掛け用の溝がある。表裏が破損している。508 は花崗岩製である。T 字帯状の縄掛け用の溝がある。509 は凝灰岩製である。505〜508 に比べて幅狭の縄掛け用の溝がある。長軸方向の溝が側面にみられる点も他のものと異なっている。裏面中央部に敲打の集中によって生じた深さ 3 mm 程度の凹部が認められることから，敲石に転用されたと考えられる。510 は花崗岩製である。石材から石錘の破片と考えられる。裏面は平坦である。511 は軽石製の浮子である。粗い帯状の縄掛け用の溝が短軸方向に 1 条廻る。

　512〜520 は C 区出土（図 71，図版 53，54）。512 は結晶片岩製の磨製石鎌である。平面形において直線刃であり，刃部の断面形は片刃である。基端部が欠損している。513 は砂岩製の柱状片刃石斧である。刃部が欠損している。非常に軽く脆い石材であることから非実用品の可能性がある。514 は岫岩玉製の扁平片刃石斧の完形品である。平面形は正方形である。刃こぼれはみられないが，平面形において刃部が左右に偏っている。着柄痕は認められない。515 は頁岩製の磨製石剣である。先端部の欠損後，刃部に再研磨を施すことにより小型の石斧に転用されている。基部付近は側縁部も研磨されている。横断面形は菱形を呈する。516 は頁岩製の磨製石器片である。形態と使用石材から扁平片刃石斧の破片の可能性がある。表面が丁寧に研磨されている。517 は凝灰岩製の磨石である。平面円形，断面隅丸長方形を呈する。主面，裏面に擦痕が認められる。518 は花崗岩製の石錘である。T 字帯状の縄掛け用の溝が認められる。半分に破損している。519 は結晶片岩製の有孔石錘である。基端部から 2.2 cm の位置に径 7 mm の孔が穿たれている。孔の上端部に紐擦れ痕がみられる。表面は研磨されているが，大半は剥離している。520 は砂岩製の砥石である。表裏面は緩やかに内湾する砥面が形成されている。裏面に幅 2〜3 mm 程度の断面レ字・U 字状の溝状痕が複数認められる。

　521〜549 は地表採集品（図 72〜74）。521〜530 は磨製石鏃である。521・523・524 は無茎式，522・525〜529 はすべて破片であるが有茎式とみられる。521 は頁岩製である。平面形は三角形で基部は弧状に抉られている。横断面形は鏃身中央がやや凹んだ六角形を呈する。522 は片岩製である。横断面形は菱形を呈する。先端部，基端部を欠損する。523 は頁岩製の大型品である。平面形は長三角形で基部は三角形に抉られている。横断面形は鏃身中央がやや凹んだ六角形を呈する。524 は赤紫色を呈する頁岩製である。平面形は長三角形で平基である。擦り切りにより刃部を作り出す。鏃身中央は斜方向の研磨が施される。525 は片岩製である。横断面形は凸レンズ状を呈する。先端部，基端部を欠損する。526 は頁岩製である。横断面形は菱形を呈する。先端部，基端部を欠損する。527 は頁岩製である。横断面形は菱形を呈する。先端部，基端部を欠損する。528 は片岩製である。横断面形は菱形を呈する。先端部，基端部を欠損する。529 は片岩製である。横断面形は凸レンズ状を呈する。先端部，基端部を欠損する。530 は赤紫色を呈する頁岩を用いる。側面は平坦に研磨されており，刃部が形成されていない

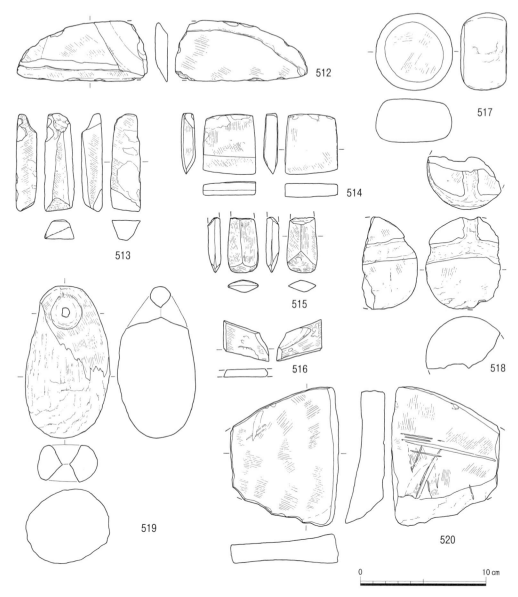

図71 C区出土石器（縮尺1/3）

ことから未完成品と考えられる。531は閃緑岩製の有孔石製品である。長軸の外形が弧状を呈することから腕輪と考えられる。径約2mmの孔がみられる。短軸側面は研磨されている。532は岬岩玉製の両刃石斧の刃部片である。刃部端に向かい幅が狭くなる。533は砂岩を用いた石庖丁の未完成品である。側面に剝離が施されたままで研磨は施されていない。穿孔時に破損したものとみられる。534は滑石製の小型の石錘である。短軸方向に2条，長軸方向に1条，

第4章 上馬石貝塚出土石器・骨角器

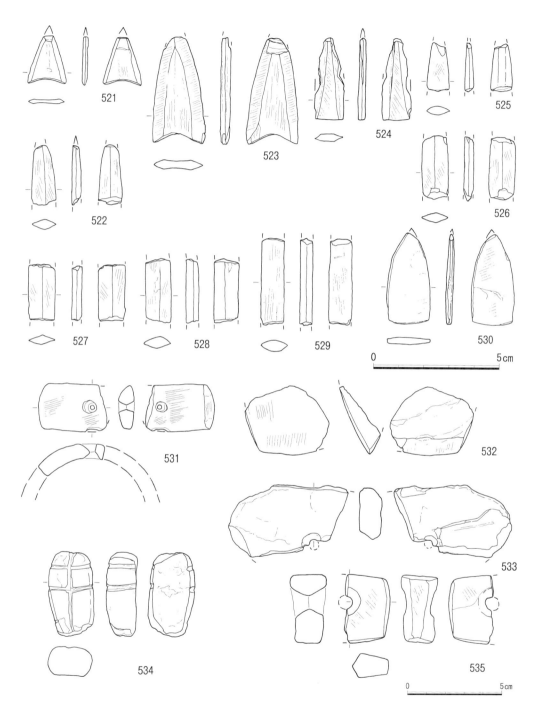

図72 地表採集石器（521～530 縮尺2/3，531～535 縮尺1/2）

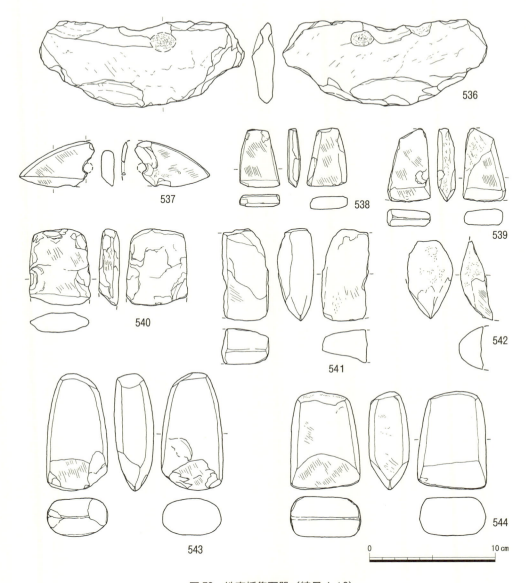

図73 地表採集石器（縮尺1/3）

幅狭の縄掛け用の溝がある。535は砂岩製の有孔砥石である。平面形は矩形を呈し，側面も研磨されている。536は片岩を用いた石庖丁の未完成品である。平面形は外湾刃半月形で，穿孔途中の孔が2ヶ所認められる。表面は研磨されていない。537は玄武岩製の石庖丁である。平面形は直線刃半月形で，刃部の断面形は片刃である。538は岫岩玉製の小型の扁平片刃石斧である。平面形は刃部から基部に向かい幅が狭くなる台形を呈する。後主面の側縁部付近に着柄痕とみられる部分が認められる。539は閃緑岩製の小型の両刃石斧である。左側面は破損して

108

第4章　上馬石貝塚出土石器・骨角器

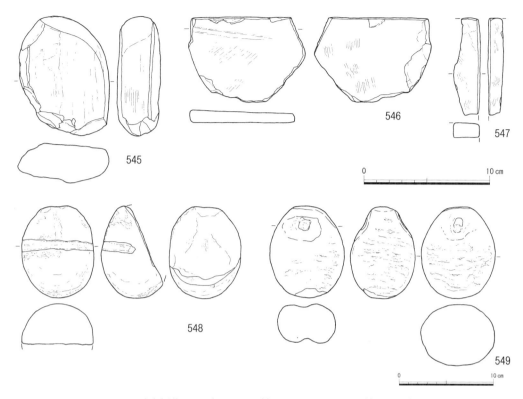

図74　地表採集石器（545～547縮尺1／3，548・549縮尺1／4）

いるが表面は摩耗している。540は灰白色を呈する頁岩製の扁平片刃石斧である。側縁部に剥離がみられ，着柄痕とみられる。刃部を欠損している。541は凝灰岩製の両刃石斧である。中央部で長軸に沿って破損している。542は凝灰岩製の両刃石斧の刃部片である。刃部のみが研磨され，刃部端は摩耗している。543は凝灰岩製の両刃石斧である。刃部端は摩耗しており，剥離痕もみられる。544は凝灰岩製の両刃石斧である。主面，裏面は平坦で横断面形は隅丸長方形を呈する。平面形において刃部がやや左右に偏り，刃部端は摩耗している。545は結晶片岩を用いた磨石とみられる。側面に長軸方向の擦痕が認められる。546は砂岩製の砥石である。上端部は研磨されており平坦である。547は花崗岩製の砥石である。平面形は長方形を呈し，主面と側面の境は稜をなして接する。548は凝灰岩を用いた石錘の未完成品である。短軸方向に1条，帯状の縄掛け用の溝があるが途切れており，裏面も大きく剥離している。裏面の一部が摩耗していることから，破損後に磨石に転用されたとみられる。549は片麻岩を用いた有孔石錘の未完成品である。基端部から約2cmの位置に，未貫通の穿孔途中の孔がみられる。

550～575は現在実物が存在しないことから，澄田正一氏が残していた実測図を改変し再トレースしたものである。法量はこの実測図から計測した。

550・551はBⅠ・BⅡ区出土（図75，図版50）。550は頁岩製の大型の磨製石鏃である。基部

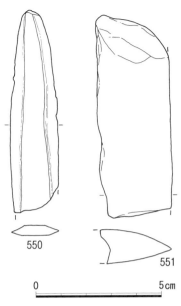

図75 BⅠ区・BⅡ区出土石器（縮尺2/3）

は欠損している。横断面形は六角形を呈する。長軸方向の擦り切りにより刃部を作り出す。551は頁岩製の石戈である。中央部で長軸方向に破損している。側縁は鋭利で横断面形は凸レンズ状を呈する。

　552〜564はC区出土（図76，図版53，54）。552〜554は無茎式，555は凸基式，556は有茎式の磨製石鏃である。552は平面形が柳葉形で平基である。鏃身中央は平坦で，横断面形は六角形を呈する。553は平面形が長柳葉形で平基である。横断面形は六角形を呈する。554は先端部が欠損しているが長柳葉形を呈するとみられる。基部は丸みを帯びている。擦り切りにより刃部を作り出し，鏃身中央は斜方向の研磨が施される。横断面形は六角形である。555は平面形が長柳葉形で鏃身中央部から基部へ次第に幅を減じる。先端部は欠損しており，横断面形は凸レンズ状を呈する。556は平面形において幅が狭く長身で，関部は不明瞭だが有茎式と考えられる。長軸中央に鎬があり横断面形は菱形を呈する。557は石庖丁の未完成品である。平面形は杏仁形で穿孔途中の孔が2ヶ所ある。両側からの回転穿孔である。刃部の断面形は不明である。558は石庖丁である。直背で刃部はやや弧状を描く。表面は研磨されている。表裏面は平坦で刃部は鋭利である。559は石庖丁の未完成品である。平面形は外湾刃半月形である。560は石庖丁である。平面形は直線刃半月形であり，刃部端が研磨されている。薄い石材だが刃部の断面形は両刃とみられる。561は石斧とみられる。薄手で刃部は弧状を描く。562は棒状敲石とみられる。表面に敲打痕がある。563は両刃石斧の基部片である。主面，裏面は平坦で横断面形は隅丸長方形を呈する。564は白色を呈するネフライト製の双刃有孔石斧である。中央部に径1.8cmの孔があり，孔に平行する2ヶ所の刃部が両端にある。それぞれ両刃であり，

第4章 上馬石貝塚出土石器・骨角器

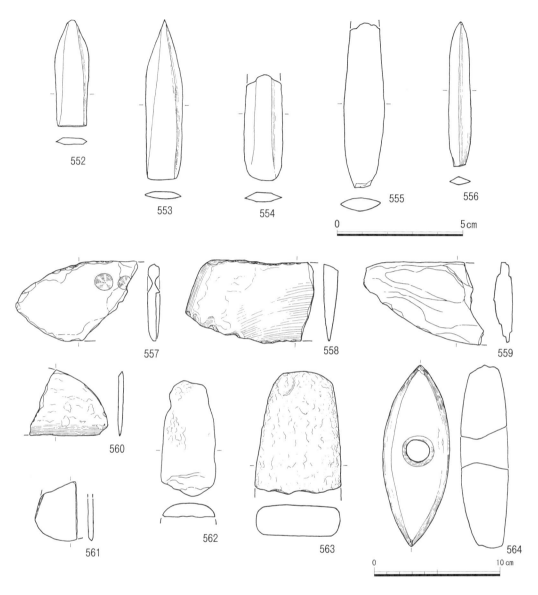

図76 C区出土石器（552〜556 縮尺2／3，557〜564 縮尺1／3）

平面形は舟形である。

　565〜575はD区出土（図77，図版57）。565は貝製の小玉，566は管玉である。567は凸基式，568は平基式，569・570は有茎式の磨製石鏃である。568は横断面形において刃部が弧状に凹む六角形を呈する。569は横断面形が凸レンズ状をなし，茎部は長方形を呈する。570は関部が明瞭ではない撫関式で，横断面形は六角形を呈する。571は円盤状石製品である。装飾品とみられる。572は石庖丁である。弧背直刃形であり，孔が1ヶ所ある。刃部の断面形は片刃で

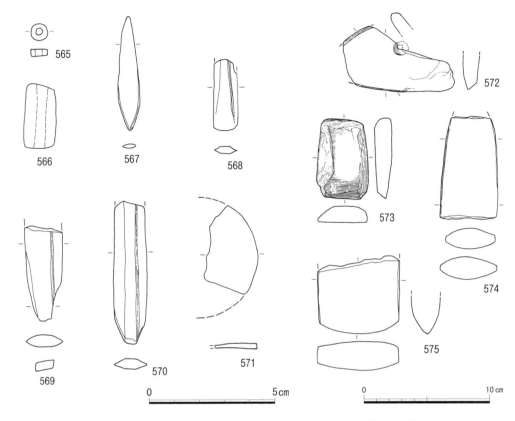

図77 D区出土石器（565〜571 縮尺2/3, 572〜575 縮尺1/3）

ある。573は扁平片刃石斧である。縦断面形において基部が厚く，後主面がやや外湾する。横断面形は前主面側が丸みを帯びる。574は結晶質石灰岩製の石戈である。横断面形は凸レンズ状を呈するが，側縁は平坦になっている。575は閃緑岩製の扁平な両刃石斧である。側縁が平坦で，刃部は弧状を描く。

　576〜586は現在実物および実測図が確認できないものである（図版53, 54, 57）。澄田正一氏による上馬石貝塚の概報（澄田1989）に用いられた写真（印画紙）のみが現存する。法量は，同一写真上で実物もしくは実測図が存在する遺物と比較し算出した。澄田氏による報告文を参照して以下記述する。

　576〜580はC区出土。576〜579は磨製石鏃である。576は平面形が長三角形で平基である。長軸方向の擦り切りにより刃部を作り出す。鏃身中央は斜方向の研磨が施される。先端部は欠損している。577は平面形が長三角形である。先端部，基端部を欠損する。578は平面形が長柳葉形で長軸中央に稜がみられる。先端部，基端部を欠損する。579は平面形が長柳葉形を呈する。平基で先端部を欠損する。580は結晶質石灰岩製の磨製石鏃である。平面形において直

第4章　上馬石貝塚出土石器・骨角器

刃である。

　581～586はD区出土。581は磨製石鏃である。平面形は長柳葉形を呈し，凸基式とみられる。
582～586はD区下層出土の石英の剥片である。

表5　上馬石貝塚出土石器観察表

番号	器種	出土地点	石材	長さ (cm)	幅 (cm)	厚さ (cm)	重量 (g)	実物	図面	写真	備考
474	磨製石鎌	A区下層	結晶片岩	(8.8)	5.5	0.5	(50.68)	○	○	○	
475	磨製石鎌	A区下層	結晶片岩	(8.7)	4.0	0.7	(33.13)	○	○	○	
476	磨製石鎌	A区上層	花崗岩	(8.8)	(5.8)	1.6	(116.07)	○	○	○	
477	有孔石斧	A区下層	閃緑岩	(8.6)	(6.2)	1.3	(134.09)	○	○	○	孔長径9mm
478	両刃石斧	A区下層	閃緑岩	6.8	5.2	2.3	154.32	○	○	○	
479	紡錘車	A区下層	凝灰岩（赤紫色）	5.5	5.5	0.9	46.19	○	○	○	孔径7mm
480	磨石	A区上層	砂岩	4.6	4.5	3.0	79.21	○	○	○	
481	磨棒	A区上層	砂岩	(7.4)	(6.0)	(3.9)	(130.87)	○	○	○	
482	磨盤・砥石	A区上層	砂岩（黄褐色）	(12.1)	(8.1)	6.0	(592)	○	○	○	砥石目＃400
483	台石	A区上層	砂岩	10.6	10.1	5.0	937	○	○	○	
484	台石	A区上層	片岩	11.7	(10.7)	5.3	(1083)	○	○	○	
485	磨製石鏃	BⅠ区	チャート（赤紫色）	4.3	1.3	0.4	2.68	○	○	○	
486	磨製石鏃	BⅠ区	頁岩	(3.8)	1.2	0.2	(1.40)	○	○	○	
487	磨製石鏃	BⅠ区	砂岩ホルンフェルス	4.0	1.2	0.3	1.42	○	○	○	
488	磨製石鏃	BⅠ区	片岩	5.1	1.3	0.2	2.06	○	○	○	
489	磨製石鏃	BⅠ区	チャート（赤紫色）	(3.1)	1.4	0.3	(2.33)	○	○	○	485と同質石材
490	磨製石鏃	BⅠ区	片岩	(4.7)	1.0	0.4	(1.59)	○	○	○	
491	磨製石剣	BⅠ区	頁岩（赤褐色）	(8.9)	3.6	1.1	(18.88)	○	○	○	茎部所在不明
492	垂飾品	BⅡ区	結晶片岩	6.5	7.1	0.5	(34.41)	○	○	○	両側穿孔？
493	石庖丁	BⅡ区	頁岩	(3.4)	(2.6)	0.7	—	—	○	—	
494	石庖丁	BⅡ区	輝緑岩	(5.0)	3.9	0.9	—	—	○	○	
495	紡錘車	BⅡ区	頁岩	(4.5)	(4.3)	1.2	—	—	○	○	孔長径10mm
496	両刃石斧	BⅡ区	玄武岩	11.1	5.9	3.8	427.00	○	○	○	
497	敲石	BⅡ区	片岩	12.8	5.1	(4.8)	(393.00)	○	○	○	注記「B2貝」
498	敲石	BⅡ区	片岩	(9.5)	(4.6)	(2.2)	(116.27)	○	○	—	注記「B2貝」
499	磨棒	BⅡ区	花崗岩	(5.2)	(3.1)	(2.8)	(78.42)	○	○	○	注記「B2貝」
500	把頭飾	BⅡ区	滑石	(4.2)	2.6	1.9	—	—	○	○	
501	石材	BⅡ区	鉄鉱石	5.6	4.8	2	132.79	○	○	○	
502	石材	BⅡ区	鉄鉱石	4.9	3.7	2.7	121.30	○	○	○	
503	石材	BⅡ区	鉄鉱石	4.8	4.9	2.3	133.58	○	○	○	
504	石材	BⅡ区	鉄鉱石	6.2	6.5	3.4	205.01	○	○	○	
505	石錘	BⅡ区	花崗岩	11.6	6.8	5.6	623	○	○	○	注記「60」
506	石錘	BⅡ区	花崗岩	13.2	8.7	7.1	1183	○	○	○	
507	石錘	BⅡ区	片岩	10.5	8.0	(6.5)	(641)	○	○	—	
508	石錘	BⅡ区	花崗岩	9.5	7.8	6.2	664	○	○	○	
509	石錘	BⅡ区	凝灰岩	10.3	6.5	5.6	504	○	○	○	
510	石錘	BⅡ区	花崗岩	(6.2)	(4.7)	(5.1)	(200.60)	○	○	—	
511	浮子	BⅡ区	軽石	9.2	5.3	5.0	65.71	○	○	○	
512	磨製石鎌	C区	結晶片岩	(10.3)	(5.0)	1.0	(69.78)	○	○	—	
513	柱状片刃石斧	C区	砂岩	8.1	2.3	1.6	(28.31)	○	○	○	
514	扁平片刃石斧	C区	岫岩玉（緑色半透明）	5.0	4.1	1.1	46.24	○	○	○	
515	磨製石剣	C区	頁岩（灰褐色）	(4.5)	2.4	1.0	(12.52)	○	○	○	石斧に転用
516	磨製石器片	C区	頁岩	(3.4)	(3.6)	0.7	(11.22)	○	○	—	片刃石斧？
517	磨石	C区	凝灰岩	6.3	6.0	3.6	178.42	○	○	○	
518	石錘	C区	花崗岩	7.5	(4.3)	(5.9)	(194.38)	○	○	○	
519	石錘	C区	結晶片岩	12.5	6.6	6.1	662	○	○	○	孔長径8mm
520	砥石	C区	砂岩	11.4	(8.4)	3.0	(247.73)	○	○	○	砥石目＃600
521	磨製石鏃	地表	頁岩	(2.0)	1.5	0.2	(0.96)	○	○	—	

番号	器種	出土地点	石材	長さ(cm)	幅(cm)	厚さ(cm)	重量(g)	実物	図面	写真	備考
522	磨製石鏃	地表	片岩	(2.4)	(1.0)	0.4	(1.21)	○	○	—	
523	磨製石鏃	地表	頁岩	(4.4)	2.0	0.4	(5.18)	○	○	—	
524	磨製石鏃	地表	頁岩（赤紫色）	(3.3)	1.1	0.3	(1.33)	○	○	—	
525	磨製石鏃	地表	片岩	(2.0)	(0.9)	(0.3)	(0.87)	○	○	—	
526	磨製石鏃	地表	頁岩	(2.6)	1.1	0.4	(1.64)	○	○	—	
527	磨製石鏃	地表	頁岩	(2.3)	1.1	0.4	(1.58)	○	○	—	
528	磨製石鏃	地表	片岩	(2.7)	1.0	0.5	(1.67)	○	○	—	
529	磨製石鏃	地表	片岩	(3.6)	0.9	0.5	(2.74)	○	○	—	
530	磨製石鏃 未完成品	地表	頁岩（赤紫色）	(3.7)	1.7	0.3	(2.80)	○	○	—	
531	有孔石製品	地表	閃緑岩	2.6	(3.7)	0.9	(15.60)	○	○	—	
532	両刃石斧	地表	岫岩玉（緑色半透明）	(3.7)	(4.4)	(2.2)	(20.44)	○	○	—	刃部片
533	石庖丁 未完成品	地表	砂岩	(4.0)	(6.2)	1.2	(42.01)	○	○	—	両側穿孔
534	石錘	地表	滑石	4.6	2.5	1.6	32.55	○	○	—	
535	砥石	地表	砂岩	3.7	2.4	1.9	21.46	○	○	—	両側穿孔，砥石目＃800
536	石庖丁 未完成品	地表	片岩	16.0	6.9	1.8	222.18	○	○	—	両側穿孔，穿孔未貫通
537	石庖丁	地表	玄武岩（黒色）	(5.9)	(3.8)	1.0	(26.36)	○	○	—	両側穿孔，片刃
538	扁平片刃石斧	地表	岫岩玉（緑色半透明）	4.8	3.2	1.0	25.80	○	○	—	着柄痕あり
539	両刃石斧	地表	閃緑岩	6.0	(3.4)	1.4	(45.65)	○	○	—	
540	扁平片刃石斧	地表	頁岩（灰白色）	(6.2)	4.8	1.6	(78.96)	○	○	—	
541	両刃石斧	地表	凝灰岩	7.5	(3.7)	2.9	(100.01)	○	○	—	
542	両刃石斧	地表	凝灰岩	(6.4)	(2.6)	(3.6)	(50.44)	○	○	—	刃部片
543	両刃石斧	地表	凝灰岩	9.7	4.8	3.1	228.42	○	○	—	
544	両刃石斧	地表	凝灰岩	8.0	5.5	3.2	230.74	○	○	—	
545	磨石？	地表	結晶片岩	7.1	9.7	3.4	238.70	○	○	—	
546	砥石	地表	砂岩	6.9	9.1	1.2	103.46	○	○	—	砥石目＃600
547	砥石	地表	花崗岩	(7.9)	(2.1)	(1.3)	(34.75)	○	○	—	砥石目＃240
548	石錘 未完成品	地表	凝灰岩	(9.9)	7.6	(6.5)	(241.87)	○	○	—	磨石に転用
549	石錘 未完成品	地表	片麻岩	9.9	7.8	6.8	257.28	○	○	—	穿孔未貫通
550	磨製石鏃	ＢⅠ・ＢⅡ区	頁岩	(8.3)	1.9	0.4	—	—	○	○	
551	石戈	ＢⅠ・ＢⅡ区	頁岩	(8.4)	(3.0)	1.4	—	—	○	○	
552	磨製石鏃	Ｃ区	—	4.4	1.4	0.3	—	—	○	○	
553	磨製石鏃	Ｃ区	—	6.6	1.5	0.3	—	—	○	○	
554	磨製石鏃	Ｃ区	—	(4.4)	1.5	0.4	—	—	○	○	
555	磨製石鏃	Ｃ区	—	(6.8)	1.6	0.5	—	—	○	○	
556	磨製石鏃	Ｃ区	—	6.0	0.9	0.3	—	—	○	○	
557	石庖丁 未完成品	Ｃ区	千枚岩	(9.7)	6.7	0.9	—	—	○	○	穿孔未貫通
558	石庖丁	Ｃ区	結晶質石灰岩	(10.2)	6.9	1.1	—	—	○	○	
559	石庖丁 未完成品	Ｃ区	千枚岩	(9.5)	6.9	1.5	—	—	○	○	
560	石庖丁	Ｃ区	結晶質石灰岩	(6.2)	(5.4)	0.4	—	—	○	○	
561	石斧？	Ｃ区	—	(4.8)	(3.3)	0.4	—	—	○	○	
562	敲石？	Ｃ区	—	9.4	4.4	(1.2)	—	—	○	○	
563	両刃石斧	Ｃ区	輝緑岩	(10.1)	6.8	2.6	—	—	○	○	
564	双刃有孔石斧	Ｃ区	ネフライト（白色）	14.9	5.3	3.8	—	—	○	○	
565	小玉	Ｄ区	貝	0.68		0.30	—	—	○	○	孔径2.6mm

114

第4章　上馬石貝塚出土石器・骨角器

番号	器種	出土地点	石材	長さ(cm)	幅(cm)	厚さ(cm)	重量(g)	実物	図面	写真	備考
566	管玉	D区	—	2.66		1.29	—	—	○	○	孔径 3.6 mm
567	磨製石鏃	D区	—	4.7	0.9	0.2	—	—	○	○	
568	磨製石鏃	D区	頁岩	(2.9)	1.0	0.3	—	—	○	○	
569	磨製石鏃	D区	粘板岩	(3.9)	1.5	0.5	—	—	○	○	
570	磨製石鏃	D区	粘板岩	(5.9)	1.3	0.4	—	—	○	○	
571	円盤状石製品	D区	粘板岩			0.2	—	—	○	○	復元径 5.0 cm
572	石庖丁	D区	粘板岩	(8.8)	(5.4)	1.3	—	—	○	○	
573	扁平片刃石斧	D区	泥灰岩	6.7	4.1	1.4	—	—	○	○	
574	石戈	D区	結晶質石灰岩	(8.5)	4.6	1.9	—	—	○	○	
575	両刃石斧	D区	閃緑岩	(6.4)	6.5	2.4	—	—	○	○	
576	磨製石鏃	C区	—	(2.0)	1.0	—	—	—	○	—	
577	磨製石鏃	C区	—	(2.4)	1.2	—	—	—	○	—	
578	磨製石鏃	C区	—	(4.9)	1.1	—	—	—	○	—	
579	磨製石鏃	C区	—	(4.5)	1.4	—	—	—	○	—	
580	磨製石鎌	C区	結晶質石灰岩	(5.2)	(4.1)	—	—	—	○	—	
581	磨製石鏃	D区	—	(1.9)	0.8	—	—	—	○	—	
582	剝片	D区下層	石英	2.6	1.2	—	—	—	—	○	
583	剝片	D区下層	石英	1.7	1.4	—	—	—	—	○	
584	剝片	D区下層	石英	1.8	1.3	—	—	—	—	○	
585	剝片	D区下層	石英	2.5	1.7	—	—	—	—	○	
586	剝片	D区下層	石英	3.8	3.1	2.5	—	—	—	○	

2.　骨　角　器

　上馬石貝塚出土もしくは採集の骨角器計85点について，区別に報告する（表6）。記述に際して動物骨の部位の名称は松井（2008）と西本（2002），骨角器の器種や部位の名称は望月編（2009），加工方法は河合（2013）を参照した。現在実物を確認できるものについては，598を除きすべてシカの中手・中足骨や肋骨，角を素材とする。刺突具や鏃，釣針などの漁撈・狩猟に関わる骨角器が大半を占めている。

　587〜594はBⅠ・BⅡ区出土（図78，図版52）。587〜589はヤス状刺突具である。平面形は紡錘形をなし，裏面は面取りされ平坦である。590は平面形において長軸が湾曲する刺突具である。他の刺突具と異なりシカの肋骨製とみられる。横断面は扁平である。591・592は刺突具である。591は先端部の表面を削ることで鋭利にしている。592の横断面形は三角形を呈する。先端部が鋭利でないことから未完成品もしくは素材の可能性がある。593は平面形が短冊形を呈する鹿角素材である。横断面形は半円形で，両短側辺に切削がみられる。このような鹿角を長軸方向に半裁し粗加工を施した素材は，弥生時代中期の鳥取県青谷上寺地遺跡に類例が認められる（北浦2002）。594は鹿角分岐部の素材である。角座側，枝，幹のそれぞれの端部に切削がみられる。裏側は鹿角中心部の海綿質が残存しているが，部分的に研磨されており平坦に仕上げられている。平面形から把頭の未完成品の可能性がある。

　595・596はC区出土の角剣で遼寧式銅剣を模倣したものである（巻首図版8，図79，図版55）。595は全長21.1 cm，剣身長18.4 cm，最大幅3.1 cm，突起幅2.9 cmを測る。茎部端を

115

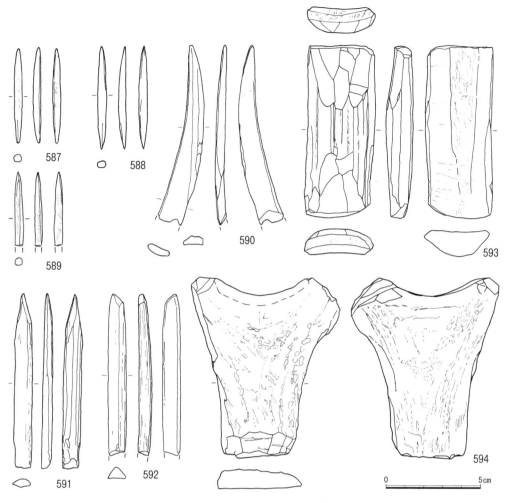

図78 BⅠ区・BⅡ区出土骨角器（縮尺1/2）

欠損するがほぼ完形品である。剣身の先端から突起までの長さ（剣身前方長）は10.2 cmである。裏面は鹿角中心部の海綿質が残存している。鋒部の表裏面にわずかな樋状の加工痕がみられる。剣身は鋒に向かい脊側に反る。剣身の側縁は，茎部側のみ面取りされているが，全体的に刃部が鋭利に研ぎ出されている。脊には稜がなく，断面半円形を呈する。脊と茎部は一体ではなく，境はわずかに段になっている。茎部は表面を長軸方向に削ることで作出されている。596は剣身先端部を欠損する。最大幅2.9 cm，突起幅2.6 cmを測る。裏面は595と同様，鹿角中心部の海綿質が残存している。剣身の側縁は全体的に面取りされ，刃部は形成されていない。脊に長軸方向の3本の稜が認められ，断面多角形状を呈する。脊と茎部は一体で，脊の中央部の稜は茎部まで延びる。茎部は表面を長軸方向に削ることで作出されている。裏面は平坦

第4章　上馬石貝塚出土石器・骨角器

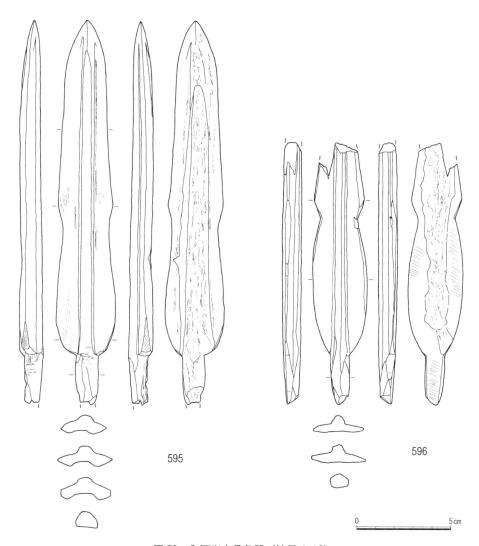

図79　C区出土骨角器（縮尺1/2）

に研磨され，茎部も斜方向の研磨痕が認められる。

　597〜600は地表採集および出土地点不明品（図80）。597はヤス状刺突具である。横断面形は扁平である。598は笄もしくは針である。横断面形は円形を呈し，頂部，先端は欠損する。鳥骨を素材とする。599は刺突具である。横断面形は三角形を呈し，表面を研磨することで非常に鋭利に仕上げられている。600は鈎状を呈する不明骨角器である。基端部を削ることで鈎状に成形している。釣針などの未完成品の可能性がある。

　601〜645は現在実物が存在しないことから，澄田正一氏が残した実測図を改変し再トレースしたものである。法量はこの実測図から計測した。

117

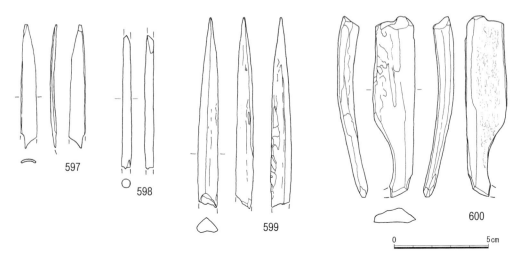

図80 地表採集・出土地点不明骨角器（縮尺1/2）

　601～619はA区出土（図81，図版48，49）。601は歯牙穿孔垂飾である。中央部に径5mmの孔がみられる。両側からの穿孔である。602・603は有茎式の鏃である。602は身部の平面形が長三角形状を呈し，断面長方形の茎部がある。603は身部の平面形が三角形状で，横断面形は三角形である。604・605は逆T字形釣針である。側縁中央部に抉りをもつ。606はヤス状刺突具である。607は刺突具である。横断面形が長方形を呈し，先端部の側面が研磨されている。608～612は笄もしくは針である。すべて横断面が円形である。610は頂部に径約3mmの孔がみられる。613は棒状製品である。横断面形が長方形を呈する。側面形状は不明だが，同様の形態の骨角器については石器の剥離調整に用いられたストーン・リタッチャーの可能性が指摘されている（佐藤2000）。614は一方に骨端を残す刺突具である。イノシシの尺骨製とみられる。615は刀子把とみられる。横断面形は扁平な半円形で目釘孔と考えられる部分が2ヶ所認められる。形状から鹿角を半裁したものとみられる。616は一方に骨端（遠位端の滑車部分）を残す刺突具である。長軸中央に前位面の溝がある。シカの中手・中足骨製とみられる。617・618はヘラ状製品である。シカの脛骨製とみられる。先端部に向かい幅を減じる。619は棒状製品である。中央部の横断面形は三角形であり，分割素材の可能性がある。

　620～625はBⅠ・BⅡ区出土（図82，図版52）。620は有茎式の鏃である。長軸中央部に稜がみられ，横断面形は菱形を呈する。621はヤス状刺突具である。横断面形は円形を呈し，先端部は欠損している。622は口琴とみられる。長軸に沿って2条のスリットがあり，端部に孔が1ヶ所ある。これはアイヌのムックリと呼ばれる体鳴音具に特徴が類似する。スリットに挟まれた部分が振動弁として機能するのだろう。623・624は刺突具である。624は端部に敲打痕がみられ，先端部は欠損する。625は口琴とみられる。622と同様の形態で完形品である。2条のスリット，端部に孔がみられる。

第4章 上馬石貝塚出土石器・骨角器

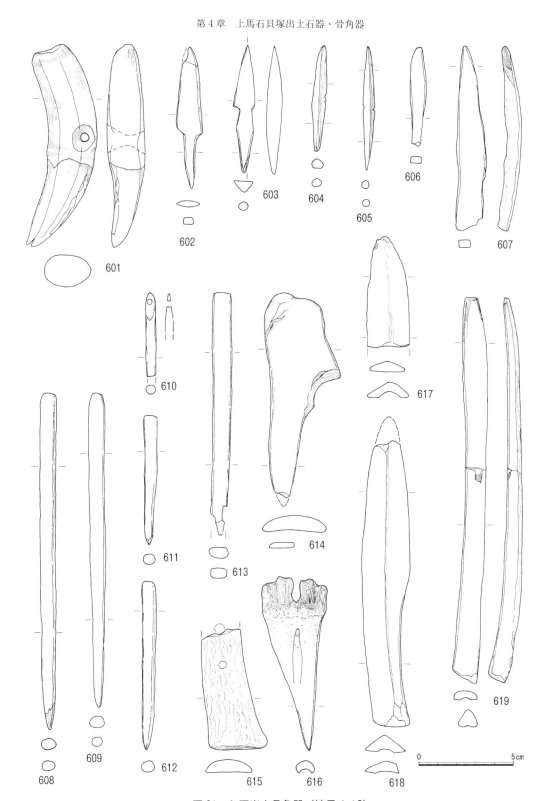

図81 A区出土骨角器（縮尺1/2）

119

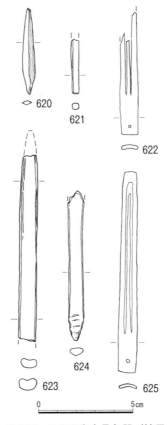

図82　BⅠ区・BⅡ区出土骨角器（縮尺1/2）

　626〜644はC区出土（図83，図版55，56）。626は管玉である。径4mmの孔がみられ，側面形は台形状を呈する。写真によれば穿孔途中とみられる。627〜629は鏃である。628は凸基式で，基部中央に斜方向の研磨がみられる。629は有茎式で，刃部と茎部の境は不明瞭である。630〜634はヤス状刺突具もしくは逆T字形釣針である。631は長軸中央に抉りをもつものである。635は筓もしくは針である。両端が鋭利である。636は結合式釣針（上下交差式）の軸部とみられる。平面形は紡錘形を呈し，側面形は緩やかな曲線を描く。軸頂に瘤状の突起が成形されている。637は笄もしくは針である。長さ21.7cmを測り，本遺跡出土の骨角器の中で最大のものである。638は単式釣針である。平面形はJ字形で，鉤先の内側（フトコロ側）に逆刺（あぐ）がつく。軸頂に瘤状の突起をもつ。639〜644は一方に骨端を残す刺突具である。639・643はシカの脛骨製とみられる。642は横断面形が三角形状である。643は表面に擦痕が認められる。644はイノシシの尺骨製とみられる。

　645はD区出土の刺突具である（図84，図版57）。

　646〜671は現在実物および実測図が確認できないものである（図版48，49，52，55〜57）。澄

第 4 章　上馬石貝塚出土石器・骨角器

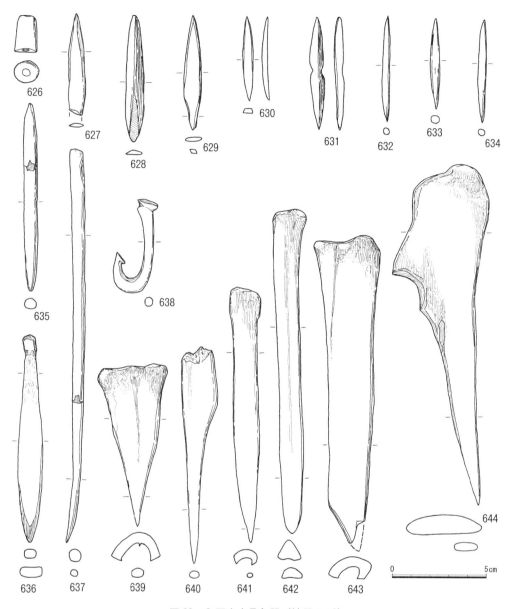

図 83　C 区出土骨角器（縮尺 1/2）

田正一氏による概報（澄田 1989）に用いられた写真（印画紙）のみが現存する。法量は石器と同様、同一写真上で実物もしくは実測図が存在する遺物と比較し算出した。

　646〜659 は A 区出土。646〜649 は笄もしくは針である。650 は不明骨角器。651・652 は棒状製品である。653 は刺突具である。654 は笄もしくは針である。655 は棒状製品。656〜659 は刺突具である。658 はシカの上腕骨製とみられる。

660はBⅠ・BⅡ区出土のヤス状刺突具である。

661～669はC区出土。661は笄もしくは針である。表面の色調から鳥骨製と考えられる。662～668はヤス状刺突具である。すべて両端が鋭利である。669は骨剣の鋒部の破片である。長軸中央に稜が認められ，表面には顕著な擦痕がみられる。

670・671はD区出土。670は笄もしくは針である。671は鹿角製の刺突具とみられる。

謝辞
骨角器の報告に際し，動物種および部位について末廣いづみ氏（九州大学文学部卒業生）の御教示を賜りました。記して深く御礼申し上げます。

図84　D区出土骨角器（縮尺1/2）

表6　上馬石貝塚出土骨角器観察表

番号	器種	出土地点	動物種および部位	長さ(cm)	幅(cm)	厚さ(cm)	重量(g)	実物	図面	写真	備考
587	ヤス状刺突具	BⅠ・BⅡ区	シカ　中手／中足骨	5.2	0.4	0.4	0.73	○	○	○	
588	ヤス状刺突具	BⅠ・BⅡ区	シカ　中手／中足骨	5.6	0.5	0.4	0.87	○	○	○	
589	ヤス状刺突具	BⅠ・BⅡ区	シカ　中手／中足骨	(4.0)	0.4	0.4	(0.71)	○	○	○	
590	刺突具	BⅠ・BⅡ区	シカ　肋骨	(9.8)	(2.4)	(0.6)	(5.35)	○	○	○	
591	刺突具	BⅡ区	シカ　中足骨	9.6	1.0	0.5	5.31	○	○	○	
592	刺突具	BⅠ・BⅡ区	シカ　中足骨	(8.9)	1.0	0.7	(6.19)	○	○	○	未完成品？
593	素材	BⅠ・BⅡ区	シカ　角　幹	9.4	3.6	1.4	37.60	○	○	○	粗加工品
594	素材	BⅠ・BⅡ区	シカ　角　分岐部	9.9	7.8	1.1	56.23	○	○	○	粗加工品
595	角剣	C区	シカ　角　幹	(21.1)	3.1	1.3	(29.90)	○	○	○	
596	角剣	C区	シカ　角　幹	(14.5)	2.9	1.0	(24.73)	○	○	○	
597	ヤス状刺突具	出土地点不明	シカ　中手／中足骨	(6.8)	(0.9)	0.3	(0.91)	○	○	—	
598	笄（針）	地表	鳥骨	(7.3)	0.5	0.5	(1.78)	○	○	—	
599	刺突具	出土地点不明	シカ　中足骨	(10.4)	1.0	0.9	(7.61)	○	○	—	
600	鉤形製品	地表	シカ　角　枝	(9.9)	2.2	1.0	(10.86)	○	○	—	釣針未完成品？
601	歯牙穿孔垂飾	A区	イノシシ（雄）犬歯	11.1	3.5	2.0	—	—	○	○	
602	骨鏃	A区	—	7.8	1.4	0.4	—	—	○	○	
603	骨鏃	A区	—	7.0	1.1	0.6	—	—	○	○	
604	逆T字形釣針	A区	—	5.8	0.7	0.5	—	—	○	○	
605	逆T字形釣針	A区	—	6.8	0.6	0.4	—	—	○	○	
606	ヤス状刺突具	A区	—	5.5	0.8	0.4	—	—	○	○	
607	刺突具	A区	—	10.2	1.5	1.1	—	—	○	○	
608	笄（針）	A区	長骨？	18.3	0.8	0.6	—	—	○	○	
609	笄（針）	A区	長骨？	17.1	0.8	0.6	—	—	○	○	
610	笄（針）	A区	鳥骨？	(4.7)	0.6	0.5	—	—	○	○	有孔
611	笄（針）	A区	長骨？	7.0	0.7	0.6	—	—	○	○	
612	笄（針）	A区	長骨？	9.2	0.7	0.6	—	—	○	○	
613	棒状製品	A区	長骨？	(13.3)	1.1	0.6	—	—	○	○	
614	刺突具	A区	イノシシ　尺骨（右）？	(11.3)	3.9	0.9	—	—	○	○	一方に骨端
615	刀子把？	A区	シカ　角？	(6.6)	3.4	0.7	—	—	○	○	

第4章　上馬石貝塚出土石器・骨角器

番号	器種	出土地点	動物種および部位	長さ (cm)	幅 (cm)	厚さ (cm)	重量 (g)	実物	図面	写真	備考
616	刺突具	A区	シカ　中手／中足骨？	9.1	3.3	(0.7)	—	—	○	○	一方に骨端
617	ヘラ状製品	A区	シカ　脛骨？	(6.1)	2.2	0.9	—	—	○	○	
618	ヘラ状製品	A区	シカ　脛骨？	(15.6)	2.5	0.9	—	—	○	○	
619	棒状製品	A区	シカ　中手／中足骨？	21.2	1.7	1.4	—	—	○	○	
620	骨鏃	BⅠ・BⅡ区	—	4.7	0.7	0.2	—	—	○	○	
621	ヤス状刺突具	BⅠ・BⅡ区	—	3.0	0.4	0.4	—	—	○	○	
622	口琴？	BⅠ・BⅡ区	—	(6.8)	1.0	0.2	—	—	○	○	
623	刺突具	BⅠ・BⅡ区	—	(10.2)	0.9	0.6	—	—	○	○	
624	刺突具	BⅠ・BⅡ区	—	(8.3)	0.8	0.4	—	—	○	○	
625	口琴？	BⅠ・BⅡ区	—	11.1	1.0	0.3	—	—	○	○	
626	管玉未完成品	C区	—	2.0	1.3	1.2	—	—	○	○	
627	骨鏃	C区	—	(5.1)	0.9	0.3	—	—	○	○	
628	骨鏃	C区	—	7.0	1.0	0.3	—	—	○	○	
629	骨鏃	C区	—	6.3	0.9	0.3	—	—	○	○	
630	逆T字形釣針	C区	—	4.7	0.5	0.3	—	—	○	○	
631	逆T字形釣針	C区	—	6.2	0.8	0.5	—	—	○	○	
632	ヤス状刺突具	C区	—	5.8	0.4	0.4	—	—	○	○	
633	ヤス状刺突具	C区	—	5.0	0.5	0.4	—	—	○	○	
634	ヤス状刺突具	C区	—	5.7	0.4	0.4	—	—	○	○	
635	笄（針）	C区	長骨？	10.3	0.7	0.6	—	—	○	○	
636	結合式釣針軸部？	C区	—	11.3	1.3	0.5	—	—	○	○	
637	笄（針）	C区	長骨？	21.7	0.7	0.7	—	—	○	○	
638	単式釣針	C区	—	5.2	2.3	0.5	—	—	○	○	
639	刺突具	C区	シカ　脛骨？	8.9	3.7	1.5	—	—	○	○	一方に骨端
640	刺突具	C区	シカ　中手／中足骨？	11.9	1.8	(0.4)	—	—	○	○	一方に骨端
641	刺突具	C区	シカ　中手／中足骨？	14.0	1.7	0.9	—	—	○	○	一方に骨端
642	刺突具	C区	シカ　中手／中足骨？	17.9	1.8	1.1	—	—	○	○	一方に骨端
643	刺突具	C区	シカ　脛骨？	(16.9)	3.5	1.2	—	—	○	○	一方に骨端
644	刺突具	C区	イノシシ　尺骨（左）？	18.9	5.2	1.1	—	—	○	○	一方に骨端
645	刺突具	D区	—	10.9	1.3	0.4	—	—	○	○	
646	笄（針）	A区	長骨？	15.9	0.6	—	—	—	—	○	
647	笄（針）	A区	長骨？	(10.2)	0.4	—	—	—	—	○	
648	笄（針）	A区	長骨？	7.8	0.4	—	—	—	—	○	
649	笄（針）	A区	長骨？	13.0	0.7	—	—	—	—	○	
650	不明骨角器	A区	—	7.4	0.5	—	—	—	—	○	
651	棒状製品	A区	シカ　中手／中足骨？	(10.8)	1.7	—	—	—	—	○	
652	棒状製品	A区	シカ　中手／中足骨？	(4.8)	1.2	—	—	—	—	○	
653	逆T字形釣針	A区	—	7.2	1.2	—	—	—	—	○	一方に骨端
654	笄（針）	A区	鳥骨？	(4.6)	0.6	—	—	—	—	○	
655	棒状製品	A区	—	(4.1)	1.1	—	—	—	—	○	
656	刺突具	A区	—	(5.0)	1.4	—	—	—	—	○	
657	刺突具	A区	—	(5.0)	0.6	—	—	—	—	○	
658	刺突具	A区	シカ　上腕骨？	9.4	4.5	—	—	—	—	○	一方に骨端
659	刺突具	A区	—	(6.6)	1.7	—	—	—	—	○	
660	ヤス状刺突具	BⅠ・BⅡ区	—	(3.4)	0.4	—	—	—	—	○	
661	笄（針）	C区	鳥骨？	(8.0)	0.7	—	—	—	—	○	
662	ヤス状刺突具	C区	—	4.6	0.5	—	—	—	—	○	
663	ヤス状刺突具	C区	—	5.0	0.4	—	—	—	—	○	
664	ヤス状刺突具	C区	—	5.2	0.3	—	—	—	—	○	
665	ヤス状刺突具	C区	—	5.4	0.4	—	—	—	—	○	
666	ヤス状刺突具	C区	—	5.4	0.4	—	—	—	—	○	
667	ヤス状刺突具	C区	—	5.3	0.4	—	—	—	—	○	
668	ヤス状刺突具	C区	—	5.4	0.4	—	—	—	—	○	
669	骨剣	C区	—	(7.7)	2.9	—	—	—	—	○	
670	笄（針）	D区	長骨？	(7.5)	0.6	—	—	—	—	○	
671	刺突具	D区	シカ　角？	8.2	1.8	—	—	—	—	○	

第5章　遼東半島土器編年と上馬石貝塚出土土器の位置づけ

宮 本 一 夫

1.　はじめに

　遼東半島は戦前から先史時代遺跡の存在が知られており，その発掘調査は鳥居龍蔵による1905年の老鉄山積石塚の発掘調査を始まりとするものであることは，すでに第1章で述べてきた。積石塚のような墓葬遺跡以外にも多くの貝塚遺跡が知られており，同じく縄文貝塚に慣れていた日本人研究者にとって，近寄りやすい遺跡環境であった。当時の植民地政策との関わりだけでなく，こうした条件によって遼東半島が魅力的なフィールドとなったのである。しかし，この地域の体系的な編年の作成は，戦後の中華人民共和国成立後になってからであり，旅順博物館を中心とした旅順一帯の先史遺跡調査や，広鹿島・大長山島など遼東半島島嶼部の貝塚遺跡の発掘調査により，可能になった。その最初のものが許玉林・許明綱らによる編年である（許玉林・許明綱ほか1982）。さらに時を同じくして東京大学に残された戦前の資料を使いつつ新石器時代編年の体系化を試みたのは大貫（小川）静夫であった（小川（大貫）1982）。さらに，こうした編年観とともに上馬石貝塚上層資料（A・BⅡ区）と墓葬資料を使いながら，新石器時代のみならず，青銅器時代の詳細な編年観を述べたのが宮本一夫であった（宮本1985・1991）。これらの編年の成立において最も重要であったのは，遼東半島を介して山東半島の土器編年との対応関係，あるいは遼東・遼西との編年の並行関係を明らかにすることができ，ひいては中原との相対関係も明らかにすることができたことである。すなわち，韓半島や日本列島を含めた東北アジアの先史時代土器編年を確立できる場所が遼東半島であったのである。

　さて，その後も，この地域の新石器時代編年に関しては新出資料が増加するとともに，偏堡類型などを加えることにより，土器編年がより細かくなっている（宮本1995b，古澤2007）。また，宮本の遼東半島青銅器時代土器編年をもとに韓半島南部の無文土器時代編年との並行関係を論述する論文も現れ（裵眞晟2007），この地域の編年が東北アジアの青銅器時代を位置づけるにあたっても重要な基点となっており，この編年の重要性が再確認されている。

　一方で，青銅器時代に関しては双砣子文化期の資料の増加はみられたものの，より新しい段階であった上馬石上層期に関しては新資料の出土がみられず，基本的には宮本の編年案が支持されてきた。ところが，国立歴史民俗博物館が行った弥生土器の付着炭化物の年代測定に端を発した弥生年代論に関する議論から，この上馬石上層の編年に関する議論が再び起こったので

第5章　遼東半島土器編年と上馬石貝塚出土土器の位置づけ

ある（大貫 2007 b）。弥生開始期の年代と関わるうえで重要なのが，遼寧式銅剣の年代観である。遼西紀元説と遼東紀元説でその年代観も異なってくるが，実年代が知られる中原青銅礼器と伴出する古式遼寧式銅剣は，内蒙古東部寧城県の小黒石溝 8501 号墓や南山根 101 号墓に出土しており，西周後期から春秋初期という前 9〜前 8 世紀の年代が与えられている（宮本 2008 a）。その場合，遼東半島で古式遼寧式銅剣を有する崗上墓に認められる土器は，上馬石貝塚 BⅡ区土器であり，BⅡ区土器の位置づけが問題となるのである。宮本はこれまで上馬石上層を A 区下層→ A 区上層→ BⅡ区と位置づけてきた。これに対し，大貫は古式遼寧式銅剣の双房 6 号墓を双砣子 3 期直後のものとし（大貫 2007 a），A 区上層を春秋後期並行の鄭家窪子 6512 号墓段階とすることにより，古式遼寧式段階の BⅡ区を遡らせる見解を提出している。すなわち BⅡ区→ A 区下層→ A 区上層の順で変化すると主張したのである（大貫 2007 b）。さらに，上馬石貝塚資料を実見した中村大介は，粘土帯土器の粘土帯文の変化方向から大貫の改訂編年案を支持した（中村 2007・2008・2012）。一方で，双砣子 3 期の広口壺の編年，とりわけ口縁の文様変化に注目した白石渓冴は，双砣子 3 期と A 区下層との連続性を明らかにし，宮本編年の方向性を再評価している（白石 2011）。

　こうした論争を解きほぐすためには，もともとの土器論に帰り，上馬石貝塚資料による土器の変遷過程を明らかにする必要があろう。本章では，上馬石貝塚の調査地点別あるいは調査地点の層位ごとの土器型式の比較を行い，相対的な土器型式・土器様式の変化方向を明らかにしていくものである。

2.　上馬石貝塚の地点別比較

　1941 年発掘の調査地点別の土器内容については，第 3 章で詳述してきた。そこですでに示したように，これらの資料は既存の土器型式でいえば，小珠山下層，小珠山中層，偏堡，小珠山上層，双砣子 1〜3 期，上馬石上層，尹家村 2 期に分けることができるであろう。既存の土器型式でいえば，呉家村期が欠落する以外はすべての土器型式が出土していることになる。さらに問題とすべき上馬石上層は，上馬石貝塚の分析によって，すでに A 区下層，A 区上層，BⅡ区に分けうること（宮本 1991）を示してきたところである。その相対的な前後関係に再検討を求める意見が出ている（大貫 2007 b，中村 2007・2008・2012）が，その検討の前に，まず地点別にこれらの土器群がどのように出土しているかを眺めてみたい。

　表 7 にあるのが，第 1 章で示した地点別・層位別の土器型式の出土関係である。土器型式が地点別あるいは地点の層位別に異なって出土しているところが興味深い。すなわち一括遺物として単一時期にまとめうることが，地点あるいは層位別によって検証されているのである。それには，偏堡文化を示す西丘東南端崖と上馬石上層の細分型式である A 区下層，A 区上層，BⅡ区が挙げられる。一方で，1977・1978 年の遼寧省博物館等による発掘によっても，1941 年調査の A 区，B 区，C 区付近での調査がなされている。1977・1978 年の調査区とともに，発

125

表7　上馬石貝塚1941年調査地区別土器型式

地区・層位／土器型式	A区		BI区	BII区	C区	D区		西丘東南端崖	東丘西南端崖
	下層	上層				下層	上層		
小珠山下層			○	△		○			
小珠山中層									△
偏堡			△				△	○	
小珠山上層			○		○		△		
双砣子	△			△	○	○			
上馬石上層　A区下層	○								
上馬石上層　A区上層		○							
上馬石上層　BII区					○	○			
尹家村2期					○	○			

表8　上馬石貝塚1977・1978年調査地区別土器型式

地区・層位／土器型式	78年I区			77年甕棺墓	77年青銅器	II区	III区			IV区
	4層	3層	2層				4層	3層	2層	
小珠山下層							○			
小珠山中層										
呉家村										
偏堡										
小珠山上層	○	○				△				○
双砣子				○						
上馬石上層			○		○	○				
尹家村2期										

掘による層位区分による土器型式を，概報に図示されている遺物から確認して示したのが表8
である。A区は1978年のⅡ区に相当するが，Ⅱ区では基本的に上馬石上層の土器のみが出土
しており，確認されるものでは石器が小珠山上層期に相当するとされるが，不確かである。B
Ⅰ・BⅡ区は1978年のⅢ区に相当するが，4層や4層下部で検出された住居址から小珠山下層
土器のみが出土しているものの，3層や2層の土器出土状況は不明である。C区はⅠ区に相当
し，4・3層からは小珠山上層土器が，2層からは上馬石上層土器が出土している。また，1977
年調査の甕棺は双砣子文化に相当し，同じく青銅器墓は上馬石上層文化，特にBⅡ区に相当す
るものと考えられる。こうした対比関係からみると，Ⅰ区3層は小珠山上層土器も含まれるが，
双砣子文化期に相当する層位である可能性を想定できる。Ⅳ区はC区の南東部に位置するが，
小珠山上層期の住居址が出土している。

　さて，表7は発掘調査地点別あるいは同一地点内での層位別の土器型式を示したものである。
A区とBⅡ区との比較でみれば，A区下層，A区上層，BⅡ区という上馬石上層内での区分は
明確である。また，A区下層には型式学的に双砣子3期新段階の土器を若干含んでおり，双
砣子文化とA区下層の連続性を想定することができる。さらにC区に注目すれば，小珠山上層，

双砣子，BⅡ区という土器型式の区分が可能である。これは，1978年のⅠ区調査地点が層位的に３層に分けうる可能性に対比できる（表8）。小珠山上層がⅠ区４層，双砣子がⅠ区３層ないし甕棺墓に，Ⅰ区２層がBⅡ区に対比できるであろう。この中でも，Ⅰ区２層の遺物は図示されたものは少ないが，上馬石上層文化の中でもBⅡ区のみに限られており，同一の様相を示す。

さらに，Ｃ区からは，尹家村２期に特徴的な「く」字形口縁で口縁端部に刻目微隆帯が貼られる小型罐（中国社会科学院考古研究所1996）が出土しているが，こうした尹家村２期はⅠ区２層にも認められ，BⅡ区と尹家村２期が連続した関係にあることが想定される。また尹家村２期の土器は，普蘭店市大嶺屯城址にも存在している（三宅1975）。この城址には前漢のみならず戦国燕の土器も出土しており，戦国後期の燕の東方侵出と関係ある時期から始まった城址と考えられる。したがって，ここでも出土している尹家村２期の土器が，戦国後期の在地的土器ないし燕の東方侵出直前までに遼東半島に存在した土器ということを考えることができるであろう。しかし，BⅡ区には燕系土器が認められないところから，尹家村２期段階であって燕の侵出直前の土器であるということが考えられるであろう。または，燕の遼東への展開が島嶼部まで及ばなかった可能性もある。

また，Ｃ区にみられる上馬石上層期の土器は，BⅡ区の土器に限られている。ここからは遼寧式銅剣を模した角剣が出土しており，年代的に遼寧式銅剣の段階であることを示しているであろう。角剣において遼寧式銅剣を模した型式も，遼寧式銅剣1a式に相当するもののみならず，1b式に相当するものも存在している。Ｃ区に相当する1978年発掘のⅠ区の土壙墓（旅順博物館・遼寧省博物館1982）からは遼寧式銅剣2a式や2b式（宮本2008ａ）も出土しており（表8），BⅡ区の土器型式が遼寧式銅剣段階の時期的に比較的幅広い段階に存在していることが理解される。遼寧式銅剣の年代観でいえば，西周末～戦国前半までということができ，その直後ないし戦国並行期に尹家村２期の土器が位置づけられるとすることができるであろう。あるいは遼寧式銅剣2a・2b式段階が尹家村２期に相当すれば，春秋末～戦国並行という範囲に納まることになる。

このようにしてみていくならば，双砣子文化３期とＡ区下層の広口壺や短頸壺などの文様にみられる連続性からも，Ａ区下層が商代後期並行の双砣子文化３期に近い段階にあり，BⅡ区が春秋期並行期に存在するという年代観が妥当になる。さらに尹家村２期が，BⅡ区に連続することになる。このことは上馬石上層文化内でのＡ区下層→Ａ区上層→BⅡ区という時期的変遷が正しいことを示しているのである。

3．上馬石貝塚の編年

（1）　編年の作成方法

以上の地点別比較からは，表7にあるように，小珠山下層，小珠山中層，偏堡，小珠山上層，

双砣子，上馬石上層，尹家村2期という土器編年の大きな流れが存在する可能性が高まっているといえる。そして，こうした土器変遷は小珠山中層期の後半段階である呉家村期の欠落以外，新石器時代から初期鉄器時代までのすべての文化層が揃っていることを示している。さらに，上馬石上層期がA区下層→A区上層→BⅡ区という細分と変化を示している可能性が高いのである。こうした土器変遷が妥当であることを，各地点，各層位ごとに，土器の焼成状態における細別である焼成大別形式である滑石混入紅褐陶，紅褐陶，紅陶，褐陶，黒陶，黒褐陶，灰褐陶に分け，さらに器種という細別形式ごとの型式変化を眺めていくことにより，証明していきたい。その際，まず，大別形式，細別形式ごとの型式設定を行い，それらの型式設定ならびに，型式変遷の方向性の妥当性を示すことにする。さらには，こうした型式の連続性が大別形式や細別形式を横断しながら，すでに仮説的に示された地点・層位の相対的順序に矛盾がないものであるかどうかを検討することにしたい。

(2) 型式設定

a) 滑石混入紅褐陶（図85）

紅褐陶でありながら，滑石が混和剤として胎土に混入されている土器を滑石混入紅褐陶とする。

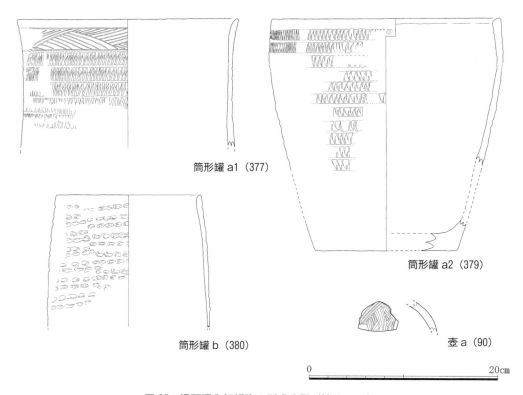

図85　滑石混入紅褐陶の型式分類（縮尺1/4）

筒形罐a式　口縁が直口するものであり比較的底部と口縁部の直径差がなく，寸胴形を呈する。a1式は口縁部文様帯に組帯文をもち，その下位を之字形文で構成する横帯分割文様帯からなる。a2式は口縁部の分割文様帯をもたず，全面に横走之字形文をもつものである。

　筒形罐b式　口縁が内湾し，深鉢に近い形態の筒形罐である。直線文や之字形文ではなく，連続刺突状の文様を横帯方向に多段に施すものである。この型式は遼東の新楽下層式にも認められ，文様は幾何学状の文様がなされている。

　壺a式　全体の器形は不明であるが，肩部と考えられる部位に組帯文が施されている。

b）　紅褐陶（図86）

土器全体の色が紅色を呈している土器をまとめて紅褐陶と呼ぶ。

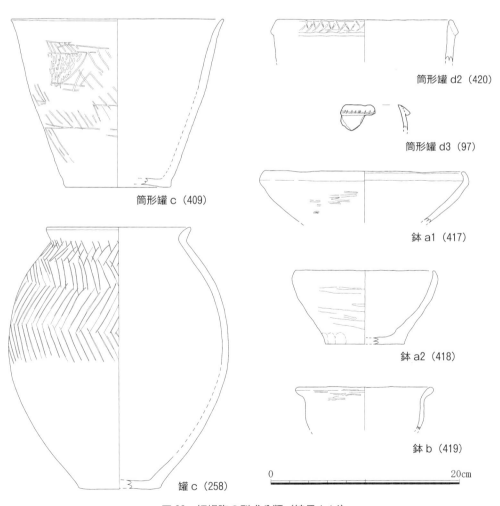

図86　紅褐陶の型式分類（縮尺1/4）

筒形罐 c 式　筒形罐であるが筒形罐 a 式に比べ，底径が小さく，口縁部に向けて底部から開いていく方向にある。文様は多段の組帯文が粗雑化したもので，細い沈線で粗雑に分割文様帯が構成されるものである。小珠山中層の筒形罐である。

筒形罐 d 式　直口ないし口縁が内湾気味の筒形罐の口縁端部に隆帯が貼られるものである。隆帯上には斜格子や斜線上の刻みが施されるもので，d2式と d3式が認められる。d2式は，褐陶の筒形罐 d1式が断面方形隆帯が口縁から分離気味に貼りつけられるのに対し，断面方形ないし三角形の隆帯が口縁に接して貼りつけられるものである。d3式は，口縁部に貼りつけられる隆帯の断面が三角形状をなすものであり，口縁に接して隆帯が貼りつけられ，口縁が内湾するものである。隆帯上には斜線文などが施され，胴部は沈線文や垂下の微隆帯が施されるものもある。

罐 c 式　「く」字形口縁を呈して頸部がくびれる甕形器形である。罐 b 式と異なり，明確な「く」字形口縁を呈している。文様も罐 b 式とは異なり，沈線による横帯構成による綾杉文が施されており，胴部下半は無文帯をなす。器形は口縁「く」字形の罐をなすが，文様は東北アジア新石器時代の在来的文様をなす。

鉢 a 式　鉢形の器形をなし，口縁端部が内側に折れ曲がるように内折するものである。口縁端部が明確に内折する a1式と，内折気味に内湾する a2式に分けられる。

鉢 b 式　口縁端部が外側に外湾する器形である。四平山積石塚の鉢Ⅱa 類（宮本 2008 b）に類似した形態をもち，鉢 b 類が変化して四平山積石塚鉢Ⅱa 類が成立したのかもしれない。

c）　紅陶（図87）

ここでは紅褐陶の表面に赤色顔料によってスリップがかけられたものだけを紅陶と呼んでいる。

無頸壺　口縁がわずかに外反し，弧腹状の胴部をもつものである。413・428・431が同一個体と考えられるものである。429は壺の胴部片としたが，無頸壺の一部である可能性がある。

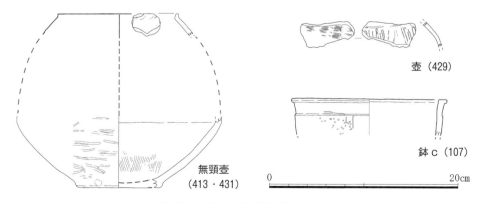

図87　紅陶の型式分類（縮尺1/4）

無頸壺の上半部は器壁がかなり薄いところが特徴である。

鉢c式　口縁端部がやや外側に突出し，口縁部が一段薄くなりながらまた段をもって胴部が厚くなるもので，この胴部に円点文が施されるものである。器形的には四平山積石塚鉢Ⅰa類に類似しているが，文様的には四平山積石塚Ⅱb類に類似している（宮本2008b）。小珠山上層期の典型的な鉢である。

d）　褐陶（図88〜91）

紅褐陶とは異なり，土器全体の発色が紅褐陶ほど明るくはなく，褐色を呈するものを褐陶と呼ぶ。

壺b式　頸部から口縁端部に向けて外反しながら開くものであるが，頸部に波状の沈線文が施される。

筒形罐d1式　隆帯が口縁に接しながらやや離れ気味に断面方形の隆帯が施されるd1式である。口縁は直口し，隆帯上には刻目が施されている。

罐a式　直口気味の口縁であるが，文様は施されず，指ナデ状の器面調整に特徴がみられる。胴部内面には刷毛目調整が施されている。

罐b1式　口縁端部が屈折して，口縁端部がほぼ水平をなす。この口縁端部の水平面の内側に圏線が認められる。この圏線は，蓋との合わせ目として機能的な意味をもっていたのであろう。頸部には平行線文が施され，その下位に櫛状工具で斜線文が胴部から底部近くまで施されるものである。

罐b2式　口縁端部の水平面が立ち上がり，より「く」字形口縁に近くなったものである。口縁水平面の圏線は痕跡的に残っている。頸部以下の文様構成は罐b1式とほぼ同じである。

罐b3式　口縁端部は完全な「く」字形口縁に近いが，「く」字形口縁のような口縁内面の稜線が認められないものである。また，口縁端面の圏線はすでに認められない。頸部以下の文様構成は他の罐b1・b2式とほぼ同じであるが，やや粗雑化している。

缸　大型の貯蔵用の罐である。罐b1式と同様に口縁端部が水平面をなし，圏線を有するもので，様式的な斉一性を示す。胴部に横帯区画による集線文や綾杉文などが施され，在地的な文様構成を示す。

広口壺a式　偏堡文化の壺の影響を受けて成立した壺形土器であり，胴部に刻目隆帯文を有する。口縁がやや外反気味であり，胴部に平行刻目隆帯とともに斜線ないし集線状のヘラ描き沈線文が施される。こうした胴部文様は，偏堡文化の壺の文様構成に系譜を求めることができる。

広口壺b式　口縁部には文様をもたないが，口縁端部が斜めに面取りされており，やや内湾気味に立ち上がる。

広口壺c2式　口縁部と胴部に横帯区画による斜線文や斜格子文などの集線文が施されるc式のうち，口縁端部がやや外反気味をなすc2式である。

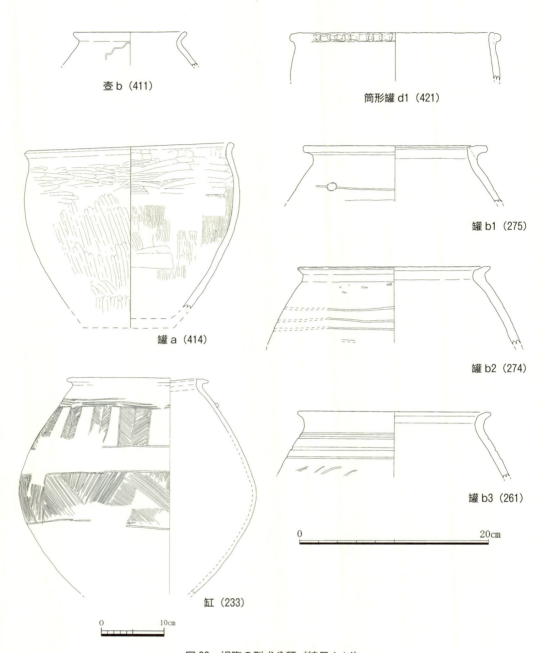

図88 褐陶の型式分類（縮尺1/4）

第5章　遼東半島土器編年と上馬石貝塚出土土器の位置づけ

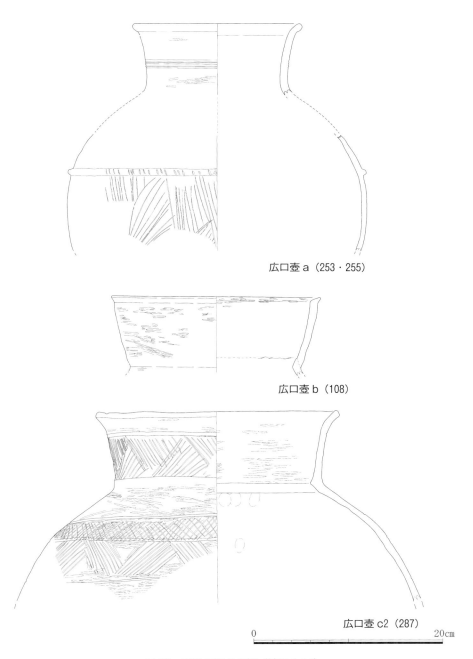

広口壺 a (253・255)

広口壺 b (108)

広口壺 c2 (287)

図 89　褐陶の型式分類（縮尺 1/4）

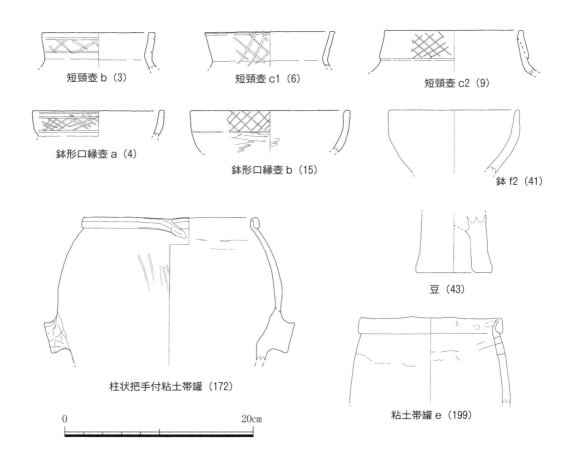

図90 褐陶の型式分類（縮尺1/4）

短頸壺b式　口縁が外反気味に開く短頸壺である。口縁部に2条の平行沈線による横帯区画内に斜格子文が施されるものである。

短頸壺c式　c式は口縁部の横帯区画文がなくなり，口縁部に斜線文のみが施されるものである。一般的な外反する口縁部をもつものがc1式である。また，口縁端部に幅広の粘土帯が貼られ，口縁部が二重口縁化するものがc2式である。

鉢形口縁壺a式　美松里型壺の祖形と考えられる壺で，口縁部が鉢状に内湾して頸部に向けてすぼむものである。この鉢形口縁部の文様構成によって分類することができる。a式は鉢形口縁部に2条の沈線文による横帯区画がなされ，横帯区画内を斜格子文によって充塡するものである。

鉢形口縁壺b式　b式は鉢形口縁部の横帯区画がなく，1条の沈線文と口縁端部の間を斜格子文によって充塡するものである。短頸壺b・c式と同じような文様変化が想定され，横帯区画文が存在する鉢形口縁壺a式から，横帯区画文が簡略化した鉢形口縁壺b式への変化が想

134

第5章 遼東半島土器編年と上馬石貝塚出土土器の位置づけ

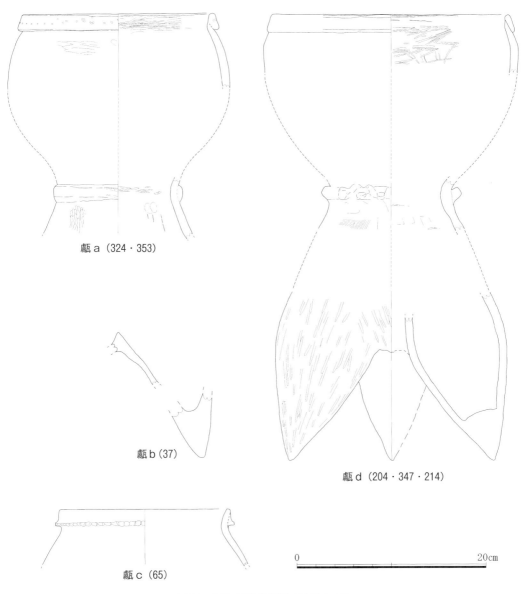

図91 褐陶の型式分類（縮尺1/4）

定される。

　鉢f2式　ボール状の鉢で，鉢e式に比べ器壁が厚い。脚部がつけば豆となる。浅めの鉢をf1式，深めのものをf2式と区別する。褐陶の鉢は深めのf2式である。

　豆　脚部から豆と判断するものであり，口縁部形態は不明である。脚部の形態は区分が可能であるが，口縁部形態が不明であり，脚部の存在をもって豆とまとめておきたい。

　粘土帯罐e式　断面方形ないし三角形の粘土帯を口唇に載せるように貼りつけた粘土帯罐

である。

　柱状把手付粘土帯罐　　赤褐色を呈するもので確認できる唯一の事例である。口縁部に断面方形の隆帯を貼る粘土帯罐であり，胴部に一対の柱状把手をもつものである。

　甗a式　口縁部に隆帯が貼られるが，隆帯断面は下膨れの状態をなしている。これは隆帯の下部に隆帯貼りつけ時に，ナデるようにして隆帯下部に指の圧力がかけられるためである。また，隆帯上に円孔が施されるところにも特徴がある。甗の脚部と胴部との間の屈曲部分には平行隆帯が貼られ，隆帯上には刻みなどの文様が施されない。

　甗b式　口縁部に接して隆帯が貼られるもの（36）である。甗の脚部も存在し，甗であることは間違いない。A区下層出土のものである。

　甗c式　口縁部に断面三角形状の隆帯が貼られるものである。脚部との屈曲部分の形態は不明であるが，口縁部の隆帯の貼りつけ方から2つに細分できる。c式は隆帯が口縁部からやや離れた位置に貼りつけられ，その後，口縁部とともにナデ調整がなされるものである。

　甗d式　口縁に接して断面方形の隆帯が貼られ，文様が施されないものである。胴部と脚部との屈曲部分には隆帯が貼られ，指押し状の窩文が施される特徴がみられる。これらは同じ褐陶であり，同一個体の可能性がある。

　e）　黒陶（図92）

　壺c式　頸部から口縁部が外反しながら，口縁端部が水平面をなすように整形されるものである。頸部に平行沈線文が施されるものや，文様をもたないものがある。

　長頸壺a式　口縁部が直立して立ち上がり，口縁端部がやや外側に外反するものである。頸部に平行沈線文や横帯文が施される。この壺a式の胴部は222のように胴部下部に最大径があるように下膨れの形態をなす可能性がある。

　長頸壺b式　口縁が屈折して口縁端部が水平面をなし，そこに圏線が施されるものである。口縁端部形態は褐陶の罐b1式や褐陶缸と同じ様式的特徴をなす。

　短頸壺a式　口縁部が直立し，口縁部に平行沈線文が施されるものであり，口縁端部が直立するものがa1式である。a2式は同じように口縁部に平行沈線文が施されるものであるが，口縁部が直立しながら口縁端部がやや外側に肥厚気味に突出することに特徴がある。

　缸　いくつのかのバリエーションがあるが，型式差から時期差などを把握できないところから，一括して缸（224〜226）としてまとめておく。大型の貯蔵具であるが，それらはともに胴部最大径が下腹部にあり，他の器種と同じ小珠山上層期の黒陶の様式的な斉一性を示している。

　豆a式　頸部で一度屈曲し，口縁端部でさらに直角的に屈曲して水平面が形成される。この水平面は蓋を配置するための機能的な意味があるが，その点では罐b1式との類似性を示しており，様式的な同一性を示している可能性がある。山東龍山文化にも認められる黒陶豆である。

第 5 章　遼東半島土器編年と上馬石貝塚出土土器の位置づけ

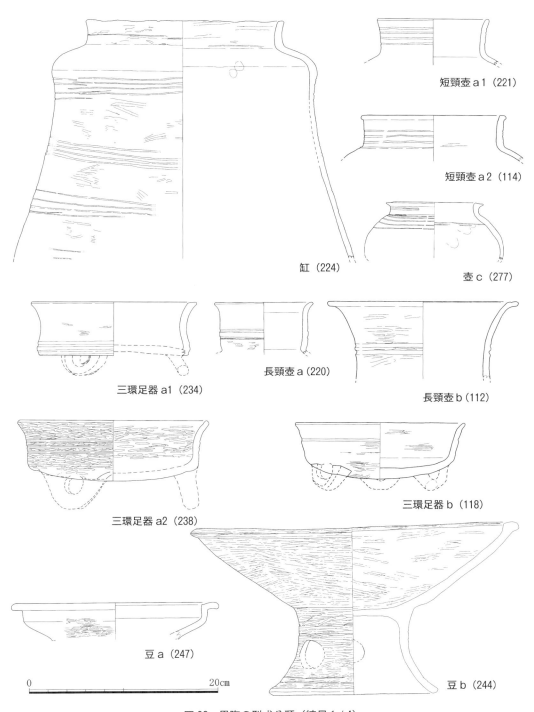

図 92　黒陶の型式分類（縮尺 1 / 4）

豆b式　　杯部は大型の鉢状に開き，口縁端部がやや肥厚するものである。この肥厚部は，口縁端部水平面が変化したものかもしれない。脚部は脚端部が外側に開き，円孔が認められる。豆というよりは台つきの鉢に近い器形である。

三環足器a式　　胴部から底部への屈曲が鋭角的になされ，屈曲部に稜線が認められるものである。三環足器a式はさらに細分でき，a1式とa2式に分けることができる。a1式の場合は，胴部と底部との屈曲が直角に近く，口縁部がほぼ直立して立ち上がるもので，比較的細い平行沈線文が施されるものである。一方，a2式は胴部と底部の屈曲がやや甘く，胴部が外反気味に変化していく。ただし，胴部と底部の屈曲部は明瞭な稜線が認められる。また，文様も比較的幅広の平行沈線文が複数施される。

三環足器b式　　胴部と底部の屈曲が甘く，変換部分は稜線をなさず丸みを帯びるものである。胴部の平行沈線文も減少し，1条の平行沈線文のみが施されている。三環足器は，a1式→a2式→b式へと変化していくものと予想される。

f）　黒褐陶（図93〜99）
筒形罐d3式　　断面三角形状の隆帯を口縁に接して貼りつけ，口縁が内湾するものである。胴部にも幅広の隆帯が貼りつけられている。口縁や胴部の隆帯上には斜線文が施されるものである。

罐b1式　　口縁端部が屈折して口縁端部がほぼ水平をなし，水平面の内側に圏線が認められる。頸部には平行線文が施され，その下位に櫛状工具で斜線文が胴部から底部近くまで施されるものである。

罐b2式　　口縁端部の水平面が立ち上がり，「く」字形口縁に近くなったものである。口縁水平面の圏線は痕跡的に残っているが，頸部以下の文様構成は罐b1式とほぼ同じである。

罐b3式　　口縁端面の圏線はなく，口縁端部は「く」字形口縁に近いが，「く」字形口縁のような口縁内面の稜線が認められないものである。頸部以下の文様構成は罐b1・b2式とほぼ同じである。

粘土帯罐a式　　断面長方形の粘土帯で口縁に接して貼りつけ，粘土帯状に列点文を施すことに特徴がある。同様な小型の粘土帯罐は1978年調査のⅠ区からも出土している[1]（遼寧省博物館ほか1981）。

広口壺c式　　口縁部は外反気味に立ち上がるものであり，平行線文間を斜線文が交互に織りなす組帯文が構成されている。この横帯文は口縁部のみならず，胴部においても多段に施されるものである。口縁端部の形態から2つに細分できる。口縁端部が面取り状をなす広口壺c1式と，口縁端部に面取りが施されず，丸みを帯びたまま口縁端部が外反気味に終わるc2式に分けることができる。

広口壺d式　　口縁部文様帯が，平行線文間に斜格子文が施されるものであり，横帯区画の斜格子文が複線によってなされる。

第 5 章　遼東半島土器編年と上馬石貝塚出土土器の位置づけ

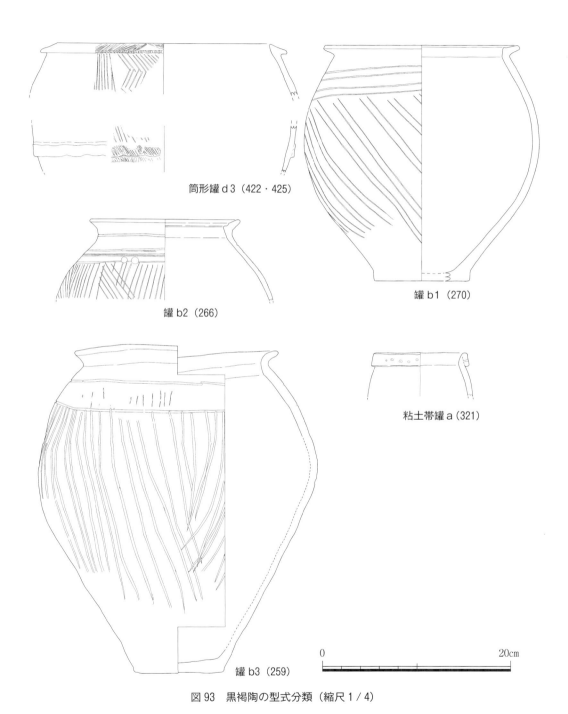

図 93　黒褐陶の型式分類（縮尺 1 / 4）

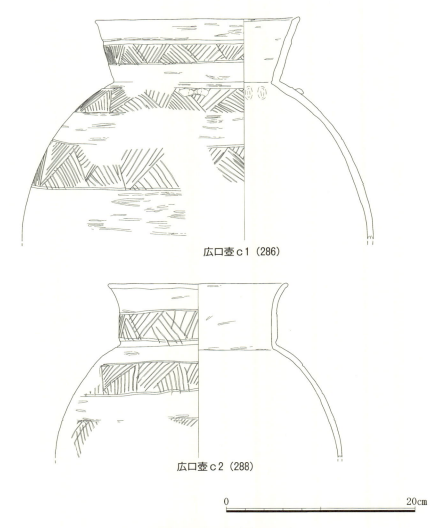

図 94　黒褐陶の型式分類（縮尺 1 / 4）

　広口壺 e 式　　横帯区画の幅が広口壺 d 式より幅狭であり，横帯区画の斜格子文が単線化し簡略化している。同じく上馬石 A 区下層には胴部にも平行線による横帯区画内を斜格子文が施される破片（29）が認められるが，これらが組み合わさっている可能性がある。
　広口壺 f 式　　平行線文間を充塡する横帯区画の文様構成ではなく，1 条の平行沈線文と口縁の間を斜線文で充塡するもの。広口壺 d・e 式の 2 条の平行線文間を充塡する文様構成がより簡略化したものと予想される。
　短頸壺 d 式　　口縁部の文様が消失し無文化するものである。外反口縁の d1 式と口縁が肥厚し二重口縁化した d2 式に分かれる。
　短頸壺 e 式　　口縁部形態不明であるが，おそらく短頸壺をなすものと推測される。平行線

第5章　遼東半島土器編年と上馬石貝塚出土土器の位置づけ

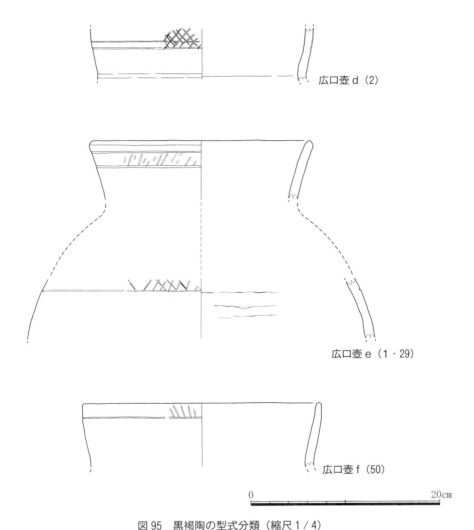

図95　黒褐陶の型式分類（縮尺1/4）

文間に交互に施された縦方向の複数の沈線文からなるe1式と，胴部には平行線文を残しながら縦方向の区画帯内を綾杉文などで充填した幾何学形文が施されるe2式に分かれる。e2式には，441のように同種の胴部には口唇状把手がつく場合がある。

　橋状把手　　大型の壺形土器の胴部に取りつけられた橋状把手である。これらは短頸口縁を伴って大型壺（罐）を構成する可能性がある。

　甗b式　　断面三角形状の隆帯が口縁に接して貼りつけられるもので，胴部の張り出すものであり，甗の口縁部になるであろう。

　柱状把手付短頸罐　　円形の柱状把手が認められる。これらは短頸口縁を伴って長胴の大型罐を構成していたであろう。甗が消滅した段階に出現する煮沸具であると考えられる。

141

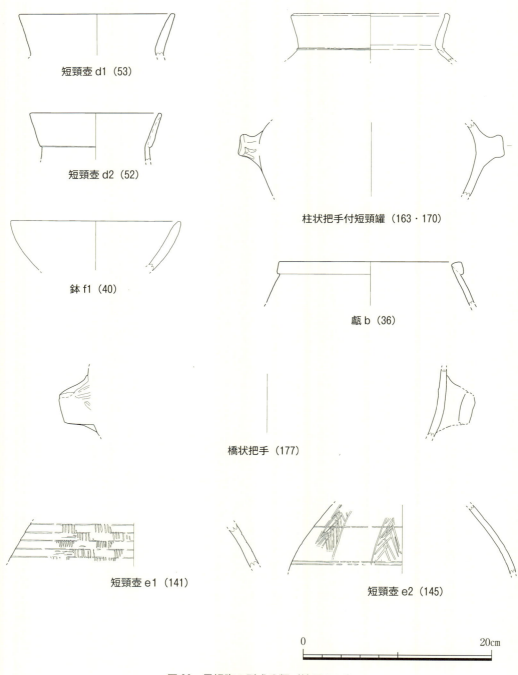

図 96　黒褐陶の型式分類（縮尺 1 / 4）

第5章 遼東半島土器編年と上馬石貝塚出土土器の位置づけ

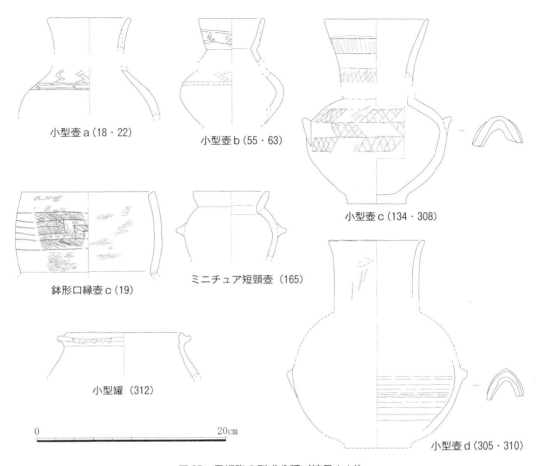

図97 黒褐陶の型式分類（縮尺1/4）

　鉢f1式　　器高が低くかなり浅めの鉢である。脚部がつけば豆となる。
　鉢形口縁壺c式　　鉢形口縁壺a・b式に比べ深めの口縁部をなし，口縁部に狭い平行線文間を斜線で充填し，クランク文による幾何学文様を構成している。
　ミニチュア短頸壺　　双耳の把手を有する短頸壺の小型品である。灰褐陶の柱状把手付罐をミニチュア化したものの可能性がある。
　小型罐　　断面三角形の粘土帯を口縁からやや離れた位置に貼り，粘土帯状に刻目が施されるものである。粘土帯罐d式の変化の延長として小型罐が成立した可能性もある。
　小型壺a式　　頸部に複線による平行線文間を複線によるクランク状の文様で充填している。
　小型壺b式　　口縁部と頸部に平行線文間のクランク状文が施されるが，クランク文が退化して，Z字形の文様に変化している。胴部は灰褐陶の小型壺であるが，同様な幾何学文が施されており，このような胴部が伴うものと想定される。

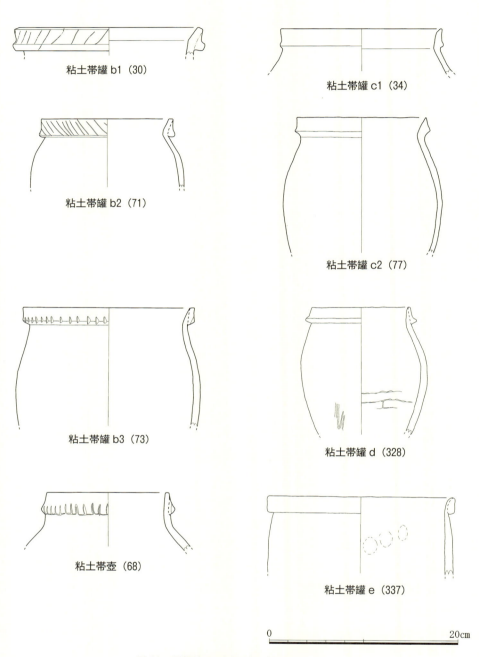

図98 黒褐陶の型式分類（縮尺1/4）

第5章　遼東半島土器編年と上馬石貝塚出土土器の位置づけ

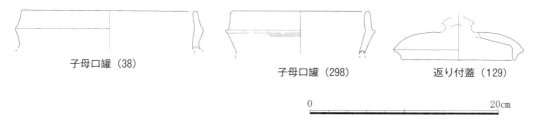

図99　黒褐陶・灰褐陶の型式分類（縮尺1/4）

　小型壺c式　　口縁部が斜めに立ち上がるように延びて長頸化し，口縁部に斜線文や斜格子文などを充塡した平行区画帯，胴部にも集線文による平行区画帯文が施される。胴部には鞍状把手がつく。134の口縁部は灰褐陶に黒色加彩されるものである。308の胴部も黒陶であるが，小珠山上層期の黒陶とは異なり黒色加彩された黒陶であり，ここでは黒褐陶に含めて説明しておきたい。

　小型壺d式　　口縁が筒状に長頸化し，無文化するものである。また，胴部も無文化するとともに，胴部の口唇状把手も形態的には退化したものに変化している。口縁部の305は黒色加彩された黒陶であり，310の黒褐陶胴部と組み合わさる可能性がある。

　粘土帯罐b式　　断面方形状や三角形状の粘土帯を口縁部からやや離れたところに貼りながら，口縁端部と一緒にナデたものである。粘土帯罐b式は隆帯上に斜線文が施されるが，文様の粗密とともに口縁部の隆帯の接合法によってb1式とb2式に二分する。また，断面方形状の隆帯が口唇に接して貼られ，粘土帯端部を刻むものをb3式とする。

　粘土帯罐c式　　粘土帯断面が三角形状の粘土帯文を口縁部からやや離して貼り，横方向にナデるc1式と断面三角形状の粘土帯を口縁部に接して貼りつけ，口縁端部とともにナデ上げるc2式に分ける。口縁部の粘土帯の貼りつけ方や形状は，c1式がb1式に，c2式がb2・b3式に類似する。

　粘土帯罐d式　　粘土帯を口唇の上に載せるように貼りつけるものである。その後，口縁端部を強く横方向にナデるため，粘土帯断面は下膨れのような形態を示す。

　粘土帯罐e式　　断面方形ないし三角形の粘土帯を口唇に載せるように貼りつけるのものであり，胴部はあまり張らないものである。

　粘土帯罐は，粘土帯を口縁からやや離し気味に貼り足すものから，さらに口縁に接して貼り足し，さらには粘土帯を頸部の粘土帯の上端面に載せるようにして貼りつけるような技術的な変化方向が想定される。また，それぞれ文様がある組列と文様がない組列において様式的に変化していく。そして胴部最大径の胴部張り出し部が肩部から次第に胴部下半へと変化していくものと想定される。これらの変化方向が正しければ，粘土帯罐b1式→b2式→b3式という変化と，c1式→c2式→d式→e式という変化が並立していると考えられる。

　粘土帯壺　　粘土帯罐b3式と同じように粘土帯端部が刻まれるが，頸部から肩部にかけて

張り出す器形で，壺形をなすものである。
　子母口罐　　岳石文化に典型的な蓋の受け口部分である子母口口縁をもつ罐（298）である。
　返り付蓋　　岳石文化の典型的な器蓋であり，子母口罐とセットをなすものである。器蓋には返り部をもつもので，器蓋が子母口罐に固定されるものである。器蓋中央部には宝珠状の摘みを有する。

　g）　灰褐陶（図99〜101）
　子母口罐　　黒褐陶の子母口罐と同じ特徴をもち（38），典型的な岳石文化の土器である。
　広口壺胴部　　口縁部形態は不明であるが，大きさから広口壺と判断する。頸部には斜線文で充填したクランク文が施されている。
　長頸壺c式　　直口状に伸びた長頸部と頸部の境に1条の沈線が施されるものである。
　小型壺c式　　口縁部が伸びて長頸化する。この頸部に横帯区画を中心とする文様帯が施される。頸部も平行線文によって横帯区画が構成され，区画内に交互に斜線文などが施され，幾何学的文様を構成する。
　粘土帯鉢　　口縁端部に断面三角形状の粘土帯を口縁に接して貼りつけ，粘土帯端部を刻むものである。粘土帯罐b3式や粘土帯壺などと様式的な共通性が存在する。

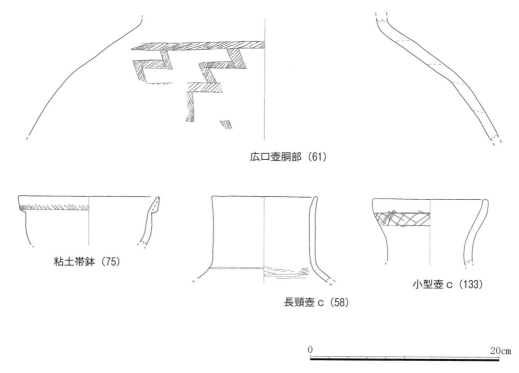

図100　灰褐陶の型式分類（縮尺1/4）

第5章　遼東半島土器編年と上馬石貝塚出土土器の位置づけ

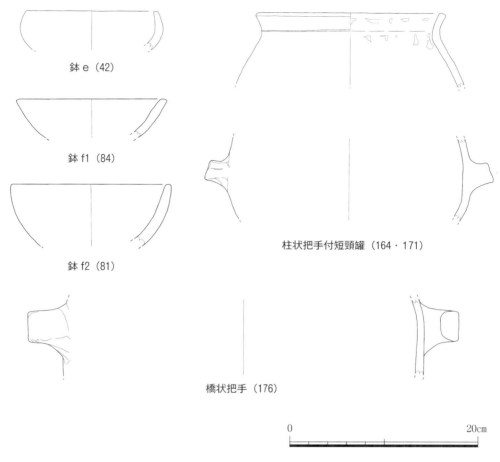

図 101　灰褐陶の型式分類（縮尺 1/4）

　鉢 e 式　　口縁が内湾し浅めの鉢である。脚部がついて豆をなす可能性があるものである。
　鉢 f1 式　　器壁が比較的厚い鉢で，浅めの鉢が f1 式である。
　鉢 f2 式　　比較的厚い器壁の鉢で，深めのものが f2 式である。
　柱状把手付短頸罐　　短頸口縁を伴い，胴部に円形の柱状把手をもつ長胴の大型罐である。鬲が消滅した段階に出現する煮沸具であると考えられる。尹家村 2 期の代表的な土器である。
　橋状把手　　橋状把手が認められるが，大型の短頸罐の一部である可能性が高い。

(3)　大別形式・細別形式の型式変化

　まず細別形式にみられる型式変化の方向性の仮説を述べてみたい。型式変化を想定できる細別形式は，筒形罐，罐，三環足器，広口壺，短頸壺，鉢形口縁壺，小型壺，粘土帯罐，鬲などである。

a）筒形罐

筒形罐（図102）は，横帯区画の組帯文と之字形文が組み合わさるa1式や横帯の字形文をもつa2式から，横帯区画の組帯文が粗雑化し横帯区画自体も乱れていくc式への変化が考えられる。これは，これまで小珠山下層から小珠山中層への変化として捉えられているものである。さらに，この後に偏堡文化の筒形罐である筒形罐d式へとつながっていくことは，従来の編年から明らかである。

筒形罐d式は細分され，口縁部に断面方形の隆帯が口縁からやや離れ気味の位置で貼りつけられるd1式から，断面方形ないし三角形隆帯が口縁に接して貼られるd2式，さらに口縁部隆帯が断面三角形状を呈して口縁部に接して貼られるとともに口縁が内湾していくd3式に変化していくと考えられる。これは，後に詳しく述べるように，これまで考えられてきている偏堡文化の筒形罐の型式変化（宮本1995b）に沿ったものである。

この流れの中に，大別形式では，滑石混入紅褐陶から紅陶，さらに褐陶・黒褐陶への大きな流れが認められる。

b）罐

罐（図103）は，a式が文様をもたず口縁が比較的大きく広がり口縁端部の屈折も弱いもので，全面に指ナデ状の調整が認められる。a式は筒形罐とは異なった系譜に生まれたものと考えられる。罐b式は，罐a式の頸部がよりすぼまり口縁端部が屈折するものである。頸部から胴部にかけて文様をもち，頸部に平行線文そして平行線文の下位に斜線文が施されるものである。罐b式は3つに細分されるが，b1式→b2式→b3式へと型式変化するものと想定される。

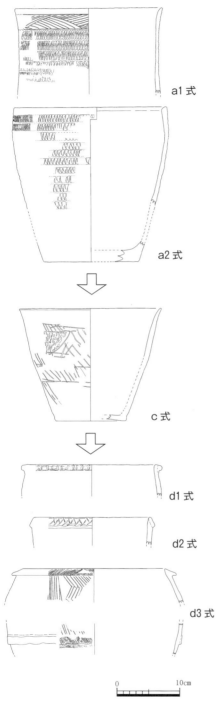

図102 筒形罐の型式変化（縮尺1/6）

第 5 章　遼東半島土器編年と上馬石貝塚出土土器の位置づけ

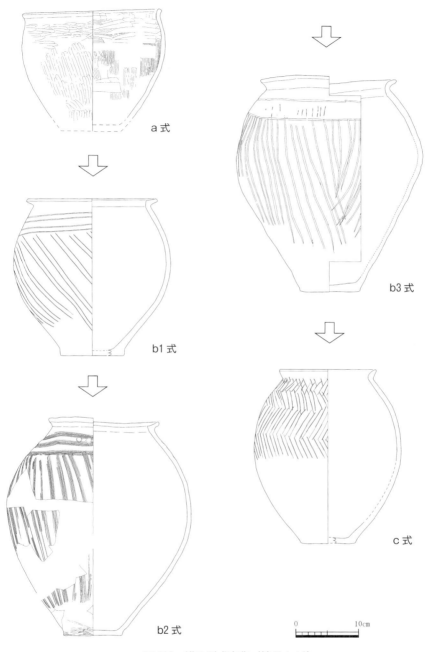

図 103　罐の型式変化（縮尺 1／6）

b1式は，口縁端部が屈折して水平面を作るとともに，口縁端部の粘土帯の接合部を利用して圏線が巡る。これは蓋の受け部を意味する可能性がある。そしてこのような罐a式から罐b1式への型式変化は，口縁部形態からみるならば筒形罐d3式の口縁部形態にも通ずるところがあり，この影響もある可能性がある。そして罐b2式では次第に口縁の屈折が弱まり口縁端部の水平面も形成されなくなるとともに，口縁水平面にみられる圏線も簡素化していく。さらにb3式になると口縁端部の圏線もなくなり，口縁部の屈折も「く」字形口縁に近くなるとともに，胴部文様の規範も弱まっていく。罐c式はこの型式変化の中で「く」字形口縁が完成した形であり，口縁部屈曲部の内面には明瞭な稜線が認められる。また，文様も変化し在地的な綾杉文が採用される。

　大別形式では褐陶が主であるが，最終型式の罐c式では紅褐陶に変化している。紅褐陶は小珠山中層などにみられるように在地的な土器に主体的なものであり，罐c式の文様が横帯の綾杉文であるように，在地的な様相の濃い土器製作に回帰していると解釈される。

　c）　三環足器
　三環足器（図104）は，大別形式は黒陶や黒褐陶からなる。胴部と底部の屈折が直角に近く屈折部に稜線をもつa式のうち，口縁が直立して明確な屈折をなすa1式から，口縁が外反気味で口縁の屈折も甘くなるa2式，さらに底部と胴部の屈折部に稜線をもたず湾曲しながら口縁部が外反していくb式へと変化するものと想定される。三環足器a1式の祖形は，膠東半島の龍山黒陶にみられる盆状器形の三環足器にあることも，この型式変化の根拠となる。また，この型式変化に沿うように胴部の平行沈線文が減少していく。

　d）　広口壺
　偏堡文化の影響を受けて成立したa式からb式へ系統的に変化したかは明確ではない。しかしb式以降の変化（図105）は，系譜的に連続的な変化を読み解くことができる。口縁部形態からみると，b式からc式へ変化するものと想定される。b式の口縁端部は面取り状態を呈するが，c1式もこの面取りがやや甘くなった状態で続き，さらにc2式で外反していく。またc1式からc2式へ，口縁部形態の変化とともに横帯区画が分離していたものから，横帯区画文の集密化のように変化するものと考えられる。これらc1・c2式は文様帯が横帯区画の組帯文であるが，この横帯区画組帯文から横帯区画斜格子文の広口壺d式へと変化し，横帯区画文が口縁部と頸部ともに組帯文から斜格子文へと変化する。そして口縁部の横帯区画文がさらに簡略化した広口壺e式へ変化する。さらに横帯区画が口縁端部に移動して，区画上端の直線文を失った広口壺f式へと変化するものと想定される。その想定が正しければ，広口壺は，b式→c1式→c2式→d式→e式→f式へと変化するものと考えられる（図105）。

　大別形式では，褐陶から黒褐陶へと変化していくが，小珠山上層期の黒陶の影響で黒褐陶が採用され，それが簡略化する形で再び褐陶へつながっていくものも存在すると想定できる。

150

第 5 章　遼東半島土器編年と上馬石貝塚出土土器の位置づけ

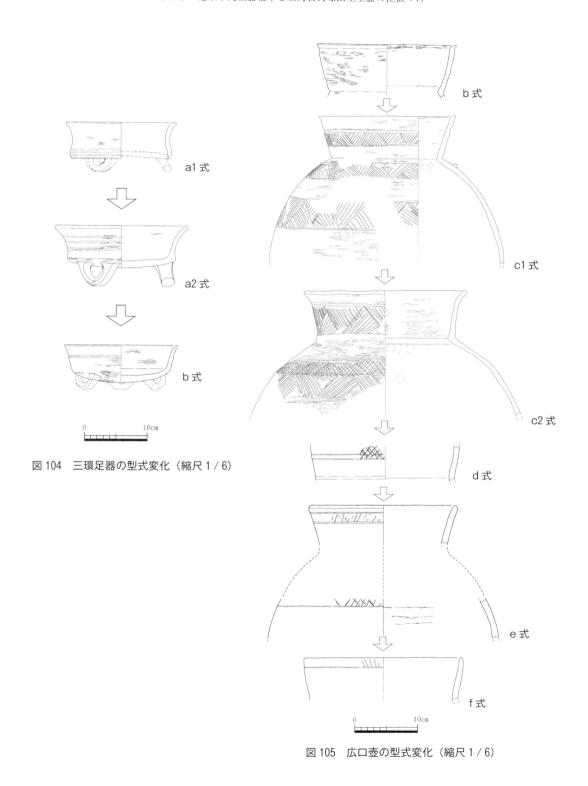

図 104　三環足器の型式変化（縮尺 1 / 6）

図 105　広口壺の型式変化（縮尺 1 / 6）

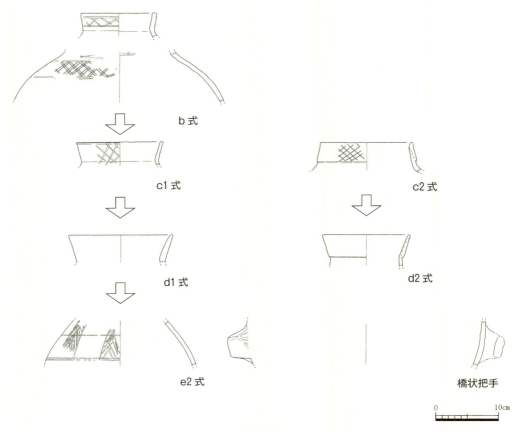

図 106 短頸壺の型式変化（縮尺 1／6）

e） 短頸壺

　上馬石上層文化期にみられる短頸壺 c 式と短頸壺 d 式（図 106）は，口縁部形態において 2 つの形式すなわち系譜をなすものと考えられる。すなわち，口縁が二重口縁状に粘土帯が貼り足される c2 式と，一般的な短頸壺 c1 式である。さらに，同一文様を共時性と考え，口縁部の文様帯の簡略化の方向に型式変化していくと想定される。平行線文による区画帯の中を斜格子文で充填する b 式，さらに平行線の区画帯を消失して斜線文のみの c1・c2 式へ変化し，最終的に文様帯を消失する d1・d2 式へという変化である。すなわち，b 式→ c1・c2 式→ d1・d2 式という変化が想定される（図 106）。なお，b 式は可能性として胴部にも口縁部と同じ複線の斜格子文が施される可能性があると考え，図 106 のような b 式の口縁部と胴部の復元案を提示してみた。また，短頸壺 b 式には，同じような口縁部文様構成をもつ広口壺 d 式に同時期の様式的な斉一性が存在すると考えられる。さらに口縁部が無文の d1 式は，胴部に幾何学文様が施される短頸壺 e2 式，あるいは橋状把手をもつ短頸壺 e 式に変化していくであろう。なお，橋状把手に関しては，c 式や d 式に伴う可能性がある。

第5章　遼東半島土器編年と上馬石貝塚出土土器の位置づけ

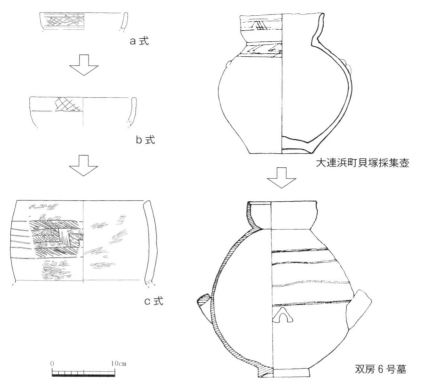

図107　鉢形口縁壺の型式変化（縮尺1／6）

f）　鉢形口縁壺

　鉢形口縁壺は遼東内陸部の馬城子文化から始まっている。上馬石貝塚でもA区下層・上層に鉢形口縁壺が認められる（図107）。a式は比較的浅い鉢形口縁をなし，口縁部には平行線文間に斜格子文を施すものである。文様構成は短頸壺b式と同様であり，これらが様式的に同一時期のものと考えられる。b式は鉢形口縁部がさらに深いものに変化しており，口縁部文様も1条の平行沈線文と口縁端部間に斜格子文を施すものに変化する。これは同じ文様構成を示すところから，様式的に短頸壺c式と同段階のものである。さらに，口縁が立ち上がり口縁部にクランク状の幾何学文を施すc式へと変化すると考えられる。a・b式はA区下層から出土し，c式はA区上層から出土している。c式と同様なものは1978年調査のⅠ区からも出土している[2]（遼寧省博物館1988）。また，大連市浜町貝塚からは完形の鉢形口縁壺が出土している。鉢形口縁の形態はb式に類似し，口縁部文様はa式に近いがそれより簡略化している。一応b式と判断しておくが，この浜貝塚のb式の胴部文様はクランク文様をなし，A区下層の小型壺a式に類似した文様であるといえ，時期的にも様式的な斉一性を考えることができるであろう。このb式鉢形口縁壺が，平行線文のみを残し，さらにc式のように鉢形口縁部が全体に長頸化

153

することにより双房6号墓のような美松里型壺が生まれたと考えることもできるであろう。その変化方向やc式との形態的な類似性からは，美松里型壺が上馬石A区上層段階には生まれていた可能性が高いであろう。

g) 小型壺

小型壺（図108）は，口縁の立ち上がりが比較的低く，胴部に平行線文による横帯区画区とその間をクランク文で充塡するa式から，充塡するクランク文が退化してZ字形の文様に転化し，口縁部にも同様の文様をもつb式へと変化する。これは上馬石A区下層・上層において層位的に証明されている。さらに，このb式の口縁部が長頸状に伸び，口縁部と胴部に平行線による横帯区画とその間を充塡する文様が発達するc式へと変化する。さらに長頸部のくびれがあまりなくなり，長胴化した長頸をなし，全面が無文化するd式へ変化する。c式からd式への変化に応じ，鞍状把手も退化している。また，黒褐陶を基本とする小型壺は，c式やd式段階で黒色加彩された黒陶に変化している。いわゆる黒色磨研土器であり，小珠山上層期の黒陶とは異なっている。小型壺d式の形態さらに黒色磨研技法は，韓半島南部の黒色磨研土器に系譜的につながるものである。

h) 粘土帯罐

粘土帯罐（図109）は，まず口縁に断面方形隆帯を貼り，口縁端部に列点文を施すa式が双砣子2・3期に現れる。この後，上馬石上層期の粘土帯罐との変化関係は不明である。あえていうならば，点列文をもつa式から無文のc1式という粘土帯罐の無文化の変化方向を想定

図108　小型壺の型式変化（縮尺1/6）

できる。また，口縁端部からやや離れ気味に粘土帯が貼られ同時に指ナデが施されるb1式が存在する。b1式は隆帯上に斜線文が施されるが，無文のc1式も粘土帯の接合や口縁部のナデ上げの仕方にはb1式と類似性が認められる。さらに断面三角形の粘土帯を口縁に接して貼るb2式とc2式は様式的な類似性が認められる。粘土帯状に文様をもつb式は，粘土帯の接合法や文様の変化からb1式→b2式→b3式という変化が想定される。同じく粘土帯上が無文のc式も，断面三角形状の粘土帯が口縁端部からやや離れた位置に貼りつけられるc1式から，口

第5章　遼東半島土器編年と上馬石貝塚出土土器の位置づけ

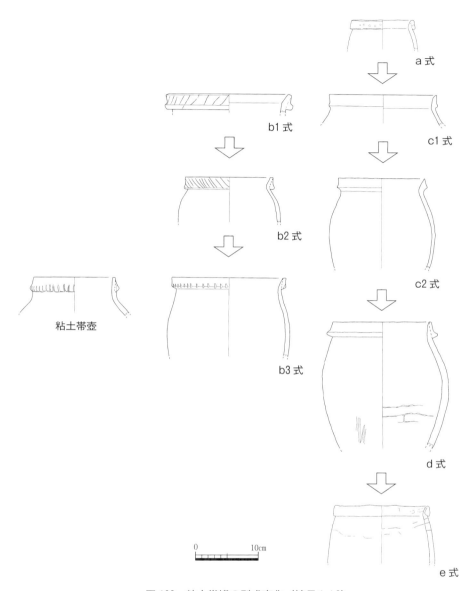

図 109　粘土帯罐の型式変化（縮尺 1／6）

唇に接して貼りつけられる c2 式へと変化すると想定される。なお，これら b1・c1 式から b2・b3・c2 式への様式的な変化は，上馬石貝塚 A 区の層位関係において証明されている。そして無文の c2 式から，粘土帯を頸部上端に載せるように貼りつける d 式，さらに同じ技法で粘土帯が貼られ，粘土帯断面が方形状へと変化する e 式へと変化していく。b1・c1 式→ b2・b3・c2 式→ d 式→ e 式という変化が考えられる。器形的には図 109 に示すように，頸部の屈曲が次第に弱まり胴部の張りがなくなっていく方向に変化している。おそらく韓半島の粘土帯

土器はこの粘土帯罐e式が変化し、粘土帯断面が丸くなるところに特徴がある。

i) 甗

甗の型式変化は系統的には説明が難しい（図110）。地点別や層位別の相対差に基づきながら、変化を説明しておきたい。双砣子2・3期の甗a式は、口縁隆帯を口縁部に接して上部からは貼りつけるように施されるもので、黒褐陶粘土帯罐a式と同じく隆帯に列点文が施される様式的な斉一性が認められる。口縁部のくびれ部には隆帯が貼られるが、隆帯状の施文はなく、垂下隆帯が施される場合がある。上馬石A区下層のb式は、隆帯上部の施文がなくなり、隆帯を口縁に接するように貼られる特徴がある。A区上層のc式は、これまでの系譜とは異なり、断面三角形状の隆帯を口縁に接して貼りつけ、隆帯端部を刻むものである。口縁部形態ならびに胴部の張り出し方から甗に相当するものと判断した。おそらくこれとは異なったこれまでの系譜の甗が、この段階にも存在する可能性がある。高麗寨出土の復元された甗は、口縁部隆帯に刻目が施されるものであり、A区上層に並行するものであるかもしれない。BⅡ区の甗d式は甗b式の系譜にあるものであり、断面方形の口縁隆帯を口縁部に接して貼り同時にナデ上げるものである。胴部くびれ部には隆帯が貼りつけられるが、指頭による刻目が施されている。

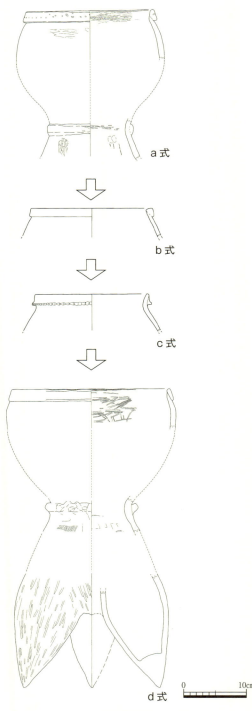

図110　甗の型式変化（縮尺1/6）

第5章　遼東半島土器編年と上馬石貝塚出土土器の位置づけ

（4）　大別形式・細別形式の型式変化からみた上馬石貝塚の土器編年

　これら想定された型式変化は，従来の編年的検討や上馬石A区下層・上層の層位関係から
実証されたものも一部あるが，他の場合は未検証である。それを，各地点別あるいは地点での
層位関係に基づいて眺めてみたのが表9である。すでに1941年調査資料と1972・1973年資料
と比較しながら，一定の相対順序を検証していたが，表9によって，上記した細別形式の変化
あるいは相対的な大別形式の変化に矛盾がないことが明らかとなったのである。滑石混入紅褐
陶，紅褐陶，紅陶，褐陶，黒陶，黒褐陶，灰褐陶という大別形式は，細別形式の変化方向と矛
盾なく，相対的な変化を示し，かつ出土地点・層位別におけるまとまりによって一定の型式群
のまとまりが示される。特に，上馬石上層の細分様式である上馬石A区下層→A区上層→BⅡ
区が，改めて想定された細別形式の型式変化と矛盾するものではなく，こうした相対順序が正
しいことを示している。以下に，ここで大別形式と細別形式における型式の組み合わせ，さら
にはその組み合わせが層位的・地点別に検証された結果生まれた様式設定を示したい。様式設
定とは検証された型式群のまとまりであり，この群単位を様式とすることができる。これらの
様式（型式群）を表として示したのが表10である。さらに図化したものが，図111の編年図
である。さらに，このような土器編年を，表11のように，上馬石貝塚の遼東半島中部と，遼
東半島南端の遼東半島西部に分けて対比的に示すことにより，上馬石貝塚の編年的位置づけを
明らかにすることができよう。

　滑石混入紅褐陶の筒形罐a・b式と壺a式は，上馬石D区下層やBⅠ区に認められ，小珠山
下層文化期に相当する。褐陶の筒形罐c式は東丘西南端崖でのみ発見されたもので，小珠山中
層期に相当する。偏堡文化段階は西丘東南端崖で発見された一括遺物が挙げられる。これが褐
陶筒形罐d式・壺b式であり，褐陶罐a式，紅褐陶鉢a・b式である。褐陶罐a式，紅褐陶鉢
a・b式は，膠東半島からの系譜で捉えられるとともに，黒褐陶筒形罐d式は遼東を中心とす
る偏堡文化の筒形罐であり，褐陶筒形罐d式・壺b式も遼東の偏堡文化の系譜にある。すなわ
ちこの段階は膠東半島と遼東の2つの系統の土器が，遼東半島で混在する段階である。あるい
は，偏堡文化を基盤とする段階に，膠東半島から文化的な圧力が始まった段階である。そして
次の小珠山上層期に膠東半島からの山東龍山文化の文化圧がより高まっていく。この偏堡文化
から小珠山上層文化への移行期前後が，筆者のいう東北アジア初期農耕化第2段階に相当する
（宮本2009a）。

　小珠山上層文化期は上馬石C区やBⅠ区に認められることはすでに示した（表7）。ところが
型式変化に照らし合わせてみると，表9のようにC区とBⅠ区では傾向を異にしている。すな
わちBⅠ区では黒陶短頸壺a2式・三環足器b式，褐陶罐b3・c式などが認められ，黒陶短頸
壺，黒陶三環足器，褐陶罐などの想定された変化型式の新しい段階のものがまとまって出土し
ているとすることができるのである。したがって，これらBⅠ区出土のものは，小珠山上層文
化期として出土しているC区のものと時期的に分離でき，それらより新しい段階のものである。

157

表9　地点別大別形式・細別形式

		滑石混入紅褐陶	紅褐陶	紅陶	褐陶	黒陶	黒褐陶	灰褐陶
D区下層, BI区	筒形罐	a1, a2, b						
	壺	a						
	鼎				○			
東丘 西南端崖	筒形罐		c					
西丘 東南端崖	筒形罐		d2, d3		d1		d3	
	罐				a			
	壺				b			
	無頸壺			○				
	鉢		a1, a2, b					
C区	罐				b1, b2, b3		b1, b2, b3	
	壺		c					
	広口壺				a			
	長頸壺					a		
	短頸壺					a1, a2		
	豆					a, b		
	三環足器					a1, a2		
	鉢			c				
	缸				○	○		
BI区, C区	罐		c		b3, c		c	
	広口壺				b			
	短頸壺					a2		
	三環足器				b			
C区, A区下層	子母口罐						○	○
	蓋（受け部）						○	
	広口壺				c2		c1, c2	
	短頸壺			b	b			
	鉢形口縁壺				a			
	粘土帯罐						a	
	甗				a			
	鉢							e
A区下層	広口壺						d, e	
	短頸壺				c1, c2			d1
	鉢形口縁壺				b		b, c	
	小型壺						a	
	粘土帯罐				c1		b1, c1	
	鉢				f1, f2			
	豆				○			
	甗				b		b	
	把手				b, c		a	
A区上層	広口壺						f	
	短頸壺						d1, d2	c2
	長頸壺							c
	小型壺						b	b
	粘土帯罐						b2, b3, c2	
	粘土帯壺						○	
	鉢							e, f1, f2
	豆						○	
	甗				c			
	把手				d		b	
BII区, C区	短頸壺				e			
	小型壺						c, d	c
	粘土帯罐				e		d, e	
	小型罐						○	
	柱状把手付罐				○		○	○
	小型把手付罐						○	
	鉢							○
	豆				○			
	甗				d			
	把手						c, d, e	c, d, e

第5章　遼東半島土器編年と上馬石貝塚出土土器の位置づけ

表10　土器様式設定

		滑石混入紅褐陶	紅褐陶	紅陶	褐陶	黒陶	黒褐陶	灰褐陶
小珠山下層	筒形罐	a1, a2, b						
	壺	a						
	鼎				○			
小珠山中層	筒形罐		c					
	壺							
偏堡	筒形罐		d2, d3		d1		d3	
	罐				a			
	壺		b					
	無頸壺			○				
	鉢		a1, a2, b					
小珠山上層	缸				○	○		
	罐				b1, b2			
	壺					c		
	広口壺				a			
	長頸壺					a, b		
	短頸壺					a1		
	三環足器					a1, a2		
	鉢		c					
	豆					a、b		
双砣子1期	罐		c		b3			
	広口壺				b			
	短頸壺					a2		
	三環足器					b		
	鉢							e
	豆							
双砣子2・3期	甗				a			
	粘土帯罐						a	
	広口壺				c2		c1, c2, d	
	短頸壺				b			
	鉢形口縁壺				a			
	子母口壺						○	○
	蓋						○	
	鉢						e	
上馬石A区下層	甗				b			
	粘土帯罐						b1, b2	
	広口壺						f	
	短頸壺				c1, c2			
	鉢形口縁壺				b		c	
	小型壺						a	
	鉢				f1, f2			
	豆				○			
上馬石A区上層	甗				c			
	粘土帯罐						b2, b3, c2	
	広口壺						e	
	短頸壺						d1, d2	
	長頸壺							c
	小型壺						b	
	鉢							f1, f2
	豆						○	
上馬石BII区	甗				d			
	粘土帯罐						d	
	柱状把手付罐				○		○	○
	短頸壺						e	
	小型壺						c	c
	鉢						○	○
	豆				○			
尹家村2期	小型罐						○	
	粘土帯罐				e		e	
	柱状把手付罐						○	○
	小型壺						d	
	鉢							○
	豆				○			

表 11　遼東半島土器編年表

	烟台地区	遼東半島西部	遼東半島中部	丹東地区	鴨緑江下流域	遼河下流域
BC 5000 —	白石村	小珠山下層	小珠山下層	後窪下層		新楽下層
BC 4000 —	邱家荘	小珠山下層	小珠山下層	後窪下層	後窪下層	
	北荘1期	小珠山中層	小珠山中層	後窪上層	後窪上層	馬城子
BC 3000 —	北荘2期	呉家村	呉家村	闇坨子	堂山下層	偏堡
	楊家圏1期	郭家村3層	偏堡		堂山上層	偏堡
	楊家圏2期	小珠山上層	小珠山上層	石仏山	堂山上層	肇工街1期
BC 2000 —	楊家圏3期	双砣子1期	双砣子1期	石仏山	新岩里1期	新楽上層
	昭格荘	双砣子2期	双砣子2・3期	石仏山	新岩里第3地点第Ⅰ文化層	新楽上層
	芝水	双砣子3期	双砣子3期	石仏山	新岩里2期	新楽上層
BC 1000 —	珍珠門	双砣子3期	双砣子3期	石仏山	新岩里2期	新楽上層
	西周	尹家村1期	上馬石A区下層			鄭家窪子
	西周	尹家村1期	上馬石A区上層		美松里上層	鄭家窪子
	春秋	崗上・楼上	上馬石BⅡ区		墨房里	鄭家窪子
	戦国	尹家村2期	尹家村2期			

　また，広口壺a式もC区より出土しており，広口壺b式など明らかに双砣子文化3期のものより古い段階のものである。

　上馬石のC区の主要型式である小珠山上層文化は，このBI区の主たる土器を除きそれぞれの細別形式で古いものである黒陶短頸壺a1式，三環足器a1・a2式，褐陶b1・b2式が相当することになる。また，口縁端部折り返しの水平口縁を形成する長頸壺a・b式，缸，豆a・b式は，褐陶罐b1・b2式と様式的な斉一性をみせ，この時期のものと考えることができる。さらに，紅陶鉢c式や広口壺a式は，小珠山上層文化期の代表的な型式であり，この時期に相当することは問題ない。特に紅陶鉢c式は，偏堡文化期の紅褐陶鉢b式から変化したものであり，偏堡文化から小珠山上層文化期の連続性を示している。

　一方，それらより新しい段階としたBI区の一群は，広口壺b式が双砣子3期の広口壺c式より古い型式であり，小珠山上層文化期から双砣子3期の中間に存在することは問題ない。双砣子2期の遺物はBI区には認められず，BI区を小珠山上層期に後出する双砣子1期に相当するものと考えたい。もともと双砣子1期は遼東半島西部の遼東半島南端にしか存在しない土器型式であり，遼東半島中部に存在する上馬石貝塚には双砣子1期そのものが存在しない可能性がある。そこでBI区の主たる土器である黒陶短頸壺a2式，黒陶三環足器b式，褐陶罐b3・c式，褐陶広口壺b式を双砣子文化1期に並行するものとする。

　双砣子文化2・3期は，上馬石貝塚C区とD区上層に認められるが，問題とする型式変化を想定した広口壺や甗はC区のみで観察される。ここでみられた黒褐陶広口壺c1・c2式や褐陶広口壺c2式は，望海堝遺跡（金関ほか1942）でみられるように，遼東半島中部双砣子3期に相当する土器群である。遼東半島西部の双砣子遺跡や上嘴子遺跡のような双砣子2期の単独文

化層は，遼東半島中部には認められず，上馬石貝塚でも双砣子２期は客体的にしか存在していない。また，広口壺 c2 式に後出する黒褐陶広口壺 d 式は，上馬石Ａ区下層に認められる。Ａ区下層では短頸壺 b 式，鉢形口縁壺 a 式が認められ，これらと広口壺 d 式は文様構成上同段階と考えられ，双砣子３期新段階を構成する。したがってこれらを含めて，双砣子２・３期というふうにまとめることができるであろう。これらの一部が 1972 年の上馬石Ｃ区付近で発見された双砣子３期の甕棺墓に相当している。

　続く段階が上馬石Ａ区下層・上層であることは，黒褐陶広口壺・小型壺・粘土帯罐や褐陶短頸壺・鉢形口縁壺の型式変化の連続性からも問題ないところである。さらにこれに続くのが上馬石ＢⅡ区であるのは，黒褐陶小型壺や黒褐陶粘土帯罐，褐陶短頸壺の型式変化の連続性において証明されたとすることができるのである。また，ＢⅡ区にはこれらに後出する尹家村２期の黒褐陶小型壺 d 式が存在することも，時間的連続性と相対順序に矛盾がないことを示している。

　したがって，Ａ区下層では褐陶鬲 b 式，黒褐陶粘土帯罐 b1・c1 式，黒褐陶広口壺 e 式，短頸壺 c1・c2 式，鉢形口縁壺 b 式，小型壺 a 式などを様式的にまとめることができる。これらの上層に存在するＡ区上層では，褐陶鬲 c 式，黒褐陶粘土帯罐 b2・c2 式，黒褐陶広口壺 f 式，短頸壺 d1・d2 式，小型壺 b 式，灰褐陶広口壺・長頸壺 c 式などが様式的にまとめられる。さらにＢⅡ区では褐陶鬲 d 式，黒褐陶粘土帯罐 d 式，短頸壺 e 式，黒褐陶小型壺 c 式，灰褐陶小型壺 c 式などが様式的単位として挙げられる。

　ＢⅡ区に関しては，すでに述べたように上馬石上層より後出する尹家村２期の黒褐陶小型壺 d 式が含まれている。この時期に相当する可能性のあるものがＢⅡ区で比較的まとまって出土している柱状把手付灰褐陶罐（柱状把手付褐陶粘土帯罐）と黒褐陶粘土帯罐 e 式と考えられる。一方，上馬石ＢⅡ区として様式把握した土器群が楼上墓などにみられるのに対し，これら尹家村２期の土器が楼上墓などでは認められないことによる型式間の差し引きにより，黒褐陶小型壺 d 式，粘土帯罐 e 式，黒褐陶小型罐，柱状把手付灰褐陶罐を尹家村２期としてＢⅡ区とは区分することにしたい。また１点のみ確認されている柱状把手付粘土帯罐も，粘土帯罐 e 式の粘土帯との類似から尹家村２期に含めておきたい。これらの土器のうち，柱状把手付短頸罐は初期鉄器時代のクロウノフカ文化や団結文化にも認められ，同時期としての蓋然性を示している。そして，こうした上馬石ＢⅡ区から抽出した土器群を黒褐陶小型罐を代表とする尹家村２期として捉えておきたい。上馬石貝塚では，こうした土器群に燕系土器が伴わず，在地系のみの土器群である。類似した土器は，韓半島西北部の明沙里式にも認められる。さらに双砣子２期から上馬石ＢⅡ区までは煮沸具の鬲が存在するが，尹家村２期には消滅している。代わって，柱状把手付短頸罐や柱状把手付粘土帯罐が認められるが，これはカマドの出現とも関連していよう。この段階，東北アジアではカマドが出現している（宮本 2009 c）。

　このようにして大別形式，細別形式ごとの細分型式を様式としてまとめ，相対時期を決定し，編年を打ち立てることができた。この編年図が図 111 であり，大別形式・細別形式ごとの型式

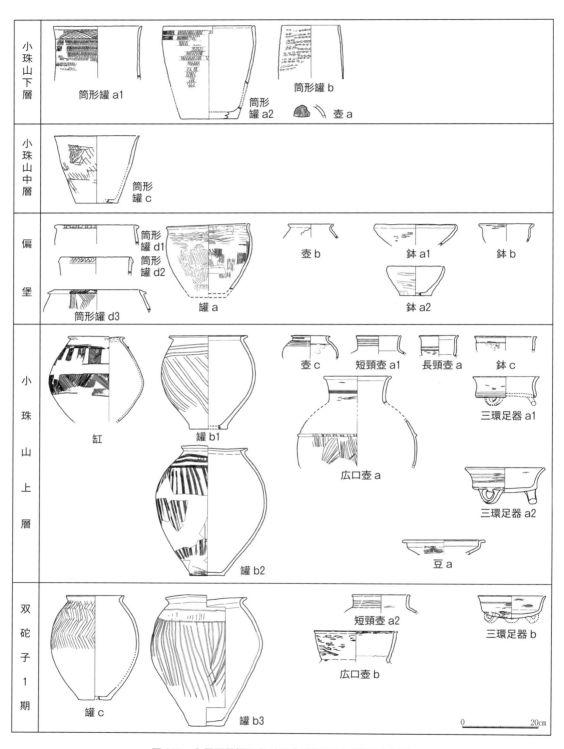

図 111　上馬石貝塚における土器編年図（縮尺 1 / 10）

第5章 遼東半島土器編年と上馬石貝塚出土土器の位置づけ

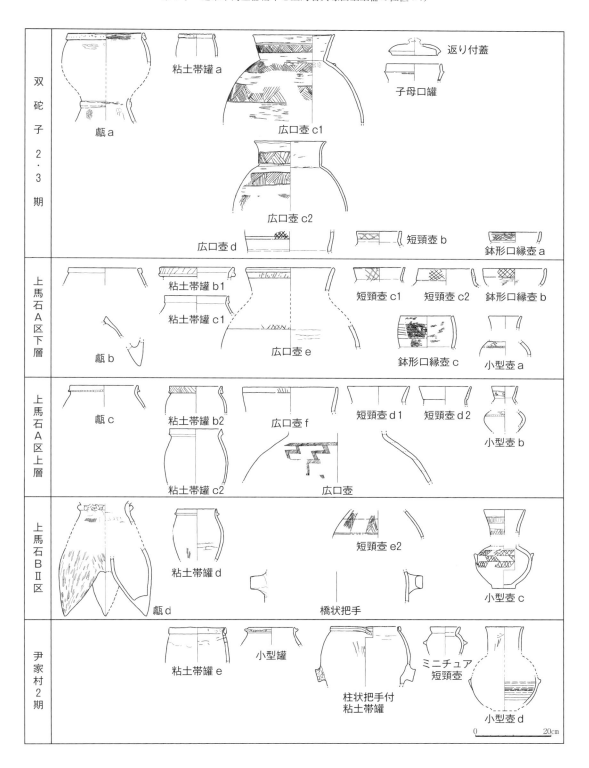

をまとめたものが表10である。ここでは，相対的な様式変化に伴い大別形式の推移と，細別形式内での型式変化に矛盾がないものとして示すことができたものと思える。

4. 上馬石貝塚からみた遼東半島土器編年

(1) 新石器時代

これまで偏堡類型と呼ばれていた遼東を中心とする新石器時代後期の土器に対して，瀋陽を中心としながら，南は遼東半島，西は新民県東高台山遺跡，さらに北は大興安嶺山脈の南麓，東は韓半島西北部の堂山遺跡や双鶴里遺跡まで知られるように，一定の空間的領域とともに一定の時間幅をもって独立に存在する考古学的様式として認識できるところから，ここでは偏堡文化（李恭篤・高美璇1998）と呼ぶことにしたい。この偏堡文化は，遼寧省瓦房店市長興島三堂村遺跡の発見（遼寧省文物考古研究所ほか1992）によって，時期細分が可能になった。陳全家らは，三堂村1期において，5層とその下部で発見された1号住居址との比較によって，筒形罐の隆帯文が口縁からやや離れた位置に貼りつけられるものから次第に口唇と同じ位置に貼りつけられ，さらには肇口街1期との比較から，隆帯文が口唇とともにナデつけられるようにして貼りつけられる変化をみいだしている。すなわち，三堂1期を前段と後段に分け，さらに肇工街1期がそれに続くものとする。この変化は妥当な変化と考えられ，ここではこの3期区分を，それぞれ偏堡文化前・中・後期と呼びたい（図112）。また，三堂2期に対して小珠山上層が層位的に遅れるものとした。すなわち，偏堡文化から小珠山上層という相対的な位置づけがなされたのである。本章でも同様な変化を考え，筒形罐d1式→d2式→d3式へと変化していくとした。ただし，三堂1期前段の場合，隆帯文と口縁端部までの距離が少なくとも5mm以上離れていることがその定義とされている（張星徳2013）ように，本章での筒形罐d1・d2式は三堂1期後段・2期に相当するものであり，筒形罐d1式は三堂1期前段までは遡らない。

さて，筆者は三堂1期の一部は呉家村期に並行する可能性があるが，その大半は呉家村期より遅れた段階に出現すると考えた。すなわち呉家村期に遼河下流域から偏堡文化の影響が遼東半島に入り，それが根づいたものが文家屯C区と考えたのである（宮本1995b）。後に文家屯遺跡の報告書では，文家屯C区の資料を小珠山上層期と捉えている（岡村編2002）。一方，古澤義久は，大潘家村の資料などをもとに呉家村期と三堂1期は明確に分離でき，時期が異なるものと位置づけた（古澤2007）。

その後，社会科学院考古研究所によっても小珠山遺跡の発掘が行われ，偏堡文化の土器が層位的に小珠山中層より新しく，小珠山上層より古いことが確認された（中国社会科学院考古研究所ほか2009）。この偏堡文化土器は，小珠山4期土器と呼ばれているが，三堂1期との違いもみせている。大きな違いは，小珠山4期の隆帯文が口唇に接してナデつけられるように貼られ，胴部文様は櫛描文からなる，偏堡文化後半期の特徴を示していることにある。少なくとも

第5章　遼東半島土器編年と上馬石貝塚出土土器の位置づけ

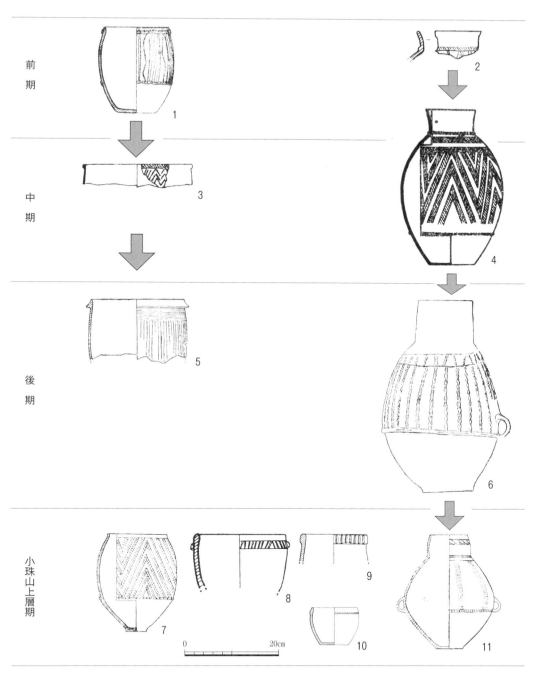

1～4 三堂，5・6 肇工街，7・11 北溝西山，8～11 郭家村

図112　偏堡文化の土器型式変遷図（縮尺1／8）

三堂1期後段・2期に属し，本章の筒形罐d式と同段階ということができる。また，胎土には滑石ではなく雲母が多く含まれることもこのことを示していよう。さらに，小珠山上層にも口縁隆帯が貼りつけられた土器が認められるが，小珠山上層は偏堡文化後期よりもさらに遅い段階のものであることが，小珠山遺跡で層位的に証明されたのである。

　この場合，文家屯A区などで呉家村期の土器の中に一部ではあるが，三堂1期前段のような隆帯文が口縁から離れた位置にある土器が出土しており，三堂1期前段のような偏堡文化前期のものが同時期の可能性を残している。なぜなら小珠山遺跡の層位的な発掘によって偏堡文化中期・晩期が小珠山中層より新しいことが明確になったからである。韓半島西北部の例であるが，堂山遺跡（차달만1992）では，堂山上層で偏堡文化が認められるが，堂山下層には呉家村期の土器とともにそこに隆帯文が施されたものが存在しており，偏堡文化前期と呉家村期土器の折衷タイプの可能性があるからである。

　遼東半島を，旅順を中心とする一帯と長山群島を遼東半島の2つの中心地として分離して土器編年を考えたのは安志敏である（安志敏1993，中国社会科学院考古研究所1996）。遼東半島西部と遼東半島中部に分けて考えるならば，広鹿島の小珠山遺跡と大長山島の上馬石貝塚はともに後者に区分して考えることができる。例えば郭家村遺跡は遼東半島西部に属し，金州以南の遼東半島南端地域と同じ地域群に属する。一方で，上馬石貝塚は貔子窩の単砣子・高麗寨遺跡などとともに大連以東の遼東半島中部に属している。こうした地域区分の必要性は，すでに青銅器時代編年を考えるにあたって大貫静夫（大貫2007a）や白石渓冴（白石2011）が指摘していることであるが，この見方は青銅器時代に限らず新石器時代にも適応できる。この点で注目すべきが，小珠山中層の後半期と考えられる呉家村期（宮本1985）の存在である。上馬石貝塚では，この呉家村期を除き全時代が存在することが明らかである。呉家村期は，古澤義久の指摘のように，太子河上流域では馬城子下層（遼寧省文物考古研究所・本渓市博物館1994），丹東地区では閭坨子（丹東市文化局文物普査隊1984），鴨緑江下流では美松里下層，清川江流域の堂山遺跡下層（차달만1992）に認められる，一定の時期を形成している（古澤2007）。その分布は，図113に示すように，遼東半島西部から遼東内陸部の太子河流域，さらに丹東地区や鴨緑江下流域から清川江流域のような韓半島西北部までに及んでいる。

　これに対し，偏堡文化前期は遼西東部から遼河下流域を中心として，さらに呉家村期の分布域へと広がっているようにみえる（図114）。それら偏堡文化遺跡の集成を表12に示した。各遺跡で，すでに述べた偏堡文化筒形罐の前・中・後期という3期編年ごとの出土状況をみている。また，表12に「小珠山上層」としたのは，小珠山遺跡にみられるように，偏堡文化期以後にその影響で断面方形の隆帯文が口縁に接して貼りつけられた土器を示す（図112-8～10）。あるいは筒形罐ではなく壺のみ偏堡文化の要素を示す平壌市南京遺跡を加えている。この表12ならびに図114の偏堡文化の分布をみるならば，偏堡文化前期が遼西東部に集中し（図114），それから中・後期ないし後期までのものが遼東内陸部あるいは遼東半島，韓半島西北部に広がっている（図115）ことが，分布図からみいだされるのである。

第 5 章　遼東半島土器編年と上馬石貝塚出土土器の位置づけ

図 113　呉家村期の遺跡分布

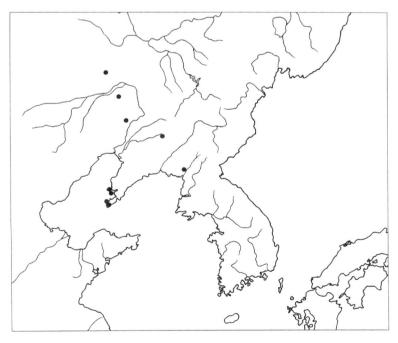

図 114　偏堡文化前期の遺跡分布

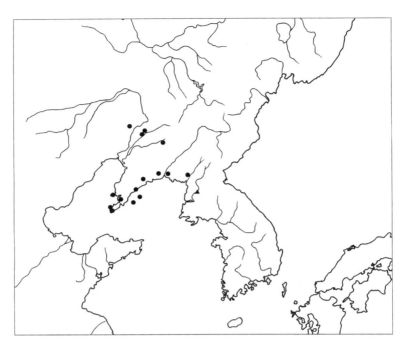

図 115　偏堡文化中・後期の遺跡分布

　古澤義久は遼河下流域の瀋陽地区に呉家村的な土器が存在せず，偏堡文化の土器のみが存在して，両者の共伴がないことから，筆者が考えるような遼東半島の呉家村期に偏堡文化の土器が流入することを否定する（古澤 2007）。しかし，瀋陽地区に呉家村の土器がないことは，両者の分布域の違いとして理解できる。呉家村期は系譜的には小珠山中層が変化したものであるが，小珠山中層は遼東内陸部の馬城子，吉長地区の左家山Ⅳ段階（宮本 1995 b）にみられるように，遼東全体に分布する土器様式である。呉家村期の土器は遼東半島南端から鴨緑江下流域，太子河流域などの遼東の東側周辺域に分布しているのであり（図 113），遼西東部から遼河下流域に分布する偏堡文化が，次第にこうした遼東東部周辺域へと広がっていった（図 114, 115）と解釈すべきであろう。そうであれば，当初筆者が考えていたように（宮本 1995 b），遼東半島東部周辺域に呉家村期が存在する段階に，遼西東部から遼河下流域では偏堡文化前期（三堂 1 期前段）が存在していたことになる（表 11）。したがって，遼東半島南部では呉家村期の後に単独に偏堡文化中・後期が存在することが，小珠山遺跡で層位的に確かめられているのである（中国社会科学院考古研究所ほか 2009）。そして，当初の偏堡文化の分布は，後の青銅器時代の高台山文化の分布と相似している。

　偏堡文化に関しては，最近の南宝力皋吐墓地の発掘により，遼西の小河沿文化と並行することが明らかとなった（内蒙古文物考古研究所・扎魯特旗文物管理所 2011）。また，南宝力皋吐墓地のC14年代測定値も前 2500～前 2000 年であり（朱永剛・吉平 2011），遼東半島での編年関係や

第5章　遼東半島土器編年と上馬石貝塚出土土器の位置づけ

表12　偏堡文化遺跡地名表

遺跡名	所在地	偏堡文化分期			小珠山上層	文献
		前期	中期	後期		
南宝力皋吐	内蒙古扎魯特旗南宝力皋吐村	○				内蒙古文物考古研究所・扎魯特旗文物管理所 2011
大沁他拉	吉林省奈曼旗大沁他拉鎮	○				朱鳳瀚 1979
高台山	遼寧省新民県高台子郷高台子村	○	○	○		遼海文物学刊創刊号
偏堡	遼寧省新民県偏堡	○	○			東北博物館文物工作隊 1958
新楽	遼寧省瀋陽市北区			○		瀋陽市文物管理辨公室 1978
肇工街	遼寧省瀋陽市鉄西区肇工街			○		中国社会科学院考古研究所東北工作隊 1989
猴侯	遼寧省瓦房店市					王瓏 1993
蛤皮地	遼寧省瓦房店市交流島	○	○			遼寧省文物考古研究所ほか 1992
三堂	遼寧省瓦房店市長興島	○	○			遼寧省文物考古研究所ほか 1992
大潘家村	遼寧省大連市旅順口区江西鎮	○		○	○	大連市文物考古研究所 1994
文家屯	遼寧省大連市旅順口区営城子	○		○	○	岡村編 2002
郭家村	遼寧省大連市旅順口区鉄山公社				○	遼寧省博物館・旅順博物館 1984
小珠山	遼寧省大連市長海県広鹿島		○			社会科学院考古研究所ほか 2009
上馬石	遼寧省大連市長海県大長山島		○			本書
馬城子B洞	遼寧省本渓満族自治県南甸郷	○				遼寧省文物考古研究所ほか 1994
北甸	遼寧省本渓満族自治県南甸郷			○		遼寧省文物考古研究所ほか 1994
塔寺屯	遼寧省普蘭店市城子坦鎮			○		澄田 1990 a
小業屯	遼寧省庄河市光明山郷			○		王嗣洲・金志偉 1997
北溝西山	遼寧省岫岩満族自治区岫岩				○	許玉林・楊永芳 1992
石仏山	遼寧東溝県石沸山			○		許玉林 1990
双鶴里			○	○		都宥浩 1960，李炳善 1963
新岩里					○	李淳鎮 1965
堂山		○	○	○		차달만 1992

実年代とも矛盾のないものである。この年代関係からみても，かつて偏堡文化の土器にみられる縦方向の波状隆起線文などの文様要素から，山東の北辛文化に求めたこと（朱永剛 1993）には無理があり，偏堡文化は遼西東部から遼河下流域を中心とする新石器末期の地域文化と考えるべきであろう。また，偏堡文化に認められる縦方向の波状隆起線文は，遼西東部の南宝力皋吐墓地（内蒙古文物考古研究所・扎魯特旗文物管理所 2011）に認められる指頭文土器[3]の文様から生まれた可能性がある。したがって，波状隆起線文など偏堡文化の特徴的文様の起源地は，むしろ遼西東部に求めるべきであろう。そのため，大興安嶺南麓の草原地帯において，同時期の遼西の小河沿文化と遼東の偏堡文化の土器要素が，邂逅したと解釈することができよう。

　偏堡文化前期の三堂1期には，牙璧や定型的な石庖丁が出土しているように，その段階は四平山積石塚に近い段階に成立しているといってよい。四平山積石塚の最も古い時期は，出土土器の鬲からいって大汶口文化末期に相当する可能性がある。四平山積石塚の報告書では，山東

龍山文化初期と規定している（宮本2008b）。したがって，三堂1期も大汶口文化末期から山東龍山文化初期段階にあたっている可能性がある。すなわち偏堡文化早・中期が大汶口文化末期から山東龍山文化初期に相当し，その段階に山東からの文化伝播を果たしたことになる（澄田ほか編2008）。上馬石貝塚で偏堡文化段階と様式設定した土器の中に，褐陶罐a式や紅褐陶鉢a式があったが，こうした土器は系譜的に山東半島東部の膠東半島の大汶口文化末期，ないしはこの段階の在地的土器といえよう。ただし，無頸壺にみられる紅陶の技法は，この時期の膠東半島にも存在し，この地域から遼東半島へ技術伝播した可能性がある。また，この後に小珠山上層文化を迎えることになることからも，山東龍山文化の強い影響を受けた小珠山上層は山東龍山文化後期に主体的に並行すると考えた方がよいのかもしれない。山東龍山文化初期に山東からの文化伝播や人の移動がみられたのが，より文化的に定着した段階が小珠山上層段階として位置づけることができるのではないだろうか。

　このような年代関係からするならば，小珠山上層期とした上馬石中層文化の内容が気になるところである。上馬石貝塚では，この小珠山上層期が存在するが，郭家村遺跡など遼東半島西部で認められる小珠山上層期の口縁隆帯土器（図112-8～10）がほとんど認められない点にある。この時期の煮沸具は褐陶罐b1・b2式が主体である。より在地性の強い文様をもつ紅褐陶c式は双砣子1期段階とした土器様式にみられる。この段階も，遼東半島西部と遼東半島中部における地域差が龍山後期並行期以降に連続している可能性が高いのである。

（2）　青銅器時代

　遼東半島青銅器時代は，これまで双砣子1～3期，上馬石上層文化に分けられていたが，特に後半段階の上馬石上層文化の細分は行われてこなかった。この段階にも，遼東半島西部と遼東半島中部において地域差が存在している。特に双砣子3期並行の望海堝遺跡では，双砣子3期の羊頭窪類型・大嘴子類型とは異なった広口壺における文様の地域差がみられる。口縁部から頸部にかけて横帯区画帯の組帯文などの幾何学系の文様が施されるものである。上馬石貝塚では広口壺c式が，これに相当している。双砣子3期を羊頭窪類型，大嘴子類型，望海堝類型と分離したのは大貫静夫である（大貫2007a）。さらに棒状浮文と幾何学文の反相関的な地理勾配を明らかにしたのは，白石渓冴である（白石2011）。上馬石貝塚の双砣子3期は棒状浮文がみられず，口縁部や胴部に多段の幾何学文からなるものであり，望海堝類型に最も近いものである。上馬石貝塚の双砣子3期を，ここでは望海堝類型の中に含めておきたい。したがって，上馬石C区を中心に双砣子文化期が存在することは，1972年調査によってここにこの時期の甕棺墓が存在すること（旅順博物館・遼寧省博物館1982）にも裏打ちされている。

　さて，上馬石貝塚の双砣子文化は，双砣子3期を中心にC区とD区上層において確認されている（表7）が，遼東半島西部とりわけ遼東半島南端において確認される双砣子1期や双砣子2期が，遼東半島中部では単純な形で把握が困難な点が興味深い。双砣子2期は特に山東の岳石文化と同じ様式的な土器群が確認されているが，上馬石貝塚や高麗寨などの遼東半島中部

第5章　遼東半島土器編年と上馬石貝塚出土土器の位置づけ

では断片的な岳石文化的特徴をもつ土器が認められる。本章で分類した黒褐陶・灰褐陶の子母口罐や黒褐陶の返り部付器蓋が，岳石文化の土器にあたる。遼東半島西部である金州以南の遼東半島南端では，コロニー的に岳石文化が流入しており，岳石文化の土器セットが認められる状態にある。また，この段階に遼東半島に新しい土器器種である甗が流入したことが理解されている（宮本1985）。一方，双砣子1期は，于家村遺跡などにおいて小珠山上層などの山東龍山文化の影響が在地化した段階として捉えられていた（許玉林・許明綱ほか1982，宮本1985）のであるが，上馬石中層期の一部は，こうした段階まで存続していると考える方が，遼東半島中部における編年的な欠落を避けることができるであろう。すでに小珠山上層から双砣子3期に連続する土器群のうち，様式的には双砣子1期としたものがこれにあたる。したがって，上馬石中層は小珠山上層から双砣子1期までに並行する土器群と捉えておきたい。そして，遼東半島西部の双砣子1期には彩絵陶が伴うが，遼東半島中部の上馬石貝塚の双砣子1期には彩絵陶が伴わないという地域性が認められる。ただし単砣子遺跡では双砣子2期に彩絵陶が伴っている（濱田編1929）。

　さて，遼東半島西部でコロニー的に存在する双砣子2期は，遼東半島中部で単独に存在するという証拠はない。上馬石貝塚でも双砣子2期の土器が単独には存在しないように，遼東半島中部では岳石文化の土器は客体的な存在として理解することができる。その場合，主体的な存在が問題となるであろう。それは，すでに議論した上馬石貝塚出土黒褐陶広口壺c式などの双砣子3期並行期の広口壺が挙げられるであろう。表11や図111に示すように，遼東半島中部では双砣子3期並行の広口壺c式が在地的な展開を示し，この段階が双砣子3期として設定できる。すでに述べたように，上馬石A区の一部を取り込んで双砣子2・3期として様式的にまとめた段階である。上馬石貝塚で双砣子文化としたのは，この段階を指すのであり，それが上馬石C区の甕棺墓として捉えうるのである。

　さて，双砣子2・3期文化以降に出現するものに隆帯を貼った筒形罐がある。これを粘土帯罐と呼んでいるが，この時期の粘土帯罐については，墓葬単位での相対編年ではあるが，許明綱によってなされていた（許明綱1996）。それ以降は中村大介が粘土帯罐の隆帯すなわち粘土帯の断面形の変化を取り上げる（中村2007・2012）までは，これに関する編年は行われていない。許明綱は青銅器時代の粘土帯罐を1〜5段に細分している。1段は双砣子2期文化，2段は双砣子3期文化と上馬石上層文化，3段は西周中期〜春秋初期，4段は春秋中期〜戦国初期，5段は戦国後期ないしより新しい段階としている。許氏のこの見解では，上馬石上層文化は殷末西周初期並行としており，3段以降の遼寧式銅剣文化段階と区分していることが注目される。すでに述べたように，上馬石貝塚C区あるいは1978年調査のI区には上馬石上層文化と遼寧式銅剣墓が共存しており，遼寧式銅剣文化期を含んで考えるべきであろう。

　ともあれ，徐氏の3〜5段は遼寧式銅剣文化期であるが，5段に含めた楼上墓を戦国後期以降に下げていることは，明刀銭・鉄器の共伴という誤認に基づくものであり，現在でいえば，5段は戦国中期以前ということになる。一方で，許氏の2段以降の粘土帯罐の編年は比較的有

171

効なものであると思える。すでに分析した粘土帯罐の編年では，実年代は別にして，2段がA区下層，3段がA区上層，4段がBⅡ区，5段が尹家村2期に相当している。

　上馬石貝塚の編年で最も意義のある部分は，青銅器時代文化層すなわち従来上馬石上層と呼ばれてきた土器編年を細分することができたことにある。この部分の相対編年は従来の考え方（宮本1991）のように，A区下層→A区上層→BⅡ区であることは，大別形式・細別形式の型式変化の方向性と地点別・層位別一括遺物の相関性から明らかとなった。このことは，上馬石上層に先立つ双砣子3期との関係の中で，土器の器種構成や文様あるいは罐の粘土帯の変化方向からみても，双砣子3期からA区下層へと連続的な変化をみいだすことができるのであり，そこにBⅡ区を介在させることは不可能である。

　大貫静夫が問題としたのは，A区上層におけるZ字形文をもつ小型壺が鄭家窪子にあるところから，鄭家窪子6512号墓の青銅短剣が筆者のいう遼寧式銅剣1b式であり（宮本2008a），BⅡ区に並行する崗上墓に遼寧式銅剣1a式が並行するという，遼寧式銅剣の型式や年代観からみた矛盾である（大貫2007b）。この場合，矛盾が存在するとする鄭家窪子6512号墓にはZ字形文の小型壺は共伴しておらず，むしろ尹家村2期の小型壺d式に類似したものが鄭家窪子6512号墓に存在しているのである。ここで小型壺d式としたものを含む鄭家窪子遺跡の年代幅は，西周～春秋並行期の長期に及んでいるというふうに考えるべきであろう。そうであれば，大貫の指摘した矛盾は決して起こらないことになる。大貫のいうBⅡ区の年代的位置づけをA区下層より古いとする考えは，むしろ遼寧式銅剣の年代観を土器編年から遡らせようとする意図が感じられる。すでに指摘したように，土器論そのものからは双砣子3期から上馬石A区下層へと連続的に変化していくのであり，BⅡ区を遡らせることはできない。大貫の論法は決して土器論から示されたものではなかったのである。

　また，中村大介が罐の口縁隆帯の断面形をもとにした分類と地点別・層位別の組み合わせからみいだした変化（中村2007・2008・2012）は，甗の口縁隆帯と粘土帯罐を混ぜ合わせて議論したための結果であり，一見一定の変化方向が存在するように思える。しかし，中村が古いとしたA1類隆帯は双砣子2・3期の甗を中心とするものであるのに対し，A2類は本章で示したように，上馬石貝塚BⅡ区やC区の尹家村2期の粘土帯罐にみられる全く時代の異なるものである。甗と粘土帯罐という器種別の口縁隆帯の変化は異なるものであり，甗や粘土帯罐においても，A区下層→A区上層→BⅡ区という変化には矛盾はみられない。

（3）　遼寧式銅剣文化と美松里型壺・鄭家窪子文化の問題

　新楽上層文化は，墓葬土器からの議論ではあるが，遼西の高台山文化に並行するものと考えられており（趙暁剛2007），中原でいう二里頭文化から商代晩期までと考えられている。したがって，瀋陽など遼河下流域では，西周以降の文化段階がすべて鄭家窪子段階に相当する（表11）。

　このようにみてくると，年代上の問題は美松里型壺の位置づけに決することになる。宮本の

第5章　遼東半島土器編年と上馬石貝塚出土土器の位置づけ

先論では砣頭積石塚の細分により，砣頭晩期の壺形土器から美松里型壺が生まれたとした（宮本1985）。そして，その砣頭中・後期を上馬石A区下層段階に置いたが，共伴する棒状浮文の存在から，それは双砣子3期に置くべきだという大貫の反論がある（大貫2007b）。しかしこれは尹家村（下層）1期を一括遺物とみるか，かなり幅広くみるかの違いによる。また，楼上墓の封土から出た土器を楼上墓と同一年代と捉える必要性もなかろう。

趙賓福が設定する双房文化（趙賓福2008）にも問題がある。それは，双房支石墓，二道河子石棺墓，崗上積石塚，鄭家窪子遺跡など遼寧式銅剣が伴出する段階のすべての土器を双房文化とまとめ，双砣子3期文化に連続する段階として捉えていることにある。先に妥当だとした粘土帯罐の許明綱編年の3段以降を双砣子3期に連続するものとして，遼寧式銅剣の年代を殷末・周初まで上げるものであるが，実際には遼寧式銅剣を伴わない双房2号墓の土器などを双房前期に入れるものであり，問題があろう。何よりもこれらを双房文化としてまとめることができるかに土器論としての問題が残っている。

同じように，砣頭後期の壺を美松里文化最古段階のものとし，ここから双房6号墓の美松里型壺が生まれたと考えることにより，双房6号墓の遼寧式銅剣を西周中期まで遡らせる考え方がある（楊榮昌2007）。このように双房6号墓の美松里型壺の位置づけが，遼寧式銅剣の年代的な位置づけと関係しているのである。

遼東内陸部の青銅器時代前半期の洞穴墓文化を馬城子文化と呼んでいる（遼寧省文物考古研究所・本渓市博物館1994）。これはもともと廟後山文化類型と呼ばれていたもの（李恭篤1985）を，馬城子洞穴墓群の発見によって改名されたものである。馬城子文化は前期・中期・後期の3段階に分けられ，C14年代から前期が前2000年頃，中期が前1800〜前1200年頃，後期が前1200〜前1000年頃と推測されている。馬城子文化後期に美松里型壺が認められる。これは山城子C洞から出土したものであり，美松里型壺としては比較的古い型式といえるものである。形態的特徴は壺の口縁端部がやや外に開き気味でありながら，口縁が椀状に内湾するものであり，美松里型壺の古い段階のものといえる。また，櫛描き沈線文が多段に施され，口唇状把手が4方向についており，美松里型壺の特徴を示している。こうした美松里型壺は，他の馬城子文化後期の壺とは異なるものであり，系統を異にしている可能性がある。この後期のC14年代は，張家堡A洞2層7号墓・4号墓や馬城子A洞7号墓から求められたものであり，山城子C洞の洞穴墓全体が馬城子文化後期でも相対的に後出する段階のものの可能性もある。したがってこの美松里型壺の実年代が前12・前11世紀より後出する可能性も十分考えておかなければならない。すなわち前10・前9世紀段階まで下る可能性があるのである。なお，華玉氷は馬城子文化中期を2期に分け，全体を4期に細分している（華玉氷2011）が，基本的な編年観は変わらない。

美松里型壺の出現に関しては砣頭積石塚の36号墓や40号墓の沈線文壺をその祖形と考えたことがあった（宮本1985）が，これに関しては異議が唱えられている。朱永剛は3点を挙げて反論する（朱永剛2008）。第1点は，美松里型壺の分布中心が太子河や渾河など千山北側の遼

表13 東アジア土器編年表

年代	中原	山東	膠東半島	遼東半島	遼河下流域
BC 5000 —	裴李崗 仰韶半坡類型	後李 北辛	白石村	小珠山下層	新楽下層
BC 4000 —	仰韶史家類型 仰韶廟底溝類型	大汶口前期 大汶口前期	邱家荘 北荘1期	小珠山下層 小珠山中層	馬城子
BC 3000 —	仰韶半坡類型 廟底溝2期	大汶口中期 大汶口後期	北荘2期 楊家圏1期	呉家村 偏堡	偏堡 偏堡
BC 2000 —	王湾3期 新砦	龍山前期 龍山後期	楊家圏2期 楊家圏3期	小珠山上層 双砣子1期	肇工街1期 新楽上層
BC 1500 —	二里頭文化 二里岡文化	岳石 岳石	昭格荘 芝水	双砣子2期 双砣子3期	新楽上層 新楽上層
BC 1000 —	殷墟期 西周	大辛荘 西周	珍珠門	双砣子3期 上馬石A区下層	新楽上層 鄭家窪子
			西周	上馬石A区上層	鄭家窪子
	春秋	春秋	春秋	上馬石BⅡ区	鄭家窪子
BC 450 —					鄭家窪子
	戦国	戦国	戦国	尹家村2期	鄭家窪子

東内陸部にあり，遼東半島先端の砣頭積石塚につながらない点である。第2点はそれら砣頭の壺が，双砣子3期の圏足鉢から生まれたものであり，美松里型壺の系譜とは異なるとするものである。そして美松里型壺に特徴的な横型橋状耳が，双砣子3期に認められない点である。そして第3点は，美松里型壺が出土する石棺墓は，千山北側に分布しており，遼東半島南端の積石塚とは分布が異なる点である。そして，実年代の比定には問題があるものの，美松里型壺の祖形を馬城子文化の鉢形口縁壺に求める点である。

　筆者もかつて美松里型壺の祖形を砣頭積石塚の沈線文壺に求めた（宮本1985）が，その後，分布の問題やその器形の連続性からふまえて馬城子文化の鉢形口縁壺に祖形を求める考えに同意している（宮本1991・2011）。問題なのは，このような石棺墓などの墓葬用の壺をもって双房文化と一括して呼んでよいかという問題である。というのは，朱永剛も指摘するように（朱永剛2008），遼東内陸部を中心に分布する美松里型壺の無文の壺が吉長地区の西団山文化の壺につながっているように，美松里型壺は遼東半島から遼東，西北朝鮮，さらには吉長地区と分布しており，この壺のみで一括化した文化名で呼んでよいかという問題がある。地域における生活遺跡で出土する土器様式と墓葬の副葬土器には差異がある可能性があるからである。

　ともかく美松里型壺は遼東内陸部の双砣子文化並行期の馬城子文化の鉢形口縁壺に祖形が認められ，それらは遼東半島中部では，上馬石A区上層期に美松里型壺として発達する。これはすでに図107で示したような，浜町貝塚の鉢形口縁壺から双房6号墓の美松里型壺への変化として，型式変化を理解することができるのである。上馬石A区下層の鉢形口縁壺は美松里型壺の前身であり，A区上層期に典型的な美松里型壺として発達するのであろう。しかし，美松

第 5 章　遼東半島土器編年と上馬石貝塚出土土器の位置づけ

鴨緑江下流域	韓半島西部	韓半島中・南部	北部九州
		新石器早期	縄文早期
後窪下層			
後窪上層	智塔里	新石器前期	縄文前期
闇坨子	金灘里 1 期	新石器中期	縄文中期
双鶴里 1 期	南京 1 期	新石器後期	
双鶴里 2 期	南京 2 期		縄文後期
新岩里 1 期		新石器晩期	
新岩里第 3 地点第 I 文化層			
新岩里 2 期	コマ形土器 1 期	突帯文土器	
		横帯斜線文土器（可楽洞）	
新岩里 3 期		横帯斜格子文土器（欣岩里）	縄文晩期
美松里上層		孔列文土器（駅三洞）	
墨房里	コマ形土器 2 期	先松菊里（休岩里）	弥生早期
	コマ形土器 3 期	松菊里	弥生前期
	コマ形土器 4・5 期	粘土帯土器	

里型壺はこの時期の1つの細別器種を示すとともに，この段階に遼東半島西部，遼東半島中部，遼東内陸部，吉長地区と広範囲に広がる広域分布を示す土器器種である。遼東内陸部ではこの段階にすでに鄭家窪子類型が始まっている可能性が高いのである。

　また，鄭家窪子や上馬石A区下層・上層にみられたクランク文やZ字形文などの幾何学系文は，遼東周辺では嫩江流域の青銅器時代文化の土器にみられる。白金宝遺跡では大きく4期に時期区分され（黒龍江省文物考古研究所・吉林大学考古学系編2009），そのうちの第2期文化（白金宝2期文化）のものに壺の口縁や胴部にクランク文などの幾何学文が描かれており，上馬石貝塚資料に最も近いものである。白金宝2期文化は魏営子類型に並行関係が考えられており，C14年代測定値からも商代後期に並行するものとされる。年代的には，商代後期並行の双砣子3期新段階を含む上馬石A区下層に存在し，文様要素がこうした地域から伝播し，やや遅れて上馬石A区下層段階でもこうした文様が発達した可能性もあろう。

　BII区にみられる幾何学文様で飾られた小型壺c式は，崗上墓にも認められるように年代の鍵となる土器型式ではあるが，これまでその成立過程がよく分からなかった。今回の分析で，この小型壺c式は，A区下層・上層にみられる幾何学文の小型壺a・b式が変化して成立したことが明らかとなった。これらA区下層・上層の小型壺a・b式は，鄭家窪子遺跡においても認められるものである。白金宝文化など松嫩平原の土器様式の影響の中に生まれた可能性がある遼河下流域から遼東半島の小型壺a・b式が，遼東半島において変化し小型壺c式が成立したのである。

　鄭家窪子遺跡の粘土帯罐に代表される土器群を遼北で，涼泉類型と呼んだのは辛岩からであ

ろう（辛岩1995）。辛岩は遼北青銅器時代を，高台山類型，順山屯類型，望花類型，涼泉類型に分け，高台山類型，順山屯類型，望花類型までは商代前期から商末・周初までにあてているが，涼泉類型は遼寧式銅剣段階と考え，春秋から前漢初期にあてている。朴淳發は，涼泉文化を韓半島の粘土帯土器の祖形と考えている（朴淳發2004）が，涼泉類型そのものの内容が，いまだ明確にはなっていない。

　墓葬の方からこの粘土帯罐を位置づけたのは，遼寧省朝陽市袁台子遺跡の報告（遼寧省文物考古研究所・朝陽市博物館2010）であろう。それは1期から3期に分期されているが，西周から前漢にかけてのものである。この中で1期とされた粘土帯罐は袁台子129号墓から出土しているが，これに類似したものが袁台子遺跡79YM1であり，遼寧式銅剣1式が出土している。この遼寧式銅剣から考えれば，西周後期〜春秋初期並行と考えることができよう。また，また，袁台子129号墓に伴出する三稜銅鏃は，筆者の年代観でいうと前8〜前7世紀であり（宮本2013a），遼寧式銅剣の年代観とも矛盾しないものである。したがって1941年上馬石調査でいうBⅡ区に相当するということができよう。その点でも，鄭家窪子の一部を含んでいるということができるのである。ここでは袁台子遺跡の報告書で述べられている袁台子129号墓と袁台子遺跡79M1を同一時期のものとし，乙類墓に入れることにする。そして丙類墓へと変遷すると，粘土帯部分が外反し，粘土帯が下膨れ気味になる。こうした形態は，上馬石BⅡ区の粘土帯罐d式と類似するものである。また，上馬石C区においても粘土帯罐d式が出土しており，遼寧式銅剣墓が共存している。その銅剣は遼寧式銅剣2a・2b式であり，前6世紀から前4世紀にかけてのものである。袁台子丙類墓も春秋中期〜戦国前期と考えられており，ほぼ同じ年代観であるということができよう。これよりさらに下った袁台子丁類墓の粘土帯罐は，上馬石貝塚の粘土帯罐e式があたるであろう。粘土帯罐e式は尹家村2期に属する。なお，この袁台子甲類墓から丁類墓までを袁台子遺跡の報告では凌河文化としてまとめている。

　遼北では涼泉類型，遼南では凌河文化と呼ばれるように，これらは総じて鄭家窪子類型を指している。この前半段階には美松里型壺が上馬石A区上層期に始まり，同じ段階の鄭家窪子類型には粘土帯罐が認められる。上馬石BⅡ区では，粘土帯罐d式とともに小型壺c式が出現し，黒色磨研技法が採用されている。これらが韓半島の粘土帯土器文化の原型となっているのである。さらに尹家村2期では，これらが粘土帯罐e式と黒色磨研技法をもつ小型壺d式へ変化する。これら尹家村2期の粘土帯罐e式と小型壺d式が，韓半島粘土帯土器文化の祖形となる可能性がある。その場合，尹家村2期の年代は上馬石の土壙墓期に相当する可能性があり，遼寧式銅剣2a・2b式に年代の上限が遡る可能性があろう。すなわち，尹家村2期の始まりは前6・前5世紀に遡るであろう。

　また，上馬石BⅡ区に連続する尹家村2期の土器群は，褐陶粘土帯罐e式，柱状把手付灰褐陶罐や黒陶小型罐などである。こうした土器群が韓半島西北部では明沙里式と呼ばれるものであり，初期鉄器時代の韓半島の土器様式として定着するものである。また，韓半島東北部から沿海州南部のクロウノフカ文化や団結文化と様式的な共通性を示している。

第 5 章　遼東半島土器編年と上馬石貝塚出土土器の位置づけ

5.　おわりに

　1941 年に発掘調査された上馬石貝塚資料は，1977・1978 年の遼寧省博物館などの調査をふまえ，調査地点間あるいは調査地点内の層位と，型式変化の方向性を型式学的に推論する仮説との相関性により，その編年的な仮説が検証できたものと考えられる。その結果，新石器時代の呉家村期を除き，新石器時代からすべての時期の土器型式が出土していることが判明した。また，欠如している呉家村期も，偏堡文化の分布の拡大を考えるとき，遼東半島中部に位置する上馬石貝塚では，この段階が三堂 1 期前段と呼ばれる偏堡文化前期の段階に一部重なる可能性がある。そして遼東半島西部と遼東半島中部の地域性の中に，青銅器時代における双砣子 2・3 期が上馬石貝塚においても生まれることが判明した。

　この両期はどちらも筆者が提唱する東北アジア初期農耕拡散期に相当している。すなわち偏堡文化期から上馬石上層期は，山東半島東部から遼東半島へ強い文化影響力がある時期であり，それは土器や石器にその文化的影響力をみることができる。これが東北アジア初期農耕化第 2 段階に相当する（宮本 2009 a，Miyamoto 2014）。この段階に，一方で遼西東部や遼河下流域の偏堡文化が，遼東や遼東半島へ南下して分布域を広げていることが明らかとなった。同じ東北アジア初期農耕拡散期は，青銅器時代の双砣子 2・3 期に相当し，山東の岳石文化がコロニー的に遼東半島南端部に移住する段階である。これは，東北アジア初期農耕化第 3 段階に相当する（宮本 2009 a，Miyamoto 2014）。

　こうした上馬石貝塚の土器編年をもとに，中原から山東半島，遼東半島，韓半島，北部九州までの土器型式の並行関係を示したのが，表 13 である。

　この中で，韓半島との関係は，偏堡文化の壺形土器が，西朝鮮の新石器時代末期である南京遺跡の南京 1 期にみられる点を，並行関係のひとつの基準に置いている。かつて南京 1 期を遼東半島の呉家村期に，南京 2 期を小珠山上層期に並行するものとしたが（宮本 1986），古澤義久によって南京 1 期が呉家村期より小珠山上層期に近いという批判がなされた（古澤 2007）。遼東半島においても呉家村期と小珠山上層期の中間に偏堡文化期（中・後期）が設定されている現在，古澤の指摘に従うべきであろう。南京 1 期の南京遺跡 12 号住居址の壺は，偏堡文化そのものの壺というべきである。そして南京 2 期の南京遺跡 37 号住居址の壺は，遼東半島においてみられるような偏堡文化の壺が小珠山上層期に在地的に変容した壺の文様要素を有している。したがって，南京 2 期は小珠山上層期並行とすべきであろう。

　また，上馬石貝塚 A 区下層は土器様式として 2 群に分けうることを指摘したが，A 区下層の黒褐陶広口壺 d 式や褐陶短頸壺 b 式の文様構成は，遼東半島西部の双砣子 3 期の 3 段階すなわち双砣子 3 期末期に相当する。口縁部の横帯区画がなくなり斜線文のみの短頸壺 c1・c2 式が，A 区下層の主体的な文様とすることができる。こうした双砣子 3 期新段階の黒褐陶広口壺 d 式や褐陶短頸壺 b 式における平行線文間を斜格子文で充填する文様から，短頸壺 c1 式・

c2式のような平行線がなくなり斜格子文のみで文様構成されるA区下層への変化は，裵眞晟が韓半島南部における横帯斜線文II類から横帯斜格子文への変化過程に相当している（裵眞晟2007，宮本2011b）。これにより韓半島との並行関係が可能である。その他の並行関係の根拠についてはすでに議論したところであり（宮本2011b），それに基づいて表13が提起されている。

注
1) 上馬石貝塚I区の採集品である。報告文（遼寧省博物館ほか1981）の図32-2（104頁）にある
2) 上馬石貝塚I区の出土品に橋状把手付双耳壺が認められる（遼寧省博物館ほか1981，104頁，図32-3）
3) 南宝力皋吐墓地出土（内蒙古文物考古研究所・扎魯特旗文物管理所2011）のB型平底筒形罐（CM11:11）があたる（28頁，図9-5）。

第6章　遼東半島先史時代の土器製作技術
―― 上馬石貝塚を中心として ――

三 阪 一 徳

1. はじめに

　東北アジアの新石器時代から青銅器時代には，地域間関係の変化や他地域からの文化要素の
流入により，在地の文化や社会に変化が生じる。そして，そこには農耕の伝播や受容が伴う。
この問題を考えるうえで，本章で分析対象とした上馬石貝塚が位置する遼東半島は鍵となる地
域である。遼東半島では，新石器時代から青銅器時代を通じ，山東半島，瀋陽地区，朝鮮半島
などの周辺地域との交流が存在し，その地域間関係は時期により変化することが知られている。
しかし，その背後にある，社会集団の移動や接触の具体像は未解明な点が残される。

　また，東北アジアの地域間関係および農耕伝播をめぐる問題のひとつに，朝鮮半島南部にお
ける新石器時代から青銅器時代への移行が挙げられる。朝鮮半島南部では，当該期に複数の物
質文化に変化が生じるが，これは中国東北部から朝鮮半島北部の文化要素の受容が要因であっ
た蓋然性は高い。このとき，水稲農耕が山東半島から遼東半島を経由し，朝鮮半島南部に到達
していた可能性も指摘されており（宮本2009a），河南渼沙里遺跡の青銅器時代開始期の土器に
イネの種子圧痕が存在するとの報告もある（孫晙鎬ほか2010）。しかし，朝鮮半島南部の新石
器時代から青銅器時代への移行期にみられる，外来要素の具体的な起源地や，文化変化の過程
と要因は未解明な部分が残されている。この問題を検討するにあたり，当該期の遼東半島の土
器は重要な手がかりとなろう。

　1941年に日本学術振興会によって発掘調査された上馬石貝塚では，新石器時代から青銅器
時代にわたる豊富な土器が出土している。本章では，これらの土器を対象とし製作技術の分析
を行う。土器の製作技術は，異なる文化をもつ社会集団との接触や文化変化の過程を復元する
にあたり，有効な材料となるためである。本章では，①新石器時代から青銅器時代の遼東半島
と周辺地域をめぐる地域間関係変化の要因と過程の解明に向けた基礎的情報を提供するため，
上馬石貝塚出土土器の製作技術を地区別，時期別に整理しその変化過程を明らかにする。さら
に，②上馬石貝塚と朝鮮半島南部の土器製作技術の比較を行い，朝鮮半島南部の青銅器時代開
始期における遼東半島からの影響のあり方について検討する。

2. 研究史と問題の所在

(1) 遼東半島先史時代における土器編年と地域間関係

遼東半島における先史時代の土器研究は，佟柱臣（1961）による基礎的な土器編年が提出されたことが契機となり進展したとされる。それ以降，発掘調査事例の増加に伴い，主に中国・北朝鮮・韓国・日本において研究成果が蓄積されてきた。現在，遼東半島は新石器時代から青銅器時代を通じて，土器の時間的な変化が比較的明瞭に把握可能な地域のひとつである。遼東半島における新石器時代から青銅器時代の土器研究に関する近年までの学史は，すでに整理されているため（小川 1982，大貫編 2007，宮本 1985，古澤 2007 など），本章ではその詳細については割愛する。

また，上記の土器編年研究を土台に，土器の形態や文様を中心とする分析を通じ，遼東半島と周辺地域の地域間関係の変化について論じられてきた。まず，偏堡類型と呼ばれる土器群は，遼東半島内陸部の瀋陽地区を中心に分布し，遼東半島にまでその分布が及ぶため，当該期の両地域の関係の強さが想定される。次の小珠山上層期は，対岸の山東龍山文化の影響を強く受けるが，続く双砣子1期になるとその直接的な影響はなくなる。再び，双砣子2期になると山東の岳石文化の影響が強くなり，双砣子3期には山東の影響がほぼみられなくなることが明らかにされている（宮本 1985・2009 a，古澤 2007 など）。しかし，地域間関係変化の背景にある，社会集団の移動や接触の具体像は不明瞭な部分が残る。

さて，本章で取り扱った上馬石貝塚の資料は，1941 年の日本学術振興会による発掘調査により出土したものである。これまでは，概要や一部の資料が報告されていた状況であったが（澄田 1986・1988・1989，宮本 1991），本書において，その全容が明らかとなった。これにより，新石器時代から青銅器時代における東北アジアの地域間関係を捉える際，この上馬石貝塚の資料が非常に重要であることが再確認された。

(2) 朝鮮半島南部における青銅器時代の開始と遼東半島

朝鮮半島南部の新石器時代から青銅器時代への移行期において，朝鮮半島北部から中国東北地域の文化要素が流入したという点は共通見解となっている。中山清隆は，青銅器時代開始期に位置づけられる刻目突帯文土器に早くから注目し，在地の新石器時代晩期の土器に系譜が求められない点から，中国東北地域の中でも遼東半島からの影響が存在した可能性を指摘している（中山 1993）。近年までに蓄積された韓国の資料をふまえても，遼東半島から鴨緑江流域に至る西北部の文化要素が流入した蓋然性は高い（安在晧 2000，裵眞晟 2003・2007，千羨幸 2005 など）。さらに，朝鮮半島南部の青銅器時代開始期とそれに並行する遼東半島の双砣子3期における土器の文様に共通性がみられることが指摘されている（裵眞晟 2007，宮本 2011 b）。一方，

第 6 章　遼東半島先史時代の土器製作技術

豆満江流域を中心とする東北部からの文化要素の流入を認め，これを重視する見解（金材胤 2004 など）もあるが，評価が分かれるところであり，検証の必要があろう。

　以上の議論は，土器の形態や文様を中心に進められてきたものである。朝鮮半島南部の青銅器時代開始期において，少なくとも遼東地域から鴨緑江流域に至る西北部から文化要素が流入したことが明らかにされてきたといえる。しかし，その実態については，社会集団の移動や接触のあり方を含め，未解明な部分が残されているといえよう。

（3）　遼東半島および朝鮮半島における土器製作技術

　これまでの学史により，土器の製作技術が集団の移動や接触の復元に有効であることが示されている。特に，日本列島の縄文時代から弥生時代への移行期における，朝鮮半島南部からの移住者とこれに伴う文化変化について，土器の製作技術が非常に有効な分析材料となることが指摘されている（家根 1984，田中 1986 など）。特に，粘土帯の積み上げ方法（家根 1984・1993 など），器面調整方法（横山 1978・1979 など），焼成方法（小林ほか 2000，小林編 2006 など）が有効な分析項目として注目されてきた。

　朝鮮半島南部の新石器時代から青銅器時代においても，日本列島で注目されてきた分析項目を用いた土器製作技術の研究も蓄積されつつある（家根 1984・1993・1997，端野 2003，小林編 2006，庄田 2009 a・b，深澤・庄田 2009 など）。拙稿（三阪 2012・2013）でも，青銅器時代開始期に土器製作技術の画期があることを明らかにし，他地域の文化要素が流入した可能性が高いことを指摘した。しかし，これらがどの地域に由来するものかは未検討であった。

　近年，山東半島，遼東半島，遼東半島内陸部・遼河流域，朝鮮半島北部，同南部という広域を対象とした，土器の焼成方法と粘土帯の積み上げ方法に関する観察結果が中村大介により報告されている（中村 2012，165 - 178 頁）。中村の分析は，土器製作技術に関する基礎的な研究成果といえる。さらに，体系的な分析基準を用い，地域間の比較を行えば，地域間関係を検討する際，有効な情報が提供できよう。

（4）　問題の所在

　これまでの研究成果から，新石器時代から青銅器時代における，遼東半島の土器編年がなされ，山東半島，遼東半島内陸部，朝鮮半島などとの地域間関係が時間的に変化することが明らかにされてきた。

　しかし，①地域間関係が変化した背後にある，社会集団の移動や接触の具体像は未解明な部分が残る。なかでも，②朝鮮半島南部の青銅器時代開始期における，遼東地域から鴨緑江流域に至る西北部からの影響の実態については，社会集団の移動や接触のあり方を含め，未解明な部分が残される。

181

3. 資料と方法

（1） 対象資料

　遼東半島については，本書で報告されている上馬石貝塚の新石器時代から青銅器時代の土器を対象とする。また，朝鮮半島南部の新石器時代から青銅器時代は，以前提示した資料（三阪2012・2014a）を素材として，新たに分析を行った。

（2） 土器編年と並行関係

表14　東北アジア初期農耕化の段階性

年代	山東	遼東半島	朝鮮半島北部	朝鮮半島南部	北部九州	
BC 4500 —	大汶口	小珠山下層	智塔里	新石器早期	縄文早期	
				新石器前期	縄文前期	
BC 3500 —		小珠山中層	南京1期	新石器中期	縄文中期	農耕化第1段階 ←
		呉家村				
		郭家村3層				農耕化第2段階
BC 2500 —	龍山	小珠山上層	南京2期	新石器後期		
BC 2000		双砣子1期		新石器晩期	縄文後期	
BC 1500 —	岳石	双砣子2期				農耕化第3段階 ←
	殷	双砣子3期	コマ形土器	突帯文土器		
				横帯斜線文土器		
BC 1000	西周	上馬石A区下層		孔列文土器	縄文晩期	農耕化第4段階 ←
	春秋	上馬石A区上層		松菊里	弥生早期	

出典：宮本2009aを一部改変。

表15　東北アジアの土器編年

年代	中原	遼東半島	鴨緑江下流域	朝鮮半島西北部	朝鮮半島中・南部	（無文土器時代区分）	北部九州
BC 2000 —	王湾3期	小珠山上層	堂山上層	南京2期	新石器晩期		縄文後期
	新砦	双砣子1期	新岩里1期				
	二里頭文化	双砣子2期	新岩里第3地点第Ⅰ文化層				
BC 1500 —	二里岡文化	双砣子3期	新岩里2期	コマ形土器Ⅰ	突帯文土器	（早期）	
	殷墟期	双砣子3期			横帯斜線文土器（可楽洞）	（前期前半）	
BC 1000 —	西周	上馬石A区下層	新岩里3期	コマ形土器Ⅱ	横帯斜格子文土器（欣岩里）	（前期中葉）	縄文晩期
		上馬石A区上層	美松里上層		孔列文土器（駅三洞）	（前期後葉）	
	春秋	上馬石BⅡ区			先松菊里（休岩里）	（後期）	弥生早期
BC 500 —					松菊里	（後期）	弥生前期
	戦国	尹家村上層			粘土帯土器		

出典：宮本2009bを一部改変。

182

遼東半島の土器編年は，本書第5章の宮本一夫の編年を基礎とし，宮本（1985・1991・1995 b・2011 b），大貫（小川）静夫（小川1982，大貫編2007），古澤義久（2007・2012），中村（2007）の編年案を参照した。

また，日本および韓国での研究成果の蓄積により，新石器時代から青銅器時代における遼東半島と朝鮮半島の土器の並行関係が明らかになりつつある（宮本1985・1986・1990・2009 a・b・2011 b，古澤2007・2012，裵眞晟2007など）。本章では，表14（宮本2009 a）と表15（宮本2009 b）に示した宮本の案に従うものとする。

（3）　分析方法

これまで，新石器時代から青銅器時代の遼東半島と周辺地域の地域間関係を扱った土器研究では，形態および文様の分析によるものが中心であった。これらの見解に対する検証および，地域間関係の実態解明には，異なる視点の分析が有効となろう。そこで，本章では土器の製作技術に注目した。それは，上述のように，異なる文化をもつ社会集団の接触や文化変化の過程を復元する際，有効な材料となるからである。

本章では，①新石器時代から青銅器時代の遼東半島と周辺地域をめぐる地域間関係変化の要因と過程の解明に向けた基礎的情報を提供するため，上馬石貝塚出土土器の製作技術を地区別，時期別に整理し，その変化過程を明らかにする。さらに，②上馬石貝塚と朝鮮半島南部の土器製作技術の比較を行い，朝鮮半島南部の青銅器時代開始期における遼東半島からの影響のあり方について検討する。

4.　土器製作技術の分類

土器製作技術は，（1）粘土帯の積み上げ方法，（2）器面調整方法，（3）焼成方法，（4）黒色化と赤色磨研について検討する。

（1）から（3）の分類は，拙稿（2014 a）にすでに示している。ただし，上馬石貝塚ではこれまでの分類にあてはまらないものもみられたため，重複する部分は多いが，再度分類案を提示した。また，（3）焼成方法は黒斑の形態や配置に基づき復元可能であるが，今回扱った資料は，黒色化および煮炊きなどにより，明確に黒斑が分かるものがほとんどなく，一部の資料についてのみ言及するにとどまった。

（1）　粘土帯の積み上げ方法

粘土帯の積み上げ方法は，考古資料，実験，民族誌をふまえた研究成果が蓄積されている（佐原1967，森岡1977，家根1984，深澤1985，木立2003，可児2005，中尾2008，田畑2012など）。これらの成果を基礎とし，筆者も日本列島北部九州の縄文時代晩期から弥生時代前期および朝鮮半島南部の新石器時代後・晩期から青銅器時代における資料の観察と分析を行った。そこで

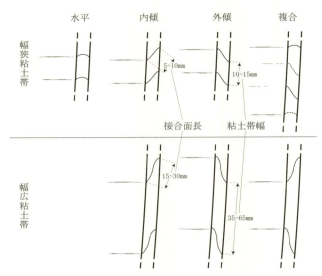

出典：三阪 2014aより。
図 116　粘土帯の積み上げ方法

は，①粘土帯幅と接合面長，②接合面の傾きを基準とした分類を用いた。①に基づくと，「幅狭粘土帯」(粘土帯幅10～15mm程度，接合面長5～10mm程度)と「幅広粘土帯」(粘土帯幅35～65mm程度，接合面長15～30mm程度)の2つに分類可能であった。②には「水平」，「内傾」，「外傾」とこれらが2種組み合わさる「複合」がみられた。その結果，日本列島と朝鮮半島南部で対象とした時期と地域では，図116に示した少なくとも7種類が確認できた（三阪2012・2013・2014a）。

一方，上馬石貝塚の土器には，幅狭粘土帯と幅広粘土帯に加え，どちらにもあてはまらない中間的な値を示すものが含まれていた。そのため，粘土帯幅と接合面長については計測値を示すこととした。

(2) 器面調整方法

a) 木製板工具調整の有無

横山浩一は考古資料の観察と実験により，刷毛目調整や板ナデ調整が木製板工具によるものであることを明らかにした（横山1978・1993）。ここでは，木製板工具による調整を「木製板工具調整」と呼ぶ。日本列島では弥生時代開始期以降，木製板工具調整が採用され，これが朝鮮半島南部の青銅器時代後期からの影響によるものであることが明らかにされてきた（横山1978・1979，家根1984・1993，三阪2014aなど）。一方，朝鮮半島南部では刻目突帯文土器に代表される青銅器時代開始期以降に，木製板工具調整が認められることが分かっている（三阪2012）。ここでは，その系譜を考えるためにも，遼東半島における木製板工具調整の有無を時期別にみる。後述する，回転運動を伴う横方向のナデ調整，平行条線タタキ調整を除く，器面

第6章　遼東半島先史時代の土器製作技術

	非木製板工具調整				木製板工具調整	
	二枚貝貝殻条痕	二枚貝貝殻ケズリ	非木製板工具ナデ	非木製板工具ケズリ	板ナデ	刷毛目
模式図	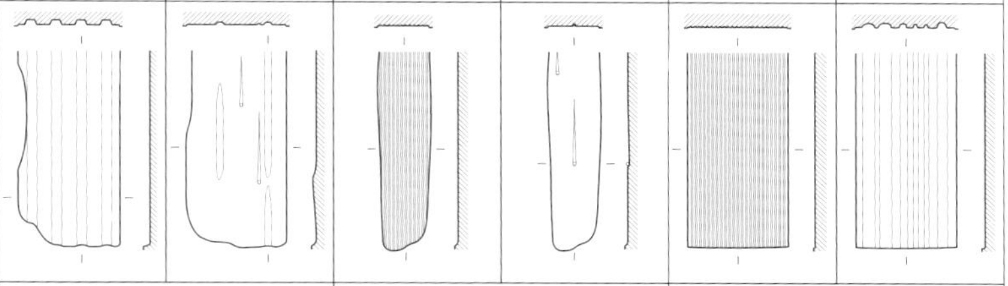					
工具	二枚貝貝殻		木製板工具ではない不明工具		木製板工具	
起点の形状	波状もしくは不定形		曲線的もしくは不定形		直線的	
両側辺	平行もしくは非平行		非平行		平行	
一単位の幅	10～20mm程度		3～10mm程度		10～25mm程度	
条の間隔	ほぼ等間隔	―	―		等間隔ではない	
条の断面形状	やや角張る	―	―		丸みをもつ	
条の疎密	2~4条/10mm程度	―	15~25条/10mm程度,なし	不定	15~25条/10mm程度,なし	4~10条/10mm程度
砂粒の移動	なし	あり	なし	あり	なし	

出典：三阪2014aを一部改変。

図117　器面調整方法

調整の分類は拙稿（2014a）に示した通りであるが，再度概要を示すこととする（図117）。

　まず，「木製板工具調整」と，そうではない「非木製板工具調整」に大きく分類した。木製板工具調整は「板ナデ調整」と「刷毛目調整」である。非木製板工具調整は，二枚貝の貝殻が工具である「二枚貝貝殻条痕調整」，「二枚貝貝殻ケズリ調整」や，木製板工具調整ではない不明工具による「非木製板工具ナデ調整」，「非木製板工具ケズリ調整」である。さらに，木製板工具調整であるか非木製板工具調整であるか判断できないナデ調整を「不明ナデ調整」とした。また，一個体に木製板工具調整と非木製板工具調整の両者が認められる場合を「混在」とした。

b）　回転運動を伴う横方向のナデ調整

　横方向のナデ調整のうち，回転運動を伴う可能性があるものを集計した。ただし，現状では，これらの器面調整から，回転台や轆轤が使用されたかなどの具体的な製作工程の復元は行っていない。

c）　平行条線タタキ調整

　平行条線をもつタタキ調整が観察されため，その有無を集計した[1]。対象資料において平行

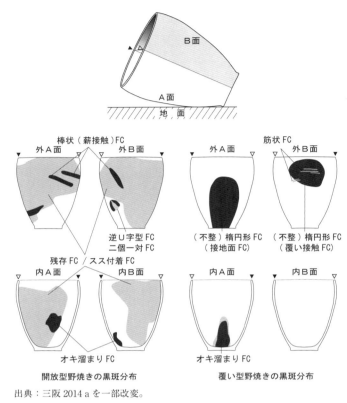

出典：三阪 2014 a を一部改変。

図 118　焼成方法

条線タタキ調整が観察された部位は，すべて底部付近であった。

(3) 焼成方法

　小林正史・北野博司らによる民族誌，実験，考古資料の分析を通じ提出された，土器の黒斑による焼成方法の復元に基づく（小林ほか 2000，小林編 2006，庄田ほか 2009 など）。これによると，窯を用いない土器の野焼き方法は，覆いを用いない「開放型野焼き」と，覆いを用いる「覆い型野焼き」に分類される。両焼成方法には，特徴的な黒斑の形態と分布パターンがみられる。ただし，破片資料が多いという資料上の制約から，焼成方法の認定基準に若干改編を加え分類案を示したことがある。それは，各焼成方法にみられる特徴的な黒斑の形態や配置が存在するが，これらを要素ごとに分解し，その多寡により，どちらの焼成方法に属する可能性が高いかを判断する方法である（三阪 2014 a，図 118）。

(4) 黒色化と赤色磨研

　黒色化および赤色磨研は，地域間関係を検討するうえで，一定の指標となりうることが指摘されており，ここでは，それらの有無についてのみ分析を行った。小澤正人（2005）は中国新

第6章　遼東半島先史時代の土器製作技術

石器時代の焼成方法の変化をまとめるなかで，黒色化や赤色磨研について時期および地域ごとの様相を整理している。ただし，遼東半島は分析対象外である。

5. 遼東半島における土器製作技術の変化とその要因

(1) 小珠山下層期

　小珠山下層期に該当する土器は，D区下層が中心であり，BⅠ区，BⅡ区にも認められる。
　粘土帯幅が計測できた資料はなかった。接合面長は短く，偏堡類型以降とは不連続が認められる（図120）。接合面の傾きは水平，内傾，外傾のすべてが認められる（図122，128-1）。これは朝鮮半島南部と比較すると，時期はかなり下るが新石器時代後・晩期の幅狭粘土帯接合との類似度が高い（図120，122）。
　器面調整は，非木製板工具調整と不明ナデ調整であり，木製板工具調整は認められない（図123）。なお，非木製板工具調整はケズリであり（図129-1），二枚貝貝殻による調整はみられない。また，回転運動を伴う横方向のナデ調整（図124）や平行条線タタキ調整（図125）は認められない。

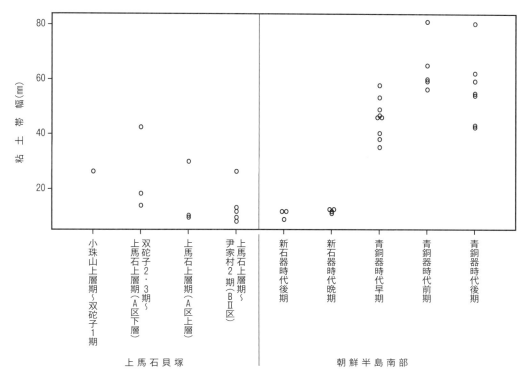

図119　粘土帯幅

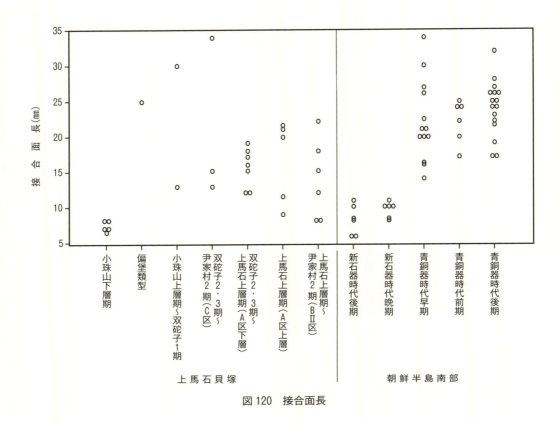

図120　接合面長

黒色化（図126）および赤色磨研（図127）は認められない。ここでは分析項目としていないが，学史で指摘されている通り，胎土に滑石が混入される。

幅狭粘土帯で接合面の傾きが水平・内傾・外傾である点，器面調整に木製板工具調整が確認できない点は，偏堡類型以降とは大きく異なる。また，朝鮮半島南部と比較すると時期はかなり下るが（表14），新石器時代後・晩期の製作技術に共通する部分が多い。

（2）小珠山中層期

小珠山中層期に該当する資料は，東丘西南端崖の1点にとどまるが，確認できた情報を記載する。

粘土帯の積み上げ方法が分かるものはなかった。器面調整は，不明ナデ調整のものが認められた（図123）。また，回転運動を伴う横方向のナデ調整（図124）や平行条線タタキ調整（図125）は認められない。黒色化（図126）および赤色磨研（図127）も認められない。

（3）偏堡類型

偏堡類型の分布は瀋陽地区を中心とするが，周辺地域にも分布域が及ぶ。遼東半島では，偏堡類型は「三堂1期」（宮本1995b）あるいは「三堂村1期」（古澤2007）に位置づけられる。

第 6 章　遼東半島先史時代の土器製作技術

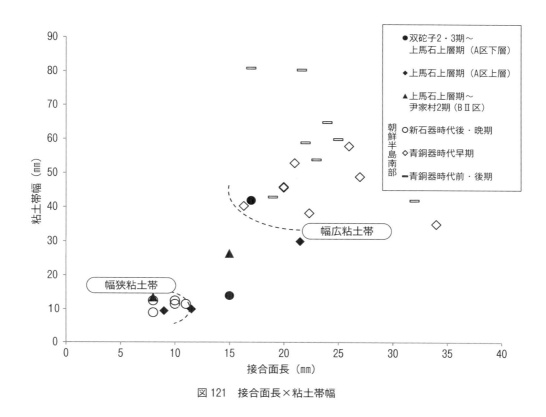

図 121　接合面長×粘土帯幅

　これとほぼ並行する時期に，膠東半島の文化要素がみられる郭家村 3 層の土器群も存在する（宮本 1995 b，古澤 2007)[2]。なお，ここでは偏堡類型に該当する資料がまとまって出土している，西丘東南端崖の土器を分析対象とした。

　粘土帯の積み上げ方法が分かった資料は 415 の 1 点のみである。底部片であるため時期を決めるのは難しいが，西丘東南端崖から出土しているため，偏堡類型に属する可能性が高いと考えられる。粘土帯幅は計測できなかった。接合面長は小珠山下層期と比較すると長く，不連続が認められる（図 120)。接合面の傾きは外傾である（図 122，128 - 2)。朝鮮半島南部の青銅器時代の幅広粘土帯接合と類似する傾向がみられるが，今後資料数を増やし検討する必要があろう。

　器面調整は，木製板工具調整および不明ナデ調整が認められ，そのうち木製板工具調整が約 60 ％を占める（図 123)。また，木製板工具調整のうち，刷毛目調整と板ナデ調整がともに確認されるが，より条の疎密が疎である刷毛目調整が目立つ（図 129 - 2・3)。これは，時期は下るが朝鮮半島南部の青銅器時代に類似する。古澤は「三堂村 1 期」（偏堡類型）の土器について「器面を板状工具でナデつけて調整する個体が多い」と指摘しており（古澤 2007，87 頁)，これを追認する結果である。また，前段階同様，回転運動を伴う横方向のナデ調整がみられる確実な資料は認められない（図 124)。平行条線タタキ調整は認められない（図 125)。

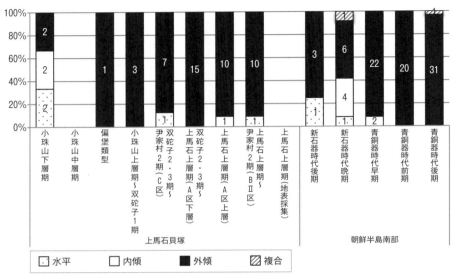

図122　接合面の傾き

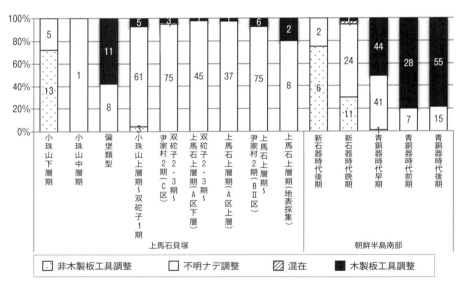

図123　木製板工具調整の有無

　焼成については，黒斑の形状や配置が明確に分かるものは少なく，全体的な傾向は不明である。しかし，底部に接地面黒斑の可能性がある楕円形黒斑が認められる個体があり（図133-1），全体的に色調が明るいものが多い点から，覆い型野焼きの可能性が示唆される。今後資料を増やし検討していく必要があろう。

　黒色化が確実に認められる資料はない（図126）。一方，赤色磨研が施される個体が存在する点は，この時期の特徴である（図127，134-1）。

　接合面長が幅広粘土帯に近い点，木製板工具調整の頻度が高い点，覆い型野焼きの可能性が

第6章　遼東半島先史時代の土器製作技術

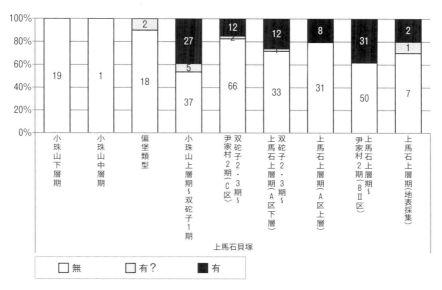

図124　回転運動を伴う横方向のナデ

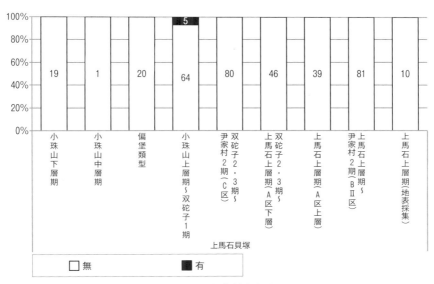

図125　平行条線タタキ

ある点，赤色磨研が存在する点で，小珠山下層期とは大きな不連続が存在する。偏堡類型は遼東半島内陸部に位置する瀋陽地区が分布の中心であり，製作技術もこの地域からの影響により変化した可能性がある。また，時期的な隔たりはあるが（表14），朝鮮半島南部の青銅器時代の製作技術と共通性がみられる点が注目される。

(4)　小珠山上層期から双砣子1期

本書第5章の宮本の編年案では，小珠山上層期はC区，双砣子1期はBⅠ区の土器が主体と

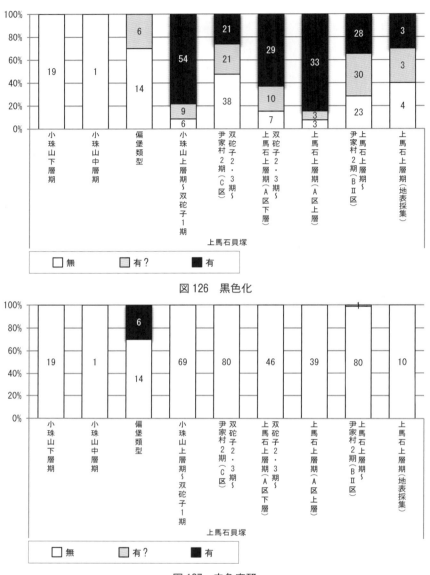

図 126　黒色化

図 127　赤色磨研

なる一方で，両地区ともに小珠山上層期から双砣子1期までの資料を含むことが指摘されている。個体ごとの時期の判別が困難であったため，小珠山上層期から双砣子1期までを一括し製作技術の分析を行った。この時期に該当する資料は，BⅠ区とC区以外にも，BⅡ区，D区上層，東丘西南端崖などに認められる。

　粘土帯幅および接合面長が計測できた資料が少なく，実態は不明瞭である。粘土帯幅は幅狭粘土帯と幅広粘土帯の中間の値を示し（図119），接合面長は幅広粘土帯接合の値に近いものから，幅狭粘土帯接合の値に近いものまで含まれる（図120）。つまり，幅広粘土帯に近い値を示

第6章　遼東半島先史時代の土器製作技術

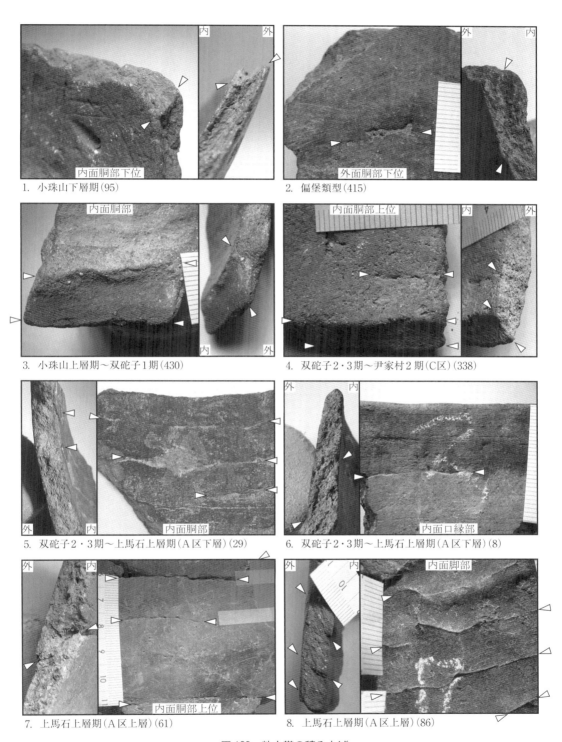

1. 小珠山下層期(95)
2. 偏堡類型(415)
3. 小珠山上層期～双砣子1期(430)
4. 双砣子2・3期～尹家村2期(C区)(338)
5. 双砣子2・3期～上馬石上層期(A区下層)(29)
6. 双砣子2・3期～上馬石上層期(A区下層)(8)
7. 上馬石上層期(A区上層)(61)
8. 上馬石上層期(A区上層)(86)

図128　粘土帯の積み上げ

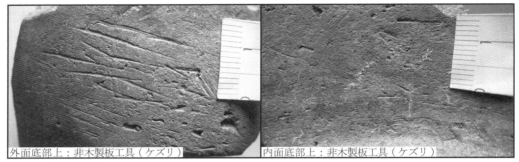
1. 小珠山下層期(94)

2. 偏堡類型(427)

3. 偏堡類型(429)

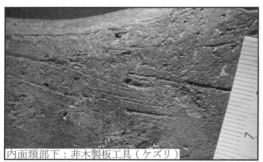
4. 小珠山上層期～双砣子1期(261)

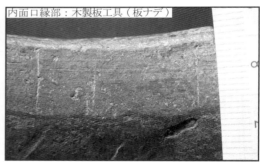
5. 小珠山上層期～双砣子1期(266)

6. 双砣子2・3期～尹家村2期(C区)(289)

図129　木製板工具調整の有無1

第 6 章　遼東半島先史時代の土器製作技術

1. 上馬石上層期(A区上層)(59)

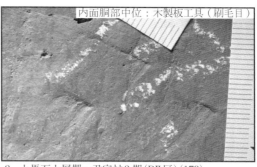
2. 上馬石上層期～尹家村 2 期(BⅡ区)(173)

3. 上馬石上層期(地表採集)(440)

図 130　木製板工具調整の有無 2

　すものに加え，上馬石上層期に多くみられる幅狭粘土帯と幅広粘土帯の中間の値を示すものもみられるようになるといえる。接合面の傾きが確認できたものは外傾のみであった（図 122，128 - 3）。

　器面調整は，不明ナデ調整が 80 ％以上を占めるが，非木製板工具（ケズリ）調整と木製板工具調整のものも含まれる（図 123，129 - 4・5）。また，前時期の偏堡類型に比べ木製板工具調整が減少するとともに，板ナデ調整のみとなり刷毛目調整がみられなくなる。古澤は，双砣子 1 期に位置づけられる東京大学所蔵の単砣子包含層資料について，「内面に木板状調整の痕跡を残す」（古澤 2007，94 頁）と指摘しており，本章の観察結果と一致する。回転運動を伴う横方向のナデ調整がこの時期以降認められるようになる。当該期において，それが施される部位は口縁部の外面と内面に限られるようである（図 124，131 - 1）。

　平行条線タタキ調整が認められるのはこの時期に限られる。すべて底部付近で観察されたが（図 125，132 - 1・2），他の部位にも平行条線タタキ調整が施されていた可能性もある。

　黒色化は全体の約 80 ％に認められる（図 126）。赤色磨研は認められない（図 127）。

　上記のように，小珠山上層期から双砣子 1 期の製作技術は，偏堡類型から変化している点が多い。小珠山上層期は，山東龍山文化の影響が強くなり，山東龍山文化との共通性が高い器種組成へと変化し，黒陶が増加することが指摘されている（宮本 1985，古澤 2007）。また，双砣

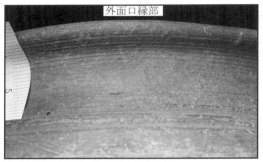
1. 小珠山上層期〜双砣子1期(261)

2. 双砣子2・3期〜尹家村2期(C区)(286)

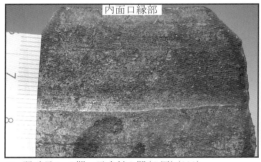
3. 双砣子2・3期〜尹家村2期(C区)(298)

4. 双砣子2・3期〜上馬石上層期(A区下層)(4)

5. 上馬石上層期(A区上層)(65)

6. 上馬石上層期〜尹家村2期(BⅡ区)(164)

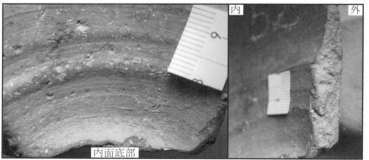
7. 上馬石上層期〜尹家村2期(BⅡ区)(191)

図131　回転運動を伴う横方向のナデ

第6章　遼東半島先史時代の土器製作技術

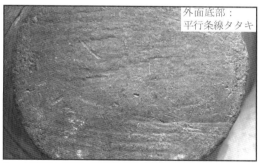

1. 小珠山上層期～双砣子1期(265)　　　2. 小珠山上層期～双砣子1期(238)

図132　平行条線タタキ調整

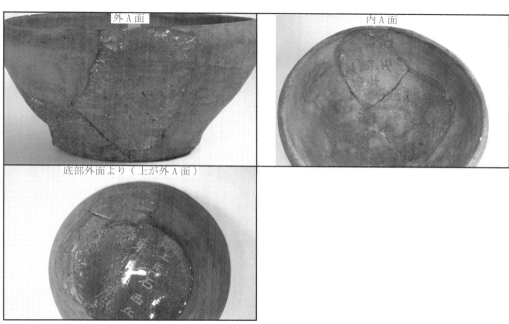

1. 偏堡類型(418)

図133　焼成方法

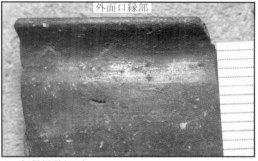

1. 偏堡類型(428)

図134　赤色磨研

197

表16 上馬石貝塚における土器製作技術の時間的変化

	粘土帯の積み上げ						器面調整				焼成		黒色化	赤色磨研
	幅狭粘土帯	中間	幅広粘土帯	水平	内傾	外傾	非木製板工具	木製板工具	回転ナデ	平行条線タタキ	開放型野焼き	覆い型野焼き		
小珠山下層期	●	×	×	●	●	●	●	×	×	×	?	?	×	×
小珠山中層期	?	?	?	?	?	?	?	?	?	?	?	?	?	?
呉家村期	—	—	—	—	—	—	—	—	—	—	—	—	—	—
偏堡類型	?	?	△	?	?	○	×	●	?	×	?	△	?	●
小珠山上層期～双砣子1期	?	△	△	?	?	○	○	○	●	●	?	?	●	×
双砣子2・3期～尹家村2期（C区）	?	△	△	○	?	●	○	○	●	?	?	?	●	×
双砣子2・3期～上馬石上層期（A区下層）	×	●	×	?	?	●	?	○	●	?	?	?	●	×
上馬石上層期（A区上層）	×	●	×	?	○	●	?	○	●	?	?	?	●	×
上馬石上層期～尹家村2期（BⅡ区）	×	●	×	?	?	●	?	○	●	?	?	?	●	△
上馬石上層期（地表採集）	?	?	?	?	?	?	?	○	●	?	?	?	●	×

注：●存在し一定の比率を占める，○存在する，△存在する可能性あり，×存在しない可能性が高い，?不明，—未分析。

子1期は山東龍山文化からの直接的な影響はなく，在地の前段階の小珠山上層期からの伝統が継続するとされる（宮本2009a）。山東半島の土器製作技術の分析が必要であるが，小珠山上層期については，形態や黒色化のみならず，製作技術の変化も山東半島からの影響の強弱と連動する可能性があろう。

（5） 双砣子2・3期から上馬石上層期（C区・A区下層）

第5章の宮本の編年案では，双砣子2・3期に該当する土器は，C区とD区上層が中心とされる。また，A区下層とBⅡ区にも双砣子2・3期に該当するものがある。ただし，C区とA区下層については，双砣子2・3期から上馬石上層期[3]までの時期幅が存在する。さらに，C区には尹家村2期の資料も一部含まれるとされる。個体ごとの時期の判別が困難であったため，C区とA区下層については，双砣子2・3期から上馬石上層期あるいは尹家村2期という時期幅で一括し，製作技術を示した。D区上層とBⅡ区については資料数がごくわずかであり製作技術の分析は行えなかったため，C区とA区下層についてみる。

C区については，粘土帯幅が分かるものはなかった。接合面長は，上馬石上層期に一般的な

幅狭粘土帯と幅広粘土帯の中間的な値を示すものと，前時期の小珠山上層から双砣子1期にもみられた幅広粘土帯の値に該当するものが存在する（図120）。接合面の傾きは外傾が中心であるが，水平のものもみられた（図122，128 - 4）。A区下層では，粘土帯幅と接合面長とも，幅狭粘土帯と幅広粘土帯の中間の値を示すもののみである（図119，120）。接合面長と粘土帯幅の値を示した散布図をみても，幅狭粘土帯と幅広粘土帯の中間的な値を示している（図121）。接合面の傾きは，外傾のみ認められた（図122，128 - 5・6）。

　器面調整は，両地区とも不明ナデ調整が中心であるが，木製板工具調整も含まれる。C区には非木製板工具（ケズリ）調整と木製板工具調整が混在したものも含まれる（図123，129 - 6）。回転運動を伴う横方向のナデ調整は両地区とも認められ，部位は口縁部の外面と内面である。前時期の小珠山上層期から双砣子1期に比べ，ナデ調整が施される範囲が広いものが多い（図124，131 - 2〜4）。平行条線タタキ調整は認められない（図125）。

　黒色化は両地区とも認められ，A区下層はその比率が高い（図126）。赤色磨研は両地区とも認められない（図127）。

　双砣子2・3期から上馬石上層期の製作技術は，小珠山上層から双砣子1期と共通する点もあるが，回転運動を伴う横方向のナデ調整が施される範囲が広く，平行条線タタキ調整がみられないなど異なる点もある。双砣子1期は山東龍山文化からの直接的な影響はなく，在地の前段階の小珠山上層期からの伝統が継続するのに対し（宮本2009 a），双砣子2期は山東半島の岳石文化の影響を強く受け，双砣子3期になると山東の影響がほぼみられなくなるとされる（宮本1985・2009 a，古澤2007）。今回は当該期の詳細な時期区分はできなかったが，製作技術もこうした動きに連動している可能性がある。

（6）　上馬石上層期（A区上層・BⅡ区・地表採集）

　上馬石上層期に該当するのは，A区上層，BⅡ区が中心であり，地表採集にも少量であるが当該期の土器が認められる。また，第5章の宮本の編年案では，BⅡ区には尹家村2期まで含まれることが指摘されているが，ここでは一括して分析を行った。分析の結果，3地区の製作技術に大きな差はみられなかった。

　粘土帯幅と接合面長は，地表採集は不明であるが，A区上層とBⅡ区では，幅狭粘土帯と幅広粘土帯の中間の値を示し，双砣子2・3期から上馬石上層期とは異なり幅広粘土帯に近い値を示すものはみられなくなる（図119，120）。接合面長と粘土帯幅の値を示した散布図をみても，幅狭粘土帯と幅広粘土帯の中間にまとまる（図121）。接合面の傾きは，A区上層，BⅡ区とも外傾が中心であるが，A区上層で内傾，BⅡ区で水平のものも少量認められた（図122，128 - 7・8）。

　器面調整は，すべての地区において，不明ナデ調整が中心であるが，木製板工具調整も少量含まれ，非木製板工具調整は認められない（図123，130 - 1〜3）。回転運動を伴う横方向のナデ調整もすべての地区で認められ，部位は口縁部の外面と内面が中心，ナデ調整が施される範囲

も前時期と同様である（図124，131－5・6）。ただし，BⅡ区では，ナデ調整によって底部に段が形成されるものもあり，これは日本列島古墳時代の須恵器にみられる回転ナデ調整に近い（図131－7）。

平行条線タタキ調整はすべての地区で認められなかった（図125）。

黒色化はすべての地区において認められるが，A区上層で約80％と最も多く認められる（図126）。確実に赤色磨研が施された個体は両地区において認められない（図127）。

上馬石上層期の製作技術は，地区ごとに大きな違いはみられない。双砣子2・3期から上馬石上層期と比較すると，共通性もみられるが差異も存在する。それは粘土帯幅と接合面長に幅広粘土帯に近いものはみられなくなり，幅狭粘土帯と幅広粘土帯の中間的な値に統一される点である。こういった変化がどの段階で生じたのかは今後の課題とする。

6.　朝鮮半島南部の新石器時代から青銅器時代への移行と遼東半島

朝鮮半島南部の新石器時代から青銅器時代への移行において，遼東半島からどのような影響を受けたのかを検討するために，両地域の土器製作技術を比較する。

遼東半島の小珠山下層期は，朝鮮半島南部の新石器時代早・前期に並行するが（表14），後者の製作技術に関するデータは未収集である。ただし，時期はかなり下るが，朝鮮半島南部の新石器時代後・晩期と一定の共通性がみられる。具体的には，粘土帯幅と接合面長からみると幅狭粘土帯で，接合面の傾きが水平・内傾・外傾と多様である点，器面調整は基本的に木製板工具調整が含まれない点などである。これは，日本列島の少なくとも縄文時代晩期との共通性もみられ（三阪2014a），東北アジアの新石器時代に普遍的な土器製作技術であった可能性がある。

遼東半島の偏堡類型は，朝鮮半島南部の新石器時代中・後期に並行する（表14）。今後データを提示する必要があるが，筆者の観察によると新石器時代中期も，後・晩期と製作技術の共通性は高いようである。そうであるならば，両地域の製作技術は大きく異なる。次の小珠山上層期は朝鮮半島南部の新石器時代後・晩期，双砣子1期から2期は新石器時代晩期，双砣子3期は青銅器時代早期から前期，上馬石上層期は青銅器時代前期から後期におおむね並行する（表14，15）。本章では，すべての時期について十分な分析を行うことができたわけではないが，偏堡類型以降は，朝鮮半島南部との製作技術の共通性はあまりないと考えられる。

さて，偏堡類型の土器製作技術は，同時期の朝鮮半島南部とは差異が大きいものの，時期が下る青銅器時代と一定の共通性がみられる。具体的には，幅広粘土帯―外傾接合が中心である点，木製板工具調整を多用する点，赤色磨研が存在する点，色調が明るく覆い型野焼きの可能性がある点などである。ただし，偏保類型の粘土帯の積み上げ方法や焼成方法は，さらに資料を追加して確認する必要がある。

ここで，参考となるのは中村による山東半島，遼東半島，遼東半島内陸部・遼河流域，朝鮮

第6章　遼東半島先史時代の土器製作技術

半島北部，同南部を対象とした，土器の焼成方法と粘土帯の積み上げ方法に関する観察結果である（中村 2012，165 - 178 頁）。まず，遼東半島については以下の見解が示されている。双砣子1期，2期は山東半島と類似する焼成方法であり，窯を使用した可能性が指摘されている。続く双砣子3期，「牧羊城下層」，上馬石上層期も，野焼きであった可能性を示唆しつつも，基本的に朝鮮半島とは異なる焼成方法であったとする。よって，朝鮮半島の青銅器時代の土器に用いられた覆い型野焼きの系譜は，遼東半島，さらには山東半島に求められないとする。また，中村は本章で扱った日本学術振興会調査の上馬石貝塚の資料には「内傾接合」が認められるとの観察結果をふまえ，双砣子1期から3期，上馬石上層期には，「外傾接合」やスリップ赤塗りによる赤色磨研はみられないとし，朝鮮半島の青銅器時代の土器とは異なるとした。本章の観察結果では，少なくとも上馬石上層期の粘土帯の積み上げ方法は，いわゆる「内傾接合」（本章の幅狭粘土帯―内傾接合）や「外傾接合」（本章の幅広粘土帯―外傾接合）とも異なるものであることを指摘した。これは中村の観察結果との相違はあるが，朝鮮半島南部の青銅器時代とは異なる粘土帯の積み上げ方法である点や，赤色磨研が認められない点は，中村の見解と一致する。

　また，中村によると，遼東半島内陸部と遼河流域では，「高台山文化と新楽上層文化，新しくは東山大蓋石墓と西団山石棺墓」に，覆い型野焼きの可能性がある黒斑，スリップ赤塗り（赤色磨研），タタキ，外傾接合がみられ，これらが朝鮮半島にもたらされた可能性があるとされる。当該期は，遼東半島の双砣子3期に前後する時期であり，朝鮮半島南部では青銅器時代開始期前後に並行することから時期的にも整合する。朝鮮半島北部では，資料の実見の困難さから確証性は低いが，「新岩里I式」，「コマ形土器」，「公貴里式」に覆い型野焼きが採用されていた可能性も指摘されている。

　中村の観察結果をふまえ，遼東半島の偏堡類型と朝鮮半島南部の青銅器時代の土器製作技術に共通性が認められる要因を検討すると，間接的にではあるが両者に系譜関係が存在する可能性も示唆される。つまり，遼東半島から遼東半島内陸部に分布した偏堡類型を起源とする土器製作技術に関する諸要素が，鴨緑江下流域，清川江流域，大同江流域を介して波及し，青銅器時代開始期の朝鮮半島南部に到達した可能性である。もちろん，両者は時間的・空間的にも隔たりが存在することから，無関係である可能性も残されるため，今後さらなる検討が必要である。

7.　おわりに

　本章の分析結果をまとめると以下の通りである。

　①上馬石貝塚における土器製作技術の変化は，少なくとも小珠山下層期，偏堡類型，小珠山上層期から双砣子1期，上馬石上層期に認められる。

　②遼東半島の小珠山下層期の土器製作技術は，時期がかなり下るが朝鮮半島南部の新石器時

代後・晩期のものと一定の共通性がみられる。幅狭粘土帯による粘土帯の積み上げ方法や木製板工具を多用しない器面調整方法は，東北アジアの新石器時代に普遍的な土器製作技術であった可能性がある。

　③遼東半島の偏堡類型と朝鮮半島南部の青銅器時代の土器製作技術は一定の共通性がみられる。ここから，朝鮮半島南部の青銅器時代開始期における土器製作技術の系譜は，間接的にではあるが，遼東半島あるいは遼東半島内陸部の偏堡類型に辿ることができる可能性が示唆される。ただし，現状では時間的・空間的距離が存在し，無関係である可能性も残されるため，さらなる検討を要する。

注
1）　タタキ調整のうち無文のもの（武末2013）は認定が困難であったため，今回は分析対象としていない。
2）　宮本は「三堂1期」の一部は前段階の呉家村期に重複する可能性を加味しつつ，その主体は郭家村3層に並行するとしている（宮本1995b）。一方，古澤は呉家村期と「三堂村1期」を単独時期とし，前者から後者への変遷を想定する。また，郭家村3層は膠東半島系の要素がみられることを考慮し，「三堂村1期」と時期的に重なる可能性は否定しないものの，郭家村3層を独立した1時期とみることには慎重である（古澤2007）。
3）　中国の1978年の上馬石貝塚の調査により「上馬石上層文化類型」が設定された（遼寧省博物館ほか1981）。この成果を受け，日本では，本章で扱った1941年の日本学術振興会による上馬石貝塚調査の資料は地区と層位ごとに土器の様相が異なり，これが時間差を示すことが指摘された（宮本1985・1991）。しかし，A区下層，A区上層，BⅡ区の時間的位置づけは，研究者により見解が異なる。宮本（1991・2011b）は古い順にA区下層→A区上層→BⅡ区とし，白石渓冴（2011）もこれを追認する。一方，大貫静夫（2007）はBⅡ区→A区下層→A区上層の変遷を想定する。中村（2008）も大貫案を追認し，さらにC区を最も古く位置づけ，C区→BⅡ区→A区下層→A区上層という編年案を示した。
　　ここでは，これらを一括し上馬石上層期（宮本1991）と呼ぶ。

謝辞
　本章は，九州大学の指導教官である宮本一夫先生に，長期にわたる上馬石貝塚の資料観察を許可していただいたことにより執筆することができました。ここに深く感謝申し上げます。九州大学の田中良之先生，岩永省三先生，溝口孝司先生，佐藤廉也先生，瀬口典子先生，辻田淳一郎先生，田尻義了先生，舟橋京子先生，人文科学府・比較社会文化学府の研究員・学生の方々には多くのご指導・ご教示を賜りました。
　高赫淳氏，近藤玲氏，齊藤希氏，中村大介先生，中村豊先生，端野晋平先生，古澤義久氏，森貴教氏には本章をまとめるにあたり，多くのご助言をいただきました。末筆ながら感謝申し上げます。

第7章　遼東半島先史時代における磨製石器の変遷

森　　貴　教

1.　はじめに

　遼東半島における新石器時代から青銅器時代は，水稲農耕の伝播過程や遼寧式銅剣の起源と展開，朝鮮半島無文土器文化の成立など様々な歴史的事象を考えるうえで非常に重要な時期である。また，遼東半島は地理的に中国・山東半島や遼西地域と朝鮮半島の中間に位置することから，東北アジアにおける相対的編年を構築するためにも検討が欠かせない地域といえる。特に大長山島・上馬石貝塚では発掘調査により区別，層位的に非常に豊富な遺物が出土しており，これらの遺物は遼東半島における集落遺跡出土遺物として大きな重要性をもっている。

　本章では遼東半島先史時代の磨製石器群の時期の変遷を概観することを通して，上馬石貝塚出土の磨製石器の時期的な位置づけを試みる。磨製石器群の中には長期間存続する器種も多く，個別の石器すべてについて所属時期を特定することは困難であるが，時期的な特徴を比較的よく示す器種の通時的な傾向性を把握することで，資料の所属する時間幅を考えてみたい。

2.　対象資料と方法

(1)　対象遺跡と資料

　遼東半島の先史時代における磨製石器群の時期的変遷について，本章では無茎式磨製石鏃（以下無茎式石鏃），磨製石斧（両刃石斧・片刃石斧），石庖丁[1]を主な対象として検討する。これらの石器器種はそれぞれ先行研究が蓄積されており（下條2002，中村2005，古澤2006，宮本2008cなど），時期的変遷を考えるうえで有効だと考えられるためである。本章では先行研究で用いられている資料に，筆者が集成するなかで得られた資料を新たに加えて検討する。対象とする遺跡は計23遺跡（表17）で，所属時期が比較的明らかな無茎式石鏃130点，両刃石斧368点，片刃石斧165点，石庖丁178点を主な分析対象とする[2]。

(2)　所属時期

　磨製石器の所属時期は伴出する土器に基づいて判断する。遼東半島先史時代の土器編年につ

表17 対象遺跡と所属時期

遺跡名	時期	報告書
三堂村1期層	郭家村3層	考古1992-2
三堂村2期層	小珠山上層	考古1992-2
洪子東	小珠山上層	考古1961-12
郭家村上層	小珠山上層	考古学報1984-3
喬東	小珠山上層	考古1983-2
大播家村	小珠山上層	考古1994-10
山南頭	小珠山上層	遼海文物学刊1997-1
文家屯	小珠山上層	岡村編2002
双砣子1期層	双砣子1期	中国社会科学院考古研究所1996
于家村	双砣子1期	考古学集刊
廟山早期層	双砣子1期	遼海文物学刊1992-1
単砣子包含層	双砣子1期	濱田1929
大嘴子1期層	双砣子1期	考古1996-2, 大連市文物考古研究所2000
双砣子2期層	双砣子2期	中国社会科学院考古研究所1996
大砣子1期層	双砣子2期	考古学報2006-2
大嘴子2期層	双砣子2期	考古1996-2, 大連市文物考古研究所2000

遺跡名	時期	報告書
双砣子3期層	双砣子3期	中国社会科学院考古研究所1996
魏山	双砣子3期	北方文物1992-1
大砣子2期層	双砣子3期	考古学報2006-2
大溝頭	双砣子3期	遼海文物学刊1992-1
廟山晩期層	双砣子3期	遼海文物学刊1992-1
羊頭窪	双砣子3期	金関・三宅・水野1942
大嘴子3期層	双砣子3期	考古1996-2, 大連市文物考古研究所2000
韓家土文	双砣子3期	大連市文物考古研究所2010
山西頭	双砣子3期	考古2011-1
牧羊城下層	上馬石上層	原田・駒井1931
上馬石	上馬石上層	考古学報1981-1
崗上墓	上馬石上層	中国社会科学院考古研究所1996
楼上墓	上馬石上層	中国社会科学院考古研究所1996
尹家村2期層	尹家村下層	中国社会科学院考古研究所1996

いて現在活発な議論が続いているが，議論の中心は細分化とその可否についてであり大枠では共通しているといえる。本章では郭家村3層→小珠山上層→双砣子1期→双砣子2期→双砣子3期→上馬石上層→尹家村下層という宮本一夫の編年観（宮本1990・2009a）に基づいて分析する。このうち崗上墓・楼上墓の段階は上馬石上層期に含めている。なお本章の目的は遼東半島における磨製石器群の変遷について概観することであるため，時期の細分は最小限にとどめた。

（3）分析方法

無茎式石鏃，磨製石斧，石庖丁について形態および法量の通時的変化を分析する。法量は報告書に記載されている計測値を主に用い，図版から引用・算出した。時期によって分析可能な資料数に開きがあるため，数量が15点以上の時期を中心に統計的な分析（基礎統計量の算出）を行った。なお石庖丁に関しては分析資料数を確保するため，全長が復元できるものは破損している資料についても対象とした[3]。

3. 分　析

（1）無茎式石鏃

a）型式組成の時期的変遷

中村大介の論考（中村2005）に基づいて無茎式石鏃の型式組成の通時的変化を把握する。遼

第7章　遼東半島先史時代における磨製石器の変遷

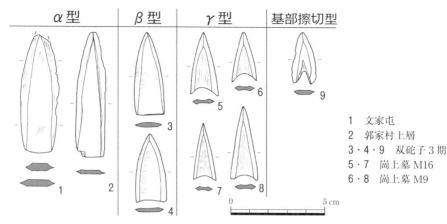

出典：各報告書より引用・再トレースし作成。

図135　無茎式石鏃の型式分類（縮尺1/2）

東半島の無茎式石鏃は製作技術的な側面を重視して，以下のように区分されている（図135）。

α型　石鏃の長軸に平行して擦り切るような縦方向の研磨により刃部が形成されている点が特徴である（宮本・村野2002）。鏃身は横方向の研磨により平坦に仕上げられるため，横断面形は刃部のみが弧状に凹んだ扁平な六角形を呈する。

β型　鏃身は横方向の研磨だが，刃部の縦方向の研磨がなく，横断面形は扁平な六角形を呈するもの。

γ型　鏃身を縦方向に研磨することで凹まし，基部が弧状の平面三角形のもの。朝鮮半島無文土器文化の無茎式石鏃の最古型式であるⅠa式はγ型と形態，製作方法，研磨痕跡まで全く同じであり，同一型式である。γ型は双砣子3期の途中から上馬石上層期に朝鮮半島にもたらされたと考えられている（中村2005，62頁）。

基部擦切型　基部の中央部に擦り切りのあるもの。

以上の型式分類に基づいて，時期的変遷についてみていく（図136）。

まず，郭家村3層期は点数が2点と少ないもののα型のみで占められている。これには基部が平坦なものと三角形に抉られたものがある。小珠山上層期はα型が36点中21点（58.3％）と過半数を占めているが[4]，β型が出現する。双砣子1～3期では80％以上がβ型である。双砣子3期にはγ型が出現し（6.1％），上馬石上層期以降主体となる[5]。γ型は基部が弧状や三角形に抉られたものがα型やβ型よりも多い。基部擦切型は小珠山上層期と双砣子3期に少量みられる。

以上の無茎式石鏃の型式組成から，遼東半島ではα型，β型，γ型の順で時期的に変遷することが追認できた。組成の変化において，α型からβ型が漸移的な変化であるのに対し，双砣子3期から上馬石上層期にかけてのβ型からγ型への変化は相対的に急激なものと評価できる。型式間の相互の関係についてはα型からβ型へは型式的な変化，γ型については系統の異なる

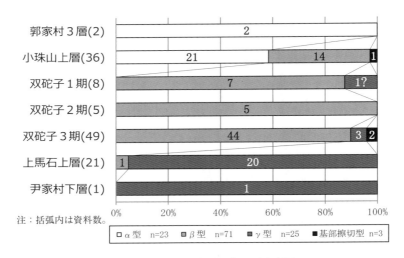

図136　無茎式石鏃の型式変遷

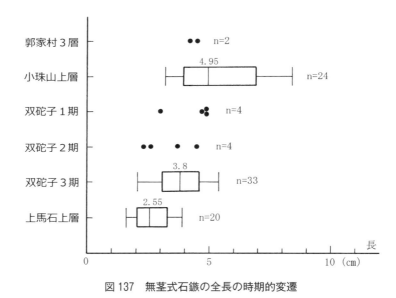

図137　無茎式石鏃の全長の時期的変遷

ものの流入と考えられる。中村は双砣子3期前後における地域間の影響関係を背景として，骨鏃などを多く使用する地域でγ型が出現した可能性を示唆している（中村2005，81頁）。

b）　法量の時期的変遷

次に無茎式石鏃の全長について時期的変遷を検討する。小田木治太郎と土屋みづほは文家屯遺跡，双砣子遺跡，崗上墓出土の無茎式石鏃の全長を比較し，時期が下るにしたがって小型化

第7章 遼東半島先史時代における磨製石器の変遷

が進む傾向を示した（小田木・土屋 2007，234 頁）。図 137 は所属時期が明らかな発掘調査出土資料をもとに，無茎式石鏃の全長の時期的変遷をみたものである。双砣子 1・2 期の資料が少ないものの，小田木らが指摘したように小珠山上層期，双砣子 3 期，上馬石上層期へと通時的に全長が縮小していることが分かる[6]。小珠山上層期は 4.95 cm，双砣子 3 期は 3.8 cm，上馬石上層期は 2.55 cm に全長の中央値がある。ただし小珠山上層期は大播家村遺跡例（図 141-7）のような大型品も含まれており，双砣子 3 期や上馬石上層期に比べ全長の変異幅が大きい。

(2) 磨製石斧

磨製石斧は刃部の形態によって両刃石斧と片刃石斧に二大別される。両刃石斧は伐採用の縦斧，片刃石斧は木材加工用の横斧として機能したと考えられる（佐原 1994）。両刃石斧の中には基端部側に，細い円筒状または方柱状の突出部を設けた遼東形石斧も認められる（下條 2000）。この遼東形石斧は，斧身の両側にだけ肩部をもつⅠ式と肩部の段が全周するⅡ式に分けられる。小珠山上層期にすでにⅠ式とⅡ式の両者が認められることから（図 141-18・21），ほとんど時間を置かずにⅡ式が出現したと考えられる。遼東形石斧の出現は段をもつことによる着柄時のストッパー機能の強化として捉えられるが，小珠山上層期には突出部をもたない一般的な両刃石斧も郭家村 3 層期以前（小珠山中・下層期）に比べ厚斧化し定着している（下條 2002，133 頁）。さらに，段を有する柱状片刃石斧（図 141-19）や扁平片刃石斧（図 141-22・23）にみられるように，木材加工斧の器種構成がこの時期に完成していたことが分かる。

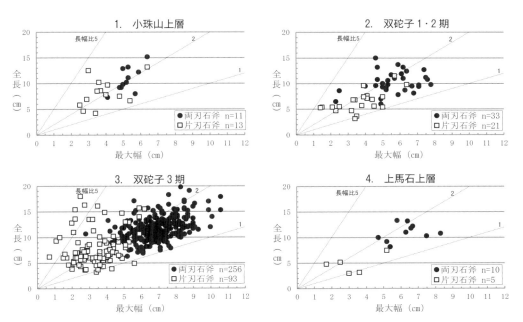

図 138　磨製石斧の法量

双砣子1・2期は資料が少ないため詳しく述べることができないが，双砣子1期に横断面形が隅丸長方形あるいは方形を呈する両刃石斧が出現し，その後継続する（図141-29）（小田木・土屋2007，235頁）。また，朝鮮半島北部（鴨緑江下流域）の新岩里1期に同様の形態の両刃石斧が認められ，（孫晙鎬2006・2010），遼東半島との並行関係においても矛盾しない（裵眞晟2007）。

　双砣子3期になると出土数が大幅に増加する。特に大嘴子遺跡から大量の磨製石斧類が出土している。器種構成は小珠山上層期にすでに認められるが，それぞれの器種は細分化し，機能が強化している。この段階には大型の柱状片刃石斧（図142-29・32）や扁平片刃石斧（図142-31）が器種構成に加わり，鑿形石斧（図142-35・36）が出現することが大きな特徴である。法量の散布図でも，双砣子3期に長幅比（全長／最大幅）5以上で最大長10cm以上の片刃石斧が出現することが確認される（図138-3）。こうした大型の柱状片刃石斧の情報は，岳石文化並行期に山東半島東端の煙台地区から遼東半島へもたらされた可能性がある（宮本2008c，34頁）。

　上馬石上層期以降は出土数が激減する。双砣子3期まで主要な石器組成となっていた柱状片刃石斧や扁平片刃石斧などの木材加工斧が基本的にみられなくなる。このことは，双砣子3期以前の石器群が朝鮮半島無文土器文化成立期の石器組成に影響を与えたとする見解（宮本1991・2009a，大貫1999）を支持している。

（3）　石庖丁

a）　形態の時期的変遷

　遼東半島における石庖丁の最古例である可能性があるのは，郭家村3層期の三堂村1期層から出土したものと考えられる。先行研究では，遼東半島において石庖丁は小珠山上層期に出現するとされてきたが（下條1988，安承模1998），それ以前に遡るようである（古澤2006）。郭家村3層期のものは3点あり，平面形態は弧背弧刃型（図141-33），直背直刃型，弧背直刃型の可能性があるもの（図141-34）が発見されている。以上の3点の刃部形態はすべて両面から刃部を研ぎ出した両刃のものである。ただし郭家村3層期における石庖丁が確実であったとしても，遼東半島で本格的に石庖丁が用いられるようになるのは小珠山上層期である。

　平面形態は様々な型式が各時期に共存しているという様相である。したがって平面形態のみから時期を決定することは困難である。一方，時期差を反映しているのは刃部形態である（cf.古澤2006）。刃部の断面形態が分かる発掘調査出土資料をもとに時期的変遷をみていく（図139）。

　まず郭家村3層期は点数が3点と少ないものの，刃部形態は両刃のみで占められている。小珠山上層期は両刃が17点中11点（64.7％）を占めている。双砣子1～3期は片刃が90％以上を占める。上馬石上層期以降は石庖丁の数量自体が激減する。上馬石BⅡ区から出土した2点（493・494）はともに両刃であり，尹家村下層期のもの（図142-61）も両刃であ

第 7 章　遼東半島先史時代における磨製石器の変遷

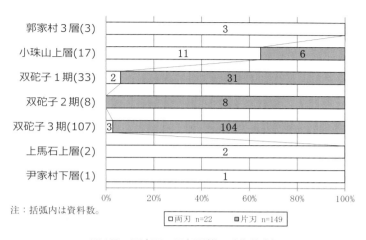

図 139　石庖丁の刃部形態の時期的変遷

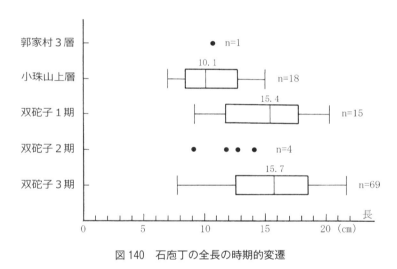

図 140　石庖丁の全長の時期的変遷

る。上馬石上層期以降は石庖丁よりも石鎌の出土が目立つ（図 142 - 57～60・62・63）。石鎌の刃部形態は両刃のみで占められることから，石庖丁の刃部形態に影響を与えたことも考えられる。

b）　法量の時期的変遷

先行研究により小珠山上層期から双砣子 3 期にかけて石庖丁の全長が長くなるという見解が示されている（下條 1988，古澤 2006）。新たに資料を加えた筆者による検討でも同様の傾向がみてとれる（図 140）。すなわち，小珠山上層期は 10.1 cm，双砣子 1 期は 15.4 cm，双砣子 3

期は 15.7 cm に全長の中央値がある。このことから小珠山上層期から双砣子 1 期にかけて全長が平均的に約 5 cm 大型化したといえる。

ただし筆者の分析によると双砣子 1 期と双砣子 3 期には全長に差はみいだせない。石庖丁の全長の平均値に有意な差異があるか各時期について相互に t 検定[7]を行ったところ，小珠山上層期と双砣子 1 期・双砣子 3 期の間にはそれぞれ 1 ％水準の有意差があるが，双砣子 1 期と双砣子 3 期の間には有意差は認められなかった。

上馬石 BⅡ区から出土した石庖丁 2 点（493・494）はともに破片であり全長は不明だが，平面形から小型品と判断できる。493 は著しく小さいため実用品ではない可能性もある。尹家村下層期のもの（図 142 - 61）も破片であり全長は不明だが，双砣子 3 期のものに比べ明らかに小型である。

4. 考察：上馬石貝塚出土石器の時期的位置づけ

以上の無茎式石鏃，磨製石斧，石庖丁の形態および法量の通時的変化の分析結果をふまえて，上馬石貝塚出土石器の時期的位置づけを区別に行う。またその他の器種も含めて時期的変遷を概観し，注目される石器について類例を提示する（図 141，142）。

A区下層　石鏃（474・475）は遼寧省博物館ほかによる上馬石上層の資料（図 142 - 60）に厚さなどが類似する。また，切刃状の刃部をもち横断面形が隅丸長方形を呈する両刃石斧（478）は，法量は異なるものの牧羊城下層例（図 142 - 41）に形態が類似する。

A区上層　石鏃（476）はA区下層のものより厚手である。断面形や背部のつくりは牧羊城下層例（図 142 - 57〜59）に類似する。なお上馬石A区下層から上層にかけて，石鏃の形態が通時的に粗雑化することが指摘されている（宮本 1991，78 頁）。

BⅠ区　無茎式石鏃が 5 点出土しており，α 型で占められる（485〜489）。α 型は双砣子 1 期以降にはみられないため，小珠山上層期以前のものと判断できる。485 のように胴長の丸みを帯びた木葉形のものは，小珠山上層期に特徴的な形態である。また，平面形が長三角形を呈する 488 は郭家村上層例（図 141 - 5）に類似する。以上からBⅠ区出土の無茎式石鏃は小珠山上層期以前に位置づけられる。

BⅡ区　石庖丁が 2 点出土しており（493・494），刃部形態はともに両刃である。双砣子 3 期以前のものに比べ非常に小型である。494 の刃部の断面形態は尹家村下層期のもの（図 142 - 61）に類似する。重量が 500 g を超える大型の磨製石錘の出土が目立つが（505〜510），遼寧省博物館ほかによる上馬石上層の資料（図 142 - 71・72）にも類例がある。

C区　無茎式石鏃が 3 点出土しており，α 型（554）と β 型（552・553）の両者がある。石庖丁（557）の刃部形態は両刃の可能性がある。T 字帯状の縄掛け用の溝をもつ大型の石錘（518）は上馬石BⅡ区で数多く認められるものである。大型の有孔石錘（519）は牧羊城下層例（図 142 - 73）に類例がある。また，金属器の研磨により生じたとみられる溝状痕をもつ砥石が

第7章　遼東半島先史時代における磨製石器の変遷

あり（520），上馬石上層期以降のものである可能性がある。以上からC区出土石器は小珠山上層期および上馬石上層BII区期に位置づけられる。

　D区　　無茎式石鏃が1点出土しており α 型である（568）。これは小珠山上層期以前のものと判断できる。扁平片刃石斧（573）の平面形態は郭家村上層例（図141 - 23）に類似する。石庖丁（572）の刃部形態は片刃である。平面形態は双砣子1期にあたる廟山早期層例（図141 - 51）に類似する。以上からD区出土石器は小珠山上層期から双砣子1期に位置づけられる。

　さてここで問題となるのは，上馬石A区とBII区の時間的な先後関係，すなわち上馬石上層期の細分についてであるが，それぞれの区で共通して対比できる器種がないため石器のみからは判断しかねる。A区，BII区の出土石器は，有孔石斧のように双砣子3期以前から継続してみられる器種もあるが，上馬石上層期の独自性として把握されるものが多いようである。ただし，BII区にみられる T 字帯状の縄掛け用の溝をもつ大型の石錘（505〜508）は，上馬石上層BII区期の特徴を示す可能性がある。

　最後に遼東半島先史時代における磨製石器群の変遷の背景について述べたい。時期的変遷を概観した結果，大きく3つの段階性が認められた。すなわち小珠山上層期，双砣子3期，上馬石上層期である。小珠山上層期は磨製石斧や石庖丁など様々な石器が出現し定着する段階である。郭家村3層期以前（小珠山中・下層期）のものより厚斧化した両刃石斧，遼東形石斧や各種の片刃石斧の存在から，農耕に伴う道具体系がこの段階に整備されたことがみてとれる。双砣子3期は小珠山上層期から継続する器種に加えて，大型の柱状片刃石斧や扁平片刃石斧，鑿形石斧が出現する。上馬石上層期は磨製石斧や石庖丁といった農工具の出土数量が激減する一方，漁撈具である大型の磨製石錘の出土が目立つようになる。また，双砣子諸文化とは異なる系譜をもつと考えられる γ 型の無茎式石鏃が副葬される（崗上墓・楼上墓）。上馬石上層期は，双砣子3期以前とは質的に異なる地域間関係が背景に存在するものと考えられる。

　以上のような磨製石器群の時期的変遷のうち小珠山上層期および双砣子3期に生じた変化は遼東半島で独自に生じたものではなく，対岸の山東半島東端からの農耕技術や情報の伝播と連動するものである。宮本一夫のいう東北アジア初期農耕化第2段階が小珠山上層期前後（龍山文化並行期），第3段階が双砣子2・3期（岳石文化並行期）に該当し（宮本2009 a），農耕に伴う磨製石器群や情報の受容が遼東半島において段階的に生じたとみられる。しかし上馬石上層期以降は，双砣子3期以前に確立した朝鮮半島無文土器文化に特徴的な磨製石器群が急速に衰退する。その要因としてこの時期の乾燥冷涼化や中原地域の政治的領域化が指摘されている（宮本1990）。これは，小珠山上層期前後や双砣子2・3期にみられる環渤海湾の文化的影響関係とは異なる脈絡の変化過程といえよう。

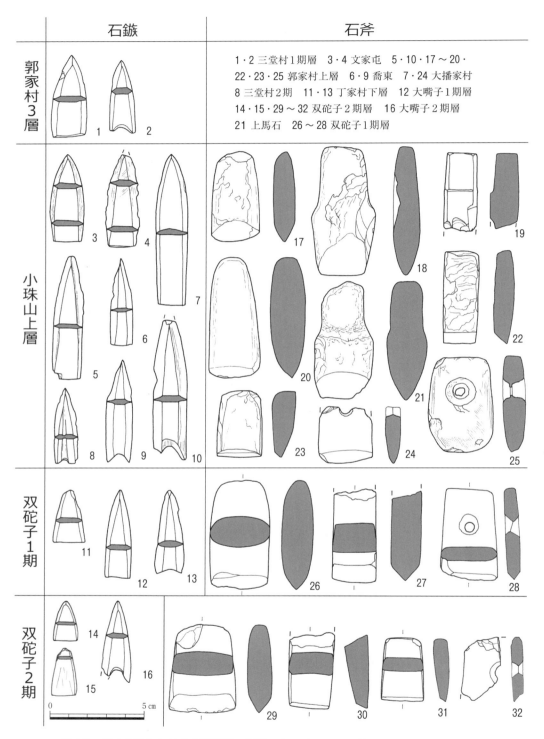

図141 遼東半島における磨製石器の変遷1（1～16・61～63 縮尺1/2，その他1/4）

第7章 遼東半島先史時代における磨製石器の変遷

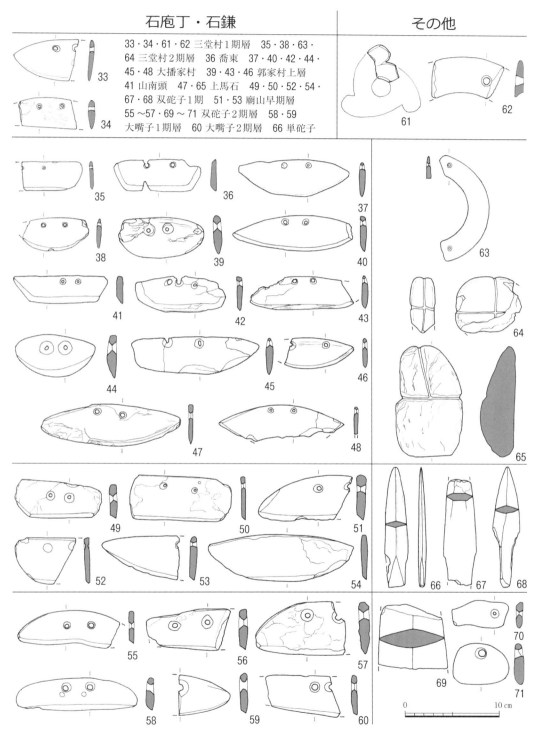

出典：各報告書より引用・再トレースし作成。磨製石鏃の一部は中村（2005）を参照して研磨痕を加筆。

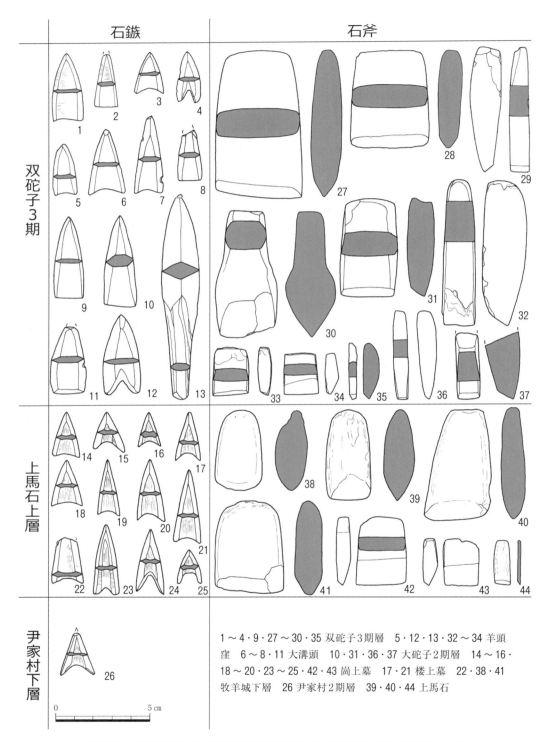

図 142 遼東半島における磨製石器の変遷 2 (1〜26 縮尺 1/2, その他 1/4)

第 7 章　遼東半島先史時代における磨製石器の変遷

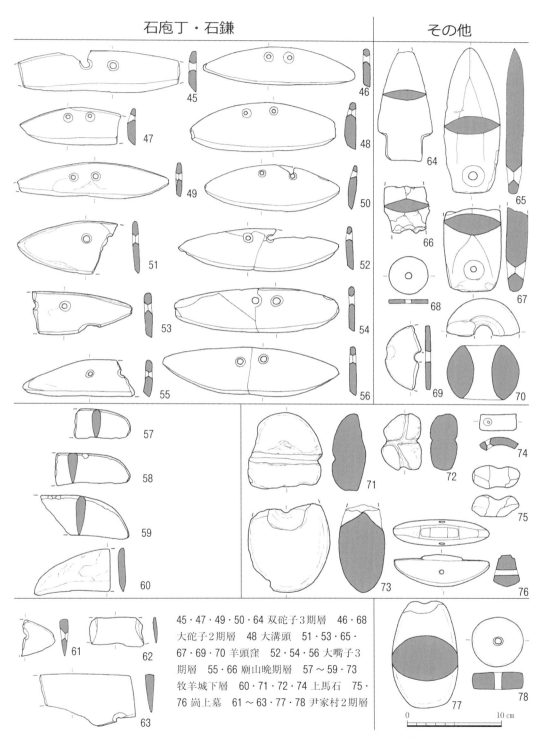

45・47・49・50・64 双砣子3期層　46・68 大砣子2期層　48 大溝頭　51・53・65・67・69・70 羊頭窪　52・54・56 大嘴子3期層　55・66 廟山晩期層　57〜59・73 牧羊城下層　60・71・72・74 上馬石　75・76 崗上墓　61〜63・77・78 尹家村2期層

出典：各報告書より引用・再トレースし作成。磨製石鏃の一部は中村（2005）を参照して研磨痕を加筆。

5. おわりに

　本章では，上馬石貝塚出土の磨製石器の時期的位置づけについて，遼東半島先史時代の磨製石器群の時期的変遷を概観することを通じて述べてきた。本章で検討した内容は先行研究の成果に依るところが多く，分析・考察が不十分である点は否めない。また筆者の検討は，日本学術振興会による上馬石貝塚1941年調査出土品を除いて報告書の記述と図版のみに基づくものであり，遺物の詳細な実見観察を経たものでない。特に無茎式石鏃の製作技法や石庖丁の刃部形態などは報告書の図版からは判断が困難なことが多い。実見観察資料の蓄積は今後の課題である。本章が遼東半島における先史時代研究の一助となり，今後さらに研究が深化することを期待して擱筆したい。

注
1) 本章でいう石庖丁は打製石庖丁を含まず，磨製石庖丁のみを指すものとする。大多数は孔が2つのもので，3つのものが少量確認される。
2) 分析において未完成品は除外している。
3) 石庖丁の破損品のうち孔が2つあり側縁部までの長さが分かるものに関しては，左右対称形と仮定して以下の方法で復元全長を算出した。復元全長 = a + b（右図参照）。
4) 文家屯遺跡1942年発掘資料について宮本一夫は呉家村・郭家村3層期と捉えているが（宮本・村野2002，77-78頁），筆者は中村（2005）を参照して小珠山上層期に含めている。時期的変遷の傾向性に大きな影響は生じないものと考える。
5) ただし，γ型の中に双砣子1期に該当する単砣子遺跡包含層出土のものが1点存在する。平面形態は上馬石上層期の楼上墓M9出土のもの（図142-21）に類似する。
6) 型式による法量差が影響したと考えられる。すなわちα型からβ型，γ型へと全長が縮小しているとみられる。
7) t検定とは，帰無仮説が正しいと仮定した場合に，統計量がt分布に従うことを利用する統計学的検定法である。2つの集団の平均値に有意差があるかどうかを判断する検定に用いられる。

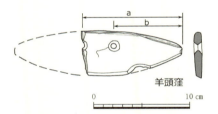

出典：報告書より引用・再トレースし作成。

石庖丁全長の復元方法（縮尺1/4）

謝辞
　本章の執筆の機会を与えてくださり，演習発表や本書の作成・編集作業などを通じて日常的にご指導をいただいております宮本一夫先生にまず感謝申し上げます。また本章の内容について，上條信彦・齊藤希・白石渓冴・田尻義了・中村大介・古澤義久・三阪一徳の諸先生・諸氏からも多くの有益な御教示と御協力を賜りました。末筆ではありますが御世話になった皆様に深く御礼申し上げます。
　なお本章は，平成25年度財団法人髙梨学術奨励基金の研究助成および2012年度の韓国政府（教育科学技術部）の財源により韓国学中央研究院の支援を受けて遂行した研究によるものである（AKS-2012-BAZ-2102）。

第8章　上馬石遺跡の石器・骨角器の製作痕・使用痕観察

上 條 信 彦

1.　はじめに

　水稲農耕文化の拡散と受容を探るうえで，山東半島から朝鮮半島へ通じるルートは有力なルートのひとつである。特に遼東半島は地理的にその中間に位置しており，農作物だけでなく弥生文化へつながる技術や文化が大陸から半島へどのように受容されていったのか議論されている。上馬石遺跡における製作痕あるいは使用痕の確認できた資料としては，石庖丁，石鎌，石鏃といった磨製石器のほか，砥石，石錘，磨棒などの礫石器，そして骨角器が挙げられる。

　遼東半島における石庖丁・石鎌は形態的には，膠東半島や中国東北部との関連が指摘されているものの，機能・用途的な観点からの検討はほとんど行われていない。また，磨製石鏃と骨角器については，製作技術に関する系譜関係を知るうえで，詳細な製作痕の観察は不可欠である。

　よって本章では，上馬石遺跡の石鎌，石庖丁，磨棒の使用痕に関するデータを提示するともに，これらの石器の機能・用途の推定を試みたい。また磨製石鏃と角剣に対しては，製作痕を検討し，隣接地域との比較可能なデータを提示したい。

2.　使用痕観察の資料とその方法

　観察した資料は九州大学大学院人文科学研究院考古学研究室保管の石鎌4点，石庖丁3点，磨棒2点，台石2点，磨製石鏃4点，角剣2点である。形態・出土状況などの詳細については，第4章を参照していただきたい。

　観察法は，低倍率法（総合倍率10〜30倍）と高倍率法（総合倍率150〜300倍）を用いた。低倍率法は，一眼レフカメラにマクロレンズアダプターを装着して観察・撮影を行った。高倍率法は資料を中性洗剤で洗浄後，キーエンス社製デジタルマイクロスコープ VHX - 2000 を用いて観察した。観察は鉱物上の磨耗痕，線状痕，破損，光沢の状態を観察した。観察の際，石鎌・石庖丁に対しては，使用痕光沢の有無とその強度と範囲，線状痕の方向を記録した。観察は5mm間隔で検鏡し，分布図を作成した。使用痕光沢の分類は，阿子島（1989）を参考にした。このうち観察された使用痕光沢面は，AタイプとBタイプであった。Bタイプは，Aタ

イプの発達の初期に現れることが指摘されている（斎野2001）。強度の分類は，斎野（2001，18頁）および高瀬・庄田（2004，161頁）を参考に，3段階に設定した。

　段階の詳細は，Bタイプの30〜100μmの光沢面が認められる範囲を「弱」，100μm以上の光沢面を一部でも含む範囲を「中〜弱」，Aタイプと認められる100μm以上の光沢面が連接している範囲を「やや強」とした。刃縁の磨耗については，刃縁から1mm以上認められる場合を強，0.5〜1mm未満の場合を弱，とした。

　なお，石鎌・石庖丁は，刃部が形成されている面をA面，形成されない面をB面とした。両面刃の場合は，刃面の広い面をA面とした。石鎌については，基部を右側に配置した。

3. 石鎌の観察結果（図143）

(1) 石鎌の形態

　石鎌の部位と名称は斎野（2001）に従った。石鎌は製作法と刃部形状で2区分可能である。1つは，内湾刃で，背部を敲打整形した後，薄い剥片を研磨して刃部としている（内湾刃鎌）（図143-1・2）。刃部を形成している面（刃付け）は，A面とB面両面にある。刃の奥行きは両面とも8mmほどである。縦断面はA面・B面対称である。A・B面ともに刃部以外の主面はほとんど研磨されていない。破片ではあるが，形状から長さ12〜15cm，幅4〜6cm，厚さ7mmと推定される。

　もう1つは，直刃でA面・B面ともに主面・刃部・背面ともに研磨によって形成されるものである（直刃鎌）（図143-3・4）。大型の横形剥片を用いており，刃付けはA面のみの片面刃である。刃部と主面の稜線は不明瞭で奥行き1.5cmほどで内湾刃鎌よりも奥行きがある。長さ10〜13cm，幅4〜6cm，厚さ1.7cmで内湾刃鎌よりも小型で厚みがある。刃部角（研磨によって形成された刃部の角度）は，内湾刃鎌が18°と36°である。直刃鎌は，30°と64°で内湾刃よりも鈍角である。

(2) 使用痕観察の結果

a) 磨製石鎌（474，図143-1）

　内湾刃で刃部残存長5.5cmである。基部と先端を欠く。A・B面ともに刃縁中央から基部よりに磨耗が発達している。A面刃部は，刃縁から1mm程の範囲にAタイプの「やや強」のパッチ状の光沢面が認められる。そのほかの刃面には，縦横両方向の線状痕と「中〜弱」の光沢面が広がる。線状痕は一定方向で鋭く鋭利である。また線状痕内部までには光沢が及ばない。B面刃部は刃縁から5mm程の範囲に「やや強」の光沢面が認められ，その上部の磨耗面に「中〜弱」程度の光沢面が認められる。刃部以外の磨耗や光沢は弱い。刃縁は基部から長さ3cm程が強い磨耗がみられ，先端に近くなるにつれ磨耗が弱くなる。強い磨耗が確認できた

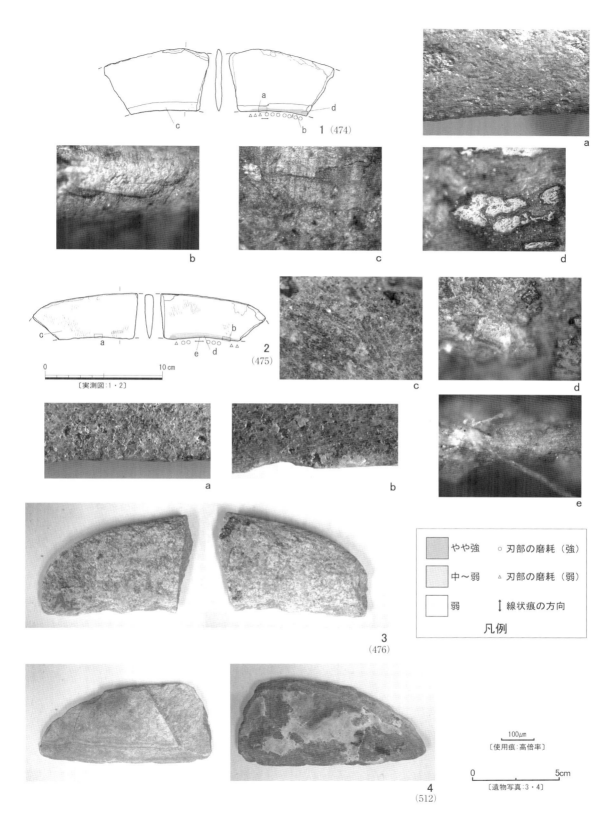

図143 上馬石遺跡石器使用痕（石鎌）

219

範囲には，刃先に直交する線状痕がある。線状痕は波打ったようにみえ，その内部は磨耗し，光沢が及ぶ。先端に近い刃縁の弱い磨耗痕には，刃先に並行する線状痕が発達する。線状痕の内部にまで光沢が及ぶが，基部側にみられる線状痕に比べ，磨耗が弱く，細く鋭利にみえる。

　　b）　磨製石鎌（475，図143-2）

　内湾刃・刃部残存長6.2cmである。基部と先端を欠く。A・B面ともに刃縁中央から長さ3.5cmの範囲がやや凹み，磨耗が顕著である。A面刃部は刃縁から1mm程までの範囲に「中〜弱」の光沢面がみられる。B面刃部は刃縁から3mm程までの範囲にAタイプの「やや強」の光沢面が認められる。その上部や基部，先端側に向かって「中〜弱」の光沢面へ変化する。A・B面ともに刃部以外の主面には研磨によるとみられる線状痕が観察される。線状痕は一定方向のまとまりが複数みられ，引っかき傷状に細く鋭利である。光沢は認められない。刃縁は強い磨耗が確認できた範囲には，刃先に並行する無数の線状痕がある。線状痕は磨耗し，内部にまで光沢が及ぶが，細く鋭利にみえる。

　　c）　磨製石鎌（476，図143-3）

　内湾刃・刃部残存長7.5cmである。基部を欠く。A・B面の主面には研磨痕とみられる縦，斜め方向の鋭利な線状痕が確認できる。A・B面ともに刃縁は磨耗しているものの，光沢面や線状痕は確認できなかった。特にA面側の刃部は剥落が激しい。剥落は長い弧状を呈している。

　　d）　磨製石鎌（512，図143-4）

　直刃・刃部残存長10.3cmである。基部が大きく剥離しているものの，全体形は復元可能である。刃部のみ研磨されている。刃縁は5ヶ所ほどの小さな剥落が認められるものの，磨耗は弱く線状痕や光沢は確認できない。B面の主面は土壌のカルシウム分に覆われているため，使用痕の観察はできなかった。

（3）　石鎌の機能と用途の推定

　4点の石鎌の観察の結果，形状と製作技法から，剥離整形を伴い刃部のみ研磨整形された両面刃の内湾刃鎌（図143-1・2）と，大型剥片を研磨し片面に刃をつけた直刃鎌（図143-3・4）の2形態が認められ，双方は使用痕においても違いが認められた。

　まず，2点の内湾刃の石鎌（図143-1・2）には，使用痕光沢が認められた。その刃部の使用痕光沢は，A・Bタイプの光沢が主体で，石鎌の対象物は，光沢タイプからイネ科植物と推定される。特に，光沢の強度が「弱」から「やや強」と幅広く刃面全体に広がることから，対象物と刃面がかなり強く接触していたことが分かる。

　使用痕の分布パターンについては，A面よりもB面の方が磨耗痕や光沢面が発達していた。線状痕は刃部中央が刃縁に直交するものがみられたが，先端に向かって刃縁に平行する。なお，

刃部角は，「穂摘み」が想定される石庖丁よりも鋭角である。

　なお，実験使用痕分析の結果を参考にすると，刃部を平行方向に操作し引き切るように切断した場合，刃縁に沿って光沢が形成され，A・B面対称の分布を示し，線状痕が刃縁と平行するものが多くなる（原田2003・御堂島2005）。また復元石鎌の使用実験では，穂刈りでは刃縁に直交する線状痕とBタイプの使用痕光沢が認められ，刈り取りの際，下にした面に光沢面が形成されやすい（斎野2001）。また，根刈りでは刃縁に平行する線状痕とA・Bタイプの光沢面が認められる。A・B面で光沢の発達程度はほぼ同じ傾向にある。

　以上の実験の成果をふまえ，今回分析した内湾刃鎌を比較すると，用途としては，右手で持って左手で対象物を押さえ，刃縁を対象物に斜めあるいは平行にあてて，手前方向へ動かす刈り取りが推測される。特に，刃部角の緩やか面に発達した光沢面が広がることから，この面を下にしたとみられる。また，根刈りよりも穂刈りの方が効率的と考えられる。

　次に，2点の直刃鎌（図143‐3・4）は，光沢が弱く，線状痕も観察されなかった。着柄したと想定すると，柄と刃縁との角度が90°に近く，鈍角であった内湾刃の場合とは異なる。また刃部は刃部角50°以上の片刃で，石庖丁とほぼ同様の特徴をもつ。したがって，前者の内湾刃鎌とは対象・使用法ともに異なっていたと考えられる。さらに基部下縁の平坦面は長さ2.5cm程と短く，基部の主面との顕著な使用痕の差も認められないことから，木柄が装着されず，握持による作業が推定される。

　なお，遼西・遼東地域では夏家店下層並行期から石鎌が増加する。本遺跡では両面刃の内湾刃鎌がA区下層，片面刃の直刃鎌がA区上層とC区から検出されている。両面刃の内湾刃鎌は前西山遺跡（遼寧省文物考古研究所ほか2003）など遼西地域に数多く分布する。

4.　石庖丁の観察結果（図144）

(1)　形態と使用痕の観察結果

　石庖丁の形態は杏仁形・半月形・長方形に大別される。うち本遺跡で製品として確認したのは杏仁形と長方形である。533は側面が剝離整形されたままで研磨されていない。また使用痕もない。穿孔部から破損しているため，製作中の穿孔した際，破損してしまったものとみられる。536は外形が剝離整形したのち両面から穿孔している。A面の刃部に相当する部分はB面から加撃したとみられ，A面に剝離面が広がる。穿孔部は2孔で，左右にあるものの，貫通していない。研磨や刃付けはされておらず，使用痕もない。したがって，剝離整形後，穿孔途中に製作を放棄してしまったものとみられる。このように石庖丁は未成品から，剝離整形→穿孔→研磨の順で製作されていたことが分かる。図144‐5（537）は磨製・片面刃である。1/3程度しか残存していないものの，外形は杏仁形を呈すとみられる。B面の穿孔下の中央部には敲打によって楕円の凹形の抉りが入れられている。刃部角は，45°である。

使用痕観察は，未成品の533・536を除いた，537のみを行った（図144‐5）。なお観察は欠損のため一部にとどまった。A面刃部には刃縁から5mmほど奥に高所を中心に「中〜弱」程度の光沢面が分布する（a）。光沢面はやや鈍く，100μm以上に拡大しているものは少ない。光沢面には刃縁に直交する線状痕がみられる。線状痕の内部は磨耗しており，光沢が及んでいる。B面には光沢が主面の下半部に広がる。光沢は「弱」程度でぼんやりしており，原面をもったまま高所のみ丸味を帯びる（b）。光沢が低所にまで及んでいる。穿孔部はA面の上面を中心に稜部が磨耗している。

(2)　石庖丁の機能と用途

今回観察を行ったのは破片資料1点のみであった。そのため，対象物の推定は難しい。

本分析における石庖丁表面の使用痕については一部分しか検討できなかったが，他の事例を参考にすると，A面あるいはB面の穿孔部の凹み下から中央部・左側の上方へ光沢面が分布する。線状痕が刃縁に直交する，という特徴が認められ，本資料もその一部に該当する。

このような特徴をもつ使用痕は，日本列島の石庖丁に多く認められるもので，「穂摘み」による使用法が想定されるものである（原田2003など）。穂摘みは主面に対象物を押さえつけ，手首をひねることで，刃部と直交方向に対象物を切断する。このため右手で使用した場合は，上面の主面左側に光沢面がみられる。分析ではおそらくB面を上面にしていたとみられる。刃面のほとんどは，弱い光沢面が認められるか光沢が認められない場合が多く，研ぎ直しによって光沢面の発達程度が低かったためと考えられている。

次に穿孔部で確認された磨耗については，孔紐との接触によって形成されたと想定される。A面側からみると，孔が中央内側から上部を中心に発達していた。したがって，紐を掛け，手首や指に通していたと想定される。

このように，本遺跡の石庖丁の使用痕分析の結果，使用痕を観察することができた。今回観察することのできた資料は数少ないため，量的なパターンをみいだすことは難しい。しかし，確認された使用痕の特徴や分布は，韓国の事例でも認められ，紐孔の状況や上下面の使用法にも共通点がみいだせる。

また，石庖丁の形態変化と使用痕との関連をみると，537は形態や使用痕の特徴は，山東半島龍山期以降に多く認められる杏仁形の石庖丁と類似しており（上条2008），使用方法の共通性がみいだせる。

5.　磨棒の形態と使用痕の観察結果（図144）

明瞭な磨耗面と整形から定型的な磨棒と判断されるのは2点のみである（481・499，図144‐6・7）。いずれも左右どちらかの端部付近の破片である。短軸断面形は図144‐6が半円形，図144‐7が丸形で，図144‐7の方が細身で棒状を呈す。

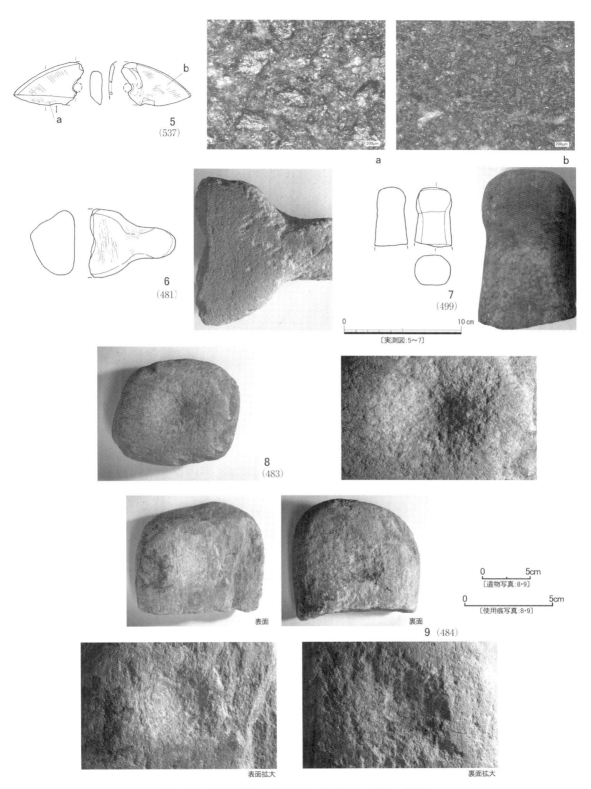

図 144　上馬石遺跡石器使用痕（石庖丁・磨棒・台石）

図144-6は端部を敲打整形することにより，柄部を形成している。このような柄部が作り出された磨棒は近隣地域をはじめ，遼東半島でも数少なく，この地域独特の形状といえる。磨棒の磨耗面はほとんど発達しておらず，敲打整形痕も明瞭に認められる。磨耗面には磨棒短軸方向の線状痕が認められる。線状痕は細く鋭いことから，硬質物との摩擦によって形成されたものとみられる。光沢は鉱物の高所に点状に認められる程度で，面的には拡大していない。

図144-7は中央から端部の抉り部まで敲打痕が全面に広がっており，磨盤と接触する範囲を敲打によって整形していたことがうかがえる。磨耗面はほとんど発達しておらず，使用痕は不明瞭である。

このように使用痕観察の結果，2点の磨棒は使用痕が顕著でないことから製作途中に破損したか，製作後の使用から短い間に破損したと考えられる。形状面について，図144-6のように抉りに入れて柄部を作り出す磨棒は初見であるが，図144-7のような棒状礫を整形して端部を作り出す磨棒は多数みられる。図144-6は端部を作り出すという点では図144-7と同じ意識がうかがえる。

使用方法は図144-6の磨棒の短軸方向に走る線状痕の向きが，使用時の磨棒の動作方向を示すと考えた場合，両手でつかんだ磨棒を手前から奥へ前後に往復させたとみられる。このことから，対象物を「擦る」ことによって機能を果たしていたことが推定される。なお，加工対象物は光沢面が確認できなかったことから不明である。

磨棒の形態的変遷をみると，図144-7のような棒状の磨棒は黄河中流域の磁山文化や遼西地域の興隆窪文化など中国北部で出現した後，紅山文化並行期の遼西・遼東地域の広い範囲に分布する。ただし，朝鮮半島の漢江流域以南での分布は希薄である。遼東半島では北呉屯遺跡（小珠山下層期）（遼寧省文物考古研究所ほか1994）や長興島三堂村（小珠山上層期）（遼寧省文物考古研究所ほか1992）に類例がある。双砣子1期以降，磨棒はほとんどなくなる。大嘴子遺跡では双砣子3期に属すとみられる磨棒が報告されているが，磨耗面を形成しておらず，自然礫の可能性がある（大連市文物考古研究所2000）。なお遼西地域では夏家店上層期に今回観察した磨棒と同じ形態の短軸断面が半円形を呈す磨棒が散見される。したがって，A区上層検出の磨棒（図144-6）もこうした地域的影響を反映している可能性がある。

6. 凹みのある台石の形態と使用痕の観察結果（図144）

A区上層検出の2点の観察を行った（483・484，図144-8・9）。円板状の礫中央部に径5cmほどの凹みのある石器である。重さ900～1,000gほどと，手に持って使用することが難しいため，形態と重さから台石として使用したとみられる。凹みは表・裏面の中央に1ヶ所ずつある。凹みは円形で深さ1cmの断面レンズ状できわめて定形的である。

使用痕は肉眼では明瞭な光沢面と線状痕が確認できなかったため，5～10倍程度の低倍率法で観察を行った。図144-8・9とも，凹みの内面は全面に満遍なく敲打による凹凸があり，

1ヶ所に集中しない。なお，実際にハンマーとして使用した実験では，敲打痕は1ヶ所に集中し凹凸が広がることはない。また凹み内面の敲打によって形成された凹凸の高所がかなり磨耗している。図144－9の裏面は敲打による凹みが浅く，敲打痕の凹凸が比較的はっきりみえる。この凹み内面も中央が磨耗している。

　したがって，これらの台石は敲打によって意図的に窪められ，その後，この凹みの中で何らかの作業を行った結果，敲打痕の上が磨耗したと推測される。磨耗痕には線状痕がなかったことから，この中で研磨作業を行ったとは考えにくい。磨耗痕は凹み内面の凹凸を摩滅させるほど発達していない点や光沢面が認められない点から，少なくとも対象物は石材と同じぐらいかより軟質であったことが予測される。

　さて，このような定型的な凹みをもった台石や凹石は，小珠山下層期から認められる。特に双砣子3期以降，大嘴子遺跡など台石状の大型品が増加する。さらに朝鮮半島では，寛倉里遺跡B・G地区（李弘鐘ほか2001）や古南里貝塚（金秉模ほか1991）など青銅器時代前期の半島中南部の沿岸域を中心に，数多くの類例が認められる。遼西・遼東地域では石錘やヤス先状骨角器など沿岸での漁撈活動が活発だったことをうかがわせる遺跡からの出土例が多い。したがって，これらの定型的な凹みのある台石はヤスなどの骨角器製作の際，管骨を打割する際の台石であった可能性が考えられる。その場合，凹凸のある凹みは対象物の滑り止めとしての機能が想定される。

7.　磨製石鏃の形態と製作痕の観察結果（図145）

　磨製石鏃については，製作痕である研磨面の観察を行った。4点の観察（485・486・488・490，図145－10～13）を行った。なお，部位や分類の呼称については中村（2005）に従う。

　図145－10～12は無茎鏃で，鏃身形態は長柳葉形である。基部形態は図145－10が三角形で，図145－11・12は平坦である。図145－13は有茎鏃で鏃身形態は曲線刃とみられる。関部形態は撫関式であるが，茎部は欠損している。いずれも薄板状の頁岩や片岩が用いられている。

　研磨面を観察すると，図145－10～12とも刃部の断面は内湾し刃縁に並行する線状痕が認められる（a）。鏃身中央は図145－10～12とも斜研磨であることが分かる（b）。研磨痕の線状痕は細く鋭い。図145－11の鏃身中央は摩滅しており，矢柄に装着されていたことがうかがえる。図145－13も刃縁に並行する線状痕がみられる。鏃身中央は無茎式と同じように研磨して平坦面を形成している。その研磨方向は斜研磨である。

　図145－10～12は製作痕跡である刃部断面と線状痕の方向が一致することから，擦切技法によって，縦方向の研磨によって刃部を作り出したと考えられる。図145－11・12の平基の長柳葉形鏃の類例は文家屯遺跡（宮本・村野2002）など，小珠山上層期から双砣子3期（中国社会科学院考古研究所1996）にみられる。特に文家屯遺跡例は鏃身中央の研磨方向が斜研磨であり，本遺跡例に共通する。

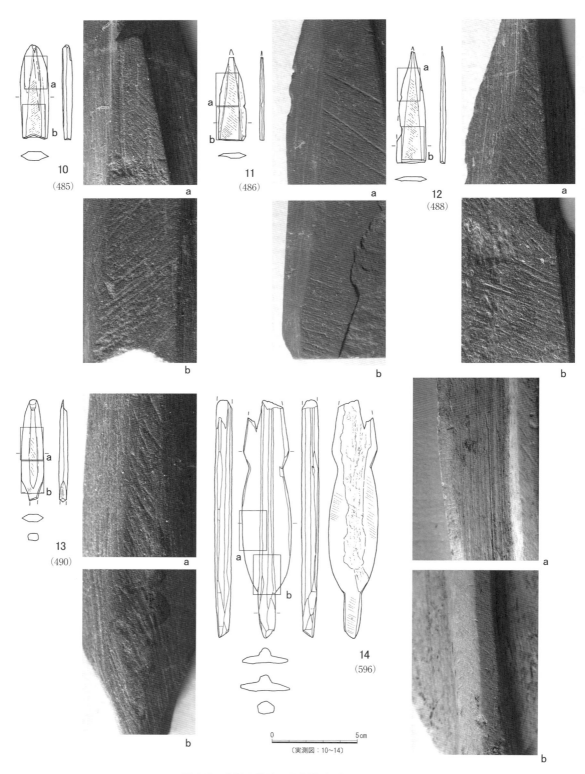

図 145 上馬石遺跡石器製作痕（石鏃・角剣）

第8章　上馬石遺跡の石器・骨角器の製作痕・使用痕観察

　また，図145 - 10の三角基部の長柳葉形鏃は双砣子3期に類例がある。図145 - 13は遼東半島ではほとんどみられない。しかし，図145 - 10・13は素材や刃部の形成方法，鏃身中央に斜研磨による平坦面を形成する点をふまえると，製作技法上図145 - 11・12とほぼ同じ時期に製作された可能性が高い。

8.　角剣の研磨痕の観察結果（図145）

　角剣2点について研磨痕の観察を行った（595・596）。595は全面磨耗しており，研磨痕は観察できなかった。磨耗は均一的で，脊と翼の境界など，普通の使用では磨耗が及びにくい部分まで磨耗している。対照的に596（図145 - 14）はほぼ全面に研磨痕を確認することができる。まず翼には縦方向の研磨痕がみられる（a）。また側縁の刃面には横方向の研磨痕がみられる（a）。次に脊をみると，縦2面に研ぎ分けられていることが分かる（b）。2面とも斜め方向の研磨痕である。研磨痕の線状痕が細く鋭い。線状痕の形や幅，密度は磨製石鏃の研磨痕に類似しており，同じ砥石が用いられた可能性が高い。さらに，面中央部を斜研磨にする点はC区の石斧など磨製石器にも共通する。したがって，骨剣と磨製石器は同じ技法で製作されており，製作者の共通性がうかがえる。

227

第9章　上馬石貝塚出土土器圧痕調査の成果

小 畑 弘 己

1.　調査対象資料と調査法

（1）　調査対象と調査の体制

今回，土器圧痕調査の対象としたのは上馬石貝塚 A ～ D 区・西丘東南端崖から出土した土器のうち，李作婷氏によって圧痕調査がなされた復元土器 20 点と土器片 2,388 点を再度調査したものである。調査は 2013 年 6 月 22 日，8 月 5 日，8 月 6 日の 3 日間実施した。また，10 月 14 日に補足のレプリカ作成と写真撮影を行った。圧痕調査は小畑のほか，熊本大学文学部考古学研究室学生（当時）・原梓および岡田有矢が行い，レプリカの作成は小畑と原が行った。種実レプリカの整理と SEM 撮影は鹿児島大学大学院人文社会科学研究科（当時）・真邉彩が行い，図版の作成には熊本大学大学院社会文化科学研究科（当時）・安田未来の補助があった。

（2）　レプリカ法の作業手順

本遺跡で行った圧痕調査および調査後の作業手順は，以下の通りである。なお，レプリカ法の作業手順は，筆者らが採用している印象材（ブルーミックスソフト）以外の手順や材料は比佐陽一郎・片多雅樹両氏が考案した方法（比佐・片多 2005）に基づくものである。

① 肉眼および実体顕微鏡により土器圧痕部を観察し，植物・昆虫・貝等の圧痕の可能性があるものを抽出する。

② 圧痕部を水で洗浄し，土器全体写真および実体顕微鏡による圧痕部の拡大写真を撮影する。

③ 離型剤（パラロイド B - 72 5 ％アセトン溶液）を圧痕部に塗布し，印象材を圧痕部に充填する。

④ やや硬化した印象剤をマウント（走査型電子顕微鏡用ピンタイプ試料台）に盛り，圧痕部と接合して硬化させる。

⑤ 硬化後，レプリカを取り外し，圧痕部の離型剤をアセトンで洗浄する。

⑥ 作成したレプリカを走査型電子顕微鏡（日本電子製 JCM - 5700 型）で観察・撮影し，同定した。

第9章　上馬石貝塚出土土器圧痕調査の成果

　なお，圧痕レプリカの計測には，キーエンス社製デジタルマイクロスコープ VHX‐2000 の二点間測定機能を用い，小数点2桁で表記した。

2.　調査結果と成果（図146～158・表18，19）

(1)　検出した種実圧痕

　検出した圧痕のうちレプリカを作成したのは102点であった。そのうち SEM による観察の結果，何らかの植物種実であると判断した資料は81点であった。その時期別内訳は表18の通りである[1]。最も多かったのはアワであり，総計で54点を検出した。次いでキビ21点，イネ2点である。それ以外にアズキ型種子，ダイズ属種子，ウリ科種子，各1点を検出している。時代別では新石器時代46点，青銅器時代23点，時期不明12点の内訳である。

表18　上馬石貝塚出土土器から検出した圧痕の時期別の種類と数

種	部 位	新石器時代		青銅器時代						時期不明	合 計
		偏堡類型	小珠山下層・双砣子1期	双砣子2・3期	双砣子3期～上馬石A区下層	上馬石A区下層	双砣子3期～上馬石A区上層	上馬石A区上層	上馬石BⅡ区		
キ ビ	有稃果		9	1		2			4	3	19
	穎 果				1					1	2
ア ワ	小軸付有稃果		9							1	10
	有稃果	1	17			1			6	7	32
	穎 果		8		1	1	1	1			12
イ ネ	籾 付			1							1
	玄 米							1			1
アズキ型	種 子					1					1
ダイズ属	種 子				1						1
ウリ科	種 子		1								1
不 明	種 子		1								1
合 計		1	45	2	3	5	1	2	10	12	81

(2)　同定根拠

　上馬石貝塚から出土した主たる種子は，キビ，アワ，イネ，アズキ型種子，ダイズ属種子，ウリ科種子などである。これらの同定基準は以下の通りである。

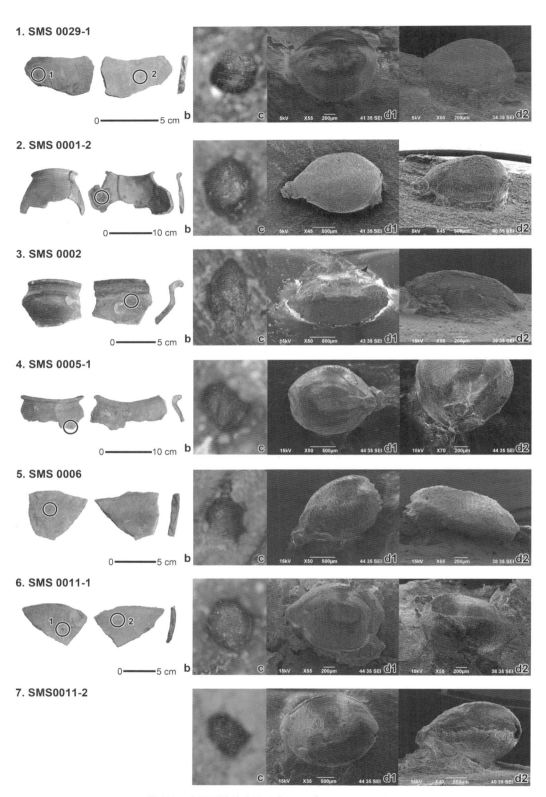

図146　上馬石遺跡土器圧痕・レプリカSEM画像1

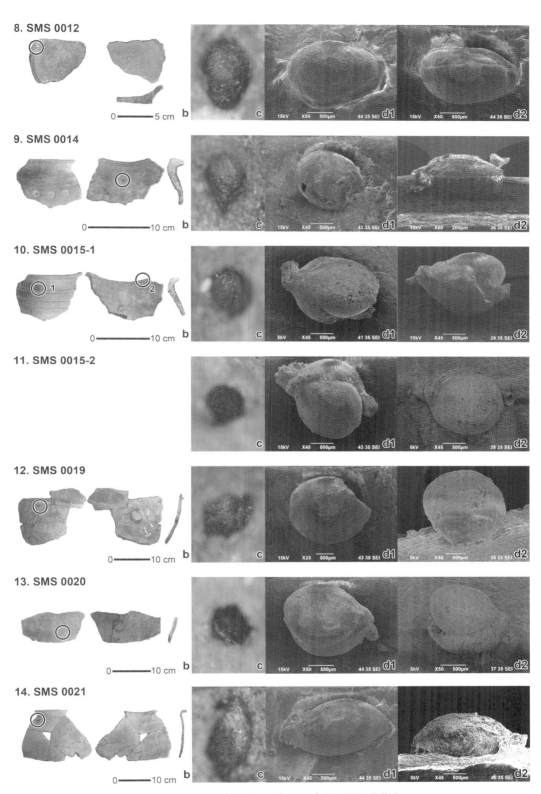

図 147　上馬石遺跡土器圧痕・レプリカ SEM 画像 2

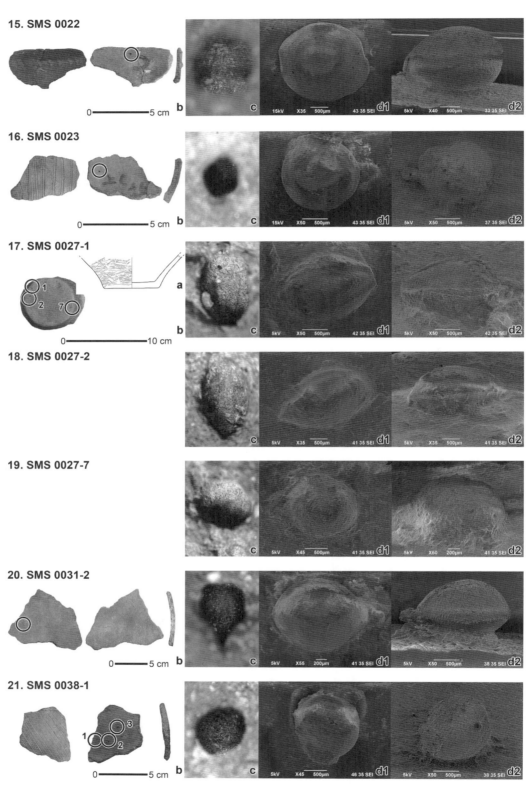

図 148　上馬石遺跡土器圧痕・レプリカ SEM 画像 3

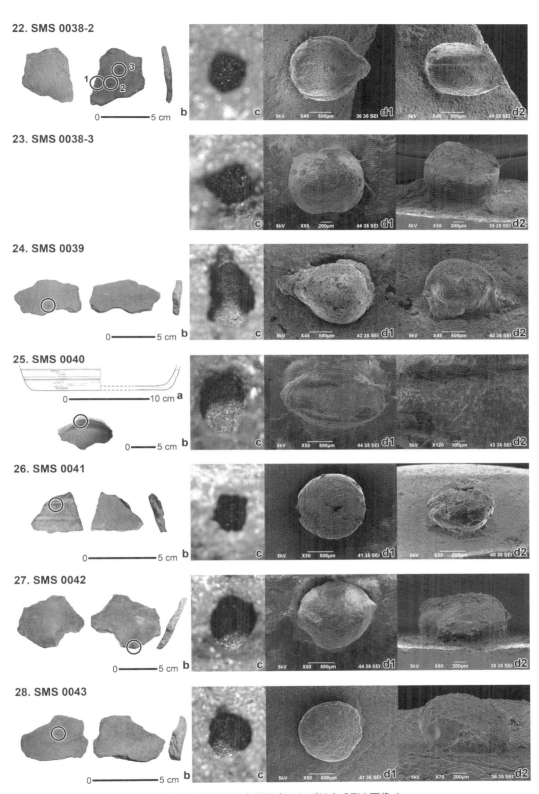

図 149　上馬石遺跡土器圧痕・レプリカ SEM 画像 4

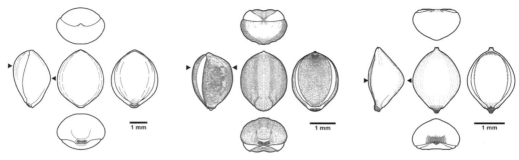

出典：小畑 2013 を改変。

図150　キビ・アワ・ヒエ有稃果の模式図

a）　キビ *Panicum miliaceum*

(図 146 - 7，147 - 12，148 - 15・18，151 - 29・30・33，152 - 40，153 - 44・47，154 - 50〜52，155 - 60・63，156 - 65・68・70，157 - 73，158 - 79・80)

　有稃果は平面観が丸みを帯びた紡錘形を呈し，内外頴表面ともに平滑である。側面観は内頴側が膨らみ（遠藤 2013），外頴の先端は亀の口吻状に突き出ている（中山ほか 2013）。直接の祖先とは考えられていないが，野生種のヌカキビは内頴側へもあまり膨らまず，最大部は内外頴両側とも中位にあるのに対し，栽培キビの場合，側面部での最大部は内頴側が上位に，外頴側が中位にあるのが特徴である。横断面形は内外頴とも丸く張り出すため，楕円形を呈している。大きさは長さで 2.0〜3.0 mm 前後である（小畑 2013）。頴果は正面観が三角形を呈する楕円形で，胚の形は A 形で，正面のおよそ 2/3 まで達する。側面観は逆雨滴形である（椿坂 1993）。

　状態については，ほとんど（約 90％）が有稃果状態のものであるが，頴果状態のもの（図 154 - 50，156 - 70）も含まれている。

b）　アワ *Setaria italica*

(図 146 - 1〜6，147 - 8〜11・13・14，148 - 16・17・19〜21，149 - 22〜28，151 - 31・32・34・35，152 - 36〜39・42，153 - 43・45・48，154 - 53・54・56，155 - 58・59・61・62，156 - 64・66・67・69，157 - 71・72・74〜77，158 - 78)

　有稃果は平面観が丸みを帯びた紡錘形を呈し，基部側が台形状にわずかに突出する。内外頴に乳頭状突起列が存在し，内頴側は外頴と重なる部分が平滑な三日月形となっている。内頴の中央部は溝状に窪む（中山ほか 2013）が，さらに内頴先端部が点状に深く窪む点もアワの同定根拠となろう。この部分は頴果の腹面上部の深い窪みに対応しており，祖先種であるエノコロ

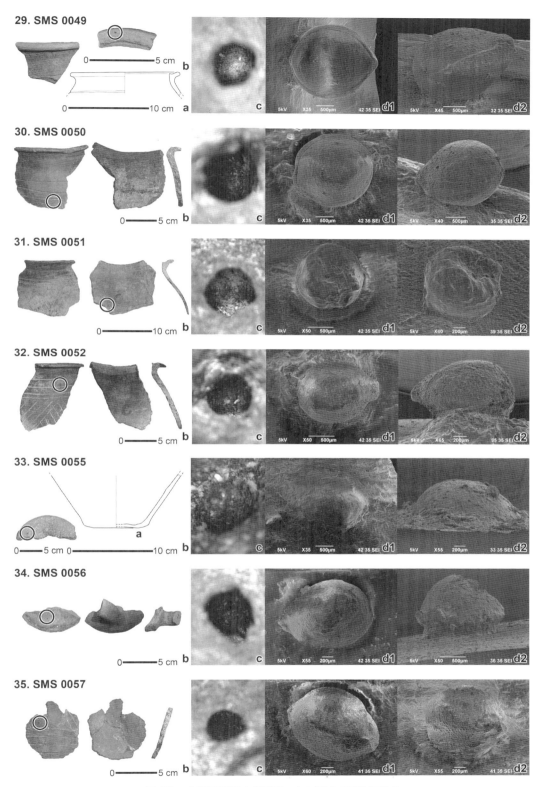

図151　上馬石遺跡土器圧痕・レプリカ SEM 画像 5

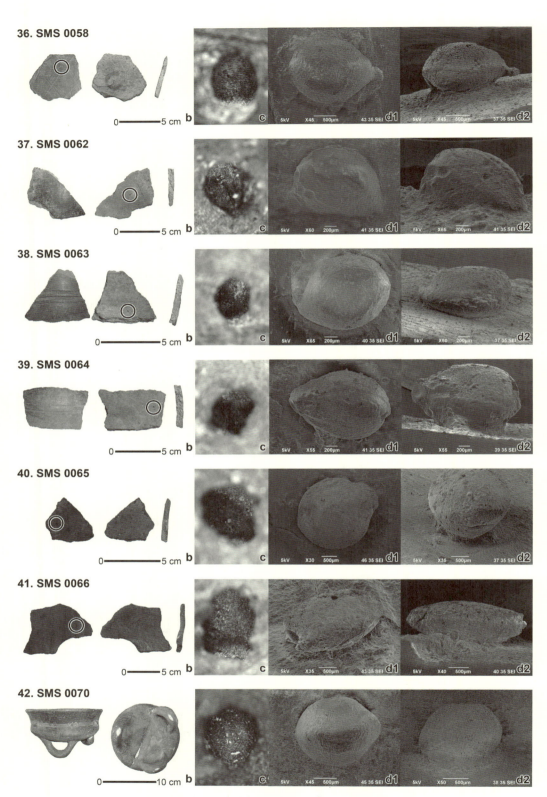

図152　上馬石遺跡土器圧痕・レプリカSEM画像6

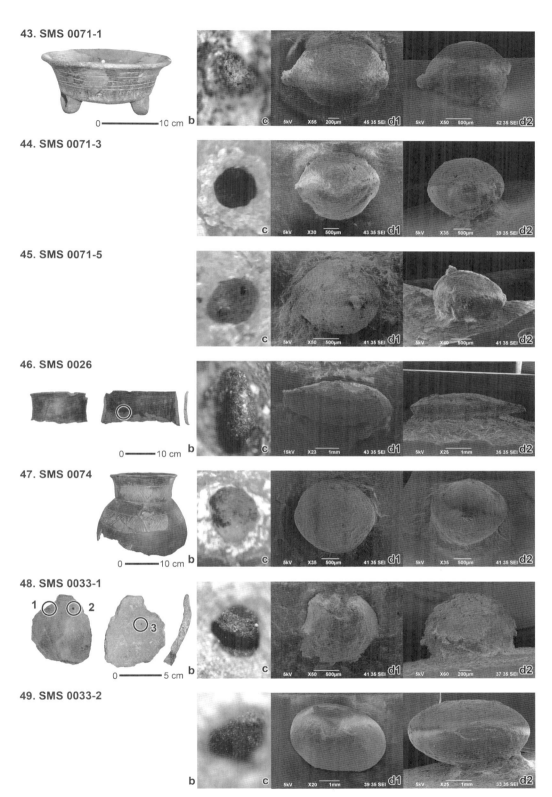

図153　上馬石遺跡土器圧痕・レプリカSEM画像7

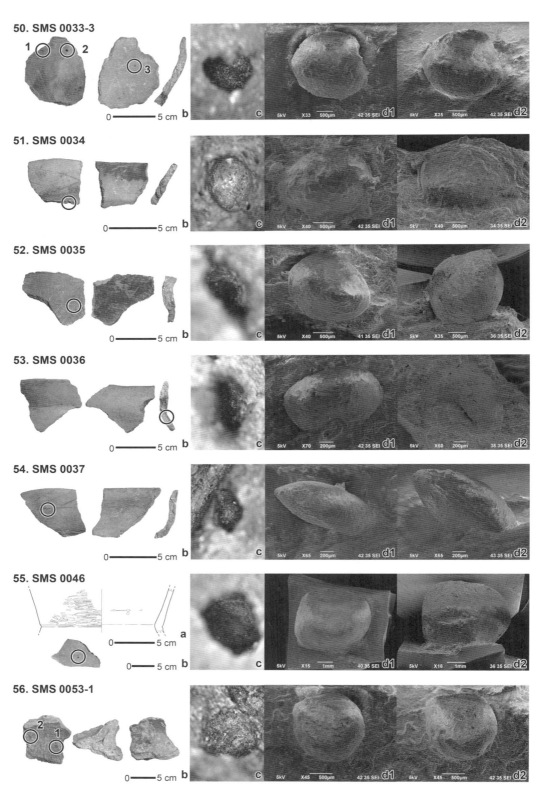

図 154　上馬石遺跡土器圧痕・レプリカ SEM 画像 8

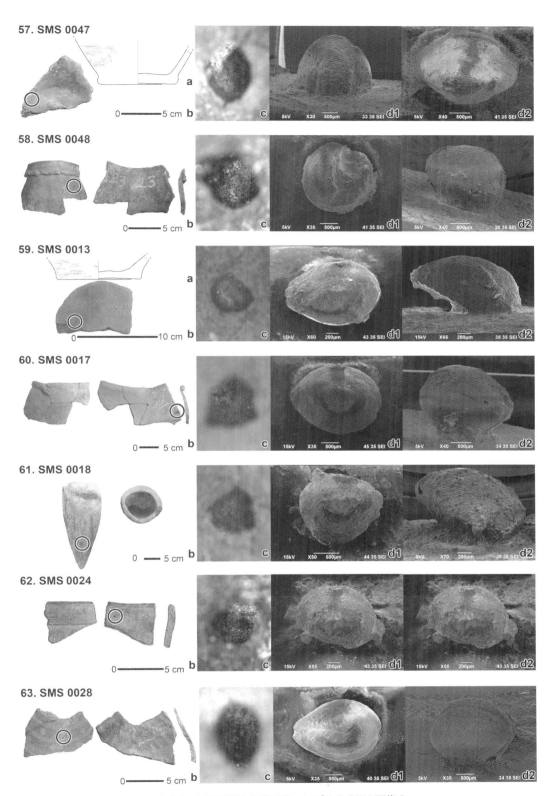

図 155　上馬石遺跡土器圧痕・レプリカ SEM 画像 9

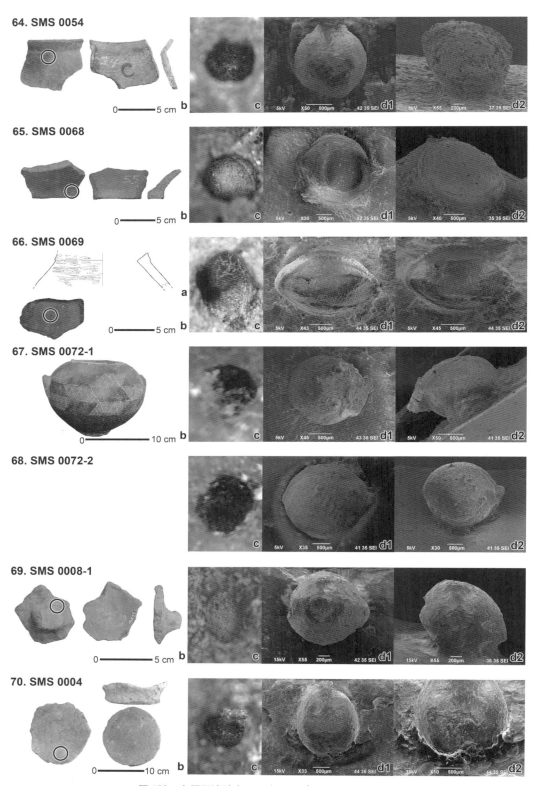

図156 上馬石遺跡土器圧痕・レプリカSEM画像10

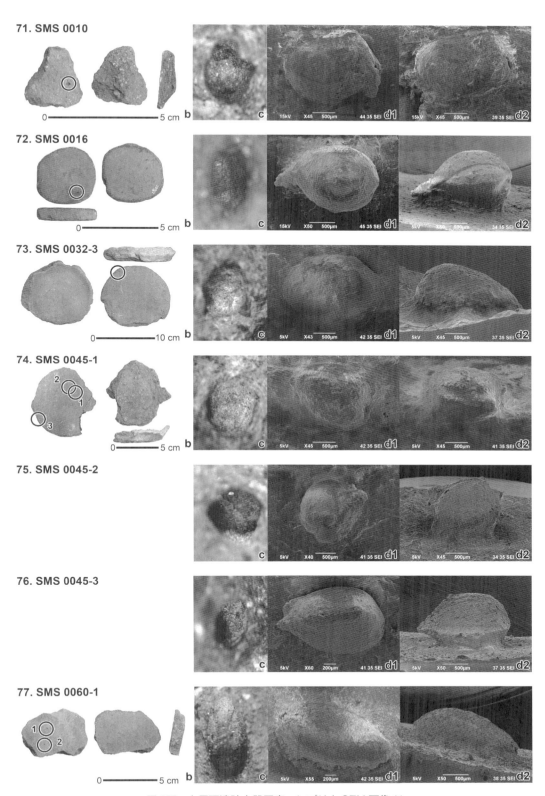

図 157　上馬石遺跡土器圧痕・レプリカ SEM 画像 11

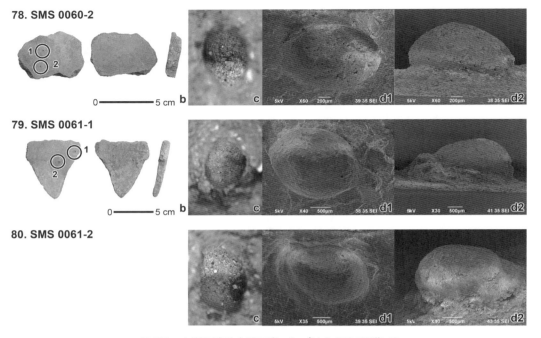

図158　上馬石遺跡土器圧痕・レプリカSEM画像12

グサ *Setaria viridis* の頴果にはこの窪みはほとんど観察できず，内頴上部はわずかに窪むのみである。側面部での最大部は，内外頴両側とも上位にある。エノコログサは内頴側もほぼ平坦で，内頴側の最大部も中位にある。横断面形は内頴側が平坦となるため，鈍角の隅丸の角をもつ五角形状となる。大きさは長さで1.5～2.0 mm前後である（小畑2013）。頴果は正面観が三角形を呈する楕円形で，胚の形はA形で，正面のおよそ2／3まで達する。側面観は逆雨滴形である（椿坂1993）。エノコログサに似た長細い体形をもつもの（図146‐3，147‐14，148‐17，149‐25，154‐54，155‐59，156‐66，157‐77）が含まれているが，それらは，先にみた内頴側の窪みや全体的なプロポーションはアワと同じ特徴を具えており，アワ小穂中にある細長粒と考えられる（小畑2013）。

　状態については，キビに比べて頴果状態のものが多く，その比率は約20％を占めている（図147‐9，148‐21，149‐23・26～28，151‐31，152‐38，153‐48，154‐53，155‐58）。図149‐26は外頴が剥がれ落ち，内頴のみが残った状態の頴果である。残り約80％は有稃果であるが，有稃果に小軸が付着するもの（図146‐3，147‐10・11・13・14，148‐20，149‐24，152‐36，153‐43，157‐72）が含まれており，その中には内外頴が取れかかっているもの（図147‐10・11・13）も含まれている。

c） イネ *Oryza sativa*（図155 - 57）

　果実（玄米）状態の半割れのものである。先端部が平たく，両側面に浅い溝が2条観察できる。現状で，長さ3.4 mm，幅2.5 mmである。李作婷調査のSMS - 20は籾付果実である（第10章参照）。よって，本遺跡のイネは青銅器時代と西周時代に属する。

d） アズキ *Vigna angularis*（図154 - 55）

　外表皮つきの種子で，両端が扁平な俵型を呈し，細長い楕円形のへその圧膜が中央より下よりに観察できる。長さ4.75 mm，幅2.76 mm，厚さ4.19 mmを測る。へその下部に種瘤が観察できることから，アズキ型種子の特徴を具えている。粘土胎土中の水分を吸って膨潤し，土器焼成で縮小したと想定し，圧痕比率（小畑2011）を考慮して，変形前の大きさに復元すると，長さ4.86 mm，幅2.74 mm，厚さ4.12 mmとなる。野生種の特性を残し，膨潤しなかったと想定した場合は，土器縮小率（小畑2011）により5.30 mm，3.08 mm，4.68 mmとなり，さらに大きな値となる。

e） ダイズ *Glycine max*（図153 - 49）

　扁平な楕円形の小口側中央に，突起した楕円形の外周とその内部に細い縦方向の溝がある。この部分はマメ類のへそに相当し，その中でもダイズ属特有のへその形態である（小畑ほか2007）。またその下部に種瘤はなく，このような特徴もダイズ属特有の特徴といえる。長さ4.87 m，幅3.50 mm，厚さ2.72 mmを測る。圧痕比率（小畑2011）により復元すると，長さ3.89 mm，幅3.20 mm，厚さ2.45 mmとなる。野生種の特性を残し，膨潤しなかったと想定した場合は，土器縮小率（小畑2011）により5.44 mm，3.91 mm，3.03 mmとなり，これもさらに大きな値となる。

f） ウリ科種子 Cucurbitaceae（図153 - 46）

　非常に薄い先端のとがる長楕円形の先端両側に切れ込みがある。このような特徴はウリ科Cucurbitaceaeの種子に特有の特徴である。長さ4.61 mm，幅2.16 mm，厚さ1.03 mmを測る。

g） 不明種子（図152 - 41）

　このほか，種を特定できない種子1点を検出した。扁平な長楕円形を呈する。長さ2.93 mm，幅1.92 mm，厚さ0.89 mmを測る。

表19　上馬石貝塚検出の圧痕土器と圧痕の属性

図	番号	資料番号	区	土器番号	精粗	器種	型式/時期	部位	面	圧痕の種類	長さ	幅	厚さ
146	1	SMS 0029-1	西丘東南端崖	428	精	無頸壺	偏堡類型	胴	外	アワ・有稃果・外穎側	1.65	1.47	1.16
	2	SMS 0001-2	C区	267	精	罐	小珠山上層	胴	内	アワ・有稃果・外穎側	1.89	1.32	1.14
	3	SMS 0002	C区	247	精	豆	小珠山上層	胴	内	アワ・細長粒・有稃果・小軸付・外穎側	2.02	1.02	0.77*
	4	SMS 0005-1	C区	232	精	罐	小珠山上層	胴	外	アワ・有稃果・内穎側	1.84	1.42	1.15
	5	SMS 0006			精	壺	小珠山上層	胴	外	アワ・有稃果・外穎側	1.73*	1.20	0.78*
	6	SMS 0011-1			精	台付浅鉢？	小珠山上層	胴	外	アワ・有稃果・内穎側	1.73	1.28	1.07
	7	SMS 0011-2			精			胴	内	キビ・有稃果・内穎側	2.71	2.06	1.60
147	8	SMS 0012			精	甕？	小珠山上層	底	外	アワ・有稃果・外穎側	1.92	1.14*	1.16
	9	SMS 0014	C区	229	精	罐	小珠山上層	口縁	内	アワ・穎果・腹面側	1.52	1.21	0.91
	10	SMS 0015-1	C区	261	精	罐	小珠山上層	口縁	外	アワ・有稃果・小軸付・内穎側	1.80*	1.50	1.47
	11	SMS 0015-2			精	罐	小珠山上層	口縁	内	アワ・有稃果・小軸付・内穎側	1.61	1.37	1.05
	12	SMS 0019	C区	256	精	壺胴部	小珠山上層	胴	外	キビ・有稃果・外穎側	2.34	2.07	1.93
	13	SMS 0020			精	壺	小珠山上層	胴	外	アワ・有稃果・小軸付・内穎側	1.63	1.37	1.24
	14	SMS 0021	C区	260	精	罐	小珠山上層	口縁	内	アワ・細長粒・有稃果・小軸付・外穎側	2.14	1.22	0.97
148	15	SMS 0022			精	壺	小珠山上層	胴	内	キビ・有稃果・外穎側	2.59	2.28	1.94
	16	SMS 0023			精	壺	小珠山上層	胴	内	アワ・有稃果・内面側	1.57	1.50	1.23
	17	SMS 0027-1							外	アワ・細長粒・有稃果・内穎側	2.02	1.30	1.01
	18	SMS 0027-2	C区	455	精	壺底部	小珠山上層	底	外	キビ・有稃果・外穎側	3.01	1.68	1.11*
	19	SMS 0027-7							外	アワ・有稃果・外穎側	1.59	1.38	0.99*
	20	SMS 0031-2			精	壺	小珠山上層	胴	外	アワ・有稃果・小軸付・外穎側	1.89	1.41	1.14
	21	SMS 0038-1			精	壺	小珠山上層	胴	内	アワ・穎果・腹面側	1.43*	1.37	1.03
149	22	SMS 0038-2			精	壺	小珠山上層	胴	内	アワ・有稃果・内穎側	1.56*	1.40	1.23
	23	SMS 0038-3						胴	内	アワ・穎果・腹面側	1.11	1.32	1.11
	24	SMS 0039			精	壺	小珠山上層	胴	外	アワ・有稃果・小軸付・外穎側	1.71	1.41	1.12
	25	SMS 0040	C区？	454	精	三環足器	小珠山上層	胴	内	アワ・細長粒・有稃果・内穎側	2.02	1.20	0.89
	26	SMS 0041			精	壺	小珠山上層	胴	外	アワ・内穎残存・穎果・内穎側	1.38	1.36	1.01
	27	SMS 0042			精	壺	小珠山上層	胴	内	アワ・穎果・背面側	1.49*	1.30	1.09
	28	SMS 0043			精	壺	小珠山上層	胴	外	アワ・穎果？	1.30	1.25	0.80
151	29	SMS 0049	D区	453	精	罐	小珠山上層	口縁	内	キビ・有稃果・内穎側	2.49	2.13	1.73
	30	SMS 0050	C区	274	精	罐	小珠山上層	胴	外	キビ・有稃果・内穎側	2.24	2.08	1.64
	31	SMS 0051	C区	266	精	罐	小珠山上層	胴	内	アワ・穎果・背面側	1.34	1.25	1.06
	32	SMS 0052	C区	271	精	罐	小珠山上層	口縁	外	アワ・有稃果・外穎側	1.64	1.25	1.01
	33	SMS 0055	C区	459	精	筒形罐底部	小珠山上層	底	外	キビ・有稃果・内穎側	2.01*	1.94	1.05*
	34	SMS 0056			精	脚付浅鉢	小珠山上層	底	内	アワ・有稃果・外穎側（発泡状態？）	1.51*	1.41	1.12
	35	SMS 0057			精	壺	小珠山上層	胴	外	アワ・有稃果・側面側	1.54	1.35	1.05
152	36	SMS 0058			精	壺	小珠山上層	胴	外	アワ・有稃果・小軸付・外穎側	1.81	1.43	1.26
	37	SMS 0062			精	壺	小珠山上層	胴	内	アワ・有稃果・頭部側	1.62*	1.2+a	0.85*
	38	SMS 0063			精	壺	小珠山上層	胴	内	アワ・穎果？	1.50	1.21	1.01
	39	SMS 0064			精	壺	小珠山上層	胴	内	アワ・有稃果・内穎側	1.86	1.31	1.15

第9章　上馬石貝塚出土土器圧痕調査の成果

図	番号	資料番号	区	土器番号	精粗	器種	型式／時期	部位	面	圧痕の種類	長さ	幅	厚さ
152	40	SMS 0065			精	壺	小珠山上層	胴	内	キビ・有桴果・外穎側	2.66	2.12	1.75
	41	SMS 0066			精	壺	小珠山上層	胴	外	不明種子	2.93	1.92	0.89
	42	SMS 0070	C区	236	精	三環足器	小珠山上層	底	外	アワ・有桴果・外穎側	1.82	1.45	1.16
153	43	SMS 0071-1							内	アワ・有桴果・小軸付・外穎側	1.61	1.20	0.96*
	44	SMS 0071-3	C区	237	精	三環足器	小珠山上層	胴	外	キビ・有桴果・内穎側	2.65	2.20	1.67
	45	SMS 0071-5							外	アワ・有桴果・外穎側	1.80	1.55	1.38
	46	SMS 0026	C区	254	精	広口壺	双砣子1期	口縁	内	ウリ科種子・側面側	4.61	2.16	1.03
	47	SMS 0074	C区	288	精	広口壺	双砣子1期	口縁	内	キビ・有桴果・外穎側	2.43	2.12	1.69
	48	SMS 0033-1	A区	41	精	鉢	双砣子3期～上馬石A区下層	口縁	外	アワ・穎果・背面側	1.50	1.43	1.15*
	49	SMS 0033-2							外	ダイズ属・種子・側面側	4.87	3.50	2.72
154	50	SMS 0033-3	A区	41	精	鉢	双砣子3期～上馬石A区下層	口縁	内	キビ・穎果・腹面側	2.28	2.10	1.41
	51	SMS 0034	A区	8	精	短頸壺	上馬石A区下層	口縁	断	キビ・有桴果・側面側	2.22	1.66*	1.51
	52	SMS 0035	A区	2	精	広口壺	上馬石A区下層	肩	断	キビ・有桴果・基部側	2.54	2.11	1.75
	53	SMS 0036	A区	10	精	短頸壺	上馬石A区下層	肩	断	アワ・穎果・頭部側	1.34*	1.29	0.86
	54	SMS 0037	A区	17	精	鉢形口縁壺	上馬石A区下層	口縁	外	アワ・細長粒・有桴果・側面側	1.77*	1.02	0.64
	55	SMS 0046	A区	456	精	短頸壺	上馬石A区下層	口縁	内	アズキ・種子・側面側	4.75	2.76	4.19
	56	SMS 0053-1			精	鼎	双砣子3期～上馬石上層	脚	断	アワ・有桴果・内穎側	1.60	1.52	1.18
155	57	SMS 0047	A区	458	精	罐底部	上馬石A区上層	底	内	イネ・果実・頭部側	1.91*	2.58	1.95
	58	SMS 0048	A区	76	精	粘土帯罐	上馬石A区上層	口縁	外	アワ・穎果・腹面側	2.00	2.05	1.47
	59	SMS 0013	C区	460	精	罐底部	上馬石BII区	底	外	アワ・細長粒・有桴果・外穎側	1.52	1.08	0.89
	60	SMS 0017	BII区	172	精	粘土帯罐	上馬石BII区	胴	内	キビ・有桴果・外穎側	2.42	1.97	1.73
	61	SMS 0018	C区	355	精	鬲足	上馬石BII区	脚	外	アワ・有桴果・外穎側	1.60	1.41	1.05
	62	SMS 0024	BII区	126	精	盆	上馬石BII区	口縁	外	アワ・有桴果・基部側	1.63	1.34	1.31
	63	SMS 0028	地表	437	精	小型壺	上馬石BII区	胴	外	キビ・有桴果・側面側	2.72	2.12	1.89
156	64	SMS 0054	C区	295	精	短頸壺	上馬石BII区	口縁	外	アワ・有桴果・外穎側	1.56	1.51	1.31
	65	SMS 0068	BII区	189	精	甑底部	上馬石BII区	底	底部付近外面	キビ・有桴果・内穎側	2.51	2.35	1.53*
	66	SMS 0069	BII区	457	精	罐底部	上馬石BII区	底	内	アワ・細長粒・有桴果・内穎側	2.28	1.46	1.29*
	67	SMS 0072-1	C区	308	精	小型壺胴部	上馬石BII区	胴	外	アワ・有桴果・外穎側	1.77	1.52	1.32
	68	SMS 0072-2							外	キビ・有桴果・内穎側	2.96	2.21	1.96
	69	SMS 0008-1	C区	376	精	棒状把手	不明	把手	外	アワ・有桴果・外穎側	1.65	1.45	1.33
	70	SMS 0004			粗	不明	不明	底	内	キビ・穎果・背面側	2.12	1.71	1.01
157	71	SMS 0010			粗	不明	不明	胴	内	アワ・有桴果・外穎側（発泡状態？）	20.5	1.69	0.99*
	72	SMS 0016	C区	284	精	円形土製品	不明	胴	外	アワ・有桴果・小軸付・外穎側	1.68	1.32	1.28
	73	SMS 0032-3			精	壺	不明	底	外	キビ・有桴果・外穎側	2.51	1.87	1.22*
	74	SMS 0045-1							外	アワ・有桴果・内穎側	1.75	1.53	0.63*
	75	SMS 0045-2			精	甕?	不明	底	外	アワ・有桴果・内穎側	1.77	1.51	0.93
	76	SMS 0045-3							外	アワ・有桴果・側面側	1.83	1.29	1.03
	77	SMS 0060-1			精	壺?	不明	胴	外	アワ・細長粒・有桴果・外穎側	2.13	1.03	0.81*
158	78	SMS 0060-2			精	壺?	不明	胴	外	アワ・有桴果・外穎側	1.72	1.16	0.78*
	79	SMS 0061-1			粗	壺?	不明	胴	外	キビ・有桴果・外穎側	2.40	1.87	1.48
	80	SMS 0061-2							外	キビ・有桴果・外穎側	2.48	1.75	1.12*

注：＊は欠損のため現存の長さを示す。

3. 考　　察

(1)　栽培種子の時期別組成

　今回表 18 に示したように，種実圧痕が検出されたのは，龍山並行期とそれ以後の青銅器時代，殷代，西周期のものである。今回，イネは新石器時代のものは検出できなかった。遼東半島においては，小珠山下層期に磨盤・磨棒・石鏃などの華北型農耕石器が出土しており，遼河下流域の新楽下層とともにキビ・アワの初期農耕が出現している（宮本 2009 a）。一方，文家屯遺跡 A 区第 3 層の焼土からイネとキビ族のプラント・オパールが検出されたと報告されている。これは呉家村期に相当し，石庖丁が出土した第 2 層は小珠山上層文化に相当する。およそ 4100 年前に遼東半島南端部でイネが栽培された可能性が考えられている。山東半島の楊家圏遺跡は 4500 年くらい前であり，龍山文化に属する（宮本 2005・2009 a）。

　今回の圧痕調査では，新石器時代中期以前のキビ・アワ資料は検出することはできなかったが，龍山文化期に相当するキビやアワを中心とした圧痕を検出することができた。さらに，青銅器時代以降では，遼東半島では最古級の双砣子 3 期のイネ圧痕を検出することができた。また同様に当地域では，きわめて希少なアズキ型種子やダイズ属種子などのマメ類の圧痕を検出することができた。これらは栽培種と考えられ，キビ・アワ・イネを含め，土器中から多量の栽培植物の種子が検出されたという事実は，植物遺存体が検出されていない遺跡においても，その検出のために土器圧痕調査がきわめて有効であることを実証した好例といえる。

(2)　キビ・アワの大きさ

　キビ・アワの種子の大型化は栽培種に現れる栽培化徴候群のひとつであり，種子の大きさは栽培化過程を証明する重要な要素である。さらには，長幅比などに表れるプロポーションの差も栽培化過程の証拠であるとともに，品種差などを推定する手がかりとなる。ここでは，新石器時代のキビ・アワが在地で栽培が開始されたか否かを検討するために，小穂にみられる形態的特徴から，これらのキビ・アワが栽培化過程の中でどのような段階にあるのかをみてみたい。

　栽培（Cultivation）に伴う植物側の種々の遺伝的変化を栽培化徴候群（Domestic syndrome）と呼び，種実の大型化，脱粒性の喪失，休眠性の喪失，種実散布器官の退化，種実の穂の密集化，登熟期の均一化などが代表的なものである。それぞれの栽培化徴候は同時に起こるのではなく，人間による異なる栽培行為（収穫や播種）によって生じ，しかも栽培化が完成するまでに数千年を要するという（Fuller 2007）。ただし，それらの中で考古学的に可視化できるのは，イネでは種実の大型化と脱粒性の喪失であり，マメ科では種子の大型化のみである（小畑 2011）。キビやアワに関しては，脱粒性の喪失痕跡に関しては今後研究の余地は残されているが，現状では種実の大型化，つまり形態変化のみがその手がかりとなる。

第9章　上馬石貝塚出土土器圧痕調査の成果

　日本で検出された弥生時代早期～中期のキビやアワの圧痕資料は，公表されたものに限って
も現在まで400点ほどが存在する。このうち，有桴果の計測値が掲載されたものを中心に韓国
出土品および上馬石貝塚出土品との比較を行った。参考資料として沖縄県の11世紀初頭のキ
ビ圧痕資料（屋部前田原遺跡）（高宮ほか2011）を，また韓国側の比較資料として，新石器時
代の東三洞貝塚・凡方貝塚・凡方遺跡・飛鳳里遺跡の資料（小畑・真邉2014），青銅器時代を
中心としたキビ・アワ資料（孫晙鎬ほか2010，中山ほか2013）を比較材料とした。計測箇所は
長さと幅であり，比較は長さ・幅に加え，長幅比で行った（図159）。

　これらをみると，アワ有桴果に関しては，長さの中央値は，韓国新石器時代の例が1.45～
1.65mm，青銅器時代の例が1.80mm，日本の例が1.60～1.80mmであり，幅は韓国新石器
時代のものが1.27～1.42mm，同青銅器時代のものが1.45mm，日本の縄文時代晩期～弥生
時代早前期例が1.45～1.70mmであり，東三洞貝塚や飛鳳里遺跡を含む韓国の新石器時代の
アワは，韓国の青銅器時代資料および日本のほぼ同じ時期に相当する弥生時代早期～弥生時代
中期のものより，長さ・幅ともに小さめである。上馬石貝塚の新石器時代のアワ有桴果は，長
さの中央値が1.73mm，幅の中央値が1.38mmであり，韓国の新石器時代より長さと幅とも
に大きいが，特に長さが長い傾向にある。上馬石貝塚の青銅器時代のアワは，長さの中央値が
1.60mm，幅の中央値が1.45mmであり，長さに関しては韓国の新石器時代のものとほぼ同
じである。よって，上馬石貝塚では新石器時代の例に比べて，長さが短く幅が増し，丸い形態
となる。

　キビに関しては，韓国新石器時代のものが，長さの中央値が2.23～2.60mmであり，青銅
器時代の例が2.30mm，日本の例が2.50～2.85mmであり，幅の中央値は韓国新石器時代の
ものが1.72～1.98mm，青銅器時代のものが2.00mm，日本の例が1.80～2.50mmであり，
アワと同様に韓国の新石器時代のキビは，青銅器時代資料および日本のほぼ同じ時期に相当す
る弥生時代早期～弥生時代中期のものより，長さ・幅ともに小さめである。このことから新石
器時代の例は栽培化（Domestication）の過程にあることを知ることができる。上馬石貝塚の
新石器時代の有桴果圧痕の場合，長さの中央値は2.59mm，幅のそれは2.10mm，青銅器時
代の例の場合，長さの中央値は2.53mm，幅の中央値は2.12mmで新石器時代の例と比較す
るとアワと同様に青銅器時代の例は若干小さく丸い形態となる。韓国の場合は新石器時代前半
から後半，青銅器時代へ向かうにつれ，長さは若干大きくなるものの，幅がそれ以上に増加し
ており，丸くなる傾向が認められる。

　これら資料は，おおまかな栽培化の時期的変遷をみると，韓国の新石器時代資料→上馬石貝
塚新石器時代→上馬石貝塚青銅器時代・韓国青銅器時代→日本縄文晩期～弥生早前期となるが，
キビ・アワ有桴果は時代とともに，長さ・幅が増加し，細長い粒形から丸い粒形へと変化して
いる。ただし，上馬石貝塚例では，長さの減少が認められた。沖縄県の屋田前田原のキビのよ
うに時代が新しくなってもやや細い粒形のものは存在している（図160）。これらの事実は，サ
イズの長大化だけでなく，粒形が丸くなることも栽培による粒形の変化として把握しなければ

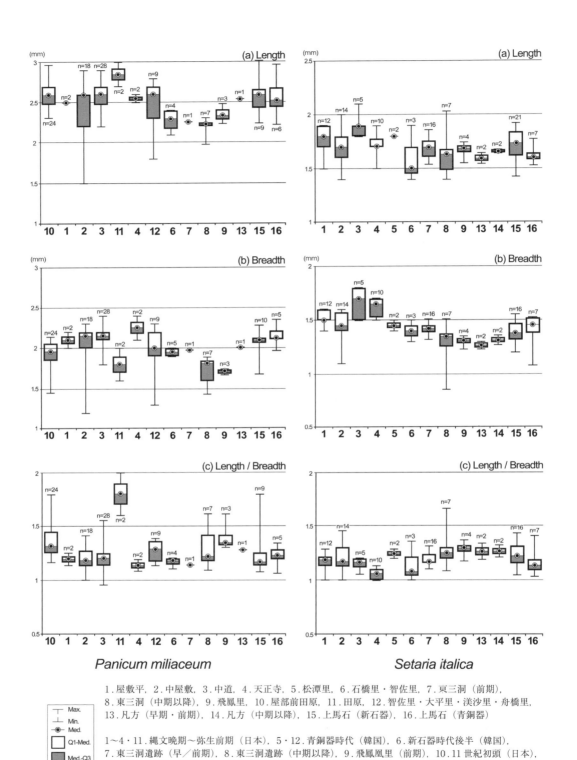

図159 上馬石貝塚の圧痕キビ・アワと韓国・日本の圧痕キビ・アワの有稃果圧痕の形態比較グラフ

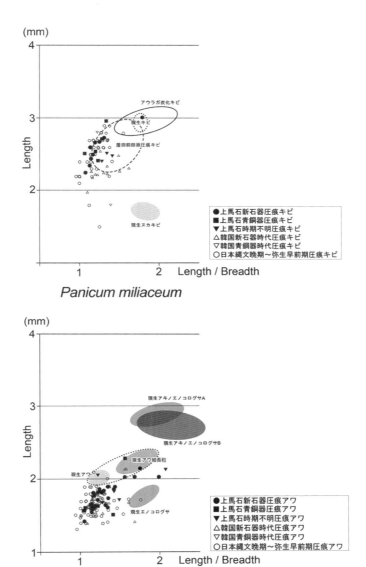

図 160　上馬石貝塚出土圧痕キビ・アワの他地域考古資料との形態比較グラフ

ならないことを示している。

(3)　マメ類について

　中国におけるこれまでの資料によると，先史時代のマメ類はそのほとんどがダイズ属種子であった。考古遺跡から出土するダイズ属種子の分布をみると，新石器時代～青銅器時代のダイズ属種子はほぼ北緯35～40度の黄河中下流域および西側の黄土高原を中心に分布している。

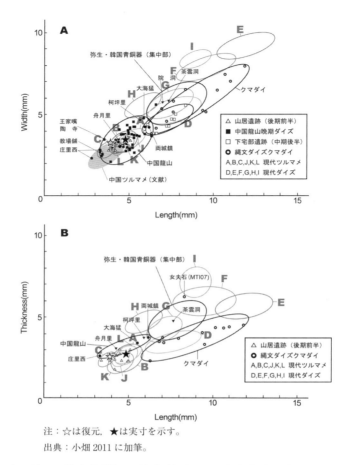

注：☆は復元，★は実寸を示す。
出典：小畑 2011 に加筆。

図161　東アジアのダイズ属種子のサイズと上馬石貝塚出土ダイズ属種子のサイズ比較

そして春秋時代以降になると，吉林省・黒竜江省などの中国東北部やチベット自治区など北東側や西側へ拡大する。この傾向性からみて，中国大陸におけるダイズの栽培は黄河流域（劉長江ほか 2008），その中でも中下流域で始まったと考えられる（小畑 2010）。そして現在その開始時期は一般的に龍山文化期と考えられている（趙志軍 2007，劉長江ほか 2008）。中国の考古遺跡から発見されるダイズのサイズはきわめて小さい（図161，小畑 2010，Lee et al. 2011）。龍山文化期のダイズのサイズは，日本の野生ダイズの値とほぼ変わらないかそれより小さいものも存在する。これらの評価に関しては，サイズは野生種と栽培種の区別の決定的な要素ではないこと，利用が頻繁であることから，その生育に人間による関与があったものと推定されている（Lee and Bestel 2007，Crawford et al. 2005）。この傾向は二里頭期や春秋時代になっても続き，漢代になって，7 mm 前後の大きさのものが出現する。それまでは長さが 6 mm を超えるものはない。最近，東アジアのダイズ資料をまとめた李炅娥ら（Lee et al. 2011）によると，種子の選択は朝鮮半島では櫛文期から無文期の過渡期（4500 ～ 3500 BP）に，日本では縄文時代中

期（5000 BP）以前に行われたのに対し，中国では新石器時代にはダイズ種子の選択はなく，二里頭－商代に長さや幅が著しく増加するという。上馬石貝塚出土のダイズ属種子圧痕は，ほぼ商末期から西周初め頃のものであるが，土器胎土混入時に十分に膨潤したとして，長さ3.89 mm，幅3.20 mm，厚さ2.45 mmと推定されるが，そうでなければ長さは5 mm前後であった可能性がある。これにより，上馬石貝塚の圧痕から復元されるダイズ属種子は中国の考古資料にみられる新石器時代から春秋時代の間の大きさを具えている。栽培種であっても矛盾しない。

　ダイズ栽培の拡散は，黄河中下流域から時代を経るにつれ，東北地方や沿海州へ拡散する（小畑2011）。李炅娥らも興隆溝の例（4000 BP）の同定はあいまいであるとし，中国東北地方へは周代（3000 BP）に広がったとした（Lee et al. 2011）。上馬石貝塚で発見されたダイズ属種子圧痕もこれを裏づける根拠として重要である。

　これに対して，中国の新石器～青銅器時代のアズキの報告は非常にまれであり，管見によれば両城鎮遺跡の1例のみである（Crawford et al. 2005）。その大きさは，長さ4.0～4.2 mm，幅3.1～3.2 mmで栽培アズキより小さいが，野生種よりも大きく，栽培種と判断されている。今回発見された圧痕は長さ4.86 mm，幅2.74 mm，厚さ4.12 mmに復元でき，新石器時代のサイズを超えている。よって，これも栽培種と判断できる。

（4）　栽培植物の伝播研究への寄与

　今回確認した圧痕はそのほとんどが栽培植物もしくは有用植物であった。圧痕として残る種実や昆虫が人間との関わりの深いものが高率で入りやすい点についてはすでに述べたところである（小畑2014）が，今回の調査によって，改めてそれを証明することができた。

　また，本遺跡の調査ではこれまで植物遺存体は1点も発見されていなかった。これは貝塚という遺跡の性格と意識的な土壌洗浄などがなされなかったことに起因するものと思われるが，今回の土器圧痕調査によって，その情報を補うことができたことも大きな成果といえる。

　今回の調査結果は，華北地方からのキビ・アワを中心とした華北型雑穀農耕と長江流域から北上し山東半島に定着した稲作農耕が交錯する遼東半島において，それらがどのように受容されていったのかを土器編年上で検証できる良好な資料のひとつとなった。さらには，現在，日本や韓国で蓄積されつつある有稃果状態で検出されやすい圧痕キビ・アワの形態的比較の中国側の好材料となりうる。キビやアワの形態（特に大きさ）比較はこれまで内外頴の剝落した炭化頴果で行われてきたが，炭化種実は火による著しい変形（発泡など）を受けたものや胚が剝離したり，その脆弱さから，細破片化したものも多く，形態比較には不都合な点が多かった。有稃果圧痕はそれを補い，正確な形態比較を行えるという長点がある。今回は試行的に比較を行ったが，今後は資料を増加させ，さらに検証を重ねることで，キビやアワが華北地域から東北アジアの周辺地域へ拡散していく過程で，どのように栽培化していったのか，どのような品種へと分化していったのかなど，雑穀農耕の進化過程を具体的に語ることができるようになる

であろう。何よりも土器という新石器時代以降，人類遺跡に普遍的な遺物上から抽出されるという種実圧痕の強みは，汚染が全くないこと，劣化がほとんどなく，土器埋没時の外形と表面組織をほとんど変化なくとどめていること，そして炭化種子の検出されていない遺跡においても効果的な方法であり，栽培植物の拡散の様子を知るためのより多くのデータを回収できる可能性をもっている。

　今後，炭化キビ・アワなどの雑穀資料が豊富な当地域においても，あって当然という意識ではなく，土着文化と影響を与えた文化が交錯するこの地域においては，それぞれの文化を背景とした土器の中にどのようにこれらの栽培植物が現れるのかをみていくことで，両文化の接触のあり方についても新たな情報を与えてくれる可能性がある。今後の調査のさらなる進展を望むものである。

　注
1)　総数には李作婷氏検出のイネ籾圧痕（青銅器時代：双砣子3期）1点も加えている。

　謝辞
　本調査には小畑が研究分担者として受けている，日本学術振興会科学研究費研究補助金基盤研究A（課題番号：25244036「圧痕土器による農耕受容期過程の研究」（研究代表者：東京大学・設楽博巳））の一部を使用した。調査の機会を与えていただいた九州大学大学院・宮本一夫教授に感謝の意を表したい。

第10章　上馬石貝塚の籾圧痕について

李　　作婷

1.　はじめに

　上馬石貝塚から出土した土器片より，植物種子の可能性のある圧痕のレプリカを採取した。圧痕の種類を判明するために，実体顕微鏡と走査型電子顕微鏡で観察した。その中に，明確に籾の圧痕と判明できたものが１点ある。本章の分析は2008年に宮本一夫教授とともに九州大学大学院人文科学研究院考古学研究室において行った。また，走査型電子顕微鏡による観察・撮影について，福岡市埋蔵文化財センターの設備を借用した。

2.　資　　料

　上馬石貝塚から出土した23点の土器片に，小さい楕円形あるいは紡錘形の印痕が検出され

表20　上馬石貝塚から検出された圧痕試料の出土地点データ

遺物番号	試料番号	遺跡名	採集地点	層　位	箱番号
313	SMSL 0001	上馬石貝塚	Ｃ区	地表採集資料	7411
266	SMSL 0002	上馬石貝塚	Ｃ区	古段階	7418
241	SMSL 0003	上馬石貝塚	Ｃ区	古段階	7418
260	SMSL 0004	上馬石貝塚	Ｃ区	古段階	7418
260	SMSL 0005	上馬石貝塚	Ｃ区	古段階	7418
	SMSL 0006	上馬石貝塚	ＣⅡ区か？		7420
	SMSL 0007	上馬石貝塚	ＣⅡ区か？		7420
	SMSL 0008	上馬石貝塚	Ｃ区	新段階含む	7413
	SMSL 0009	上馬石貝塚	Ｃ区		
	SMSL 0010	上馬石貝塚	不明（ＣⅡ区可能）		7414
	SMSL 0011	上馬石貝塚	不明（ＣⅡ区可能）		7414
	SMSL 0012	上馬石貝塚	ＣⅡ区？		7420
	SMSL 0013	上馬石貝塚	Ｃ区		7412
194	SMSL 0014	上馬石貝塚	不明		7419
193	SMSL 0015	上馬石貝塚	不明		7419
441	SMSL 0016	上馬石貝塚	地表採集	地表採集資料	7387
388	SMSL 0017	上馬石貝塚	Ｄ区	下層	7384
109	SMSL 0018	上馬石貝塚	ＢⅠ区		7386
94	SMSL 0019	上馬石貝塚	ＢⅠ区		7386
184	SMSL 0020	上馬石貝塚	ＢⅡ区		7417
	SMSL 0021	上馬石貝塚	Ａ区	上層	7415
	SMSL 0022	上馬石貝塚	Ａ区	下層	7416
22	SMSL 0023	上馬石貝塚	Ａ区	下層	7416

た（表20）。それぞれ，A区のものが3点，BⅠ区のものが2点，BⅡ区のものが1点，C区のものが8点，CⅡ区のものが3点，D区のものが1点，不明地点のものが5点である。検出された位置は，土器の胴部・底部・口縁部・脚部などである。

3．分 析 手 順

(1) サンプルの準備調査

土器片から圧痕を検出した後，まず実体顕微鏡で，5倍と10倍で観察し，圧痕の形態と残存状態を調査した。また並行して写真を撮影した。

(2) レプリカ材料と手順

まず，圧痕の周辺と内部に，5％濃度のパラロイド溶液を塗布した。乾燥させてから，TSE-

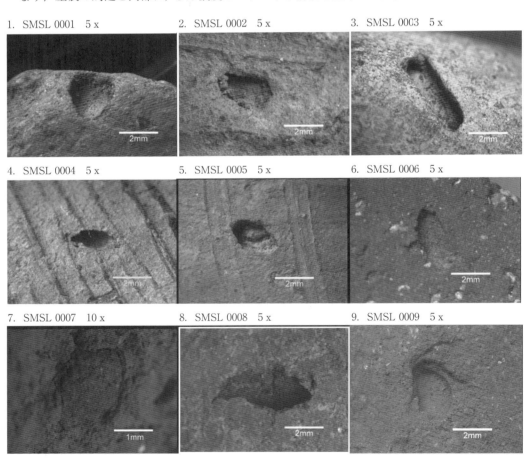

図162　実体顕微鏡で撮影した圧痕の写真

第 10 章　上馬石貝塚の籾圧痕について

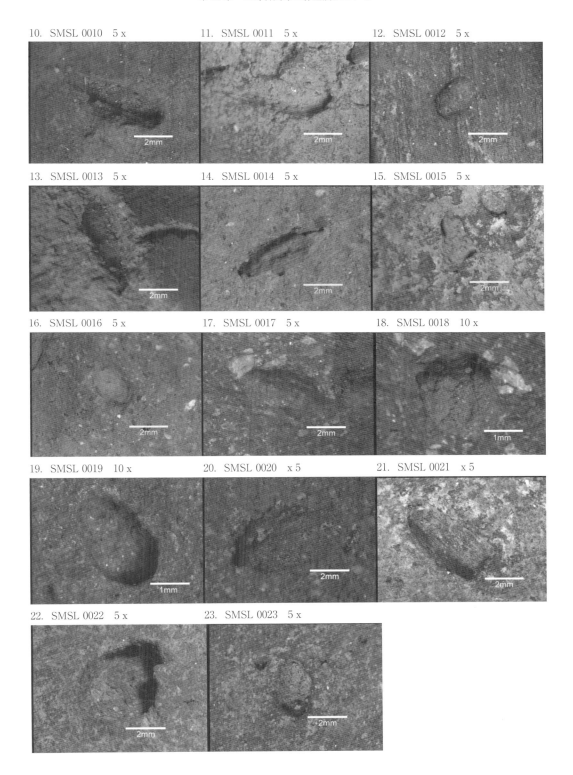

350 シリコーンを主な印象材として，硬化剤と調和させてから，注射器でシリコーンを圧痕に注入する。粉末状の増粘剤をシリコーンに混ぜて，また注射器でシリコーンを電子顕微鏡用の試料台に塗布する。そして，試料台を圧痕につける。シリコーンが硬化してから，試料台のツマミを摑んで，圧痕のレプリカをゆっくりと取り出す。

(3) 電子顕微鏡による観察

圧痕の種類の同定には，走査型電子顕微鏡を用いる。15倍から100倍で観察し，圧痕の特徴を記録・記述する。ここでは，Phillips XL 30 CP の低真空走査型電子顕微鏡を利用する。

(4) 特徴の同定と形態計測

籾圧痕の観察は，形状，大きさ，外・内稃，稃面上の模様や毛の有無，また外稃上の縦筋などである。ほかに，苞穎や芒の残留性を観察する。

4. 分析結果

(1) 実体顕微鏡による観察

実体顕微鏡で観察した結果，BⅡ区から出土した壺の底部の破片に，外形が紡錘形に近い楕円形の圧痕 SMSL 0020 が検出された（図162-20）。圧痕の内部に，細かい線状の模様がみられる（図163-1・2）。他のサンプルには特徴的な模様がみられない（図162-1～19・21～23）。

1. 上馬石 BⅡ区：7417　　　2. SMSL 0020　10 x

図163　SMSL 0020 籾圧痕がつく土器片と圧痕の10倍拡大の写真

（2） 電子顕微鏡によるレプリカの観察

SMSL 0020 サンプル（表 21）には明瞭に穎脈がみられ，さらに無数の小突起が配列された網状の模様も表面にみられる（図 164 - 1）。これは，稲の籾の特徴とみられる。外形の測定値は長さが 5.33 mm，幅が 2.47 mm で，長幅比が 2.16。側面からみると，厚さが 1.67 mm に近い（図 164 - 2）。または，芒端には，芒が折れた痕跡がみられ（図 164 - 3），穂軸端には，外穎の一部が残留し（図 164 - 1，白い矢印のところ），小穂軸がみられる（図 164 - 4）。ただし，小穂軸の特徴がみられない。

それ以外のサンプルの SMSL 0001・SMSL 0004・SMSL 0009・SMSL 0012・SMSL 0019・SMSL 0022 は，種子らしい外形があるが，判断できる特徴が認められない（図 165）。

表 21　SMSL 0020 サンプルの形状測定値

長さ（mm）	幅（mm）	厚さ（mm）	長／幅
5.33	2.47	1.67	2.16

1. 上視図（穂軸端が右）

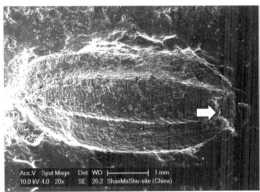

2. 側視図（穂軸端が左）

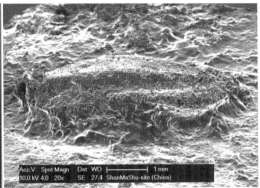

3. 芒端

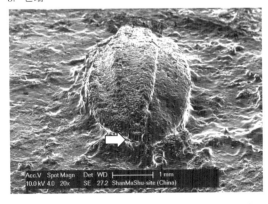

4. 穂軸端

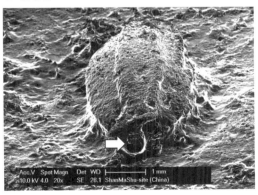

図 164　SMSL 0020 籾圧痕の走査型電子顕微鏡写真（20 ×）

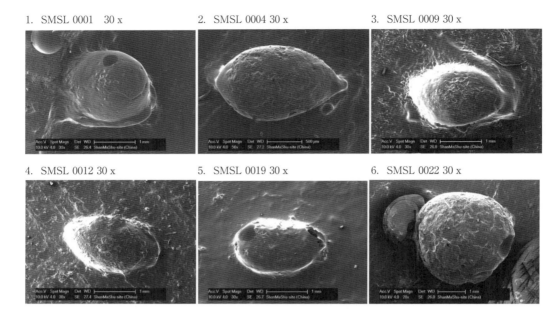

図165 他の種子らしい圧痕の走査型電子顕微鏡写真（30 x）

5. 考　察

　本研究で検出された籾の圧痕は，外形の計測数値からみれば，短粒形で，ジャポニカ種（*Oryza sativa ssp. Japonica*）と推定される。それに関して，隣近の大嘴子遺跡，また山東半島では，藤花落遺跡・后大堂遺跡から検出された竜山文化の稲は，長幅比からみるといずれもジャポニカ種と指摘された（表22）。ただし，上馬石貝塚のものと比べて，長さや幅の数値が大きい。このことは，上馬石貝塚の籾圧痕は，土器焼成の際の縮小が影響したとも考えられる。

表22　遼東半島・山東半島の古代稲

遺跡	BP	長さ（mm）	幅（mm）	厚さ（mm）	長幅比
大嘴子[*1]	3500	6.86	2.99	2.29	2.3
藤花落[*2]	4500～4000	8.36～5.87	3.13～3.0	2.01～2.12	2.67～1.97
后大堂[*3]	4200～4000	7.71～6.95	3.45～3.37	2.97～2.45	2.24～2.07

*1 張文緒 2000．*2・*3 林留根・張文緒 2005 より。

第11章　上馬石貝塚からみた遼東半島先史時代

宮本一夫

1.　はじめに

　1941年に日本学術振興会によって発掘された遼東半島上馬石貝塚は，梅原末治を隊長に八幡一郎，澄田正一，森修らの調査団によって調査されたものである。発掘調査された遺物は京都大学に送られ，戦後，長く発掘調査報告書が出されないまま衆目の関心を引いていたものの，その断片的な記録が知られるに過ぎなかった（澄田1986・1988・1989）。このたび，関係者の努力のもと，調査後70年以上も経って，その発掘研究報告書が公開されることとなった。

　上馬石貝塚の特徴は，A区からD区まで異なった地点間での，土器型式の比較によって，小珠山下層から上馬石上層・尹家村2期までの土器編年を作成できることにある。大長山島に隣接した広鹿島では小珠山遺跡や呉家村遺跡が有名であるが，これらの遺跡は小珠山上層までの新石器時代遺跡に限られている。ところが，上馬石貝塚では小珠山上層以降の青銅器時代に相当する双砣子文化期から上馬石上層まで連続して存在するところに特徴がある。さらに，上馬石上層として一括されていた文化層を，さらに上馬石A区下層→A区上層→BⅡ区という3段階に細分できる（宮本1991）とともに，その変化を明らかにすることができるのである。そうした時間軸の中に，さらに遼寧式銅剣文化など青銅器文化が始まるとともに，上馬石貝塚でも青銅器の自家生産が始まっている。さらには，韓半島の初期鉄器時代である粘土帯土器の始まりが，この上馬石貝塚BⅡ区の尹家村2期（中国社会学院考古研究所1996）にあることが明らかとなった。尹家村2期は，別に，涼泉文化あるいは鄭家窪子文化として知られていたものである。

　この新石器時代から青銅器時代・初期鉄器時代の一貫した土器編年は，けっして遼東半島や遼東だけで完結するものではなく，韓半島の新石器時代から青銅器時代や初期鉄器時代の土器編年を考える際の鍵になるのである。いわば韓半島の先史文化の変化を考えるときのスタンダードになっているということである。それは単なる土器編年だけではなく，土器の製作技法などの技術的な伝播を考える際のスタンダードにもなりうるのである。そしてまた，山東半島と遼東半島を介して，中原と韓半島の土器編年の相対的な関係を決定できるとともに，さらには歴史時代に到達している商代以降の実年代をもつ中原から，これらの地域の実年代を推定することが可能となっている。そのことは，ひいては日本列島の先史時代の実年代を語ることが

でき，問題となっている弥生開始期の実年代を明らかにすることのできる，考古学的な唯一の科学的根拠とすることができるであろう。

2. 上馬石貝塚からみた遼東半島土器編年

　第5章で検討したように，まず1941年上馬石貝塚調査の地点別・層位別資料を一括遺物的に扱い，これらの地点別・層位別資料と，1977・1978年の中国側調査による地点別・層位別の結果をふまえ，中国側調査によって得られた上馬石下層，上馬石中層，上馬石上層の土器内容を確認した。それによれば，上馬石下層が小珠山下層に，上馬石中層が小珠山上層から双砣子1期に，上馬石上層が双砣子文化以降の青銅器時代文化層にあることが確認された。これら以外に上馬石東丘西南端崖が小珠山中層，上馬石西丘東南端崖が偏堡文化に相当し，小珠山下層期から小珠山上層期が連続することが明らかとなった。さらに1977年調査では1941年調査時のC区から双砣子文化期の甕棺墓が出土しており，C区に双砣子2・3期が存在することが示された。また，1941年調査C区やBⅡ区の中には初期鉄器時代に相当する尹家村2期の遺物も含まれていることが考えられた。これらの分析結果により，上馬石貝塚は小珠山下層という当該地域の新石器時代の初期から青銅器時代，さらには初期鉄器時代まで連続して存続する，きわめて重要な遺跡であることが判明した。

　また，これまで遼東半島の標識的青銅器時代文化層として上馬石上層が示されてきた。遼東半島西部の青銅器時代編年は，当初，于家村上層→上馬石上層→上馬石青銅短剣墓という年代観が考えられていた（許玉林ほか1982）。その後，于家村上層は双砣子3期に相当し，上馬石上層と上馬石短剣墓をまとめて上馬石上層文化期とした（宮本1985・1991）。また，新石器時代と青銅器時代の境を于家村下層（双砣子1期）と于家村上層（双砣子3期）の間においていたが（許玉林ほか1982），大嘴子遺跡の双砣子1期に銅戈の残片が発見される（大連市文物考古研究所2000）に及んで，双砣子1期から青銅器時代とみなされている。そして双砣子文化として1〜3期に細分されている（朝中共同発掘隊1966，中国社会科学院考古研究所1996）。ただし土器論としては，第5章で示したように，新石器時代の小珠山上層と青銅器時代の双砣子1期は連続するものである。また，遼東半島での本格的な青銅器の出現は，双砣子3期文化以降とすることができるであろう。

　さて，青銅器時代の上馬石上層文化期を，1941年資料から上馬石A区下層→A区上層→BⅡ区という変化を想定していた（宮本1991）が，改めてその相対的な位置づけに問題がないことが明らかとなった。その根拠としては，1941年調査C区の上馬石上層はBⅡ区に限られており，かつそこには尹家村2期段階のものが含まれていることにある。また，1977年調査のC区の青銅器時代土壙墓から遼寧式銅剣2式段階という遼寧式銅剣でも比較的新しい段階のものが出土したことにある。またBⅡ区の土器の一部が遼寧式銅剣1式の崗上墓の土器を含んでいることからも，BⅡ区が遼寧式銅剣段階のものであると同時に，青銅器時代文化層の中でも

第11章 上馬石貝塚からみた遼東半島先史時代

比較的新しい初期鉄器時代の尹家村2期のものも含んでいることにある。こうした点からも，
BⅡ区が商代後期並行の双砣子3期に連続するものではありえないことを示しえたのである。
学史的に許玉林ら（許玉林ほか1982）が上馬石上層としたものが上馬石A区下層・上層であり，
上馬石短剣墓としたのが上馬石BⅡ区であったのであり，改めて学史的位置づけの妥当性が再
認識されるに至っている。

　さらに，土器の焼成に基づく大別形式である滑石混入紅褐陶，紅褐陶，紅陶，褐陶，黒陶，
黒褐陶，灰褐陶とその下位の属性である器種の系譜を示す細別形式を示した。そして細別形式
内での型式分類と型式変化の方向性を想定し，大別形式・細別形式・型式変化の方向性という
組み合わせが，新石器時代，青銅器時代において矛盾ないものであることが明らかとなったの
である。特に，後者の青銅器時代では，双砣子3期→上馬石A区下層→上馬石A区上層→上
馬石BⅡ区→尹家村2期（上馬石BⅡ区後半段階）という初期鉄器時代までの連続的で詳細な
土器様式の変化過程が明らかとなった。この成果は，当該地域においてこれまでにない詳細な
土器編年が作成できたことにある。

　さらに，これら上馬石貝塚の分析によって評価された遼東半島土器編年を，東北アジア全体
の中において，相対的な位置づけを示したのが表23である。第5章では，山東半島から遼東
地域あるいは西北朝鮮までの位置づけを行った。山東から中原の並行関係については，中国考
古学会における一般的な考え方が存在しており（宮本1990・2005），それに準じている。そこ
で問題とすべきは，韓半島における年代観とその並行関係である。

　まず求められるのが，西北朝鮮との並行関係である。西北朝鮮の編年研究は後藤直（後藤
1971）や西谷正（西谷1977），大貫静夫（小川（大貫）1982，大貫1989）や宮本一夫（宮本1985・
1991）の編年研究を経て，現在では韓国研究者からのアプローチが盛んである。その中でも裵
眞晟の研究（裵眞晟2009）が一定の到達点に達している。この編年観を基準に，上馬石貝塚で
得られた遼東半島編年との並行関係を再考してみたい。

　韓半島南部の青銅器時代は，無文土器における粘土帯土器を除く段階にあたり，粘土帯土器
段階から初期鉄器時代と規定されている（安在晧2000，韓国青銅器学会編2013）。また，無文土
器時代において孔列文土器以前の段階として，突帯文土器や二重口縁土器（可楽洞式）などが
新たに発見・設定されている。しかし孔列文土器を含めた三者を時間的な前後関係として捉え
る場合と，3つの異なる系譜の土器が併存するという考えが対立している（金壮錫2008）。本章
では，基本的に突帯文土器，二重口縁土器，孔列文土器という相対順序を重視するものである
（安在晧2000，宮本2011b）。この中で，無文土器早期にあたる突帯文土器は，鴨緑江を中心と
する韓半島西北部と関係する考え方（安在晧2000・2010，千羨幸2005，裵眞晟2007）と，豆満江
と関係する考え方に分かれる（姜仁旭2007，金材胤2004）が，突帯文土器とともに出土する節
状突帯文土器が後者の地域には認められないところから，鴨緑江との関係が重視されている
（裵眞晟2010）。

　さて，無文土器時代は基本的に大きく早期の突帯文土器，前期前半の二重口縁土器（可楽洞

表23　東アジア先史時代土器編年表

年代	中原	山東	膠東半島	遼東半島	遼河下流域
BC 5000	裴李崗	後李			
	仰韶半坡類型	北辛	白石村	小珠山下層	新楽下層
	仰韶史家類型	大汶口前期	邱家荘	小珠山下層	
BC 4000	仰韶廟底溝類型	大汶口前期	北荘1期	小珠山中層	馬城子
	仰韶半坡類型	大汶口中期	北荘2期	呉家村	偏堡
BC 3000	廟底溝2期	大汶口後期	楊家圏1期	偏堡	偏堡
	王湾3期	龍山前期	楊家圏2期	小珠山上層	肇工街1期
BC 2000	新砦	龍山後期	楊家圏3期	双砣子1期	新楽上層
	二里頭文化	岳石	昭格荘	双砣子2期	新楽上層
BC 1500	二里岡文化	岳石	芝水	双砣子3期	新楽上層
BC 1000	殷墟期	大辛荘	珍珠門	双砣子3期	新楽上層
	西周	西周		上馬石A区下層	鄭家窪子
			西周	上馬石A区上層	鄭家窪子
	春秋	春秋	春秋	上馬石BⅡ区	鄭家窪子
					鄭家窪子
BC 450	戦国	戦国	戦国	尹家村2期	鄭家窪子

式）から孔列文土器である駅三洞式，さらに前期後半の欣岩里式，後期の先松菊里式（休岩里式），松菊里式へと変遷する。前期では地域により突帯文土器と可楽洞式土器が分布圏を異にしたり，これにさらに駅三洞式が併存したりと複雑な動きを示す（安在晧2000）。近年ではさらに地域ごとの詳細な編年が示されている（韓国青銅器学会編2013）が，基本的な変化や分期は安在晧のもの（安在晧2000）が有効と考え，本章でもこれに準じている。また，遼東半島の双砣子文化期と遼東内陸部の馬城子文化にみられる文様の相似性やC14年代による検証作業がやはり安在晧によって行われている（安在晧2010）。この相対編年観を参考に，上馬石貝塚で得られた遼東の編年と近隣の相対編年観を示したのが，表23である。そして，ここでみられる西北朝鮮と遼東半島との並行性は，これまで私が示してきたものとほぼ変わらないものである（宮本2011b）が，近年の裵眞晟の検証においてもほぼ同様な並行関係が示されている（裵眞晟2010・2013）。また，近年では宮里修によって韓半島西部のコマ形土器の再評価がなされている（宮里2012）。そこで示された遼東との並行関係は青銅器編年を媒介とするものであり，この編年表ではほぼ矛盾のないものになっているが，コマ形土器の上限がさだかではない。さらに，韓半島南部の土器編年と遼東半島編年との並行関係は，こうした隣接地域での並行関係以外に，遼東半島の双砣子3期から上馬石A区下層という土器編年上の文様の変化過程と，相似したものとして無文土器前期前半から後半が位置づけられている（裵眞晟2007）。この無文土器の特に壺を中心にみられる横帯区画文から区画文が外れ斜格子文のみへの変化が，第5章でも証明したように双砣子3期から上馬石A区下層にみられる変化であり，図166にみら

第11章　上馬石貝塚からみた遼東半島先史時代

鴨緑江下流域	韓半島西部	韓半島中・南部	（無文土器時代区分）	北部九州	東北アジア初期農耕化
		新石器早期		縄文早期	
後窪下層					
後窪上層	智塔里	新石器前期		縄文前期	
闊坨子	金灘里1期	新石器中期		縄文中期	第1段階
双鶴里1期	南京1期				
双鶴里2期	南京2期	新石器後期		縄文後期	第2段階
新岩里1期		新石器晩期			
新岩里第3地点第Ⅰ文化層					第3段階
新岩里2期	コマ形土器1期	突帯文土器	（早期）		
		横帯斜線文土器（可楽洞）	（前期前半）		
新岩里3期		横帯斜格子文土器（欣岩里）	（前期中葉）	縄文晩期	
美松里上層		孔列文土器（駅三洞）	（前期後葉）		第4段階
墨房里	コマ形土器2期	先松菊里（休岩里）	（後期）	弥生早期	
	コマ形土器3期	松菊里		弥生前期	
	コマ形土器4・5期	粘土帯土器			

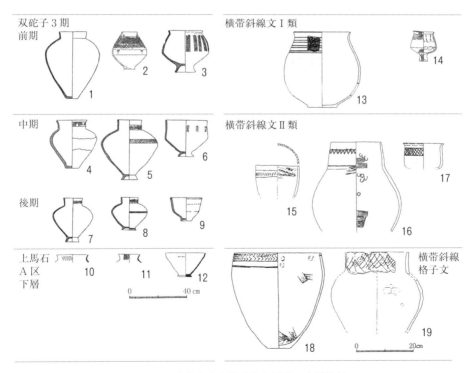

図166　遼東半島と韓半島中西部の土器比較

263

れるように並行性を示したところである（宮本2011b）。また，赤色磨研台付鉢（図166-14）という特殊な器種が韓半島南部無文土器時代に認められるが，赤色磨研土器である点からも外来系の可能性のある器種である。この土器の編年的位置づけからも，その祖形にあたる器形（図166-3）が遼東半島の双砣子3期に認められ，双砣子3期の細分による篦形器（図166-3・6・9・12）の変化過程とも，矛盾しない動きを示している（宮本2011b）。

3. 弥生土器の製作技術の系譜

このようにして，新石器時代から青銅器時代さらには初期鉄器時代というこれまでにない詳細な遼東半島土器編年とともに，これらを東北アジアあるいは東アジア全体の土器編年大綱として位置づけできたことに本書の意義がある。

そして第6章で検討されたように，土器の成形や調整という土器製作技術を眺めていくと，無文土器や弥生土器製作技術の系譜を遼東に求めうる可能性が生まれたのである。弥生土器と縄文土器には，土器の成形技術の系譜において大きな違いがあり，前者が幅広の粘土帯を外傾接合するのに対し，後者は幅の狭い粘土紐を内傾して積み上げていくことが明らかにされ，弥生土器の成形技術の変化は半島の無文土器に求められている（家根1984）。また，土器の調整に関しても，縄文土器である突帯文土器は二枚貝による貝殻条痕を特徴とするが，弥生土器である板付式甕からは板の木口を使った刷毛目調整がなされるという大きな変化が認められる。刷毛目調整の出現も無文土器の影響によるものと考えられている（横山1979）。そして，このような縄文から弥生への土器の成形や調整の系譜が弥生時代開始期の韓半島南部の無文土器に認められたが，無文土器そのものも当該地域の新石器時代土器である櫛目文土器と同じような大きな変化をみいだすことができるのである。櫛目文土器が細い粘土帯で内傾接合であるのに対し，無文土器が幅広の粘土板で外傾接合である場合が多い。そして，無文土器早期段階から刷毛目調整が始まっているのである（三阪2014a）。いわば，韓半島南部の新石器時代土器から無文土器への転換は，日本列島における縄文土器から弥生土器への転換と相似的な現象として捉えることができるのである。問題は，これまで縄文から弥生への土器変化が韓半島の無文土器に求められてきたものの，韓半島の櫛目文土器から無文土器への変化の土器論としての理由は求められていない点にある。これが解決されるべき問題なのである。

第6章では，上馬石貝塚の土器のみの検討からではあるが，幅広の粘土板・粘土帯による外傾接合・刷毛目調整という無文土器の3つの要素をともに持ち合わせているのが，遼東の在地的土器である偏堡文化であることを確認した。さらに無文土器の製作特徴である覆い型野焼きの可能性も偏堡文化の土器に確認された。上馬石貝塚では，偏堡文化と無文土器開始期の実年代に近い双砣子2・3期の資料数がやや少なく，実情を反映していない可能性もあるが，刷毛目調整に限ってみた場合，双砣子2・3期での刷毛目の実例はほとんど知られていない。その意味でも無文土器成立期の土器製作における3つの要素と覆い型野焼きの黒斑が複合して認め

第11章　上馬石貝塚からみた遼東半島先史時代

二里頭　83YLⅢC:1

二里頭　81YLVH1:2

文家屯　C区517

図167　偏堡文化と岳石文化の土器調整痕跡の比較

られるのは，遼東半島では偏堡文化のみということになる。

　また，偏堡文化が遼東内陸部で在地的に変化した馬城子文化においても管見の限り刷毛目調整をみいだすことはできない。しかし，遼東半島の文家屯遺跡出土の偏堡文化の土器には，図167-5のように刷毛目調整が認められる。ちなみに刷毛目調整に近いものは，山東の岳石文化の土器にも認められる。図167-1〜4の写真は二里頭遺跡出土の岳石文化のものである（中国社会科学院考古学研究所1995）。図167-3・4の罐（二里頭81 YLVH 1：2）に関しては，刷毛目の目の単位幅が広すぎて板の小口ではない異なった原体の調整痕であり，刷毛目調整と呼ぶことはできない。一方，図167-1・2の鼎（二里頭83 YLⅢC：1）の調整痕は刷毛目調整に似ているが，刷毛目の目が比較的深くて明瞭であるとともに，急激な方向の転換でも連続している点（図167-1）や，脚部付近の面がかなり湾曲する部分でも刷毛目の目が連続して施されており（図167-2），これは木製小口ではなく，麻などの粗い布目を利用した原体であると考えられる。したがって，岳石文化の器面調整は刷毛目調整ではない。このように刷毛目調整に限っても木製木口を使うものは偏堡文化にしか認められないのである。したがって今のところ，土器製作技術からみた無文土器への系譜関係が最も高い可能性のあるものが偏堡文化ということになる。

　第5章では，偏堡文化の初期の中心地を遼西西部から遼河下流域であることを，分布論から示した。しかし，幅広の粘土帯，粘土帯の外傾接合，刷毛目調整といった3要素がこの地域の偏堡文化にも存在するかに関しては，細かい実物観察が難しいため，その存否を示しがたい。ただし，内蒙古扎魯特旗南宝力皋吐墓地出土の土器（内蒙古自治区文物考古研究所・扎魯特旗人民政府2010）の一部に刷毛目痕を観察することができる[1]。さらにこれらの土器には，覆い型野焼きの黒斑が認められる[2]。また，偏堡文化ではないが，前5000〜前4000年に及ぶ古い段階の土器である吉林省白城市双塔遺跡1期遺存の土器群（段天璟ほか2013）には，幅広の粘土帯で外傾接合によって土器整形がなされるものが認められた[3]。すなわち遼東半島の小珠山下層などには認められない幅広の粘土帯を外傾接合する土器製作技術が，このような遼西西部から松嫩平原南部である大興安嶺南部の平原地帯に認められたのである。さらに南宝力皋吐墓地の偏堡文化期の土器には刷毛目調整や覆い型野焼きを示す黒斑が存在している。こうした地域の偏堡文化期には，幅広の粘土帯，粘土帯の外面接合，刷毛目調整といった3要素と覆い型野焼きという焼成技法が，すでに存在していた可能性が高いといえよう。そしてこうした土器製作技術が偏堡文化の分布域の広がりとともに，遼東や韓半島西北部にも広がったものと考えられる。大同江流域の櫛目文土器文化期である南京1期の南京遺跡37号住居址では，偏堡文化の壺形土器（国立中央博物館2006）のみが伝播している。この段階に，土器型式のみでなく，土器製作技術も文化伝播しているかは不明である。なお，偏堡文化より時代は下るが，遼河下流域の青銅器時代である新楽上層文化（高台山文化）では，無文土器文化に認められる覆い型野焼きの可能性のある黒斑，赤色磨研，タタキ，外傾接合などの技術要素が認められる（中村2012）。偏堡文化に認められた無文土器製作技術は，この地域にその後も連続していた可能性

第11章　上馬石貝塚からみた遼東半島先史時代

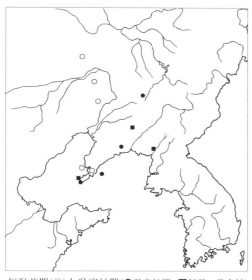 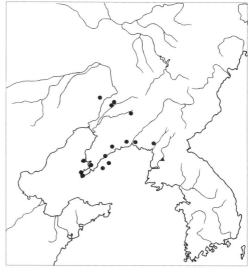

偏堡前期(○)と呉家村期(●呉家村期，■偏堡＋呉家村)　　　　　偏堡中・後期（●偏堡，▲南京）

図168　呉家村期と偏堡文化の遺跡分布の変遷

がある。

　遼東内陸部の馬城子文化の刻目突帯文や節状突帯文に関して，年代的にも韓半島南部の突帯文土器との関係が注目されている（安在晧 2010）。しかし，これらの文様がみいだせる馬城子文化の土器は筒形罐の系譜にないものであり，上馬石貝塚の小珠山上層期に発達する罐の系譜にあるものである。偏堡文化に認められる突帯文は，筒形罐と壺に認められる文様であり，土器製作の技術的な4つの特色以外に筒形罐の系譜という外形的な特徴から，韓半島南部の突帯文土器を眺めると，遼東では偏堡文化以外をその祖形とみることができないのである。

　しかし，表23にも示されるように，偏堡類型と無文土器早期の突帯文土器の間にはおおよそ1000年ほどの開きが存在しており，両者に影響関係を想定するには難しい状況にある。ただし，偏堡文化の壺は，偏堡類型後半段階に遼東のみならず鴨緑江下流域から大同江下流域まで広がっている。新義州市堂山遺跡や平壌市南京遺跡がその例である。こうした壺形土器にみられる伝播状態を筆者が提唱する東北アジア初期農耕化第2段階にみられる膠東半島（山東半島東部）から遼東半島への文化伝播の延長として捉えてきたのである（宮本 2009a）。また，このような壺は系譜的には遼東半島では上馬石貝塚の広口壺a式にも存在が認められるように，小珠山上層期にも存続している。同じように，韓半島西北部の新岩里1期にも，この種の壺が存続している。こうした偏堡文化の技術基盤は新岩里1期段階まで存続することになる。そうすれば，こうした段階と韓半島西部のコマ形土器1期段階あるいは韓半島南部の突帯文土器ともその差異は，それほど出なくなっていく。しかも，新岩里1期などの壺形土器に認められる刻目突帯文や節状突帯文が，韓半島南部の突帯文土器の最も有力な祖形とみなされている（安

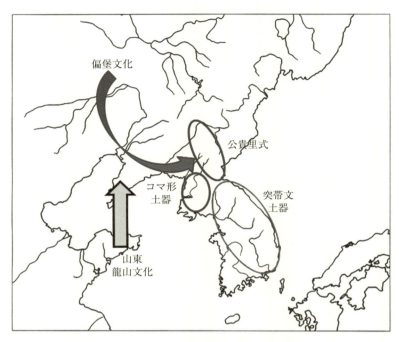

図169　東北アジア初期農耕化第2段階

在晧 2010，裵眞晟 2013）。

　さて，偏堡文化の土器変化は第5章の図112のように考えられている（陳全家・陳国慶1992）。偏堡文化の筒形罐は，断面方形の隆帯が口縁端部から離れたところに貼りつけられる前期，筒形罐の断面方形隆帯が口縁端部に接して貼られる中期，筒形罐の断面三角形隆帯が口縁に接して貼られ口縁が内湾する後期という変化である。これらの筒形罐には，隆帯文の下部に垂下の微隆起線や幾何学状の沈線文が施される。こうした各段階には壺も共存している。第5章では3期区分された偏堡文化のうち，前期段階が呉家村期に一部重なるものと考え，偏堡文化中・後期が上馬石貝塚や小珠山遺跡にみられるように遼東半島中部で単純期をなすものと考えた。

　図168に示すように，偏堡文化前期のような偏堡文化の古い段階には遼西東部や遼河下流域に偏堡文化が単独に分布し，ここに偏堡文化の分布の中心がある。この分布に対して東側に遼東の在地的土器である呉家村期が分布していることが明瞭であろう。偏堡文化前期と呉家村期の分布は一部重なるところがあるところから，遼西東部や遼河下流域にあった偏堡文化が，この段階に呉家村期に広がったと考えられる。この段階は表23の土器編年表に示されるように，東北アジア初期農耕化第1段階の寒冷期に相当している可能性がある。偏堡文化前期における遼東呉家村期への偏堡文化の拡散現象を示している。

　さらに遼東半島中部でも単純期をなす偏堡文化中・後期の分布は，呉家村期に取って代わるように，韓半島西北部を含む遼東全域に広がり，さらに偏堡文化の壺形土器のみが櫛目文土器文化期である大同江流域の南京1期まで広がっているのである。これは，偏堡文化後半期にみ

られる土器様式の南下現象として捉えられる。偏堡文化は磨盤・磨棒や石鏃（内蒙古自治区文物考古研究所・扎魯特旗人民政府 2010）などの農耕石器とともに，横断面形が長方形に近いいわゆる四稜斧をもつ初期農耕社会に相当している。これらの集団が，東北アジア初期農耕化第2段階の寒冷期において南下した現象として捉えうるのである（図169）。東北アジア初期農耕化第2段階とは，偏堡文化後期の遼東への南下現象とともに，膠東（山東）半島から遼東半島への大汶口文化末期・龍山文化初期における稲作農耕文化北上期という二重の文化伝播期にあたっているのである。

4.　韓半島無文土器文化の成立

　表23が，東北アジアの土器編年と山東半島を介して，中原の土器編年との相対的な関係を示したものである。第5章で検討してきたように，上馬石貝塚の地点別・層位別の土器型式の検討から，遼東半島の土器様式ならびに編年関係を示してきた。この流れは基本的にはこれまで私が示してきた編年関係と同様なものであるが，その中でも土器型式の細かい変化過程と系譜関係が明確になっている。さらには，同じ遼東半島でありながら，遼東半島南端部の遼東半島西部と，上馬石貝塚のある遼東半島中部では時代において若干土器内容の違いをみせている。こうした細かい違いは別としても，土器編年上の大きな流れには変更がない。したがって，遼東半島と膠東半島さらには山東半島を介しての中原との並行関係も，従来の考え方（宮本1985・1991・1995b・2011b）をふまえて変更はない。

　むしろこれまでになく詳しい並行関係が明らかとなったのが，韓半島土器編年とりわけ無文土器時代の土器編年との対応関係が明確になった点である。これは，近年の韓国考古学界におけるとりわけ無文土器編年が充実したためである。ただし，地域性やいくつかの系統が並行的に変化していく捉え方など，必ずしも1つのまとまった土器編年が完成したわけではない（韓国青銅器学会編 2013）。そこで，ここではその中でも大筋において賛同を得ている安在晧の無文土器編年（安在晧 2000）を採用し，かつ無文土器早期の突帯文土器に関しては遼東や西北朝鮮との並行関係（安在晧 2010）を採用して，編年表を示している。

　また，双砣子3期から上馬石A区下層までの遼東半島の土器編年と韓半島南部無文土器編年との対応は，裵眞晟が壺を中心としてみられる横帯区画文の変化過程や遼東半島にみられる篆形器と赤色磨研台付鉢との形態的な類似性などをふまえ（裵眞晟 2007），すでに図166のような対応関係を示している（宮本2011b）が，今回もこの考え方に基づいて，遼東半島，遼東，西北朝鮮と韓半島南部の土器編年の並行関係を示したものである。また，遼東内陸部の編年と韓半島南部のとりわけ突帯文土器に関しては，突帯文の文様形態とともに両地域の土器型式のC14年代の対応関係を吟味した安在晧の論考（安在晧 2010）があり，その論証に基づき型式の対応関係を確定している。

　このようにして眺めてみると，韓半島南部の無文土器早期段階から認められる土器製作技術

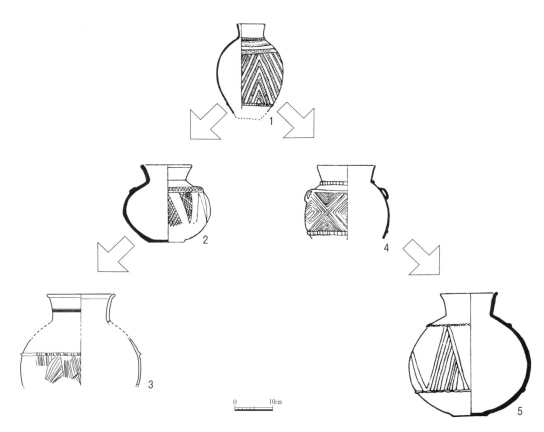

図170　偏堡文化の壺形土器の伝播過程（縮尺1／10）

が遼東の偏堡文化にあるとするならば，編年表にみられるような時間差が存在している。そこでさらにこの時期の地域間関係を詳細に検討するため，上馬石貝塚を含め詳細な編年関係を遼東半島から，遼東内陸部，鴨緑江下流域，大同江流域にまで広げて示したのが，表23である。これら地域の編年的な並行関係は，すでに述べたように日本人研究者によって進んできており（小川（大貫）1982，大貫1989，宮本1985・1991・1995ｂ・2011ｂ，古澤2007），一応の到達面がみられる。一方で，韓半島南部との関係では，近年，安在晧や裵眞晟によって土器編年の並行関係の再確認が進んでおり（安在晧2010，裵眞晟2007），こうした見解を参考にして表23は作られている。また，大同江流域の青銅器時代編年に関しては，従来の北朝鮮側の見解を再確認しながら編年の再構成を試みている宮里修の論考（宮里修2012）があり，その考え方や型式名称を表23には反映させている。

　さて，問題とすべき偏堡文化期から小珠山上層期の移行期は東北アジア初期農耕化第2段階に相当し，この時期に山東半島から遼東半島に文化伝播が認められるが，同時にこの影響関係のなか，同時代の偏堡文化に典型的な土器が，遼東から大同江流域の新石器時代末期の南京2

第 11 章　上馬石貝塚からみた遼東半島先史時代

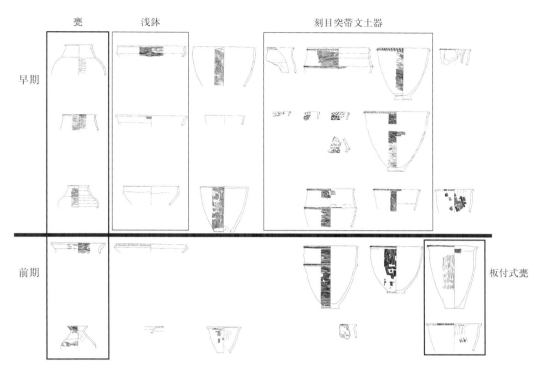

図 171　北部九州弥生早期・前期初頭の土器変遷（縮尺 1 / 16）

期に認められる。この時期には壺形土器だけであるが，この地域まで偏堡文化の影響が知られる。この段階は，図 170 に示すように，偏堡文化の壺形土器（図 170 - 1）が遼東を核として南西には遼東半島の小珠山上層期（図 170 - 2）に，東部では鴨緑江下流域の堂山上層（図 170 - 4）に，さらに大同江流域の南京 2 期（図 170 - 5）にまで拡散している。この中でも，遼東半島の小珠山上層期の壺は，偏堡文化の筒形罐や壺が伝播した後に，遼東半島で在地的に発達したものである。同じような壺は上馬石貝塚の広口壺 a 式（図 170 - 3）にもみてとれたのである。同じような偏堡文化の壺が東部へ伝播する事実は，伝播期より一段階新しい段階である新岩里 1 式にも，この偏堡文化の壺が在地的に展開した土器が認められることからも確認できることである。それは，偏堡文化の壺と同じように頸部と胴部下端に刻目突帯文をもち，その間を幾何学的な文様で構成するものである。したがって，この段階までは偏堡文化の技術系譜が鴨緑江下流域に残っていることになる。その実年代を仮に前 2000 年前後とするならば，今のところ韓半島南部の無文土器の始まりである突帯文土器の出現期とは約 500 年の時間差があることになる。ではこうした時間差を勘案しながら，どのようにして偏堡文化にあった土器製作技術が韓半島に流入して無文土器文化を形成することになったのであろうか。

　こうした場合に，北部九州における縄文から弥生への移行期のプロセスが参考となる（図 171）。弥生早期と呼ばれる時代は北部九州に限られ（宮本 2012 a），夜臼Ⅰ式からⅡ式へと連続的に変化した後に，板付式甕が成立する板付Ⅰ式へと変化していく。北部九州の弥生早期は，

大きく夜臼Ⅰ式と夜臼Ⅱ式に分かれるがさらに細分することにより，3段階に分けることが可能である（宮本2011a）。弥生早期の夜臼Ⅰ・Ⅱ式段階は，壺形土器という従来縄文文化になかった土器器種が弥生早期段階から無文土器文化との接触の中に突如として生まれ，弥生文化土器様式の1器種として発展するが，煮沸具としては縄文文化の伝統を引く刻目突帯文土器深鉢が存在している。ここで示されるように，同じ弥生早期段階の主たる土器は，縄文時代以来の刻目突帯文深鉢土器や浅鉢土器であり，無文土器文化系統の板付祖形甕や無文土器と縄文深鉢との中間タイプの占める割合はかなり低いものである。いわば，壺，刻目突帯文土器深鉢，浅鉢土器に，わずかに在地的に高坏が出現するという状況にある。一方で，夜臼Ⅰ式段階にわずかに存在した板付祖形甕が変化して板付式甕が成立し，刻目突帯文土器深鉢と置換することにより，壺と板付式甕からなる板付土器様式が生成される。板付式壺・甕・高坏といった板付土器様式が成立するのである。様式的に弥生土器様式の確立がこの板付土器様式にあるが，そこには4段階という時間差が必要であった。筆者の実年代観においてはこの間に300年以上かかっている（宮本2012a）。このような板付式甕あるいは板付土器様式が確立したのが北部九州の中でも，福岡平野であると考えられ，その後に周辺へと拡散し，瀬戸内から近畿といった西日本全体の地域に点的に板付土器様式の拡散が認められる。これがいわゆる遠賀川式土器である。このような遠賀川式土器が西日本全体に定着的に広がる弥生前期末までには約500年はかかっているのである。いわば土器様式の転換に土器様式の変化の核となる地域から，それが伝播して定着するまでの地理勾配を考えても，少なくとも500年はかかっていることになる。西日本という地理的差異に比べはるかに地理勾配をもつ，遼東半島から韓半島南部までの地理的距離を考えるならば，この東北アジア初期農耕化第2段階から第3段階への約1000年近くのタイムラグと，さらには韓半島西北部と韓半島南部の突帯文土器文化に500年近くのタイムラグがあっても，それはおかしい時差ではないことになろう。

　このような板付土器様式の確立こそ，縄文から弥生へと完全に展開した段階である。このように，弥生早期は土器からみても縄文から弥生への移行期ということができる。土器製作技術にみられる縄文から弥生への転換も，弥生早期の始まりである夜臼Ⅰ式の曲り田遺跡などの土器に，幅広粘土帯や外傾接合がみられ，夜臼Ⅱ式に移行するに従い刷毛目などの新しい土器製作技術が若干認められる。しかし，これら三者の製作技法とともに覆い型野焼きの焼成技術が組み合わさった安定的な土器製作技術の転換は，壺・甕ともに板付Ⅰ式以降にある（三阪2014a）。したがって，土器製作技術を含めた弥生土器様式の転換は板付Ⅰ式以降であり，しかもその発信源が福岡平野に認められ（宮本2011a），それが西日本にまずは点的に拡散していくことが現象として認められるのである。

　このような土器の型式・製作技術にみられる漸移的な変化を，遼東から韓半島西北部にかけて，問題とすべき偏堡文化期とその後について眺めてみることにする。従来，先史時代に関して遼東から韓半島西北部の鴨緑江下流域から清川江以北までは，同じ文化圏とみなしてきた（小川（大貫）1982，宮本1985）。近年の新資料を扱った古澤義久の論考（古澤2007）からも，こ

第 11 章　上馬石貝塚からみた遼東半島先史時代

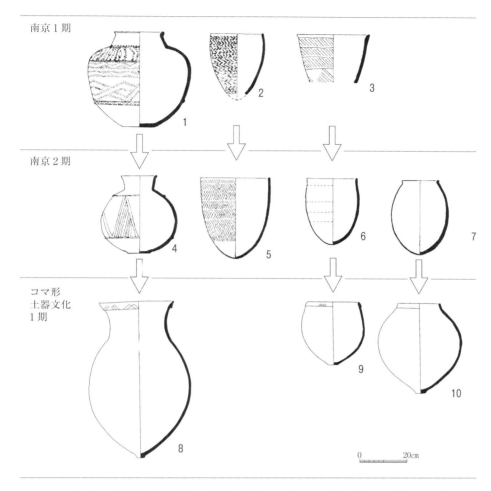

図 172　韓半島西部の櫛目文土器から無文土器（コマ形土器）へ（縮尺 1／16）

うした様相は否定されるものではない。偏堡文化に限ってみても，従来の遼東の偏堡遺跡や肇工街遺跡，遼東半島の三堂遺跡や上馬石貝塚から，鴨緑江下流域の双鶴里遺跡や新岩里遺跡，清川流域の堂山上層遺跡などに認められていたが（宮本 1995 b），近年では遼東内陸部太子河流域の馬城子下層（遼寧省文物考古研究所・本渓市博物館 1994）や鴨緑江下流地域である丹東地域の石仏山遺跡でも偏堡文化の文化層が認められる。したがって，偏堡文化は少なくとも，従来の考え通りに清川江以北という韓半島西北部までは安定的に分布していたことになる（図168）。そして，その文化的な広がりの勢いが，大同江流域の新石器末期の南京 1・2 期における壺形土器の伝播につながったものといえよう。そしてこの動きは鴨緑江上流域においても認めることができる。すなわち，この文化的な拡散期が筆者のいう東北アジア初期農耕化第 2 段階にあたっているのである（図 169）。

　このうちまず壺形土器だけが伝播した大同江流域の韓半島西部について考えてみることにし

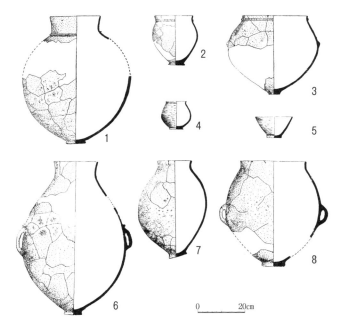

図 173　公貴里式（深貴里 1 号住居址）土器（縮尺 1 / 16）

たい。ここでは，新石器末期の南京 2 期の一括遺物である南京 12 号住居址に注目したい（図 172 - 4〜7）。また，これに先立つ南京 1 期（南京 37 号住居址）においても胴部下半に隆帯を施し幾何学的文様をもつ壺型土器（図 172 - 1）が出現している。これに関して，従来文様構成から遼東半島の呉家村期並行（宮本 1985・1995 b）と考えていたが，古澤義久の指摘にあるように（古澤 2007），このような壺形土器が呉家村期に存在せず，しかもこの土器には胴部隆帯文が認められるところからも，これが偏堡文化期に相当するものと考える。したがって，南京 2 期に認められる壺形土器（図 172 - 4）は，胴部の隆帯間に斜格子状の隆起文様を構成するところから，上馬石貝塚広口壺 a 式に類似しており，小珠山上層期に並行するものであろう。したがって，筆者がいう東北アジア初期農耕化第 2 段階はむしろこの南京 1 期に相当する。

　このような南京 1 期に偏堡文化の壺形土器が単独で出土しながらも，そのほかは基本的に櫛目文土器深鉢が主体を占め（図 172 - 2・3），新石器文化が存続している。このことは，北部九州の弥生早期の夜臼Ⅰ式と同じ様相を示しているといえよう。さらに続く小珠山上層期並行期の南京 2 期においても，櫛目文深鉢（図 172 - 5）が主体を占めるが，深鉢の中には短斜線文をもつ深鉢（図 172 - 6）や無文の深鉢（図 172 - 7）も出現している。これは，北部九州でいえば，夜臼Ⅱ式段階に相当しよう。さらにこの次の段階に，このような無文化していく深鉢に偏堡文化の筒形罐の文様要素である刻目隆帯の要素が合体することにより，コマ形土器文化 1 期の口縁部隆帯文でわずかな平底をもつ甕（図 172 - 9）が出現したと想定できるのである。また偏堡文化期に出現した壺形土器も，同じように口縁に刻目隆帯文をもつものに変化している（図

274

第11章　上馬石貝塚からみた遼東半島先史時代

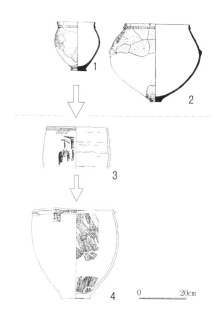

図174　公貴里式から突帯文土器へ（縮尺1／16）

172-8)。北部九州でいう板付Ⅰ式段階の様式転換を果たしたのである。このように，偏堡文化の要素が時間的な経過を経ながら様式転換して，韓半島西部では無文土器文化であるコマ形土器文化が生まれたと思われる。

　このような土器変化の想定は，大貫静夫が無文土器欣岩里様式の系統を韓半島西北部に求めたように（大貫1996），単なる遼東からの伝播ではなく，韓半島西北部での在地的な展開が韓半島南部の無文土器文化を生み出した可能性を指摘するものである。すなわち，鴨緑江下流域の偏堡文化と鴨緑江中・上流域の在地の新石器文化との接触の中で公貴里式（深貴里1号住居址）（図173）が生まれ，さらにこの公貴里式を媒介とする形で韓半島南部の突帯文土器が生み出されたもの（図174）と想定したいのである。

　あるいは，清川江流域では呉家村期と偏堡文化の接触の中で細竹里Ⅱ1が生まれ，これが韓半島南部において可楽洞式を生み出した可能性が指摘されている（裵眞晟2003）。このような無文土器の生成モデルは，金壯錫のいう多様な過程で韓半島南部の無文土器文化が生まれた（金壯錫2008，裵眞晟2003）という考え方に近いものとなろう。そして，東北アジア初期農耕化第3段階のときには，さらに双砣子2・3期の土器・石器文化が，韓半島西北部を媒介として，韓半島南部へ直接的に影響を及ぼしたのが無文土器前期の横帯区画文土器である（裵眞晟2007）と考えられるのである。

　さて，韓半島の無文土器の成立について再度考えてみたい。韓半島南部の無文土器早期は突帯文土器である。この突帯文土器の成立過程こそが，無文土器の成立問題の解明につながるのである。鴨緑江中・上流域では従来の新石器時代土器が連続するなかに，正確な根拠は欠落し

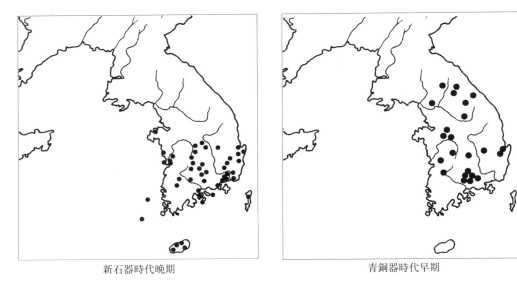

図 175　韓半島新石器時代晩期遺跡と青銅器時代突帯文土器遺跡分布の比較

ているが，偏堡文化との何らかの接触とその後の変容過程を経て，公貴里式（深貴里1号住居址）などにみられるような隆帯をもつ筒形罐系甕と頸部に隆帯をもつ壺形土器が生まれたと考えられる（図173）。図169に示されたように，鴨緑江中・上流域は大同江流域と同じように偏堡文化分布圏の外側に位置する。ここに偏堡文化が在地の新石器文化と接触して変容した公貴里式土器（深貴里1号住居址）が成立するのである。さらに公貴里式土器が，韓半島南部において突帯文土器文化を生みだしたのである（図174）。こうした公貴里式土器をここではあえて突帯文土器文化と呼ぶが，偏堡文化の周辺地域におけるこのような突帯文土器文化を介在として韓半島南部に突帯文土器が成立したと想定できる。李鄩琤によれば，韓半島南部の無文土器古段階は，土器型式，石器の組み合わせ，住居構造や炉形態などからも，その祖形は鴨緑江中・上流域のここでいう公貴里式に相当する（李鄩琤2013）。

　いわば偏堡文化周辺域で時間をかけて成立した突帯文土器文化が，さらに韓半島南部に拡散することにより，韓半島南部に突帯文土器が成立したと考えられるのである。韓半島南部の場合，むしろ突帯文土器には大同江流域のコマ形土器文化とは異なり，壺形土器が今のところ初期段階には認められず，突帯文土器の甕形土器だけが認められる。こうした土器は鴨緑江中・上流域の公貴里式（深貴里1号住居址）にみられた突帯文土器に類似し，これらを介して初めて，韓半島南部での突帯文土器の成立を考えることができるのである。また，偏堡文化にみられる幅広粘土帯，粘土帯の外傾接合，刷毛目調整という土器製作技法が，周辺域にかけて広がり，さらにそれが韓半島南部へ連結することによって成立したのが，韓半島南部の無文土器文化であったのである。

　この現象が韓半島の新石器文化から無文土器文化へ連続するものでないことは，図175の2

第11章　上馬石貝塚からみた遼東半島先史時代

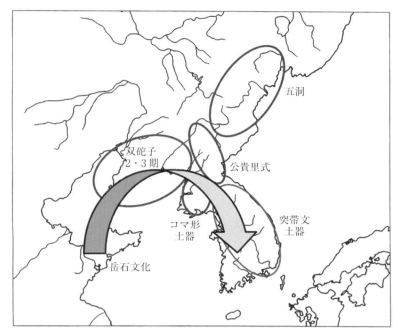

図176　東北アジア初期農耕化第3段階

つの文化の分布図に示される。新石器時代晩期の二重口縁土器段階と青銅器時代早期の突帯文土器段階の遺跡立地には明瞭な差異をみいだすことによって，この2つの文化には連続性はないことが明白である。新石器時代晩期の遺跡は海岸部の貝塚が主であるのに対し，突帯文土器段階では河川流域の沖積低地に分布が集中しており，農耕と関係する立地である。図169のモデル図で示したように，韓半島西北部を含む遼西の偏堡文化後・晩期後，その影響を受けて周辺には土器様式の変動が認められる。その1つが大同江流域の南京2期からコマ形土器への置換過程である。また，鴨緑江中・上流域の公貴里式という突帯文土器の成立である。韓半島東北部に認められる突帯文という土器要素は，この鴨緑江中・上流域の突帯文土器との接触によって生まれたものであろう。さらに偏堡文化の周辺域への影響という意味では，遼東半島小珠山上層にみられる隆帯文土器も，偏堡文化の影響で生まれた在地的な土器とすることができる。そして，韓半島の突帯文土器も鴨緑江中・上流域の突帯文土器の南下によって生まれた可能性は，図169にみられるように韓半島南部の突帯文土器の分布が接していることからも明瞭であろう。さらに，韓半島の突帯文土器と伴出する可楽洞式などの二重口縁土器は，清川江流域の細竹里などよりは，隣接する大同江流域のコマ形土器文化との関係で成立したと考えた方がよいのではないだろうか。また，孔列文土器は系統的には韓半島東北部にあるとすることができよう。したがって，東北アジア初期農耕化第2段階の偏堡文化の拡散と東北アジア初期農耕化第3段階の無文土器文化の成立までの約1000年間の間に，新石器文化から無文土器文化

への置換現象が，地域単位で連鎖的に存在したのである。

　では，農耕の伝播とはどのような関係があったのであろうか。それは二重性として捉えることができる。前2400年頃の東北アジア初期農耕化第2段階では，膠東半島から遼東半島への農耕伝播が確認されるものの，その大半は遼西西部・遼河下流域から韓半島西北部への偏堡文化の拡散にある（図169）。偏堡文化の影響こそ土器様式として韓半島各地におけるコマ形土器や突帯文土器などの無文土器様式を成立させる導因となったのである。偏堡文化という農耕文化の拡散は，鴨緑江中・下流域や大同江流域といった異なった狩猟採集を主とする新石器文化社会へ広がり，新しい土器文化がそれぞれ形成される。そして，前1500年頃の東北アジア初期農耕化第3段階には，図176のモデル図に示すように，膠東半島から遼東半島さらには韓半島へ磨製石器群を含めた水田や畠などの灌漑農耕が伝播するに至るのである。この段階の人間集団の動きは，山東から遼東，さらには韓半島西海岸へという連鎖的動きである。このように，韓半島の無文土器文化の成立については，土器様式などの人間集団の文化標識の系譜やその流入時期と灌漑農耕といった生業の系譜と流入時期が異なり，その二重性の中に成立したのが無文土器文化であると規定することができるであろう。

5.　土器編年からみた東北アジアの実年代——弥生時代開始期の実年代——

　上馬石貝塚の分析に基づく土器の型式学的変化とともに様式的な変化としての土器編年を示し，それを東北アジアをつなぐように土器編年を示したのが表23であった。すでにこの編年観の中に，筆者が述べる東北アジア初期農耕化第2段階と第3段階を位置づけるとともに，無文土器の成立過程を検討してきた。続いてこのような遼東から韓半島南部までの編年観を，さらに北部九州を代表とする日本列島の土器編年観と照らし合わせてみたい。この試みは，特に近年問題となっている弥生時代開始期の東北アジア全体での位置づけを可能にする。

　さて，表23の遼東から韓半島南部までの相対編年の並行関係の根拠はすでに示してきた。この上に表23では，さらに北部九州と韓半島南部での相対的な並行関係を示している。縄文土器の型式間の相対関係については，両地域に認められる互いの外来系土器の位置づけから交差編年として示されるもので，従来の筆者の編年観（宮本1990・2004）によっているし，この両地域の相対関係についてはC14年代の対比においても示しうるものである（宮本2009a）。また，弥生時代の両地域の相対的並行関係については，武末純一による土器の交差編年から示されているものであり（武末2004），筆者もこの相対編年観にのっとって，両地域の実年代観を示したことがある（宮本2008a・2011b）。特に，弥生の開始年代において重要なのが先松菊里式（休岩里式）と弥生開始期の夜臼Ⅰ式が並行することは，家根祥多（家根1997）や武末純一（武末2004）によって土器の並行関係から示されており（図177），ほぼ異論を唱える研究者はいないであろう。そして，これに遡る無文土器前期あるいは早期の遼東地域との並行関係については，すでにその根拠を示したところである。したがって，問題の先松菊里式の相対年代

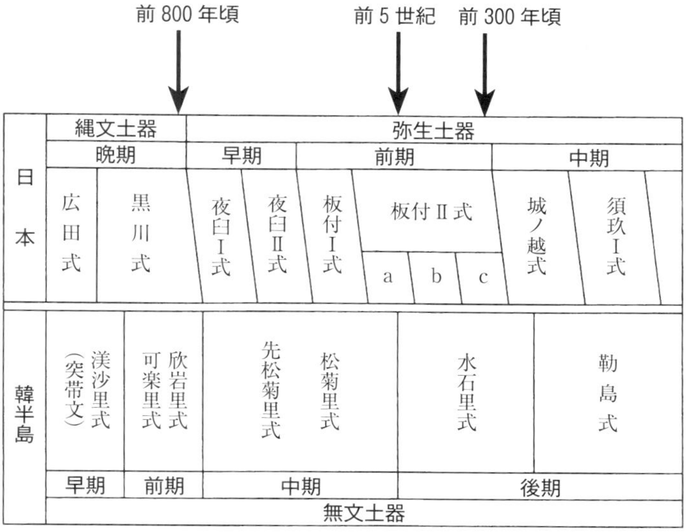

第11章　上馬石貝塚からみた遼東半島先史時代

前800年頃　　　　前5世紀　前300年頃

	縄文土器		弥生土器							
日本	晩期		早期		前期				中期	
	広田式	黒川式	夜臼I式	夜臼II式	板付I式	板付II式 a	b	c	城ノ越式	須玖I式
韓半島	渼沙里式（突帯文）	可楽里式	欣岩里式	先松菊里式	松菊里式		水石里式		勒島式	
	早期	前期	中期				後期			
	無文土器									

図177　韓半島南部と北部九州の並行関係と実年代

の位置づけが，遼東半島の上馬石上層BⅡ区にあることは間違いない。

　上馬石貝塚の分析により，上馬石上層がA区下層，A区上層，BⅡ区の順に分かれ，さらにBⅡ区の一部は尹家村2期に分離できることを，第5章で論証してきた。中原との並行関係でいえば，A区下層・A区上層がほぼ西周期に相当する。そしてBⅡ区の代表的な土器である小型壺c式が，遼寧式銅剣1a式を伴う崗上墓から出土しており，その年代に相当することは間違いない。遼寧式銅剣1a式の実年代を前9～前8世紀と考えること（宮本2008a）から，BⅡ区がほぼ前9～前8世紀以降のものとすることができるであろう。BⅡ区から分離した尹家村2期の年代は，同じく小型壺d式を鄭家窪子6512号墓段階と考え，前6世紀以降と考えうる。燕文化の影響を受けた尹家村2期を前3世紀と考えるならば，これが尹家村2期の下限年代となる。したがって，A区下層・上層が前11～前9世紀，BⅡ区が前9～前6世紀，尹家村2期が前6世紀～前3世紀というように押さえることができるであろう。

　このような実年代と，それらの土器様式との並行関係が韓半島南部や北部九州まで示されているわけであるから，そのまま実年代を引くことができるであろう。弥生早期の夜臼I式は韓半島南部の先松菊里式に相当し，それが上馬石上層BⅡ区にほぼ相当している。それは前9～前8世紀以降ということになる。近年，韓半島南部でも遼寧式銅剣Va式が無文土器前期末葉に出現している可能性があること（宮本2014）からも，それに後続する先松菊里式の始まりをほぼ前8世紀とする方が，青銅器の実年代からも調和的である。したがってそれに並行する弥生早期の夜臼I式も前8世紀ということになる。弥生文化が北部九州で生成される理由として寒冷期による渡来人の移住が挙げられるが，この寒冷期によって推定された弥生開始期の年代観（宮本2011a・2013b）とも，こうした実年代観とは矛盾ないものである。これまで筆者は，

279

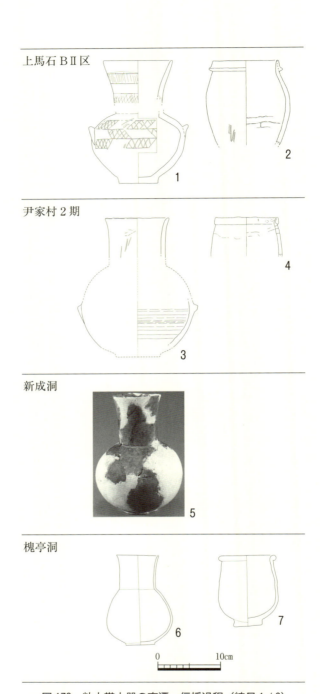

図 178 粘土帯土器の変遷・伝播過程（縮尺 1/6）

第 11 章　上馬石貝塚からみた遼東半島先史時代

東北アジアの青銅器の年代観とりわけ遼寧式銅剣の年代観から，弥生の始まりを前 8 世紀と考
えてきた（宮本 2011 b・2014）。あるいは，寒冷期による韓半島南部の渡来人の北部九州への渡
来時期をやはり前 8 世紀と論証してきた（宮本 2011 a・2013 b）。このたび，土器編年を東北ア
ジア全体で再構成することにより，土器編年の並行関係からも弥生開始期を前 8 世紀に特定で
きたことになる。実年代決定の考古学的方法は，これら考古学的な様々な資料が東北アジア全
体を通じて編年関係によって矛盾なく相対編年を組めるかにある（宮本 2011 b）。このたびは，
その根幹である東北アジア全体の土器編年からも，弥生開始期の実年代を確定できたのである。
そして，中原地域という先行して歴史時代に入っている地域から，遼東半島編年を基軸として，
中原と韓半島南部・北部九州を結ぶことにより東北アジアの土器編年の確立が可能となったの
である。まさに東アジアにおける弥生時代の始まりを位置づけたことになる。

　さらに，韓半島における青銅器時代から初期鉄器時代への推移を考えるうえで重要なのが細
形銅剣文化を生み出した粘土帯土器である。韓半島の粘土帯土器に関しては，その出自を遼東
の涼泉文化に求め，この土器文化が次第に韓半島を南下して，韓半島南部では無文土器文化の
松菊里式から置き換わることが理解されている（朴淳發 2004，朴辰一 2006，中村 2012）。その涼
泉文化に相当するのが，上馬石貝塚では尹家村 2 期に相当している。ここでの粘土帯土器は粘
土帯の断面が方形に近く韓半島の粘土帯土器と差異が認められるが，この時期の遼東における
鄭家窪子や涼泉文化では断面円形に近い粘土帯土器もみられる。その尹家村 2 期は，前 6 世紀
から前 3 世紀の実年代が与えられる。韓半島南部の粘土帯土器に伴う黒色磨研壺は，図 178 に
示すように，遼東半島上馬石貝塚小型壺 c 式（図 178 - 1），上馬石貝塚小型壺 d 式（図 178 - 3）
（遼東の鄭家窪子 6512 号墓の長頸壺），大同江流域の新成洞の黒色磨研壺（図 178 - 5），そして
韓半島南部の槐亭洞の黒色磨研壺（図 178 - 6）につながるものであり，連続的な変化が示され
る。粘土帯土器文化が粘土帯土器のみならず，黒色磨研壺においても，遼東に基点があること
が示されたであろう。そして，その年代が前 6 世紀にあることからも，槐亭洞など細形銅剣文
化が生まれる韓半島南部の粘土帯土器の始まりは前 5 世紀とするこれまでの見解（宮本
2011 b）は，問題ないものと考えられる。

　そして，またこの涼泉文化，あるいは鄭家窪子文化，または尹家村 2 期文化が，上馬石貝塚
の検討でも明らかなように，上馬石上層文化にみられるような甗をもたない文化であり，新た
な土器様式が確立した文化である。その文化の基点はおそらくは遼東を中心とするものであり，
カマドなど新たな生活様式を背景とした土器文化である可能性が想定される。その土器文化が
新たに韓半島へ広がることにより，韓半島では初期鉄器文化が形成されたことになる。その内
容については，今後の研究課題になるが，沿海州南部のクロウノフカ文化，団結文化さらには
韓半島東北部の五洞文化を含めて検討されるべきであろう（宮本 2009 c）。

6. 石器の分析や土器圧痕分析からみる遼東半島の初期農耕発達段階

　第7章の遼東における石器の分析においても明らかなように，偏堡文化から小珠山上層期の移行期と，双砣子2・3期は山東半島から遼東半島へ磨製石器が伝播する段階である。これがそれぞれ東北アジア初期農耕化第2段階と第3段階にあたっている。

　東北アジア初期農耕化第2段階は，水田農耕などの農耕に伴う石庖丁，遼東形石斧，扁平片刃石斧・柱状片刃石斧などが，膠東半島から遼東半島へ伝播する時期であり，偏堡文化から小珠山上層の移行期に相当している。遼東半島では，四平山積石塚に認められるように，積石塚という特殊な墓制でありながら，副葬品に卵殻黒陶や鬹，あるいは牙璧などの玉器をもち，膠東半島からの渡来民たちが在来民と交配しながら，内在的には山東龍山文化的な社会規範によりながら，外見的には積石塚という新しい墓制をもつことにより，文化的な変容と社会集団の再編がなされていったと理解されている（澄田ほか編2008・宮本2012b）。こうした膠東半島から遼東半島への渡来民の存在とともに，イネの農耕伝播の可能性が考えられる。第9章の土器種子圧痕分析からは，偏堡文化期と小珠山上層期にはアワ・キビが存在することが明らかとなっている。しかしながらコメの存在は不明である。アワ・キビに関しては，小珠山遺跡の小珠山下層文化期からアワ・キビの炭化種子が出土しており[4]，華北型農耕石器の存在からも，小珠山下層期には遼西や遼東からこうしたアワ・キビ農耕が拡散していたことが理解される。それが偏堡文化や小珠山上層期においても連続していると考えてもおかしくない。あるいは東北アジア初期農耕化第2段階の偏堡文化の南下は，アワ・キビ農耕を伴った偏堡文化の南下をも意味していたのかもしれない。これに対して同時期の山東龍山期の膠東半島では，アワ・キビ農耕より稲作農耕が主体となっており（宮本2009a），コメが遼東半島へ伝播してもおかしくない状況である。今のところ，文家屯遺跡における呉家村期から小珠山上層期にかけての紅焼土から，コメのプラント・オパールが認められている（岡村編2002）。また，遼東半島の複数の遺跡の小珠山上層期の山東龍山文化並行期の文化層からも，コメのプラント・オパールが多量に検出されている（靳桂雲ほか2009）。したがって不確実ではあるがコメのプラント・オパールの存在からは，東北アジア初期農耕化第2段階に，膠東半島から遼東半島へコメの伝播があった可能性がある（図169）。

　東北アジア初期農耕化第3段階は双砣子2・3期に相当する。この段階でも，扁平片刃石斧や柱状片刃石斧などの加工具が膠東半島から遼東半島に伝播した可能性が高く，それらの法量変化が両地域とも相似的に変化している（宮本2008c）。さらに，この段階にはごくわずかであるが水田の畦などを作る石鏟が膠東半島から遼東半島に伝播している。これら少ない石鏟などの農耕石器を補う意味で木製農具が存在し，そうした木製農具が膠東半島から遼東半島へと伝播した可能性を想定している（図176）。したがって，この段階に柱状片刃石斧などの加工具が発達するのである。この段階に遼東半島にはコメが存在することは，第9・10章の土器種子圧

282

第 11 章　上馬石貝塚からみた遼東半島先史時代

痕分析において証明され，また双砣子 3 期の大嘴子遺跡では炭化米が出土している。これは，木製農耕具の存在の可能性からも，山東龍山文化期に膠東半島で出現する畦畔水田（宮本 2009 a）がこの段階に伝播することと関係するのではないだろうか。すなわち，水田などの灌漑農耕がこの段階に膠東半島から遼東半島へ伝播したのである。さらに同時期に，石庖丁を含めた農耕磨製石器が韓半島に漸次的に伝播していく（宮本 2008 c，裵眞晟 2001）。そして，水田や畑などの灌漑農耕が，韓半島無文土器文化にも漸移的に導入されていったのであろう。

　このような石器群における関係性の変異は，上馬石上層期にも認められる。A 区下層以降，極端に磨製石斧が減少し，収穫具も石庖丁から石鎌に転換している。この時期は土器の関係性でもこれまでの膠東半島と遼東半島との関係性が認められない時期である。石鎌は遼西の夏家店下層期から増加することが知られているように，上馬石 A 区下層以降にみられる石器組成の変容は，文化的にこれまでの膠東半島との関係ではなく，遼西などの中国東北部との関係に再び転換していることを物語っている可能性がある。第 9 章の土器圧痕分析からも，上馬石上層期から新たにダイズやアズキなどのマメ類が増加することが知られている。こうしたマメ類の栽培は，遼西・遼東などの中国東北部からの農耕の系譜関係にある可能性があろう。また，第 9 章でアワの計測値に新石器時代と青銅器時代に差異が認められるが，差異の要因は環境や農耕技術の内的変化というよりは，このような農耕の系譜の差異に起因する可能性がある。

　そして上馬石上層期は青銅器鋳型などの存在からも，青銅器の製作が上馬石貝塚においても始まった段階であったといえる。地表採集資料であるが，青銅の溶解のための精錬に使われた鞴の羽口が出土している。これは，馬の頭部の形態を示しており，遼西の夏家店上層期から知られ，東北アジアの青銅器生産を特徴的に示すものとされている（村上 2006）。上馬石上層段階は夏家店上層文化にみられるような北方青銅器の文化的な関係性に転化したということができるであろう。そして，その文化的な系統関係のなか，マメなどの畑作農耕が遼西・遼東から流入し，生業や文化的な転換を果たしたのが上馬石上層 A 区下層以降の動きということができるであろう。

　青銅器生産に関しては，上馬石上層 BⅡ 区段階から，崗上墓にも認められるように遼東半島に遼寧式銅剣が出現する段階である。遼寧式銅剣は北方青銅器文化の系譜の中に生まれたものであり（宮本 2000），この一連の展開と軌を一にした動きを示している。ここ上馬石貝塚 C 区からは珍しい遼寧式銅剣を模倣した角剣が出土している。この角剣は図 79 の 596 が遼寧式銅剣 1a 式を，図 79 の 595 が遼寧式銅剣 1b 式を模倣したものであり，上馬石上層 BⅡ 区期では，遼寧式銅剣文化の影響を受けつつも，遼寧式銅剣を自家生産できない周辺域的な様相を示している。すなわち，遼寧式銅剣を生産できないために，角剣を製作したことになる。この時期には大型石錘が多量に出土するなど漁撈活動が高まった段階であり，社会的な発展方向としては歴史的に逆行し，社会進化の後退現象がみえる段階である。この段階には簡単な青銅器生産しかできなかったのであろう。あるいは，生業の地域分化による漁撈活動への特化といった，社会的複雑化という逆の歴史的な解釈も可能である。上馬石 BⅡ 区に次ぐ尹家村 2 期段階になっ

て初めて，上馬石貝塚では遼寧式銅剣をもち，土壙墓の副葬品となっている。この段階では，遼寧式銅剣の自家生産が始まるか，あるいは交易によって遼東半島大陸部から銅剣の入手が可能になったのであろう。

　ともかくも，上馬石上層文化期は遼東半島の先史社会が対外関係を大きく転換させ，北方青銅器文化社会との接触を果たし，マメなどの新たな畑作の受容をみせるのに対し，次第に農耕生産力の減退とともに，漁撈活動が盛んになるなどの，社会進化の後退現象をみることができた。あるいは反対に，生業の地域分化による社会的複雑化現象とみる可能性もある。この段階の上馬石上層ＢⅡ区期は寒冷期にあたっており，遼寧式銅剣文化の始まりとともに，東北アジア初期農耕化第４段階と呼ぶ北部九州での弥生早期の始まりにも相当している。この時期の寒冷化は，北アジアから東北アジアを結ぶ連動した大きな文化変動期にあたっているのである。

　さらにこれに続く尹家村２期は韓半島の初期鉄器文化である粘土帯土器文化の母体となった土器文化である。この時期こうした土器文化が南下して韓半島の土器文化に影響を与えた原因としては，環境的な要因というよりは人間集団の移動や政治的な領域支配体制と関係している。すなわち遼西地域における燕の影響を挙げることができる（宮本2007，Miyamoto 2014）。この前６・前５世紀の時期は燕山地域までは完全に燕の領域に取り込まれ，さらに遼西西部において「燕化」と称した強い燕との政治的な関係が認められる時期である。東大城子の石槨墓（国家文物局 2001）などがその例に挙げられる。その後，前300年を境に遼東地域から韓半島の清川江以北までが燕の直接統治下に降ることになる（宮本2000）。尹家村２期が南下して影響を与え，韓半島に細形銅剣文化を含む粘土帯土器文化が生成される導因としては，この「燕化」現象が挙げられる。燕の地域間関係の東漸化に従い，在地的に存在していた袁台子墓地の凌河文化（遼寧省文物考古研究所ほか 2010）が東漸するという因果関係が存在するのである。凌河文化の東漸によって遼東に尹家村２期文化が成立し，さらに韓半島に尹家村２期文化をもとに粘土帯文化が成立する。

7.　上馬石貝塚からみた東北アジア先史時代──まとめに代えて──

　これまでの上馬石貝塚の遺物調査によって明らかになってきた成果を使いながら，東北アジア先史時代を再考してみたい。筆者はこの東北アジア先史時代に関して，４段階に分けて初期農耕の伝播過程や初期農耕の成立過程を明らかにしてきた（宮本2009 a，Miyamoto 2014）。その過程を，この上馬石貝塚の調査成果から，再構成してみたいのである。

　上馬石貝塚の始まりは，上馬石下層すなわち小珠山下層文化に始まる。遼東の新楽下層と土器内容や土器文様構成などは密接な関係が認められる。上馬石貝塚資料からは，土器・石器などがそれほど豊富ではないが，1978年調査ではこの段階の竪穴住居址が発見されているなど，海浜部においても定住生活がなされていた段階であろう。近年の広鹿島小珠山遺跡の調査によれば，小珠山下層期の住居址が５基発掘されているが，住居址内部からは華北型農耕石器であ

284

第 11 章　上馬石貝塚からみた遼東半島先史時代

る磨盤・磨棒，石鍬などが出土する（中国社会科学院考古研究所ほか 2009）とともに，アワなど
の炭化種子が発見されており，初期農耕が始まった段階である（中国社会科学院考古研究所ほか
2009）。この時期，D 区下層には膠東半島の白石村文化の鼎（385）が出土しているように，膠
東半島との交流も認められる。しかし，白石村文化には華北型農耕石器も認められないように
（宮本 2003），狩猟採集段階であり初期農耕は存在していない。遼東半島の初期農耕は，新楽下
層のような遼河下流域から土器文化とともに拡散したものと考えられる。

　こうしたアワ・キビ農耕が韓半島西部の智塔里文化（弓山文化 1 期）に伝播したものと考え
られる。上馬石貝塚では，小珠山下層段階の穀物の土器圧痕は発見されてはいないが，資料数
の制約のためと思われ，近接する広鹿島小珠山遺跡のようにアワ・キビの初期農耕が始まって
いた段階と思われる。ただし，上馬石貝塚の場合，位置的にはより海に近接しており，漁撈活
動の生業での比重が高いであろう。一方，アワ・キビ農耕が伝播した智塔里文化の櫛目文土器
文化が，土器様式・華北型農耕石器・アワやキビの穀物とともに同時に韓半島南部や東部に拡
散していく時代が，韓半島新石器時代前期末ないし中期初頭の前 3400 年頃の寒冷期を契機と
した東北アジア初期農耕化第 1 段階に相当する。この段階は，遼東半島では小珠山中層から呉
家村期にあたるが，上馬石貝塚では遺物も少なく，呉家村期は今のところ土器の欠落期として
知られている。偏堡文化前期の遼東への拡散現象は，東北アジア初期農耕化第 1 段階に相当し
ているであろう。

　上馬石貝塚では，再び安定的に人の居住が始まるのが偏堡文化中・後期段階である。従来，
郭家村 3 層として設定していた段階であり（宮本 1990），近年，小珠山遺跡の発掘調査で，層
位的にも安定して存在し，遼東半島新石器時代の一時期をなす段階であることが明らかとなっ
ている（中国社会科学院考古研究所ほか 2009）。偏堡文化から小珠山上層期は，山東半島東部か
ら遼東半島へ強い文化的影響力がある時期であり，それは土器や石器にみることができる。そ
の一例が遼東半島に存在する四平山積石塚にみられる。その最初の段階が，大汶口文化末期か
ら山東龍山文化初期に相当し（澄田ほか編 2008），ほぼこの偏堡文化から小珠山上層期の移行
期にあたる。石庖丁などの磨製石器も，この偏堡文化（古澤 2006）や小珠山上層期（宮本
2003）といった時期から，山東半島から遼東半島への伝播が認められる。イネのプラント・オ
パールなどの証拠のみではあるが，この段階に水田は伴わないもののイネが遼東半島へ伝播し
た可能性がある。一方で，遼西西部から遼河下流域に分布していたアワ・キビを主体とする初
期農耕社会の偏堡文化後期が，寒冷期の影響で，遼東へ南下し韓半島西北部まで分布する（図
169）。これが東北アジア初期農耕化第 2 段階に相当する（宮本 2009 a，Miyamoto 2014）。

　このような山東半島から遼東半島への影響関係のなか，遼東内陸部に文化的な中心をもち，
韓半島西北部まで分布域が認められる偏堡文化は，さらに櫛目文土器地帯である韓半島西部の
大同江流域の南京 1 期や南京 2 期において，壺のみの伝播過程を果たすのである。それは遼東
半島の偏堡文化から小珠山上層文化期にあたっている。この偏堡文化の土器様式が，櫛目文土
器様式と融合しながら時間をかけて変動していったのが南京 1 期〜コマ形土器 1 期にかけての

変化であり，櫛目文土器様式から偏堡文化土器様式の変動が起きたとすることができる。同じ
土器様式構造への変動は鴨緑江中・上流域の公貴里式土器にもみてとることができる。公貴里
式土器において突帯文土器が成立する（図169）。こうした偏堡文化周辺での偏堡文化の土器様
式構造の変容をさらに韓半島南部で受け入れることにより，突帯文土器が生まれたものとみら
れる。そのため，韓半島南部の突帯文土器は当初壺が認められず甕のみからなるが，壺，甕，
鉢などの偏堡文化土器様式が完成するのが無文土器前期になってからである。しかしながら，
注目すべきは突帯文土器段階から，偏堡文化土器様式構造を成り立たせている土器製作技術で
ある，幅広粘土帯，外傾接合，刷毛目調整という3つの技術的特徴とともに，覆い型野焼き技
術が存在していたのである。

　一方で水田などの灌漑技術をもった本格的な灌漑農耕が山東半島から遼東半島，さらに韓半
島へ流入していくのが，東北アジア初期農耕化第3段階である（宮本2009a，Miyamoto 2014）。
これは，遼東半島では双砣子2・3期に相当し，山東の岳石文化の人々がコロニー的に遼東半
島南端部に移住する段階である（図176）。この段階の遼東から韓半島とりわけ韓半島南部との
土器交流としては，遼東半島の双砣子3期から上馬石上層A区下層までに認められる壺の横
帯区画文の変容過程の相似性である。あるいは，無文土器早・前期にみられる突帯文土器のう
ち，節状突帯文などの文様の類似性である（図166）。したがって，この段階では前段階の様式
構造の転換といった時間をかけた変容ではなく，文様属性などの一時的で一方的な影響関係と
いうことができる。同じことは，この段階に遼東半島から韓半島に流入していくのが遼東形伐
採斧（下條2000）や扁平磨製石器や柱状片刃石器などの加工具である（宮本2008c）。この加工
具の流入は，当初は遼東半島から加工具そのものがそのまま入ってくるが，すぐに地域的な変
容過程に変わっていく（裵眞晟2001）。そして，この伐採斧や加工具の伝播やその後の発達は，
灌漑農耕と密接な関係をもつものであり，木材加工の発達による木製農具の発達や農耕地の拡
大などの開発行為を示している。これは本格的な農耕社会への起動を示しているのである。

　このように東北アジア初期農耕化第2段階と第3段階という2回の山東半島から遼東半島へ
の人の移動を伴う文化伝播のなか，まずは遼東を中心とする偏堡文化の周辺域の影響関係にお
ける時間をかけた土器様式構造の転換が認められ，構造変化した土器様式がさらに隣接する韓
半島南部の突帯文土器を生み出す。突帯文土器という土器製作技術を伴う偏堡文化の様式構造
の転換が韓半島において認められる。さらに東北アジア初期農耕化第3段階において，伐採斧
や加工斧など磨製石器を伴った灌漑農耕の韓半島への伝播が認められるのである。このように，
韓半島無文土器文化とは，遼東の偏堡文化土器様式構造をもとに，膠東半島・遼東半島からの
灌漑農耕文化の伝播という時期と発信源を異にした文化伝播の二重性の中に生成し，さらに内
在的な発展過程を示しているのである。

　次の東北アジア初期農耕化第4段階も，韓半島南部の灌漑農耕社会の発展のなか，寒冷期を
契機とした人口圧によって韓半島南部の農耕民の移住を契機として北部九州において灌漑農耕
をもった弥生社会が始まる時期である。それは基本的に少数の渡来人を受け入れながら，縄文

第 11 章　上馬石貝塚からみた遼東半島先史時代

人による土器の様式構造変化に大陸系磨製石器など灌漑農耕のインフラ技術を伴ったものであり，時間をかけてその後に板付土器様式が確立することになる。その北部九州の弥生開始期が韓半島の先松菊里式（休岩里式）に相当し，さらには遼東半島の上馬石上層 B Ⅱ 区期に相当する。その時期は崗上墓などにみられる遼寧式銅剣 1a 式を伴う段階であり，前 8 世紀ということができるであろう。中原でいえば西周末期から春秋初期に相当し，歴史的にも寒冷期に相当し，犬戎など北方民の周原への南下により西周王朝が滅び，周王は洛陽に遷都して東周を開く段階にあたっている。

　さらに，前 6〜前 3 世紀の遼東半島の尹家村（下層）2 期は，遼東の涼泉文化や鄭家窪子文化に相当し，韓半島の粘土帯土器文化の母体となっている。この並行関係からも，韓半島南部の細形銅剣の発生とともに円形粘土帯土器文化の始まりを前 5 世紀と考えることができるであろう。円形粘土帯土器は北部九州でも遡って板付 Ⅱa 式には伴っている可能性が高い（武末 2011）。したがって板付 Ⅰ・Ⅱa 式の弥生前期前半の 1 点を前 5 世紀まで上げることが可能なのである。板付 Ⅰ・Ⅱa 式の遠賀川式土器が西日本に広がる段階が，弥生時代前期の始まりとすることができ，本格的な弥生文化の到来を意味する。その年代が前 5 世紀であることはすでに述べたことがある（宮本 2012 b）。そのような実年代観が，この遼東半島編年とその東北アジアでの相対編年関係から，再び証明されたことになったのである。

　以上のように，1941 年に発掘調査された上馬石貝塚は，発掘当時の調査目的とはやや方向性を異にしているものの，結果的には，日本列島を含む東北アジアと中原などの華北を結びつけ，東北アジア先史社会を東アジアの歴史現象に照射できる重要な考古資料であったのである。

　　注
1)　南宝力皋吐墓地出土土器（内蒙古自治区文物考古研究所・扎魯特旗人民政府 2010）の AM 172 : 1 （39）や BM 116 （63）の土器表面に刷毛目調整痕がみてとれる。
2)　南宝力皋吐墓地出土土器（内蒙古自治区文物考古研究所・扎魯特旗人民政府 2010）の CM 35 : 4 （18），AM 87 : 1 （21），AM 98 : 2 （24），CM 15 : 4 （26），AM 92 : 2 （32），BM 34 : 1 （57），AM 186 : 1 （60）などに覆い型野焼きの黒斑が認められる。
3)　2014 年 1 月に吉林省文物考古研究所にて双塔遺跡の土器を実見させていただいた観察結果に基づく。
4)　発掘を担当された中国社会科学院考古研究所の金英熙・賈笑冰さんから教示された。

附　篇
上馬石貝塚の動物遺残

長谷部言人

　大長山島上馬石貝塚の発掘には私も参加したが，半途帰京し，廣鹿島其他に於ける発掘調査には全く関らなかった。従って茲には専ら前者より採収された動物遺残に就いて卑見を述べ，後者の採収標本は之を参考に供するにとどめることにした。

　上馬石貝塚に就いて先づ注意すべきは，その積成當時と現時とでは，附近一帯の景観に甚だ異なるものがあったことである。A地点に於ける発掘は吾々の身長を超ゆる深きに及んで漸くその下底に到達した。即ち厚さ約二米の砂層は貝塚の基核たる厨芥の堆積開始以後に積成したので，その以前はこの地点も今日の如き不毛状態には陥ってゐなかったことが窺はれる。何故とならば，A地点採集の猪下齶骨は後述の計測に用ゐたる分だけでも数十例に達し，其他多数の鹿や少数の狸の骨がこれに伴ってゐる。これらは概ね附近の林叢より猟獲されたものと推測されるからである。狸の骨よりも多く目についたのは，山地に棲息するジャカウジカの下齶骨である。ジャカウジカの遺残は満州石器乃至亜石器時代遺蹟の発掘には殆んど毎常多数発見され，同代に於ける棲息範囲は海岸に近き高地にまで及んでゐた。それが大長山島にも棲息してゐたらしく，全島森林で蔽はれてゐたことが推察されるのである。風砂の堆積は固より常にこれらの林叢の邊周を侵蝕せんとしてゐた。然るに樹木愛護の念に乏しき當時の住民は必要に任せてこれらを濫伐し，徒らに風砂の侵蝕堆積を助長した。約二米の深さを有するA地点の貝塚は斯して比較的短き年月の間に積成せるものの如く，年を経るに従って三官廟山は遂に其全容を一変し，不毛化するに至ったのである。その渓間より流下する泥沙は當時既に山下の海岸に三角州を形成してゐたが，風砂堆積範囲の擴大と崖際の崩壊とによって，渓谷は山の大さには不似合な程に深刻となり，三角州亦大発展を遂げ，今も附近一帯の住民に對し，殆んど無盡藏ともいふべき貝類の供給地になってゐるが，山の幸に至っては殆んど皆無と称してもよい憫むべき状態に陥ったのである。自然の災害は之を避けるによしなしとしても，住民にして樹木を愛護し，之を使用するに努めたならば，幾分なりとも之を抑止し得たであろうか。却って之を助長して，ここに至らしめた形跡歴然たるものがある。

　私が上馬石貝塚の発掘に参加した目的は，実は家畜の遺残を採収することであった。幸にして犬，牛，馬等の骨若干を得たが，羊豕の骨は遂に得られなかった。但し家畜品種の査定には

今日尚思ふに任ぜざるもの多く，研究の進捗に伴って補考することにしたい。獣鳥魚骨の査定に於ける困難はそれが準據すべき比較標本の保存せらるるものの甚乏しきことに関はってゐる。例えば今次虎の上犬歯が発見されているが，その然ることは頭骨標本に比較して，容易に之を確かめ得た。然るに虎の大腿骨に對しては比較すべき骨體標本の所在を探知し得ず，大形肉食獣に属すべきが□□たらしくそれと推定するにとどめる他はなかったのである。尤も最近に至り昨年事変に對する處置として屠殺されたる檻飼猛獣中に虎若干頭あり，其他にその骨格一帯保存されてゐることが分明したが，かかる平凡極まれる獣骨標本が今日まで東京に保存されてゐなかったといふのは，寧ろ意外といふべきである。況んや希種の魚鳥獣骨に就いてその品種を査定するには甚だ多種多数の全身骨體を参考する必要あり，急に之を調製することは殆ど不可能とされる。かかる事情に鑑みると，考古学の他に，理学的検査を旨とする先史学を建設することは緊要不可缺と考へられる。

　今次上馬石貝塚より採収された動物遺残には貝殻，魚鳥獣骨等があった。元来石器時代と今日とで，野生動物に形態の変化を見るが如きはあり得ない。併し淘汰により旧来種或は其亜種乃至亜品種の或ものが或は減少し，或は消滅し，或は増加するか如きはあり得べく，殊に文化が自然界に及ぼしたる影響の結果として斯る淘汰現象の認めらるることはある。今次採集された貝類及び魚鳥骨と見るに斯る淘汰の形跡は明でないが，獣類に於いては甚だ顕著なものがある。即ち現時大長山島には全く棲息せざるか或は極めて稀なるべき猪，鹿，狸，ジャカウジカ等の諸骨が多数発見された。これらの消失は猟獲し盡されたというよりも，彼等の棲息に必要なる森林が薪炭，建築，工作用として伐採されたのみならず，開墾，火入等によって人為的に減少さるに因るものと解するを至高とするであらう。

　大長山島には現に角の短い稍小形の牛や，小形の馬なども飼用されてゐるのを目撃した。故に後條に記す如き短角種の牛や，小形の馬が石器乃至亜石器時代より引つづき此地方に飼用されてゐるのではないかという疑がある。これらの点に就いては同時代遺蹟より出土せる牛馬の骨を多数検査して，現状と比較する必要がある。

　以下□個の貝殻，魚鳥獣骨に就いて所見の大要を述べることにする。

貝類

　上馬石貝塚各地点では私自ら異った種類の貝殻を目にする毎に之を採集して置いた。但し一種二三個を限りとし，多数に上るときはこれを棄却した。他の貝塚の貝類は八幡氏等の採集にかかるものである。帰来これらの査定方を人類学教室嘱託酒詰仲男氏に委嘱し，下に掲ぐる貝類目録を得た。ここに同君の労を深謝する。

　上馬石貝塚の貝類は各地点を併せて，凡そ巻貝類十五種及び二枚貝九種，即ち計二十四種に達し，他にC地点よりはイカの甲の破片若干が得られた。C地点にトコブシ及びアワビあるを除いて，各地点産総べて沙泥地に棲息する種類である。蓋し三官廟山下に展開せる三角州は本貝塚積成当時に於いても既に存在し，重要なる貝類供給源となってゐたことが推想される。

各地点により品種に出入あるは外的事情の異なれるに因るものであらう。比較的多き種類はカキ，アカニシ，イボウミニナ，イボニシ，アサリ，オオノガイ，アカガイ，オキシジミ，ツメタガイ等である。ただ訝しいのは廣鹿島呉家屯や貔子窩諸貝塚に見らるるハマグリが上馬石貝塚からは一個も採集されなかったことである。貝類豊産し，ハマグリの棲息地區に到達せざる間に多量の収穫あるを常とした故ではないかと臆測される。

　呉家屯貝塚からは四種の巻貝と六種の二枚貝とが採集された。このうち上馬石貝塚になかったのはコシダカガンガラ，イシガイ，ハマグリである。

表24　上馬石貝塚貝種表（酒詰仲男査定）

番号	種名	学名	大長山島上馬石				廣鹿島	貔子窩		
			A	B	C	D	呉家屯	塔寺屯	花山屯	東嘴子
	腹足類	Gastropoda								
1	トコブシ	Haliotis diversicolor Reeve			+					
2	（アワビ）	〃　　sp.			+					
3	クボガイ	Tegula tasilirata (pilsbry)			+		+			
4	コシダカガンガラ	〃　　rustica (Gmelin)					+			
5	スガイ	Turba cotoeensis Rectuz			+					
6	イボウミニナ	Batillaria zonalis (Bruguiere)		+	+					
7	ウミニナ	〃　　multiformis Lischke		+						
8	ホソウミニナ	〃　　cumingi? (Crosse)	+	+						
9	カワアイ	Cerithidea cingulata (Gmelin)			+					
10	ツメタガイ	Polinices didyma (Bollen-Roding)		+	+					
11	—	〃　　fortunei (Reeve)								
12	イボニシ	Thais clavigera (Kuster)	+	+	+	+				
13	レイシ	〃　　bronni Dunker	+		+		+			
14	ウラシマ	Semicassis pila Reeve			+					
15	アカニシ	Rapana thomasiana (Crosse)	+	+	+	+				
16	テウセンボラ	Neptunea cumingi Crosse	+							
	雙殻類	Bivalvia								
17	アカガイ	Anadara inflata (Reeve)		+	+					
18	マルサルボウ	〃　　nipponensis Pilsbry		+				+	+	
19	イガイ	Mytilus crassitesta Lischke			+					
20	イタボガキ	Ostrea denselamellosa Lischke			+			+		+
21	カキ	〃　　gigas Thunberg	+	+	+	+	+	+		
22	（イシガイ）	Unio douglasiae nipponensis Martens					+			
23	ハマグリ	Meretrix meretrix (Linne)					+	+	+	
24	オキシジミ	Cyclina sinensis (Gmelin)	+		+	+	+			
25	アサリ	Venerupis philippinarum (Adams)	+	+	+		+			
26	ウチムラサキ	Saxidomus purpuratus (Sowerby)			+					
27	オオノガイ	Mya arenaria Linne	+	+	+					
	頭足類	Cephalopoda								
28	（イカ）	Sepia sp.			+					

附　篇　上馬石貝塚の動物遺残

魚類

　上馬石貝塚Ｂ地点採集品中には魚骨十数片及び鱗若干があったが，Ａ及びＣ地点よりは魚骨一二片，またＣ地点より鱗片若干が採取されてゐるに過ぎない。魚骨中には鯛の前頭骨，同下顎骨，鱸の脊鰭骨等があった。吾國東北地方沿岸の貝塚に比し，魚骨尠く，又海獣の骨に乏しい如うである。

鳥類

　上馬石貝塚Ａ地点よりシギ類の嘴が八個，Ｂ地点より同二個，Ｃ地点より同六個，其の他Ａ地点より鳥骨若くは其破折片十余個及びＢＣ両地点より夫々同数個が採収されてあった。シギ類の嘴には大小長短あり，又其弯曲に狭弱が認められ，総べてが同一種乃至同一亜種でないかも知れぬ。孰れにしても現時貔子窩塩田地方に多産するシギの類が當時も大に繁殖してゐたことが窺はれる。又鳥骨の品種査定未了であるが，中に鷹類の蹠骨が一個あった。鷹狩が行われてゐたか否かを明にし得ないにしても，興味深き所見といふべきである。我國貝塚に通常斯く多量の鳥骨が見られない如うに思われる。

獣類

　野獣では猪，麝，鹿，狸，虎，家畜では牛，馬，犬の骨が採収されてあった。

猪

　Ａ地点各層を始め，各地点よりは猪及びこれに次いで鹿の諸骨が夥しく出現した。併し品種の査定に好適なる頭骨の保存良好なるもの得難いので，特に臼歯列の保存良好なる上下顎破片を選択採収し，帰来人類学科学生渡邉直昭，大和進，野村寛三君に各個臼歯の計測調査を命じた。三君は樺太，北海道，内地，琉球等より出土せる標本を併せ検査したが，越中大境洞窟の弥生式土器遺蹟より採収された猪骨が殊に多くあったので，これらは他の石器時代遺蹟出土例と区別処理することにした。有蹄類臼歯の計測に於いて注意すべきは，其年齢関係である。よって乳臼歯あるものを第Ｉ齢，第二大臼歯まで完全に萌出せるものを第Ⅱ齢，第三大臼歯の萌出を完了せるものを第Ⅲ齢とし，年齢毎に区別して，下顎の各個乳臼歯，小臼歯及び大臼歯に就き，其長径及び幅径を計測し，内地貝塚産及び長山列島貝塚産との間に於ける差異を統計的に窺はんとした。内地貝塚産中よりは大境洞窟出土例の如き弥生式遺蹟に属するものは之を除外した。其成績次表の如くである。

　前表（表25）によって明なる如く，内地貝塚産猪の乳臼歯は歯齢の孰れたるを問はず，上馬石貝塚産よりも，長径に於いても，幅径に於いても，常に少しく大である。その差は固より少許ながら，誤差の限界を超え，即ち略ぼ確実性を有するものと認められる。従って同地の猪が同じく白髭種に属すとしても，亜種を異にするものなることは信ずるに足りるであらう。ただ

表 25　猪歯牙の大きさの比較

猪下臼	歯齢	長径 mm					幅径 mm				
		内地貝塚産		長山島産		差	内地貝塚産		長山島産		差
		個数	平均	個数	平均		個数	平均	個数	平均	
第二乳臼歯	I	10	10.4 ± 0.19	17	9.6 ± 0.15	0.8 ± 0.24	—		—		
第三　同	I	16	19.6 ± 0.26	21	17.9 ± 0.20	1.7 ± 0.33	15	9.4 ± 0.2	21	8.7 ± 0.12	0.7 ± 0.17
第三小臼歯	II	2	13.0	12	11.7 ± 0.20				4	6.0	
	III	9	12.7 ± 0.21	8	11.9 ± 0.19	0.8 ± 0.28			8	6.1 ± 0.09	
第四小臼歯	II	4	15.8	21	13.7 ± 0.44		4	10.3	21	8.0 ± 0.10	
	III	7	15.0 ± 0.27	7	12.7 ± 0.29	2.3 ± 0.40	7	10.1 ± 0.06	8	8.0 ± 0.11	2.1 ± 0.13
第一大臼歯	I	5	18.0 ± 0.22	18	16.9 ± 0.28	1.1 ± 0.36	3	11.3	18	10.9 ± 0.17	
	II	8	16.9 ± 0.17	20	16.0 ± 0.18	0.9 ± 0.25	8	11.9 ± 0.05	22	11.3 ± 0.14	0.6 ± 0.8
	III	12	16.1 ± 0.27	9	14.2 ± 0.47	1.9 ± 0.54	10	12.2 ± 0.14	9	11.3 ± 0.18	0.9 ± 0.23
第二大臼歯	II	6	22.2 ± 0.24	25	21.5 ± 0.30	0.7 ± 0.38	5	15.4 ± 0.13	25	13.8 ± 0.18	1.6 ± 0.22
	III	15	21.3 ± 0.23	13	20.1 ± 0.35	1.2 ± 0.42	18	15.2 ± 0.14	14	13.7 ± 0.20	1.5 ± 0.24
第三大臼歯	III	12	37.9 ± 0.73	15	32.9 ± 0.52	5.0 ± 0.90	17	17.2 ± 0.15	15	15.3 ± 1.22	1.9 ± 0.27

保存良好なる頭骨がなかったので，両者の頭骨に於ける差異を明にするを得ないのは遺憾である。

　右の如き統計的方法を用ゐて，有蹄類の歯の大さを比較することは，恐らく最も新しき試みに属し，主観的な判定を下すとは選を異にするものである。ここに三君がこれが為めに費したる労力に對し，感謝を表するものである。

　麝

　従来満州各地の石器乃至亜石器時代遺蹟の発掘に際しては毎常多数のジャカウジカの下顎骨其他諸骨が発見されてゐる。上馬石貝塚に於いても，ABCD 各地点より同獣の下顎骨，四肢骨等が夫々数個採収されてゐる。尚廣鹿島呉家屯貝塚からは老牡の右上犬歯が一個収得されてゐる。この山地に棲息する瀟洒たる山羊大の小獣が容易に大基山，羊頭窪，大長山島の如き海岸地帯住民の猟獲するところとなったことは當時山地と平地とを問はず，森林繁栄してゐたことを推定せしむるに足る。

　鹿

　鹿の顎骨や其他の諸骨は猪に尋いで多く採収された。鹿の下顎臼歯に就いても，猪に於ける如く，渡辺，大和，野村三君をして内地石器時代産と大長山島産との間に於ける長径及び幅径の差異を検査せしめたが，次表に示す如く，其々に概ね僅少にして確差を認め難きことが明にされた。表中の歯齢は第一大臼歯未生なるを第 I 齢とし，第二大臼歯のみ萌出せるを第 II 齢，第二大臼歯まで生じたるを第 III 齢，第三大臼歯まで萌出せるものを第 IV 齢としたのである。

　前表（表 26）に於ける大長山島産の鹿は吾内地貝塚産よりは概して稍大なる幅径を有するも，

附　篇　上馬石貝塚の動物遺残

表 26　鹿歯牙の大きさの比較

鹿下顎	歯齢	長径 mm					幅径 mm				
		内地貝塚産		大長山島産		差	内地貝塚産		大長山島産		差
		個数	平均	個数	平均		個数	平均	個数	平均	
第一乳臼歯	Ⅲ	5	9.0 ± 0.18	9	9.2 ± 0.12	0.2	5	5.6 ± 0.27	10	5.6 ± 0.19	0.0
第二　同	Ⅲ	7	12.9 ± 0.36	11	13.1 ± 0.30	0.2	6	7.0 ± 0.17	11	7.1 ± 0.10	0.1
第三　同	Ⅲ	6	19.7 ± 0.39	10	19.0 ± 0.24	− 0.7	6	9.3 ± 0.22	11	9.7 ± 0.20	0.4
第二小臼歯	Ⅱ Ⅲ Ⅳ	8	10.3 ± 0.33	12	11.2 ± 0.22	0.9	8	6.6 ± 0.21	12	7.3 ± 0.19	0.7
第三　同	Ⅱ Ⅲ Ⅳ	12	13.8 ± 0.22	15	13.5 ± 0.25	− 0.3	12	8.5 ± 0.30	15	8.9 ± 0.13	0.4
第四　同	Ⅱ Ⅲ Ⅳ	11	14.7 ± 0.32	16	14.8 ± 0.28	0.1	11	9.6 ± 0.29	16	10.6 ± 0.24	1.0
第一大臼歯	Ⅲ	7	17.0 ± 0.41	12	16.4 ± 0.22	− 0.1	7	10.4 ± 0.23	12	11.0 ± 0.06	0.6
同	Ⅳ	17	16.2 ± 0.22	14	15.6 ± 0.36	− 0.6	17	11.1 ± 0.11	15	11.3 ± 0.20	0.2
第二大臼歯	Ⅲ	3	19.57	8	19.1 ± 0.29		3	10.3	8	11.1 ± 0.09	
同	Ⅳ	13	19.2 ± 0.28	14	18.3 ± 0.52	− 0.9	13	11.9 ± 0.21	14	12.2 ± 0.19	0.3
第三大臼歯	Ⅳ	14	24.8 ± 0.36	17	25.6 ± 0.32	0.8	14	11.6 ± 0.19	12	12.1 ± 0.23	0.6

その差僅微であり，又長径は差は僅微なることあり，内地産の方大なることあり，反對に小な
ることあり，孰れも差異確実なりとは認め難い如うである。即ち歯の大さで両者の異同を判定
することは尚不可能と云ふべきである。

　駱駝？
　上馬石 D 地点附近の断崖貝層下砂層より発見された一個の跟骨があった。形状牛のに似て
遙にそれより大である。其最大長一七一糎，中部の投射幅径六九糎，体最小幅二九糎，同最小
高径四四糎，跟骨隆起の高径五六糎，同幅四八糎である。東京科学博物館所蔵の亜米利加産野
牛，水牛，駱駝各一例の全身鉸鏈骨體に就いて，その跟骨を検するに，孰れも本例より遙に小，
後述の牛の跟骨に匹敵するものであった。然るに後者の中駱駝の跟骨は其全長こそ小なれ，体
及び跟骨隆起は□厚で，この点に於いて本例の跟骨に類するものがある。之の駱駝は体躯小で
あるが，巨大なる個体ならば，本例に匹敵する大さの跟骨を有するものと推測される。

　狸
　上馬石貝塚 C 地点より狸の大腿骨完全なるもの一個，同破片三個及び脛骨破片一個が採収
されてゐる。

　虎
　上馬石貝塚 A 地点より虎の右上犬歯一個，同左大腿骨破片二個が発見された。□犬歯は其
頸部の稍前方に偏し，内外両側方より横に漏斗状の孔が穿たれ，両孔は中央に於いて會通して
ゐる。少しく凸弯せる前面を上にして垂吊佩用に供せられたものの如く，穿孔の技術は稚拙で
ある。歯冠より歯根にかけて内外両側面に各二條の亀裂を生じてゐる。この亀裂は発掘後乾燥

293

により増大した形跡がある。

　左大腿骨二例の一は小轉子下四横指の辺で割断された上部破片，大轉子缺損し，骨頭の縦径四七粍，横径四五粍である。他の一例は上下端割断された破片で，現存部の長さ二三粍，下半後面は発掘の際毀損されたものの如うである。體の最小横断径三〇，最大横径三五粍，第一例よりも稍細い。第一例の，骨頭の形態により食肉類に属さること明なるを以て，虎の大腿骨と推定されたのである。

　家畜としては前述の如く牛，馬，及び犬があった。

　牛
　上馬石貝塚Ａ地点よりは二十一個の牛骨又はその破片が採集されてあった。中には同一個体に属する左後肢の脛骨，距骨，跟骨，舟状骨，蹠骨が，脛骨上部の発掘に際し破壊されたるを除き，執れも無疵に保存され，且つ均等に淡褐色を帯びてゐるものもあった。下腿は下腱靭帯の附着せる儘投棄されたらしい。併し他の下顎骨，肩胛骨，上膊骨，橈骨，尺骨，大腿骨等は，概ね割断の痕顕著にして，灰白色を呈し，長く煮ぬかれた形跡あり，これらが前記左後肢と別の個体に属するや否やは遂に判断し得ない。但し左跟骨二個あり，別の個体に属すること明白だが，尚前記蹠骨の他に右蹠骨末端部破片一個あり，骨端聯合の癒着尚不完全で，その部分太く，前者と形状を異にせるものあり，それは第三の個体に属するらしともある。以下各骨に就いて略説する。

　下顎骨　摩耗かなり甚だしき第三小臼歯乃至第三大臼歯を具へたる部分の左側体破片と，同側の下顎枝破片とあり，前者では下縁部も割除されてゐる。第一乃至第三大臼歯の長径夫々二〇，二四及び三九粍，総長径八三粍。幅径は第一の外半に缺損あって不明なるも，第二及び第三□□は執れも一七粍である。上総國夷隅郡興津町守谷洞窟より発見された牛下顎骨には大臼歯列のそれより稍長きものと，稍小なるものとあるが，執れもその幅径はこれより小である。

　第一頸椎　左半破片である。高径八〇粍。

　肩胛骨　関節窩の部分だけを存する左右肩胛骨割断破片各一個がある。右なるは関節窩の高径五三，同幅径四九粍だが，左なるは高径不明，幅径四四粍で，前者よりは遙に小，別の個体に属するらしく見えるが，誕でない。

　上膊骨　左側上部破片，大結節部缺損あり，上幅一〇一粍，関常面の矢状径六八粍。これと同一個体に属するらしき左側下部破片がある。関節端内半缺損してゐるが滑車の高さ四五粍で，興津洞窟の一例で四九粍なるより少し小である。他に右側の大結節部と認めらるる破片がある。

　橈骨　左側の末端部の割断された破片，幅径七一，矢状径四一粍で，興津洞窟の一例と略ね大である。

　尺骨　頭端癒合せざるもの，半月状截痕上端に於ける前後径六三粍。その上部関節面の幅二三粍，下部に於ける幅四五粍である。

附　篇　上馬石貝塚の動物遺残

膓骨の破片と思はるるもの一片。

　腔骨　　左側だけあり，上部の前面及び内外側面破損し，茎状突起の尖端缺失してゐるが，全長を測るには差閊がない。計測値次表の如く，興津例左側に比して，少しく短く，且つ遙に細い。廣鹿島朱家屯貝塚よりも左脛骨上端部破片が一個採集されてゐる。骨端未だ癒合せざるもので，これも興津より少しく幅が小さい。

表27　上馬石貝塚出土脛骨の計測値とその比較

	上馬石　左	興津　左
最大長	320	341
内側長	―	320
上端幅径	―	102
同　矢状径	―	(92)
中央幅径	32	38
同　矢状径	24	29
最小周径	93	108
下端幅径	58	64
同　矢状径	43	47

　距骨　　左右一對あり，計測値次の如し。

表28　上馬石貝塚出土距骨の計測値

	上馬石　左	右
正中長径	49	48
外側　同	62	62
内側　同	58	56
外側高径	33	33
内側　同	35	34
前　幅径	39	40
後　同	40	40

　距骨　　左側二個あり，その少しく小なる方は前記左距骨及び下記舟状骨に連屬するものである。

表29　上馬石貝塚出土距骨の計測値とその比較

	上馬石		興津		
	左	左	1　左右	2　左	3　左
最大長	125	130	123	―	131
体長	92	93	90	―	99
距骨隆起幅径	30	32	27	―	33
同　高径	37	38	34	―	40
体最小幅径	14	19	14	19	18
同最小高径	30	34	28	34	34
中部投射幅	41	44	41	―	43

舟状骨　　左側一個あり。

　蹠骨　　左側完全なるもの一個，右側末端部破片一個。後者は凡そ同大なるも，骨端□□癒着不完全で，其部分の幅は五〇糎あり，前者の同じ部位に於ける幅四七糎なるに比して遙に大。両者は個体を異にするものの如くである。次にその計測値を掲げる。

表30　上馬石貝塚出土蹠骨の計測値

	上馬石		興津
	左	右	左
正中長	197	—	197
外側最大長	212	—	212
内側　　長	204	—	204
基端幅径	44	—	44
同　矢状径	43	—	40
中央幅径	23	—	23
同　矢状径	25	—	25
末端幅径	50	49	48
同　矢状径	29	29	29

　基節趾骨　　左足の内側趾骨一個あり。長さ六〇，基端幅径三一，末端同二八糎。前記左蹠骨とは別の個体に属するものらしい。

　末節趾骨　　左足内側に當るらしく，前記左蹠骨と同一個体に属するにあらずやと思われる。以上の他，C地点より右側肋骨脊椎方破片一個採集されてあった。

　A地点の牛諸骨は興津洞窟出土例と同じく，短角種 Bos taurus brachyceros に属するものの如うである。同種の角錐は三河保美貝塚より発見されたることあり，我國にも既に石器時代に輸入されてゐた品種である。

　　馬

　馬の遺残としては上馬石A地点より右下第一門歯が一個発見されただけである。歯冠の長径及び内外径各一〇糎で，小形種に属する。

　　家犬

　上馬石貝塚A地点出土右下齶骨破片では體の第一小臼歯より前方の部分，下齶枝の鳥啄突起，下齶角部等缺損し，尚第一及び第二小臼歯歯槽は壁の内半のみを存し，第三及び第四小臼歯並びに第一及び第二大臼歯現存するも，第三大臼歯は逸失して，其歯槽空虚，又第一大臼歯の歯冠は其内半を缺失してゐる。下齶枝の缺損は発掘に際して生じたるもの，他は陳舊である。

　満州各地の石器及び亜石器時代遺蹟よりは往々家犬の骨遺残が発見されてゐる。人類学教室には，明治四十二年四月鳥居龍藏氏が老鐵山下郭家屯貝塚で採集せる右下齶骨破片があった。

296

附　篇　上馬石貝塚の動物遺残

昭和十年八月十七日私は旅順博物館で森修氏が大正十五年五月頃旅順管内山頭村會大墓山遺蹟より採集された獸骨中より，犬の下顎骨一個を検出して，之を請ひ受けた。これも同教室に保存してある。又沖野仲藏氏は昭和四年十一月廿三日營城子文家屯の石墓より保存完好なる家犬頭骨並びに下顎骨一頭を得られたが，今次の発掘調査後森修氏の幹旋により之を人類学教室に寄贈された。これらの孰れも略ば同時代に属する頭骨又は下顎骨三例中，下掲計測値表に就いて明なる如く，大墓山例は小形，郭家屯，文家屯両側は中の小形なるに，上馬石の下顎骨はこれらよりも稍大きく，中形と称すべきものである。

表31　中国東北部先史時代遺跡出土犬の計測値比較

	大墓山	郭家屯	阿什河	文家屯	上馬石	鏡泊湖
	左	右	左	左右		左
下顎骨長（角）	—	—	—	122	—	—
同　　　　（體）	—	—	—	128	—	—
枝高	—	—	—	47	—	60
枝幅			30	29	36	37
髁長						
體高　M2直後	20			24	26	29
同　　M1中央	19		24	24	26	29
同　　M1直前	17	22	22	23	26	26
體厚径	10	10	11	11	11	12
犬歯　長				9		
同　　幅						
同　　歯冠高				15		
總臼歯列長	59*	65*	—	68*	67*	(67*)
第四小臼歯長	10*	10	10	11	11	11
第一大臼歯長	18*	19	19	20	20	20
第二　同	7*	8	—	8	8	8
第三　同		4*	—	4	4*	—
第一大臼歯幅						
第二　同		6		6		6
第三　同						
犬歯第一小臼歯口間隙						
第二第三小臼歯槽間隙	1.5	4	2.5	3	3	4

　前表中の阿什河及び鏡泊湖両例は昭和十年八月廿六日北満特別區立文物研究所にあった標本で，當時同所の考古学研究員であったポノソノ氏の採集により，同氏の好意によりこれを計測することができた。阿什河例は中の小形，鏡泊湖例は中形である。

　これらの乏しい経験によって察するに南北満州とも夙に中の小形及び中形犬が飼用されてゐたが，中形犬が特に多く行はれたらしくない。これは朝鮮及び北支の古代家犬相と聊趣を異にするところであり，将来満州古蹟発掘調査に際し，特に家犬及び其他の家畜遺残の蒐集に對し，

一層深き関心の寄せらるることが要求される所以である。

　上述の小形，中の小形，中形等と云ふのは私が年来試みてゐる区別に従ったので，即ち頭骨及び下顎骨を先づ基底頭骨長，最大頭長及び角又は髁より測りたる下顎骨長の大さに従ひ，夫々次の如く五級に分つのである。

表32　先史時代犬の大きさの等級

形	基底頭骨長	最大頭骨長	下顎骨長
小	× - 145 mm	× - 160 mm	× - 115 mm
中の小	146 - 155	161 - 170	116 - 125
中	156 - 165	171 - 185	126 - 135
中の大	166 - 179	186 - 197	136 - 145
大	180 - ×	198 - ×	146 - ×

　上記三値に凡そ相應して，他の諸計測値も亦変異するが，各個體としては歯牙の大さの如き，必しも右の区別に副はざることが尠くない。従って保存不完全な下顎骨等に就いては，歯牙によるよりも，骨體の大さに準じて大小を鑑別するのが適切と思われる。然るに従来の古代犬研究者は概ね頭骨及び下顎骨の部分的形状に於ける変異に目を奪われ，脳頭骨の高低，これと顔部との大さの比例，顔部殊に吻の長短廣狭等に従ひ，計測によって，形種の分類を試みんとし，却って全体の大さの変異と各部形状の変異とが交錯配合されてゐる事実に無頓着であった。これに對して私は日本石器時代犬研究の進展に伴ひ，頭骨及び下顎骨の大さによる分類が家犬移入径路の探究上甚有意義なることを次の事実に據って認識するに至ったのである。

　我石器時代犬には上記の標準に従ふ小，中の小及び中形の三種あり，孰れも既に関東の前期遺蹟に出土例がある。併し中の大及び大形なるものの存在は未だ確認さるるに至らない。尚上記三種中，最多く見らるるは小形で，中の小形はその半ばに過ぎず，中形に至っては遙に少い。即ち夫々十中凡そ六三，一位の割合で散見されるやうである。然るに大陸に轉じて，その古代犬相を一瞥すると，著しくこれと異ってゐることがわかる。

　朝鮮の古代犬として私の知ってゐるのは十数列に過ぎないが，小形なるは森為三博士の報告にかかる平壌美林里上層出土上顎骨，左右上膊骨，右橈骨等一個體に属するものだけである。中の小形なるものも尠く，森為三氏報告の美林里上層の下顎骨及び咸鏡北道の羅南に近き油坂貝塚出土右下顎骨だけである。森博士が杭犬第二型に擬□た慶尚南道東莱貝塚下層出土頭骨は中の小形でなく，中形に加うべきものである。然るに中形に属するものには森博士報告の金海貝塚出土頭骨，美林里貝塚上層出土右尺骨，左大腿骨，及び左右脛骨，同貝塚下層の右下顎骨，東莱貝塚出土前記頭骨の他右下顎骨，咸鏡北道元師臺貝塚出土左下顎骨等の六例がある。尚私は昭和十六年十二月六日朝鮮総督府博物館を訪ね，昭和五，六年中藤田亮策博士，榧本亀次郎氏などの発掘された雄基貝塚遺物を同氏等の好意によって點検し，犬の下顎骨六例及び上顎骨破片一個を得たが，その中下顎骨四例及び上顎骨は中形に，他の下顎骨二例は中の大形に属す

附　篇　上馬石貝塚の動物遺残

るものである。又森博士が當初 Cuon に擬し，後に更めて家犬に加えられた油坂貝塚出土の稍
大なる下顎骨も亦中の大形と認められる。斯く朝鮮の石器及び亜石器時代には中形家犬多く，
中の小及び中形のものが稀であったことは，小形犬の著しく多い日本の石器時代犬が朝鮮を経
て移入されたものでないことを想定させる。

　然るに満州の古代犬には前記の如く，小形一，中の小形三，中形二例あり，中の小形の比較
的多い点で，朝鮮の古代犬とは異なってゐる。尤も昭和十三年東亜考古学會の熱河省赤峰遺蹟
の発掘に際して採集された家犬下顎骨は直良信夫氏の記載計測によると二例とも中形犬に属し，
即ち日本の石器時代に於ける如く中形犬が尠くはなかったらしい。

　北支では昭和十七，十八両年度中和島誠一氏が山西省の石器乃至青銅時代諸遺蹟調査に際し
て採集された家犬下顎骨七例を検査したが，これには小なるはなく，中の小二例，中四例，中
の大一例であった。又河南省安陽の所謂殷墟より採集された家犬頭骨下顎骨中にも小なるはな
く，下顎骨長又は下臼歯列長によって，中の小形と認むべきもの一三例，中形と認むべきもの
三七例，外に頭骨及び其破片で中形と認むべきもの八例，中の大形と認むべき下顎骨七例で
あった。

　これらの所見によって察するに，満州の古代家犬相は北支のに類し，ただ幾分中形なるも
のが尠いやうである，併し朝鮮のとは中の小形比較的多く，中の大形の見當らなかった点で
大に異なってゐる。欧羅巴古代犬の研究によると，小形及中の小形家犬は最古家犬と称すべ
きもので，殊に中の小形なるは北欧の遺蹟に多く，ラドガ犬 Canis familiaris（palustris）
cladogenesis Anutehin に當り，小形なるは南欧の遺蹟に多く，Canis familiaris palustris
Rutimeyer に當ってゐる。大型犬は後に出現し，青銅犬の称がある。Canis familiaris matris
optimae Jeitteles これである。然るに古代犬発見例の増加に伴ひ，杙犬と青銅犬との中間の大
さを有するものを灰犬 Canis familiaris intermedius Waldrich，及びイノストランツェヴィ犬
Camis familiaris inostranzewi Anutshin と称してこれらより區別すべきことが提唱された。
イノストランツェヴィ犬は灰犬より稍大にして，北欧に多く，樺太の諸貝塚に多量に存する家
犬頭骨及び下顎骨は概ねそれに該當し，上記の所謂中の大形亦これに比すべきものである。
ラドガ犬と同じく筋肉強大なるに相應して，諸隆起の強く発達せるを特徴とする。又青銅犬の
最初報告諸例は孰れも大形であったが，後に諸学者により青銅犬　Canis familiaris matris
optimae Jeitteles と称して報告されてゐる例には，その實灰犬に該當せるもの往々ある。例へ
ば Duerst の記載した土耳基斯坦 Anau 遺蹟及び　Legmour Lewell and Guha の記載した印度
Mohenjo-daro 遺蹟出土家犬遺残の如きこれである。

　古代家犬の分類は資料に乏しき関係から聊か不徹底なるを免れないが，満州古代家犬に中の
小形比較的多く，上馬石発見例の如き中形種の尠きは，本邦に次いで古い家犬相が維持されて
ゐることを告げる如くに思はれる。

編者注

　本報告は，澄田正一のもとに残されていた長谷部言人の原稿である。原稿は長谷部用紙と印刷された特別な原稿用紙に，長谷部言人によって手書きされたものである。作成期日などは不明である。第1章にもあるように，当時，東京帝国大学理学部人類学教室教授であった長谷部は，1941（昭和16）年4月3日に始まった上馬石貝塚の発掘調査に最初から参加し，4月7日には発掘調査の途中でありながら現地を後にし，帰京している。澄田や八幡一郎らが上馬石貝塚発掘調査後に広鹿島の小珠山遺跡や呉家屯遺跡などで採集した動物骨も長谷部のもとに送られていたようであり，参考試料とされている。おそらく発掘調査終了後に一括して動物骨や貝類など自然遺物のみが東京帝国大学理学部人類学教室に送られたのであろう。原稿はおそらく調査終了後間もない太平洋戦争中に作成されていたものと思われる。長谷部は1943（昭和18）年には東京帝国大学を退官していることから，この前後までには原稿が書き上げられていたのではないだろうか。少なくとも1945（昭和20）年に書かれた長谷部の学位論文（長谷部2009）には上馬石貝塚のイヌの計測値が使われており，またイヌに関する比較研究も本稿より格段に進んだものであることからも，1945（昭和20）年以前に本稿が書かれていたことは明白であり，ここで示した作成年月日の推論は問題ないものと思われる。また，貝類は酒詰仲男によって分類同定されている。なお，これら自然遺物の所在は現在不明であり，検証作業は不可能である。

　原文は手書き原稿であり，一部判読しがたい箇所があり，その部分は□とした。また，適宜表番号を追加した。そのほかは原文そのものを活字に写したものであり，当時の文体の雰囲気が伝わってくる。内容的には，我が国における戦前の動物骨研究の水準を知ることができるものであると同時に，今日においても研究課題である日本列島の動物骨の形質と大陸のそれとの比較である。これは日本列島の動物の系統問題を探るうえでも重要であり，現代においても引き続き重要な課題である。その意味では，イヌの形質の中国，韓半島，日本列島の比較研究は重要な成果であるといえよう。なお，さらに詳しいイヌの形質の比較研究は，長谷部言人が1945（昭和20）年に記した博士論文にある（長谷部2009）。

　また，イノシシの臼歯の計測と日本の縄文貝塚出土イノシシとの計測値の比較がすでになされている。それによると上馬石貝塚のものは，相対的に縄文のものより小さい傾向にあることが示されている。このことは，上馬石貝塚出土のものが家畜化されたブタであった可能性を高くしていよう。なお，A区からはウシやウマなどの牧畜動物が発見されている。A区は中原の西周期に並行する段階であるので，華北においてこのような牧畜動物は存在しているが，大長山島などの島嶼部においてもこのような牧畜動物が存在していたかは疑問である。後のコンタミネーションの可能性も考慮に入れつつ，慎重に議論されるべきであろう。また，遺跡の存在時期と発掘当時の地形環境や自然環境が相当異なっていた可能性を想定している。先史時代と近現代の環境の違いを考慮すべきという，重要な指摘である。

　以上のように，本試料の所在が不明な現在にあって，本稿は貴重な記録であり，ここに附篇として掲載することとした。本稿の掲載を許可されたご子息の長谷部楽爾先生に感謝申し上げる。なお，原稿の判読作業は九州大学大学院人文科学府博士課程の齊藤希があたり，編者がそれを添削・補遺した。また，京都大学人文科学研究所の菊地大樹さんに，動物考古学の専門的立場から，判読内容や本稿についてご助言をいただいた。記して感謝したい。

（宮本一夫）

参考文献

長谷部言人（茂原信生解説）2009「石器時代日本イネ」『動物考古学』第26号，81 - 170頁

図　　版

図版 1

1. 遺跡全景（最南端丘上から）

2. 遺跡全景（南方海岸から）

3. 遺跡全景（東南方丘上から）

4. 遺跡全景（東から）

図版 2

1. A区遠景（北から）

2. A・D・BI区遠景（北方の丘陵から）

図版 3

1. A区トレンチ遠景

2. A区トレンチ遠景

図版 4

1．Ａ区トレンチ近景

2．Ａ区発掘風景

図版 5

1. A区トレンチ層位

2. A区トレンチ層位

図版 6

A区東壁層位

図版 7

1. BⅠ区調査前遠景

2. BⅠ区トレンチ遠景

図版8

1. ＢⅠ区調査遠景

2. ＢⅠ区発掘風景

図版 9

1. ＢⅠ区トレンチ層位

2. 発掘中のＢⅠ区およびＡ区

図版 10

1. BⅡ区発掘風景

2. BⅡ区トレンチ層位

図版 11

1. C区トレンチ遠景（東から）

2. C区トレンチ遠景（南から）

図版 12

1. C区遠景（北から）

2. C区発掘風景

図版 13

1. ＣⅠ区トレンチ石列出土状況

2. ＣⅠ区トレンチ石列出土状況

図版 14

1. C区トレンチ石列出土状況

2. C区トレンチ石列出土状況

図版 15

1. C区トレンチ層位

2. C区トレンチ層位

図版 16

1. C区トレンチ層位

2. C区トレンチ層位

図版 17

1. C区遺物出土状況

2. C区遺物出土状況

図版 18

1. D区トレンチ遠景

2. D区トレンチ層位

図版 19

D区トレンチ層位

図版 20

1. 遺跡の南端断崖

2. 甲区貝層断面

図版 21

1. 甲区貝層断面

2. 乙区貝層断面

図版 22

1. 丙区貝層断面

2. 丁区貝層断面

図版 23

1. A区北隣の貝層

2. A区北隣の貝層

図版 24

1. 東丘東南端崖貝層（東面）

2. 東丘東南端崖貝層（南面）

図版 25

1. 西丘東南端崖の貝層

2. 西丘東南端崖の貝層

図版 26

1. 宿舎引き上げ時の記念撮影

2. 宿舎における食事風景

図版 27

1．A区下層出土土器

2．A区下層出土土器

図版 28

1. A区下層出土土器（表）

2. A区下層出土土器（裏）

図版 29

1．A区上層出土土器

2．A区上層出土土器

図版 30

1. A区上層出土土器

2. A区上層出土土器

図版 31

1. BⅠ区出土土器

2. BⅠ区出土土器

図版 32

1. BⅡ区出土土器

2. BⅡ区出土土器

図版33

1. BⅡ区出土土器

2. BⅡ区出土土器

図版34

1. BⅡ区出土土器

2. BⅡ区出土土器

図版 35

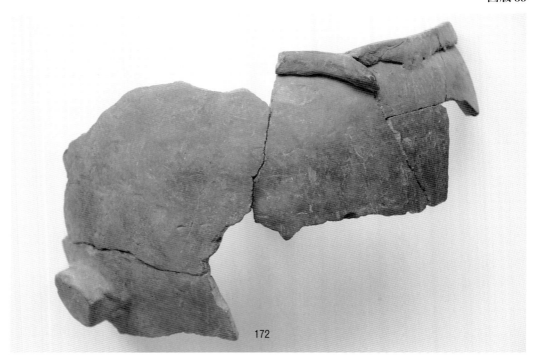

1. BⅡ区出土土器

2. BⅡ区出土土器

図版 36

1. BⅡ区出土土器 (表)

2. BⅡ区出土土器 (裏)

図版 37

1. C区出土土器

2. C区出土土器

図版 38

1. C区出土土器

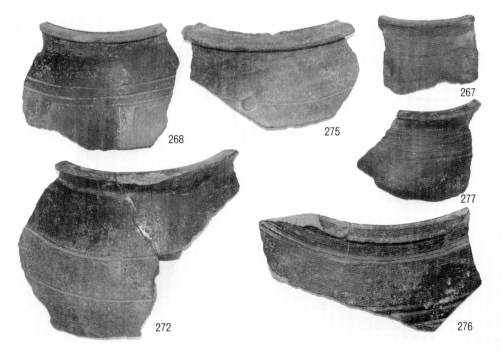

2. C区出土土器

図版39

1. C区出土土器

2. C区出土土器

図版 40

1. C区出土土器

2. C区出土土器

図版 41

1．C区出土土器

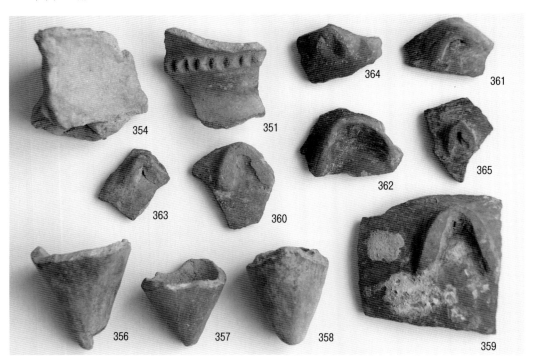

2．C区出土土器

図版 42

1. C区出土土器

2. D区出土土器

図版 43

1. D区出土土器

2. D区出土土器

図版 44

1. 西丘東南端崖出土土器（表）

2. 西丘東南端崖出土土器（裏）

図版 45

1．地表採集土器

2．地表採集土器

図版 46

447

地表採集鞴羽口

図版 47

A区出土石器

図版 48

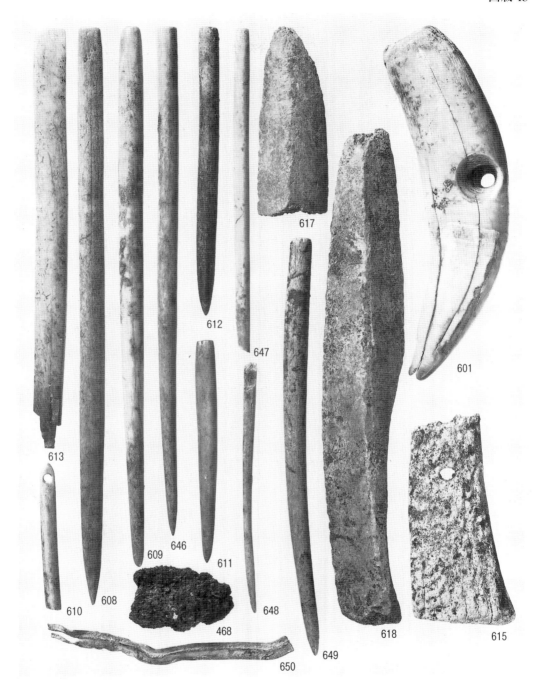

A区出土骨角器・銅滓

図版 49

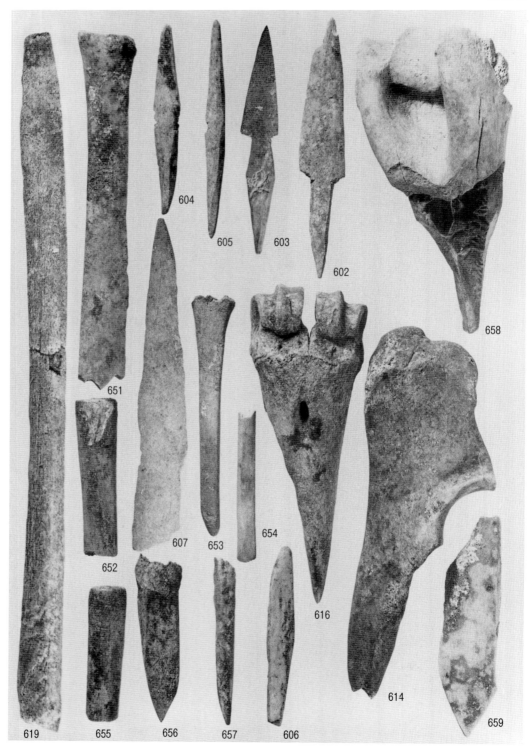

A 区出土骨角器

図版50

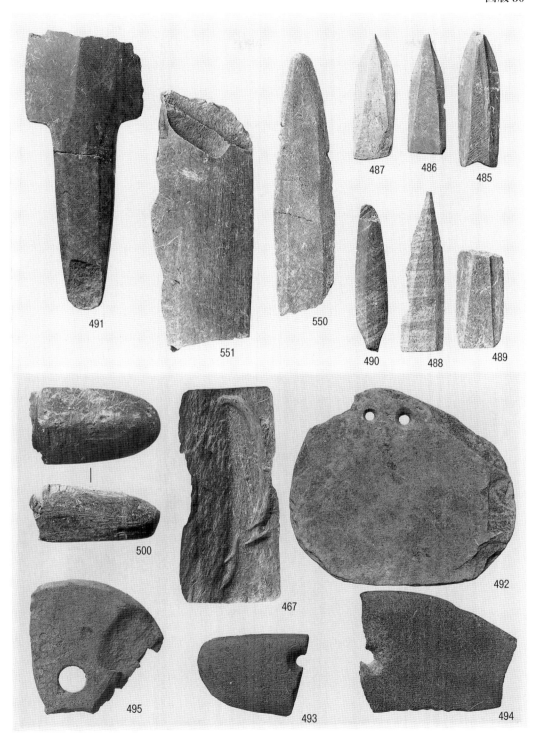

ＢⅠ区・ＢⅡ区出土石器

図版 51

BⅡ区出土石器

図版 52

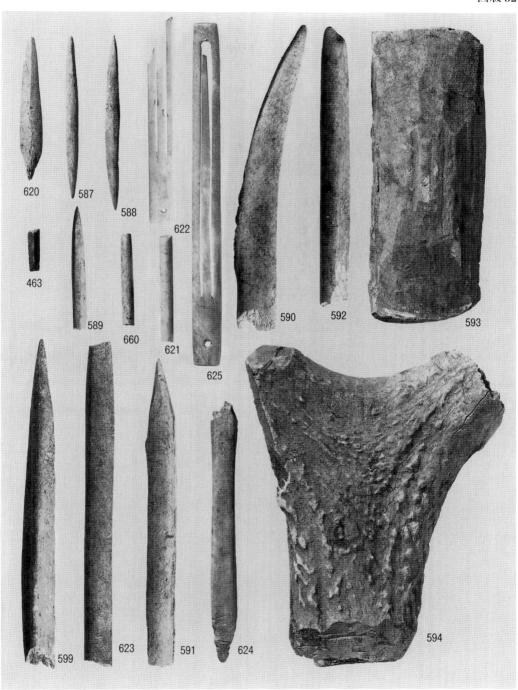

ＢⅠ区・ＢⅡ区出土骨角器・青銅器片

図版 53

1. C区出土石器

2. C区出土石器

図版 54

C区出土石器

図版55

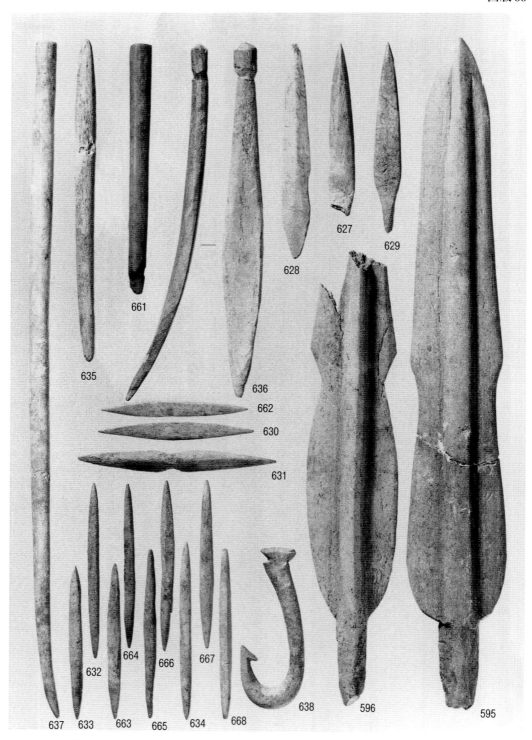

C区出土骨角器

図版 56

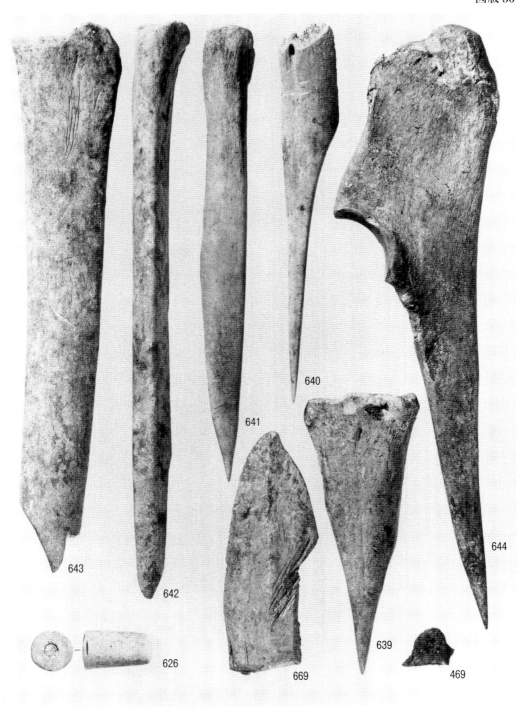

C区出土骨角器・銅滓

図版 57

1. D区出土石器

2. D区出土石器・骨角器・青銅器片・銅滓

参考文献

日本語

阿子島香 1989『石器の使用痕』ニューサイエンス社

江上波夫・駒井和愛・水野清一 1934「旅順双台子新石器時代遺跡」『人類学雑誌』第 49 巻第 1 号，1 - 11 頁

遠藤英子 2013「栽培植物からみた近江盆地における農耕開始期の様相——滋賀県安土町上出 A 遺跡・草津市烏丸崎遺跡のレプリカ法調査から——」『日本考古学』第 35 号，97 - 112 頁

大貫静夫 1996「欣岩里類型土器の系譜論をめぐって」『東北アジアの考古学 第二［槿域］』東北亜細亜考古学研究会，71 - 93 頁

大貫静夫 1999『東北アジアの考古学』同成社

大貫静夫 2007a「双砣子 3 期文化の土器編年」『遼寧を中心とする東北アジア古代史の再構成』（平成 16 年度～平成 18 年度科学研究費補助金（基盤研究（B）研究成果報告書）），59 - 101 頁

大貫静夫 2007b「上馬石上層文化の土器編年」『遼寧を中心とする東北アジア古代史の再構成』（平成 16 年度～平成 18 年度科学研究費補助金（基盤研究（B）研究成果報告書）），102 - 135 頁

大貫静夫編 2007『遼寧を中心とする東北アジア古代史の再構成』（平成 16 年度～平成 18 年度科学研究費補助金（基盤研究（B）研究成果報告書））

岡村秀典編 2002『文家屯 1942 年遼東先史遺跡発掘調査報告書』遼東先史遺跡発掘報告書刊行会

小川（大貫）静夫 1982「極東先史土器の一考察——遼東半島を中心として——」『東京大学文学部研究室研究紀要』第 1 号，123 - 149 頁

小澤正人 2005「中国新石器時代土器の焼成と地域性」『世界の土器づくり』同成社，165 - 176 頁

小田木治太郎・土屋みづほ 2007「清野謙次収集の旅順郭家村遺跡資料」『中国考古学』第 7 号，217 - 238 頁

小畑弘己 2010「縄文時代におけるアズキ・ダイズの栽培について」『先史学・考古学論究』V，龍田考古会，239 - 272 頁

小畑弘己 2011『東北アジア古民族植物学と縄文農耕』同成社

小畑弘己 2014「種実圧痕の考古資料としての特性——圧痕は何を意味するのか？ 三内丸山遺跡における検証——」『先史学・考古学論究』VI（考古学研究室創設 40 周年記念論文集）龍田考古会，85 - 100 頁

小畑弘己・真邉彩 2014「韓国櫛目文土器文化の土器圧痕と初期農耕」『縄文時代の人と植物の関係史』（国立歴史民俗博物館研究報告第 187 集）国立歴史民俗博物館，111 - 160 頁

金関丈夫・三宅宗悦・水野清一 1943『羊頭窪』（東方考古学叢刊乙種第 3 冊）東亜考古学会

可児道宏 2005『縄文土器の技法』同成社

河合章行 2013「製作技術からみた骨角器の伝播」『動物考古学』第 30 号，291 - 307 頁

河合章行・水村直人・井上貴央・江田真毅編 2010『青谷上寺地遺跡出土品調査研究報告 5 骨角器（1）』（鳥取県埋蔵文化財センター調査報告 32）

北浦弘人 2002「弥生時代の骨角器」『考古資料大観』第 9 巻，小学館，32 - 44 頁

木立雅朗 2010「粘土紐接合痕の変化——釜山大学校博物館展示資料についての研究ノート——」『釜山大学校考古学科創設 20 周年記念論文集』釜山大学校考古学科創設 20 周年記念論文集刊行委員会，333 - 364 頁

後藤直 1971「西朝鮮の「無文土器」について」『考古学研究』第 17 巻第 4 号，36 - 65 頁

小林正史編 2006『黒斑からみた縄文・弥生土器・土師器の野焼き方法』（平成 16・17 年度科学研究費補助金（基盤研究（C））研究成果報告書）

小林正史・北野博司・久世健二・小嶋俊彰 2000「北部九州における縄文・弥生土器の野焼き方法の変化」『青丘学術論集』第 17 集，5 - 140 頁

斎野裕彦 2001「石鎌の機能と用途（上）・（下）」『古代文化』第 53 巻 10・11 号，17 - 32・32 - 44 頁

佐藤孝雄 2000「骨角器」『国立歴史民俗博物館研究報告』第 85 集，国立歴史民俗博物館，170 - 203 頁

佐原眞 1967「山城における弥生文化の成立——畿内第 I 様式の細別と雲ノ宮遺跡出土土器の占める位置——」

『史林』第 50 巻第 5 号，103 - 127 頁

佐原真 1994『斧の文化史』（UP 考古学選書 6）東京大学出版会

島田貞彦・森修 1942「望海堝——関東州亮甲店附近望海堝先史遺蹟——」『羊頭窪』（東方考古学叢刊乙種第 3
　冊）東亜考古学会，101 - 104 頁

下條信行 1988「日本石庖丁の源流——弧背弧刃系石庖丁の展開——」『日本民族・文化の形成 1 永井昌文教授
　退官記念論文集』永井昌文教授退官記念論文集刊行会，453 - 474 頁

下條信行 2000「遼東形伐採石斧の展開」『東夷世界の考古学』青木書店，29 - 54 頁

下條信行 2002「北東アジアにおける伐採石斧の展開——中国東北・朝鮮半島・日本列島を繋ぐ文化回路を巡っ
　て——」，西谷正編『韓半島考古学論叢』すずさわ書店，125 - 156 頁

庄田慎矢 2009b「朝鮮半島南部青銅器時代の編年」『考古学雑誌』第 93 巻第 1 号，1 - 31 頁

庄田慎矢・北野博司・小林正史・崔仁建・孫晙鎬・趙鎮亨・李雨錫 2009「土器野焼きの対照実験」『博望』第 7
　号，1 - 40 頁

徐光輝 2008「集落から都市へ」『東北アジア古代文化論叢』北九州中国書店，57 - 74 頁

常興照・徐光輝 2008「山東と遼東の文化交流について」『東北アジア古代文化論叢』北九州中国書店，45 - 56
　頁

白石渓冴 2011「遼東地域における商代後期から西周併行期の土器編年——大嘴子遺跡の土器編年を中心として
　——」『中国考古学』第 11 号，101 - 132 頁

澄田正一 1986「遼東半島の先史遺跡（調査抄報）——大長山島上馬石貝塚——（1）」『愛知学院大学人間文化
　研究所紀要 人間文化』第 2 号，36 - 45 頁

澄田正一 1987「遼東半島の先史遺跡（調査抄報）——文家屯遺跡——（1）」『愛知学院大学文学部紀要』第 16
　号，168 - 178 頁

澄田正一 1988「遼東半島の先史遺跡（調査抄報）——大長山島上馬石貝塚——（2）」『愛知学院大学人間文化
　研究所紀要 人間文化』第 3 号，37 - 52 頁

澄田正一 1989「遼東半島の先史遺跡（調査抄報）——大長山島上馬石貝塚——（3）」『愛知学院大学人間文化
　研究所紀要 人間文化』第 4 号，1 - 9 頁

澄田正一 1990a「遼東半島の先史遺跡——貔子窩付近分布調査——」『愛知学院大学人間文化研究所紀要 人間
　文化』第 5 号，19 - 23 頁

澄田正一 1990b「遼東半島の積石塚——老鉄山と四平山——」『愛知学院大学文学部紀要 人間文化』第 20 号，
　41 - 48（380 - 387）頁

澄田正一・小野山節・宮本一夫編 2008『遼東半島四平山積石塚の研究』柳原出版

孫晙鎬 2010「遼東・韓半島の石斧」『季刊考古学』第 111 号，17 - 21 頁

高島忠平 1975「土器の製作と技術」『古代史発掘』4，講談社，128 - 137 頁

高瀬克範 2002「岩寺洞（Amsa-dong）遺跡出土石包丁の使用痕分析——韓半島出土石包丁の機能・用途に関す
　る一分析例——」『（財）岩手県埋蔵文化財センター紀要 XXI』，79 - 92 頁

高瀬克範・庄田慎矢 2004「大邱東川洞遺跡出土石包丁の使用痕分析」『古代』第 115 号，157 - 174 頁

高橋護 1988「弥生土器の製作に関する基礎的考察」『鎌木義昌先生古稀記念論集 考古学と関連科学』鎌木義昌
　先生古稀記念論文集刊行会，125 - 140 頁

高橋護 1993「器壁中の接合痕跡について」，坪井清足さんの古稀を祝う会編『論苑考古学』天山舎，415 - 436
　頁

高宮広士・小畑弘己・真邉彩・赤嶺信哉 2011「名護市屋部前田原貝塚出土の圧痕土器」『南島考古』第 30 号，
　85 - 88 頁

武末純一 2004「弥生時代前半期の暦年代——九州北部と朝鮮半島南部の併行関係から考える——」『福岡大学
　考古学論集——小田富士雄先生退職記念——』小田富士雄先生退職記念事業会，129 - 156 頁

武末純一 2011「弥生時代前半期の暦年代再論」『ＡＭＳ年代と考古学』学生社，89 - 130 頁

武末純一 2013「タタキ技法はいつまでさかのぼるのか——弥生早・前期の甕を中心に——」『弥生時代の群像
　——七田忠昭・森岡秀人・松本岩雄・深澤芳樹さん還暦記念——』大和弥生文化の会，497 - 508 頁

田中聡一 1999「韓国中西部地方の新石器土器について」『先史学・考古学論究』Ⅲ，龍田考古会，259 - 313 頁

田中聡一 2009「櫛目文土器との関係」『弥生文化誕生』（弥生時代の考古学 2）同成社，155 - 171 頁

田中良之 1986「縄文土器と弥生土器——西日本——」『弥生土器Ⅰ』（弥生文化の研究 3）雄山閣，115 - 125 頁

参 考 文 献

田畑直彦 2012「外傾接合と弥生土器」『山口大学考古学論集』（中村友博先生退任記念論文集），77 - 102 頁

朝・中合同考古学発掘隊，東北アジア考古学研究会訳 1986『崗上・楼上――1963 - 1965 中国東北地方遺跡発掘報告――』六興出版

椿坂恭代 1993「アワ・ヒエ・キビの同定」『先史学と関連科学』（吉崎昌一先生還暦記念論集）吉崎昌一先生還暦記念論集刊行会，261 - 281 頁

鳥居龍蔵 1910『南満州調査報告』東京帝国大学

鳥居龍蔵 1915『考古学民族学研究・南満州の先史時代人』（東京帝国大学理科大学紀要第 36 冊第 8 編）

中尾智行 2008「初現期の弥生土器における接合部剥離資料――粘土紐積み上げによる土器成形技法の復元――」『大阪文化財研究』第 33 号，1 - 18 頁

中尾智行 2009「弥生前期前半土器における接合部剥離資料」『讃良郡条里遺跡Ⅷ―――一般国道 1 号バイパス（大阪北道路）・第二京阪道路建設に伴う埋蔵文化財発掘調査報告書――』大阪府文化財センター，397 - 408 頁

中尾智行 2012「〈外傾接合〉を考える」『菟原Ⅱ――森岡秀人さん還暦記念論集――』菟原刊行会，141 - 152 頁

中村大介 2005「無文土器時代前期における石鏃の変遷」『待兼山考古学論集――都出比呂志先生退任記念――』大阪大学考古学研究室，51 - 86 頁

中村大介 2007「遼寧式銅剣の系譜的展開と起源」『中国考古学』第 7 号，1 - 29 頁

中村大介 2012『弥生文化形成と東アジア社会』塙書房

中山清隆 1993「朝鮮・中国東北の突帯文土器」『古代』第 95 号，451 - 464 頁

中山誠二・庄田慎矢・外山秀一・網倉邦生・兪炳琭・金炳燮・原田幹・植月学 2013「韓国内における雑穀農耕起源の探求」『山梨県立博物館研究紀要』第 7 集，1 - 21 頁

西谷正 1977「細竹里の土器をめぐる問題――西部朝鮮無文土器編年のために――」『考古論集――慶祝松崎寿和先生六十三歳論文集――』473 - 494 頁

西本豊弘 2002「哺乳動物骨格図集 (1)」『動物考古学』第 19 号，93 - 119 頁

端野晋平 2003「朝鮮半島南部丹塗磨研壺の再検討――編年・研磨方向を中心として――」『九州考古学』第 78 号，1 - 21 頁

濱田耕作 1911「旅順刁家屯の一古墳」『東洋学報』第 1 巻第 2 号，1 - 19 頁

濱田耕作 1929「旅順石塚発見土器の種類に就いて（白色土器と陶質土器の存在）」『人類学雑誌』第 44 巻第 6 号，319 - 326 頁

濱田耕作編 1929『貔子窩』（東方考古学叢刊第 1 冊）東亜考古学会

濱田耕作・島田貞彦 1933『南山裡』（東方考古学叢刊第 3 冊）東亜考古学会

濱田耕作・水野清一 1938『赤峰紅山後』（東方考古学叢刊甲種第 6 冊）東亜考古学会

原田幹 2003「石製農具の使用痕研究――収穫に関わる石器についての現状と課題――」『古代』第 113 号，115 - 137 頁

原田淑人・駒井和愛 1931『牧羊城』（東方考古学叢刊第 2 冊）東亜考古学会

比佐陽一郎・片多雅樹 2005『土器圧痕レプリカ法による転写作業の手引き』福岡市埋蔵文化財センター

深澤芳樹 1985「土器のかたち――畿内第Ⅰ様式古・中段階について――」『財団法人東大阪市文化財協会紀要』Ⅰ，41 - 62 頁

深澤芳樹 1991「弥生土器の基部成形手法」『唐古――藤田三郎さん・中岡紅さん結婚記念――』田原本唐古整理室 OB 会，6 - 12 頁

深澤芳樹・庄田慎矢 2009「先松菊里式・松菊里式土器と夜臼式・板付式土器」『弥生文化誕生』（弥生時代の考古学 2）同成社，172 - 187 頁

藤尾慎一郎 2002「朝鮮半島の「突帯文土器」」，西谷正編『韓半島考古学論叢』すずさわ書店，89 - 123 頁

古澤義久 2006「立教大学所蔵中国遼寧省金州附近出土資料――遼東半島先・原史時代磨製石庖丁の様相――」『ムゼイオン』第 52 号，23 - 30 頁

古澤義久 2007「遼東地域と韓半島西北部先史土器の編年と地域性」『東京大学考古学研究室紀要』第 21 号，83 - 131 頁

古澤義久 2012「韓半島における新石器時代―青銅器時代転換期に関する考察――遼東半島との併行関係を中心に――」『西海考古』第 8 号，53 - 64 頁

朴淳發，山本孝文訳 2004「遼寧粘土帯土器文化の韓半島定着過程」『福岡大学考古学論集――小田富士雄先生退職記念――』小田富士雄先生退職記念事業会，107 - 127 頁

松井章 2008『動物考古学』京都大学学術出版会

三阪一徳 2012「土器製作技術からみた韓半島南部新石器・青銅器時代移行期――縄文・弥生移行期との比較――」『第 10 回九州考古学会・嶺南考古学会合同考古学大会』，219 - 248 頁

三阪一徳 2013「土器成形方法に関する一考察――朝鮮半島南部の新石器・青銅器時代移行期を事例として――」『平成 25 年度九州史学会考古学部会発表資料集』

三阪一徳 2014a「土器からみた弥生時代開始過程」『列島初期稲作の担い手は誰か』すいれん舎，125 - 174 頁

三阪一徳 2014b「朝鮮半島／韓半島青銅器時代土器の日本列島における受容と変容」『平成 26 年度瀬戸内海考古学研究会第 4 回公開大会予稿集』，1 - 10 頁

御堂島正 2005『石器使用痕の研究』同成社

三宅俊成 1936「長山列島先史時代の小調査」『満州学報』巻四，163 - 186 頁

三宅俊成 1975『東北アジア考古学の研究』国書刊行会

三宅俊成 1985『在満二十六年 遺跡探査と我が人生の回想』三宅中国古代文化調査室

宮里修 2012「コマ形土器から花盆形土器へ」『古代』第 128 号，201 - 221 頁

宮本一夫 1985「中国東北地方における先史土器の編年と地域性」『史林』第 68 巻第 2 号，1 - 51 頁

宮本一夫 1986「朝鮮有文土器の編年と地域性」『朝鮮学報』第 121 輯，1 - 48 頁

宮本一夫 1990「海峡を挟む二つの地域――山東半島と遼東半島，朝鮮半島南部と西北九州，その地域性と伝播問題――」『考古学研究』第 37 巻第 2 号，29 - 48 頁

宮本一夫 1991「遼東半島周代併行土器の変遷――上馬石貝塚Ａ・ＢⅡ区を中心に――」『考古学雑誌』第 76 巻第 4 号，60 - 86 頁

宮本一夫 1995a「遼寧省大連市金州区王山頭積石塚考古測量調査」『東北アジアの考古学的研究』同朋舎出版，64 - 80 頁

宮本一夫 1995b「遼東新石器時代土器編年の再検討」『東北アジアの考古学的研究』同朋舎出版，116 - 143 頁

宮本一夫 2000『中国古代北疆史の考古学的研究』中国書店

宮本一夫 2003「膠東半島と遼東半島の先史社会における交流」『東アジアと『半島空間』――山東半島と遼東半島――』思文閣出版社，3 - 20 頁

宮本一夫 2004「北部九州と朝鮮半島南海岸地域の先史時代交流再考」『福岡大学考古学論集――小田富士雄先生退職記念――』小田富士雄先生退職記念事業会，53 - 68 頁

宮本一夫 2005『神話から歴史へ――神話時代 夏王朝――』（中国の歴史 01）講談社

宮本一夫 2007「漢と匈奴の国家形成と周辺地域――農耕社会と遊牧社会の成立――」『九州大学 21 世紀 COE プログラム「東アジアと日本：交流と変容」統括ワークショップ報告書』九州大学大学院比較社会文化研究院，111 - 121 頁

宮本一夫 2008a「遼東の遼寧式銅剣から弥生の年代を考える」『史淵』第 145 輯，155 - 190 頁

宮本一夫 2008b「黒陶と紅褐陶の編年からみた積石塚の変遷」『遼東半島四平山積石塚の研究』柳原出版，131 - 140 頁

宮本一夫 2008c「弥生時代における木製農具の成立と東北アジアの磨製石器」『九州と東アジアの考古学――九州大学考古学研究室 50 周年記念論文集――』上巻，九州大学考古学研究室 50 周年記念論文集刊行会，25 - 44 頁

宮本一夫 2009a『農耕の起源を探る――イネの来た道――』（歴史文化ライブラリー 271）吉川弘文館

宮本一夫 2009b「直接伝播地としての韓半島農耕文化と弥生文化」『弥生時代の輪郭』（弥生時代の考古学 1）同成社，35 - 51 頁

宮本一夫 2009c「考古学から見た夫余と沃沮」『国立歴史民俗博物館研究報告』第 151 集，国立歴史民俗博物館，99 - 127 頁

宮本一夫 2011a「板付遺跡・有田遺跡からみた弥生の始まり」『新修 福岡市史 資料編考古 3 ――遺物からみた福岡の歴史――』福岡市，595 - 621 頁

宮本一夫 2011b「東北アジアの相対編年を目指して」『ＡＭＳ年代と考古学』学生社，5 - 38 頁

宮本一夫 2012a「弥生移行期における墓制から見た北部九州の文化受容と地域間関係」『古文化談叢』第 67 集，147 - 177 頁

宮本一夫 2013a「有鋬銅鏃の編年とその東北アジア青銅器文化における位置づけ」，岡内三眞編『技術と交流の考古学』同成社，310 - 323 頁

宮本一夫 2013b「環境の変遷と遺跡からみた福岡の歴史」『新修 福岡市史 特別編──自然と遺跡からみた福岡の歴史──』福岡市，405 - 436 頁

宮本一夫 2014「韓半島遼寧式銅剣再考」，髙倉洋彰編『東アジア古文化論攷』1，中国書店，336 - 351 頁

宮本一夫・村野正景 2002「九州大学考古学研究室所蔵松永憲蔵資料──文家屯遺跡採集玉器・石器を中心に──」『中国沿海岸における龍山時代の地域間交流』（平成 12 年度〜平成 13 年度科学研究費補助金（基盤研究Ｃ（2）研究成果報告書））京都大学人文科学研究所，53 - 79 頁

三輪若菜 1998「器面調整からみた土器製作技術」『鹿児島県桜島町武貝塚発掘調査研究報告書』奈良大学文学部考古学研究室，121 - 136 頁

村上恭通 2006「日本・中国における青銅器生産技術の接点──送風管を中心に──」『人文学論叢』第 8 号，189 - 198 頁

望月幹夫編 2009『東京国立博物館所蔵 骨角器集成』同成社

森岡秀人 1977「弥生遺跡に伴う焼成土壙について」『河内長野大師山』関西大学考古学研究室，212 - 265 頁

森岡秀人 2005「列島最古の水稲農耕遺跡」『稲作伝来』（先史日本を復元する 4）岩波書店，1 - 19 頁

森修 1927「関東州旅順管内山頭村会大台山遺蹟」『考古学雑誌』第 17 巻第 5 号，31 - 38 頁

森修 2008「関東州内石塚分布調査報告」『遼東半島四平山積石塚の研究』柳原出版，165 - 201 頁

森修・内藤寛 1934『営城子』（東方考古学叢刊第 4 冊）東亜考古学会

森本若菜 2010「成形・調整技法」，千葉豊編『西日本の縄文土器 後期』真陽社，240 - 243 頁

八木奘三郎 1928「南満州の古蹟と遺物」『満州考古学』荻原星文館

家根祥多 1984「縄文土器から弥生土器へ」『縄文から弥生へ』帝塚山考古学研究所，49 - 78 頁

家根祥多 1993「遠賀川式土器の成立をめぐって──西日本における農耕社会の成立──」，坪井清足さんの古稀を祝う会編『論苑考古学』天山舎，267 - 329 頁

家根祥多 1997「朝鮮無文土器から弥生土器へ」『立命館大学考古学論集』Ⅰ，立命館大学考古学論集刊行会，39 - 64 頁

横山浩一 1978「刷毛目調整工具に関する基礎的実験」『九州文化史研究所紀要』第 23 号，1 - 24 頁

横山浩一 1979「刷毛目技法の源流に関する予備的検討」『九州文化史研究所紀要』第 24 号，223 - 245 頁

横山浩一 1993「刷毛目板の形状について」，坪井清足さんの古稀を祝う会編『論苑考古学』天山舎，437 - 442 頁

渡辺正気 1958「関東州文家屯の石器」『九州考古学』第 3・4 号，16 - 20 頁

中国語

安志敏 1993「中国遼東半島的史前文化」『東方学報』京都第 65 冊，1 - 21 頁

陳全家・陳国慶 1992「三堂新石器時代遺址分期及相関問題」『考古』第 3 期，232 - 244 頁

陳雍 1992「左家山新石器時代遺存分析」『考古』第 11 期，1033 - 1038 頁

大貫静夫 1989「東北亜洲中的中国東北地区原始文化」『慶祝蘇秉琦考古五十五年論文集』文物出版社，38 - 64 頁

大連市文物考古研究所 1994「遼寧大連大潘家村新石器時代遺址」『考古』第 10 期，877 - 894 頁

大連市文物考古研究所 2000『大嘴子 青銅時代遺址 1987 年発掘報告』大連出版社

大連市文物考古研究所 2010「韓家墳青銅時代遺址発掘報告」『大連土羊高速公路発掘報告集』科学出版社，1 - 39 頁

大連市文物考古研究所・遼寧師範大学歴史文化旅遊学院 2006「遼寧大連大砣子青銅時代遺址発掘報告」『考古学報』第 2 期，205 - 230 頁

丹東市文化局文物普査隊 1984「丹東市東溝県新石器時代遺址調査和試掘」『考古』第 1 期，21 - 36 頁

東北博物館文物工作隊 1958「遼寧新民県偏堡沙崗新石器時代遺址調査記」『考古通迅』第 1 期，1 - 7 頁

佟柱臣 1961「東北原始文化的分布与分期」『考古』第 10 期，557 - 566 頁

段天璟・王立新・湯卓煒 2013「吉林白城市双塔遺址一，二期遺存的相関問題」『考古』第 12 期，58 - 70 頁

国家博物館 2001「遼寧建昌東大杖子戦国墓地的勘探与試掘」『2000 中国重要考古発現』文物出版社，57 - 61 頁

宮本一夫 2012b「遼東半島四平山積石墓研究」『考古学研究』（九）下冊，文物出版社，612 - 637 頁

華玉氷 2011『中国東北地区石棚研究』科学出版社

黒龍江省文物考古研究所・吉林大学考古学系編 2009『肇源白金宝──嫩江下游一処青銅時代遺址的掲示──』

科学出版社

吉林大学考古学系・遼寧省文物考古研究所・旅順博物館・金州博物館 1992a「金州廟山青銅時代遺址」『遼海文物学刊』第 1 期，1 - 6・124 頁

吉林大学考古学系・遼寧省文物考古研究所・旅順博物館・金州博物館 1992b「金州大溝頭青銅時代遺址試掘簡報」『遼海文物学刊』第 1 期，25 - 30 頁

靳桂雲・欒豊実・張翠敏・王宇 2009「遼東半島南部農業考古調査報告──植珪体証拠──」『東方考古』第 6 集，306 - 316 頁

欒豊実・宮本一夫編 2008『海岱地区早期農業和人類学研究』科学出版社

遼寧省博物館文物工作隊 1983「遼寧林西県大西古銅鉱 1976 年試掘簡報」『文物資料叢刊』第 7 号，138 - 146 頁

遼寧省博物館・旅順博物館 1984「大連市郭家村新石器時代遺址」『考古学報』第 3 期，287 - 329 頁

遼寧省博物館・旅順博物館・長海県文化館 1981「長海県広鹿島大長山島貝丘遺址」『考古学報』第 1 期，63 - 110 頁

遼寧省文物考古研究所・本渓市博物館 1994『馬城子──太子河上游洞穴遺存──』文物出版社

遼寧省文物考古研究所・本渓市博物館・本渓県文物管理所 2010「遼寧本渓県新城子青銅時代墓地」『考古』第 9 期，3 - 17 頁

遼寧省文物考古研究所・朝陽市博物館 2010『朝陽袁台子』文物出版社

遼寧省文物考古研究所・大連市文物管理委員会・庄河市文物管理辨公室 1994「大連市北呉屯新石器時代遺址」『考古学報』第 3 期，343 - 380 頁

遼寧省文物考古研究所・東港市文管所 2011「遼寧東港市山西頭青銅時代遺址発掘簡報」『考古』第 1 期，7 - 16 頁

遼寧省文物考古研究所・吉林大学考古学系・大連市文物管理委員会 1996「遼寧大連市大嘴子青銅時代遺址的発掘」『考古』第 2 期，17 - 35 頁

遼寧省文物考古研究所・吉林大学考古学系・大連市文物管理委員会辨公室 1992「瓦房店交流島原始文化遺址試掘簡報」『遼海文物学刊』第 1 期，1 - 6・124 頁

遼寧省文物考古研究所・吉林大学考古学系・旅順博物館 1992「遼寧省瓦房店市長興島三堂村新石器時代遺址」『考古』第 2 期，107 - 121・174 頁

遼寧省文物考古研究所・錦州市文物考古研究所 2003「錦州前西山青銅時代遺址発掘報告」『遼寧省道路建設考古報告集』，249 - 281 頁

旅大市文物管理組 1978「旅順老鉄山積石塚」『考古』第 2 期，80 - 85・118 頁

旅順博物館 1961「旅大市長海県新石器時代貝丘遺址調査」『考古』第 12 期，689 - 690 頁

旅順博物館 1962「旅大市長海県新石器時代貝丘遺址調査」『考古』第 7 期，345 - 352 頁

旅順博物館 1983「大連新金県喬東遺址発掘簡報」『考古』第 2 期，100・122 - 125 頁

旅順博物館・遼寧省博物館 1981「旅順于家村遺址発掘簡報」『考古学集刊』1，88 - 103 頁

旅順博物館・遼寧省博物館 1982「遼寧長海県上馬石青銅器時代墓葬」『考古』第 6 期，591 - 596 頁

劉長江・靳桂云・孔昭宸編 2008『植物考古──種子和果実研究──』（山東大学東方考古研究書系）科学出版社

李恭篤 1985「遼寧東部地区青銅文化初探」『考古』第 6 期，550 - 556・558 頁

李恭篤・高美璇 1998「試論偏堡文化」『北方文物』第 2 期，11 - 16 頁

林留根・張文緒 2005「黄淮地区藤花落・后大堂龍山文化遺址古稲的研究」『東南文化』第 1 号，15 - 19 頁

内蒙古自治区文物考古研究所・扎魯特旗人民政府 2010『科爾沁文明──南宝力皋吐墓地──』文物出版社

内蒙古文物考古研究所・扎魯特旗文物管理所 2011「内蒙古扎魯特旗南宝力皋吐新石器時代墓地 C 地点発掘簡報」『考古』第 11 期，24 - 37 頁

王璇 1992「遼寧省瓦房店市謝屯郷青銅時代遺址調査」『北方文物』第 1 期，21 - 25 頁

王璇 1993「瓦房店市猴山遺址調査」『大連文物』第 1 期

王嗣洲・金志偉 1997「大連北部新石器文化遺址調査簡報」『遼海文物学刊』第 1 期，1 - 5 頁

王巍 1993「夏商周時期遼東半島和朝鮮半島西北部的考古学文化序列及其相互関係」『中国考古学論叢』科学出版社，196 - 223 頁

上条信彦 2008「膠東地区史前時期農耕石器使用微痕分析」，欒豊実・宮本一夫編『海岱地区早期農業和人類学研究』科学出版社，149 - 186 頁

参 考 文 献

瀋陽市文物管理辨公室 1978「瀋陽新楽遺址試掘報告」『考古学報』第 4 期，449 - 466 頁
瀋陽市文物管理辨公室・瀋陽故宮博物館 1985「瀋陽新楽遺址第二次発掘報告」『考古学報』1985 年第 2 期，209 -
　222 頁
許明綱 1995「大連地区青銅時代彩絵陶研究」『北方文物』第 3 期，74 - 77・54 頁
許明綱 1996「大連地区筒形罐譜系研究」『環渤海考古学術討論会論文集』文物出版社，211 - 216 頁
許玉林 1990「遼寧東溝県石沸山新石器時代晩期遺址発掘簡報」『考古』第 8 期，673 - 683 頁
許玉林・傅仁義・王伝普 1989「遼寧東溝県後窪遺址発掘概要」『文物』第 12 期，1 - 22 頁
許玉林・許明綱・高美璇 1982「旅大地区新石器時代文化和青銅時代文化概術」『東北考古与歴史』，23 - 41 頁
許玉林・楊永芳 1992「遼寧岫岩北溝西山遺址発掘簡報」『考古』第 5 期，389 - 398 頁
辛岩 1995「遼北地区青銅時代文化初探」『遼海文物学刊』第 1 期，49 - 53 頁
楊榮昌 2007「遼東地区青銅時代石棺墓葬及相関問題研究」『北方文物』第 1 期，11 - 22 頁
趙賓福 2008「以陶器為視覚的双房文化分期研究」『考古与文物』第 1 期，18 - 28 頁
趙暁剛 2007「新楽上層文化墓葬初歩研究」『瀋陽考古文集』第 1 集，213 - 222 頁
趙志軍 2007「公元前 2500～公元前 1500 年中原地区農業経済研究」『科技考古』2，科学出版社，1 - 11 頁
張星徳 2013「偏堡文化陶器分期及其相関問題」『辺疆考古研究』第 13 輯，97 - 113 頁
張文緒 2000「大連大嘴子遺址古栽培稲米的初歩研究」『農業考古』第 3 号，86 - 90 頁
朱鳳瀚 1979「吉林奈曼旗大沁他拉新石器時代遺址調査」『考古』第 3 期，209 - 222 頁
朱永剛 1993「遼東地区新石器時代含条形附加堆紋陶器遺存研究」『青果集——吉林大学考古専業成立二十周年
　考古論文集——』知識出版社，146 - 153 頁
朱永剛 2008「遼東地区双房式陶壺研究」『華夏考古』第 2 期，89 - 97 頁
朱永剛・吉平 2011「関於南宝力皋吐墓地文化性質的幾点思考」『考古』第 11 期，67 - 72 頁
中国丹東市文化局文物普査隊 1984「丹東市東溝県新石器時代遺址調査和試掘」『考古』第 1 期，21 - 36 頁
中国社会科学院考古研究所 1995『二里頭陶器集粋』中国社会科学出版社
中国社会科学院考古研究所 1996『双砣子与崗上——遼東史前文化的発現和研究——』科学出版社
中国社会科学院考古研究所東北工作隊 1989「瀋陽肇工街和鄭家窪子遺址的発掘」『考古』第 10 期，885 - 892 頁
中国社会科学院考古研究所・遼寧省文物考古研究所・大連市文物考古研究所 2009「遼寧長海県小珠山新石器時
　代遺址発掘簡報」『考古』第 5 期，16 - 25 頁

韓国語

姜仁旭 2007「豆満江流域青銅器時代文化의 変遷過程対에 대하여」『韓国考古学報』第 62 輯，46 - 89 頁
国立金海博物館 2006『轉換期의 先史土器 資料集』（国立金海博物館学術叢書 4）国立金海博物館
国立中央博物館 2006『북녘의 문화유산』国立中央博物館
김병섭 2009「남한지역 조・전기 무문토기 편년 및 북한지역과의 병행관계」『韓国青銅器学報』4 号，4 - 25 頁
金壯錫 2008「무문토기시대 조기설정론 재고」『韓国考古学報』第 69 輯，94 - 115 頁
金材胤 2004「韓半島 刻目突帯文土器의 編年과 系譜」『韓国上古史学報』第 46 号，31 - 69 頁
金秉撲・安德任 1991『安眠島古南里貝塚〈2 次発掘調査報告書〉』（漢陽大学校博物館叢書第 11 輯）漢陽大学校
　博物館
孫晙鎬 2006『青銅器時代 磨製石器 研究』書景文化社
孫晙鎬・中村大介・百原新 2010「복제（replica）법을 이용한 청동기시대 토기 압흔 분석」『야외고고학』제 8
　호，5 - 34 頁
裵眞晟 2001「柱状片刃石斧의 変化과 画期」『韓国考古学報』第 44 輯，19 - 65 頁
裵眞晟 2003「無文土器의 成立과 系統」『嶺南考古学』第 32 号，5 - 34 頁
裵眞晟 2006「北韓 無文土器의 編年——早期～前期를 中心으로——」『轉換期의 先史土器 資料集』（国立金海
　博物館学術叢書 4）国立金海博物館，297 - 327 頁
裵眞晟 2007『無文土器文化의 成立과 階層社会』서경문화사
裵眞晟 2009「압록강～청천강유역 무문토기 편년과 남한——조기～전기를 중심으로——」『韓国上古史学報』
　第 64 輯，5 - 24 頁
裵眞晟 2010「無文土器의 系統과 展開——最近의 争点을 中心——」『考古学誌』第 16 輯，57 - 74 頁
裵眞晟 2013「南韓과 北韓無文土器編年의 平行関係」，韓国青銅器学会編『韓国青銅器時代編年』（韓国青銅器

学会学術叢書 2）書景文化社．355 - 368 頁

朴辰一 2006「서울 경기지방 전토대토기문화 試論」『고고학』제 5 권 제 1 호，서울경기고고학회．31 - 50 頁

社会科学院考古研究所・歴史研究所 1969「紀元前千年紀前半의 古朝鮮文化」『考古民俗論文集』第 1 輯，67 - 139 頁

庄田愼矢 2006「青銅器時代 土器焼成技法의 実証的 研究」『湖南考古学報』第 23 輯，115 - 138 頁

庄田愼矢 2009a『青銅器時代와 生産活動과 社会』学研文化社

中村大介 2008「青銅器時代와 初期鉄器時代의 編年과 年代」『韓国考古学報』第 68 輯，38 - 87 頁

安承模 1998『東아시아 先史時代의 農耕과 生業』学研文化社

安在晧 2000「韓国農耕社会의 成立」『韓国考古学報』第 43 輯，41 - 66 頁

安在晧 2006『青銅器時代 聚落研究』（釜山大学校大学院 博士学位論文）

安在晧 2010「韓半島青銅器時代의 時期区分」『考古学誌』第 16 輯，5 - 56 頁

小畑弘己 2013「동삼동패총・비봉리유적 출토 기장・조 압흔의 동정과 그 기준」『韓国新石器研究』第 25 号，105 - 155 頁

李東注 1991「韓国南部内陸地域의 新石器時代 有紋土器研究」『韓国上古史学報』第 7 号，5 - 79 頁

李㼁㼁 2013『韓半島 南部 突帯文土器文化의 成立過程』（慶北大学校文学碩士学位論文）

李弘鍾・姜元杓ほか編 2001『寛倉里遺跡 B・G 区域』（高麗大学校埋蔵文化財研究所研究叢書 7）

李淳鎮 1965「新岩里遺蹟発掘中間報告」『考古民俗』3 号，40 - 49 頁

都宥浩 1960『朝鮮原始考古学』科学院出版社

李炳善 1963「鴨緑江流域 빗살무늬 그릇遺蹟의 特性에 関한 若干의 考察」『考古民俗』1 号，12 - 24 頁

차달만 1992「堂山조개무지遺蹟発掘報告」『朝鮮考古研究』第 4 期，14 - 20 頁

千羨幸 2005「韓半島突帯文土器의 形成과 展開」『韓国考古学報』第 57 輯，61 - 97 頁

千羨幸 2007「無文土器時代의 早期設定과 時間의 範囲」『韓国青銅器学報』第 1 号，4 - 27 頁

千羨幸 2010「신석기시대 후말기 이중구연토기 형성과정 재검토」『韓国新石器研究』第 20 号，53 - 88 頁

천선행 2011「신석기시대 후말기 이중구연토기의 지역적 전개양상」『韓国上古史学報』第 72 号，5 - 30 頁

朝中共同発掘隊 1966『中国東北地方의 遺跡発掘報告』社会科学院出版社（東北アジア考古学研究会訳 1986『崗上・楼上――1963 - 1965 中国東北地方遺跡発掘報告――』六興出版）

河仁秀 2006「末期 櫛文土器의 成立과 展開」『韓国新石器研究』第 12 号，1 - 33 頁

한국청동기학회 2010『전기 무문토기의 지역양식 설정』（2010 년 한국청동기학회 토기분과 워크숍）한국청동기학회

韓国青銅器学会編 2013『韓国青銅器時代編年』（韓国青銅器学会学術叢書 2）書景文化社

英語

Crawford, G., Underhill, A., Zhao, Z., Lee, G., Feinman, G., Nicholas, L., Luan, F., Yu, H., and Cai, F. 2005 Late Neolithic Plant Remains from Northern China: Preliminary Results from Liangchengzhen, Shandong. *Current Anthropology*, Vol. 46, pp. 309 - 317.

Fuller, D. Q. 2007 Contracting Patterns in Crop Domestication and Domestication Rates: Recent Archaeobotanical Insights from the Old World, *Annals of Botany*, 100, pp. 903 - 924.

Lee, G. and Bestel, S. 2007 Contextual analysis of plant remains at the Eritou-Period Huizui site, Henan, China, *Indo-Pacific prehistory association Bulletin*, Vol. 27, pp. 49 - 60.

Lee, G., Crawford, G., Liu, L., Sasaki, Y., and Chen, X. 2011 Archaeological Soybean (Glycine max) in Earst Asia: Does Size Matter? *PLoS ONE*, Vol. 6, Issue 11, e 26720, http://www.plosone.org/article/info%3Adoi%2F10.1371%2Fjournal.pone.0026720

Miyamoto, K. 2014 Human Dispersal in the Prehistoric Era in East Asia, Takahiro Nakahashi and Fan W. (ed.) *Ancient People of the Central Plains in China*, Kyushu University Press, pp. 63 - 83.

SUMMARY
Research on the Shangmashi Shell Midden Site on the Liaodong Peninsula, China

This book consists of an excavation report and body of research concerning re-analysis of the Shangmashi shell midden site. This site was initially excavated in 1941 by a team from the Japan Society for the Promotion of Science, headed by Professor Sueji Umehara of Kyoto University.

The Shangmashi shell midden site is located in the Island of Dachashandao, Changhai Prefecture, Dalian City, China. There are numerous Neolithic sites on the neighboring island of Guanludao, including the Shaozhushan and Wujiacun sites. A large number of these sites consist of shell midden sites, given their close proximity to the seashore. Following the above-mentioned excavation by the Japan Society for the Promotion of Science in 1941, which has remained unreported until now, the site was excavated again by Liaoning Province Museum and others in 1978 and 1979. It was these excavations by Chinese scholars that made it a famous Bronze Age site due to the discovery of jar coffins from the Shuangtuozi culture and Liaoning-type daggers in graves, in addition to Neolithic cultural layers like the Shaozhushan lower and middle layer cultures. This Bronze Age cultural layer was named the Shangmashi upper layer culture, which is located after the Shuantuozi culture in the chronological table.

At the Shangmashi site, eastern and western hills extend to the sea, and there is a valley between these two hills extending to the coast. During the excavation conducted in 1941, Trenches A, B 1 and B 2 were dug in the eastern hill, and Trench C in the western hill. Further to these, Trench D was dug at a location where the two hills meet. In addition, the team collected a number of artifacts from the southeastern edge of the eastern hill and the southeastern edge of the western hill.

Comparisons of this pottery according to the excavation trench location and the layers in which they were excavated indicated that this site covers not only all Neolithic periods with the exception of the Wujiacun period, but also Bronze Age and early Iron Age periods, such as the Yinjiacun second period. This has therefore enabled us to create a full chronology from the Neolithic Age to the Bronze Age and early Iron Age on the Liaodong Peninsula. In particular, we can divide the Shangmashi upper layer Bronze Age culture into several periods, giving the following chronological order for the Shangmashi site: lower layer of

Trench A, upper layer of Trench A and Trench B 2. The creation of chronological tables for Northeast Asia spanning from the Central Plains in China to the Korean Peninsula and northern Kyushu in Japan has been made possible thanks to the establishment of such a full and systematic chronological table on the Liaodong Peninsula. This proved conclusively that Trench B 2 of the Shangmashi site dates from the late Western Zhou dynasty to the Spring Autumn period. As a result, this dating confirmed that the beginning of Yayoi period dates to 8 century BC.

Analysis of pottery production techniques shows that the pottery production techniques of both Mumun and Yayoi pottery, such as relatively wide soil bands, outside direction of laying up with soil bands and smoothing with a wooden edge, existed in the Pianpu culture of the late Neolithic period. In addition, Pianpu pottery was fired utilizing the technique of firing with cover soils on the ground, which was also used in Mumun and Yayoi pottery. Therefore, it is probable that a hitherto unknown lineage of Mumun pottery production techniques existed in the Pianpu culture of the Liaodong district. Although the influence of farming culture from the Shandong Peninsula spread to the south of the Liaodong Peninsula in the Pianpu culture period, at the same time the Pianpu culture, originally located on the southern edge of the Waixinganling Mountains, spread southward, and the distribution area of the Pianpu culture spread to this area, replacing the Wujiaun pottery which existed in the Liaodong district. In addition, the Pianpu culture influenced the Chilmun pottery of the northwestern Korean Peninsula, adding the pot type of pottery to the Chilmun pottery combination. This development corresponds to the second stage of the agriculturalization of Northeast Asia in c. 2400 BC.

Meanwhile, pottery styles found in areas adjacent to the Pianpu culture changed under the influence of the Pianpu culture, and the Gonggilli type of banded pottery (No. 1 dwelling of the Xingilli site) developed in the middle and upper valley of the Yalujiang River. This Gongglli type led directly to the production of banded pottery of the initial Mumun pottery period on the southern Korean Peninsula. Mumun pottery on the Korean Peninsula was established as pottery styles in areas adjacent to the Pianpu culture changed through diffusion and the influence of the Pianpu culture. Therefore, we can say that new pottery production techniques used in Korean Neolithic pottery were introduced into Mumun pottery by way of Gongglli type pottery from the Pianpu culture. However, transformation of this pottery style took place over time, and the beginning of the Mumun pottery culture started around c. 1500 BC on the southern Korean Peninsula. This period is around the stage when irrigated agriculture such as rice cultivation along with polished stone tools spread from the Shandong Peninsula to the southern Korean Peninsula by way of the

英語要旨

Liaodong Peninsula. This is the third stage of agriculturalization in Northeast Asia. As such, the establishment of the Mumun pottery culture in southern Korea consisted of a dual situation in that it was produced as the foundation such as the Pianpu culture of the second stage of agriculturalization in the Northeast Asia and it was established by the change of the subsistence activity of the third stage of the Northeast Asian agriculturalization. The interaction of the Mumun culture with northern Kyushu triggered the beginning of rice agriculture in the Japanese archipelago — i. e. the Yayoi period. This is the fourth stage of agriculturalization in Northeast Asia, with Yayoi pottery being produced using pottery production techniques that had been in use since the Pianpu culture.

Changes which took place during the second and third stages of agriculturalization in Northeast Asia are reflected in stone tools, with a new awareness of such changes having been obtained through the analysis of stone tools from the Shangmashi site. A strong cultural influence from Shandong Peninsula on the Liaodong Peninsula was seen in these stages, leading to the production of polished stone tools on the Liaodong Peninsula. However, the previously witnessed combinations of stone tools changed from the Shangmashi A lower layer period onward, indicating that a change of relationship among localities took place, such as a relationship with the Liaoxi district through the existence of stone sickles. Although it is probable that bronze production started at the Shangmashi site from this period, this production seemed to have been relatively simple. The great quantities of large stone weights for fishing found here is thought to be the rather social designation such as development of fishing activities compared with agricultural development. Or, this archaeological evidence may indicate the opposite historical explanation of social complexity in the form of social specialization in fishing activities through the local division of labor in subsistence activities.

During the Shangmashi B 2 period, in which the Liaoning type dagger first appears, this type dagger was not being produced at the Shangmashi site; rather, imitation daggers made of deer horn were produced here instead of the bronze dagger. The production of the Liaoning type dagger became possible after the Injiacun second phase, as the same graves accompanied with bronze daggers were also found in 1978. In this way, we see the steady development of social production in this area.

Such changes in subsistence activities is also indicated through the analysis of the kernel stamps of pottery. Although the kernel stamps of grain seeds are not found on pottery from lower and middle layer periods of Shaozhushan, the existence of broomcorn millet has been proven in the Pianpu culture of the second stage of agriculturalization in Northeast Asia. In addition, in the second and third phases of the Shuangtuozi culture, which is the third stage

369

of agriculturalization in Northeast Asia, rice seeds were found on the kernel stamps of pottery, again indicating that rice existed even on the Liaodong Peninsula at this time. Meanwhile, new finds of cereals like Azuki beans in the upper layers of the Shangmashi of Bronze Age have been discovered at the same time as the beginning of the local relationship with the Liao-xi district.

This research suggests that the re-analysis of artifacts excavated at Shangmashi site in 1941 could provide new explanations for the beginnings of the Mumun culture on the Korean Peninsula. In addition, we were able to shed light on the issue of the origin of the Chontodae pottery culture accorded to the early Iron Age in Korean Peninsula. The establishment of a pottery chronology in Northeast Asia showing the relationships with the chronology in the Central Plains of China could objectively locate Northeast Asia as part of the history of East Asia, including Japan. One of the results introduced through this research is the archeological acquirement of an absolute dating for the beginning of the Yayoi culture.

(Kazuo Miyamoto)

提　　要
辽东半岛上马石贝冢研究

　　本书是依据一九四一年梅原末治任调查队长时，组织日本学术振兴会成立第一次辽东半岛史前遗址调查队的调查成果，所作成的上马石贝冢发掘调查报告书，以及深入分析调查资料等集成的研究报告书。

　　上马石贝冢位在辽宁省大连市长海县大长山岛。邻近的广鹿岛有很丰富的新石器时代遗址，例如小珠山遗址和吴家村遗址。由于这些遗址多半邻接着大海，也因此形成了贝冢。上马石贝冢在一九四一年经日本学术振兴会调查后，一直未发表报告，一九七八年和一九七九年辽宁省博物馆再度进行了调查。根据中国方面的发掘成果，发现了小珠山下层及小珠山上层的新石器时代文化层，以及双砣子文化期的瓮棺葬和陪葬了辽宁式铜剑的土坑墓，确认该处是一个青铜器时代的遗址。相对年代大约是上马石上层文化，是辽东半岛的双砣子文化之后的阶段。

　　上马石贝冢分成东丘陵和西丘陵，各自延伸入海，其间的凹入谷地形成邻近海岸的浅水湾。一九四一年调查时，东丘陵规划为 A 区、BI 区、BII 区，西丘陵划分为 C 区，东、西丘陵相接处规划为 D 区，设定探沟进行调查。此外，在东丘陵东南端，西丘陵东南端进行地表采集。针对这些地点出土的陶器进行比较检讨后，确认出该遗址除了吴家村期之外，包含新石器时代各时期文化层，以及青铜器时代和尹家村 2 期的初期铁器时代文化层。根据这些资料，作出了辽东半岛新石器时代早期到青铜器时代、初期铁器时代的陶器系谱（编年）。还特别细分出青铜器时代的上马石上层，确认出上马石 A 区下层→上马石 A 区上层→上马石 BII 区的变迁过程。藉由这次确立出的辽东半岛史前时代系统的陶器系谱（编年），将可能作出从中原到韩半岛甚至九州的东北亚整体的陶器系谱（编年）网。这项成果，对于学界仍未定论的弥生开始年代在东亚陶器系谱（编年）上的定位问题，亦将得以解决。结论上来看，这个研究成果显示出，北部九州岛的弥生开始年代，应该是八世纪左右。

　　从陶器制作技术的分析来看，确认出宽幅粘土带、粘土带外倾接合、木材的切口调整等韩半岛无纹陶器和弥生陶器的制作技术，属于新石器时代后期的偏堡文化。而且，偏堡文化的陶器是采用覆盖型露天烧技法，这种烧成技术也见于无纹陶器和弥生陶器的制作上。由此可知，目前所知甚少的无纹陶器制作技术的系统来源，很可能是辽东的偏堡文化。偏堡文化期，是辽东半岛南部受到来自山东半岛农耕文化影响的阶段，同时期位在辽西西部一带外兴安岭山脉南端的偏堡文化南下，置换了位在辽东的吴家村期，这时期是偏堡文化往辽东扩散的阶段。并且偏堡文化也影响了韩半岛西部的栉目纹陶器，使得这个区域的栉目纹陶器文化当中新出现了壶这个器类。此时期相当于公元前二千四百年左右的东北亚农耕化第 2 阶段。

　　另一方面，偏堡文化周边区域，受到偏堡文化影响陶器样式产生变化，鸭绿江中、上游出现

371

了有突带纹陶器的公贵里式（深贵里1号住居址）。这个公贵里式是直接从韩半岛南部的无纹陶器文化早期的突带纹陶器中产生出来的。随着偏堡文化的扩散以及对周边区域产生影响，周边区域陶器样式发生变迁的过程中，产生了韩半岛的无纹陶器。因此无纹陶器当中，不见于韩半岛新石器时代文化的陶器制作技术，可能就是透过公贵里式得自偏堡文化的吧。只是，陶器样式的转换需要一段时间，因此韩半岛南部的无纹陶器大约在公元前一千五百年才开始。这个时期，是来自山东半岛经过辽东半岛的稻作等灌溉农耕，共伴着磨制石器群，传入韩半岛南部的阶段。相当于东北亚农耕化第3阶段。因此，韩半岛无纹陶器文化的成立，可说是以东北亚农耕化第2阶段的偏堡文化为基础产生，随着转换成东北亚农耕化第3阶段而确立，是具有双重性的文化构造。此外，由于这个无纹陶器文化传入北部九州，弥生时代的水稻农耕社会才在日本列岛展开。这就是东北亚农耕化第4阶段，而弥生陶器可说是从偏堡文化以来的陶器制作技术中发展出来的。

石器上也可以看到这样的东北亚农耕化第2阶段、东北亚农耕化第3阶段的变化，透过分析上马石贝冢出土石器更加得以确认。特别是辽东半岛上各个阶段都可见到来自山东半岛的强烈影响，以致磨制石器产生变化。然而，青铜器时代的上马石A区下层却出现了不同于此前的石器组合，石镰的出现显示出和辽西间交流的地域关系变化。可能从这个阶段开始，上马石遗址也开始生产青铜器，但应该是比较简单的器类。上马石B区出现的大型石网坠显示出渔捞活动很发达，但是或者应该说是随着农耕社会的发展，出现了渔捞活动活跃化这样的社会退化现象。又或者可能是相反的历史解释，也就是由于生业活动的地区性分工发展造成渔捞活动特化，出现了社会复杂化。

出现辽宁式铜剑的上马石BⅡ区期时，并非在上马石遗址自行制造辽宁式铜剑，代替出现的是角剑。尹家村2期以后，才可能是在上马石遗址自行制造辽宁式铜剑，而且随葬的墓葬也在一九七八年发现。由此可知，社会生产在这地区确实发展起来了。

生业活动的变化，从陶器上种子印痕分析也确认出来。小珠山下层、中层期没有发现过穀物种子印痕，东北亚农耕化第2阶段的偏堡文化阶段被认为已经出现粟。还有东北亚农耕化第3阶段的双砣子2、3期发现了稻米的印痕，可以确认这个阶段辽东半岛已经出现稻米。另一方面青铜器时代的上马石上层文化发现了红豆等的新种类谷物，推测是和辽西间展开交流的阶段时，传来了新的谷物。

以上，重新整理了上马石贝冢的发掘调查资料后，赋予韩半岛无纹陶器文化成立问题的新见解。再者也能解决韩半岛初期铁器时代的粘土带纹陶器文化的来源问题。甚者，透过建立起和历史时代的中原文化间并行关系的东北亚陶器系谱（编年）网，今后将可以据此客观探讨包含日本在内东北亚在东亚史上的定位。其中，由此得出的研究成果之一，就是从考古学上掌握了弥生开始期的确实年代。

（李作婷訳）

요   지
요동반도 상마석 패총의 연구

본서는 1941 년에 우메하라 스에지 (梅原末治) 를 조사대장으로 한 일본 학술 진흥회가 조직한 제 1 회 요동반도 선사유적 조사대에 의해 이루어진 상마석 (上馬石) 패총의 발굴조사 보고서와 조사 자료의 재분석에 의한 연구 보고서이다.

상마석 패총은 요령성 대련시 장해형 대장산도 (遼寧省 大連市 長海県 大長山島) 에 위치한다. 근접한 광록도 (広鹿島) 에는 소주산 (小珠山) 유적이나 오가촌 (呉家村) 유적 등의 신석기 시대 유적이 풍부하게 존재한다. 이들 유적의 태반이 바다에 근접하며 패총을 형성하고 있다. 상마석 패총은 1941 년 일본 학술 진흥회의 조사 후, 미보고의 상태로 1978 년과 1979 년에 요녕성 박물관 등에서 조사가 이루어졌다. 이들 중국 측의 발굴에 의해 소주산 하층과 소주산 상층 등의 신석기시대 문화층과 함께 청동기시대 유적으로도 유명해졌다. 이것은 상마석 상층문화로서 요동반도에는 쌍타자문화 (双砣子) 를 이은 단계로서 위치하게 되었다.

상마석 패총은 동쪽 구릉과 서쪽 구릉이 바다로 길게 뻗어있으며, 그 사이의 계곡은 얕은 만을 형성하고 있다. 1941 년 조사에서는 동쪽 구릉의 A 구, B I 구, B II 구, 서쪽 구릉의 C 구, 또한 동쪽 구릉과 서쪽 구릉에 접하는 지점에 D 구의 트렌치가 설정되었다. 그 외, 동쪽 구릉 동남단, 서쪽 구릉 동남단에 유물채집이 이루어졌다. 이들 기점별로 출토토기를 비교 검토하면, 오가촌기를 제외한 신석기 시대의 전시대와 함께 청동기 시대와 초기철기 시대인 이가촌 (尹家村) 2 기에 이르는 유적이라는 것이 명확하게 되었다. 이들 자료로부터 요동반도의 신석기 시대 전기부터 시대 청동기 시대 • 초기철기 시대의 토기 편년을 작성할 수 있었다. 특히 청동기 시대의 상마석 상층을 세분하는 것이 가능하게 되어 상마석 A 구 상층 → 상마석 A 구 상층 → 상마석 B II 구라는 변화 과정이 명확하게 되었다. 이 요동반도 선사시대의 체계적인 토기편년의 확립에 의해 중원에서 한반도, 또 구주에 이르는 동북아시아 전체의 토기편년망을 작성하는 것이 가능해졌다. 이것에 의해 학계에 논쟁이 되고 있는 야요이의 개시 연대를 동아시아의 토기편년에 위치 짓는 것이 가능하게 되었다. 결론적으로 북부 구주의 야요이 개시연대는 기원전 8 세기라는 것을 가리킨다.

토기의 제작 기술의 분석으로는 폭넓은 점토대, 점토대의 외경접합, 기면 조정 등의 한반도 무문토기와 야요이 토기의 제작 기술이 신석기 시대 후기의 편보 (偏堡) 문화에 기인한다는 것이 명확하게 밝혀졌다. 또한 편보문화의 토기는 덮개형 노천 소성 기법에 의해 제작되었고, 이 소성 기술도 무문토기와 야요이 토기에서 보여진다. 따라서 지금까지 알려지지 않았던 무문토기의 제작기술의 계보가 요동의 편보문화에 있을 가능성이 높아졌다고 할 수 있다. 편보문화기는 산동반도에서 요동반도 남부에 농경문화의 영향이 있는 단계이지만, 동시에 요서 서부 등의 외흥남령 (外興安嶺) 산맥 남단에 위치하는 편보문화가 남하하여, 요동에 존재하였던 오가촌기와 대체되어 편보문화의 분포가 요동에 확산되는 단계였다. 그리고 편보문화는 한반도 남부의 즐목문토기에도 영향을 주어, 이 지역의 즐목문 토기문화에 새로운 호 (壺) 가 추가된다. 이것은 기원전 2400 년경의 동북아시아 농경화 제 2 단계에 해당한다.

한편, 편보문화의 주변 지역에서는 편보문화의 영향을 받으면서 토기 양식의 변화가 있어 압록강 중·상류 지역에서는 돌대문 토기가 포함된 공귀리식 (심귀리 1 호 주거지) 가 성립한다. 이 공귀리식이 직접적으로 한반도 남부의 무문토기 문화 조기의 돌대문토기의 기원이된다. 이처럼 편보문화의 확산과 주변 지역으로의 영향에 의해 주변 지역의 토기 양식이 변화해가는 과정에서 한반도의 무문토기가 생겨나게 된다. 그러므로 무문토기에는 한반도 신석기 문화에서는 볼 수 없던 토기 제작 기술이 편보문화에서 공귀리식을 거쳐 전해졌다고 할 수 있을 것이다. 그러나 토기 양식의 전환에는 시간이 걸리고, 한반도 남부의 무문토기 문화가 시작되는 것은 기원전 1500 년경이다. 이 시기는 산동반도에서 요동반도를 거쳐 도작이 시작되는 등의 관개농경이 마제석기군을 동반하여 한반도 남부에 전파되는 단계이다. 이것이 동북아시아 농경화 제 3 단계에 해당한다. 따라서 한반도의 무문토기 문화의 성립은 동북 아시아 농경화 제 2 단계의 편보문화를 기반으로 생겨나 동북아시아 농경화 제 3 단계의 생업의 전환에 의해 성립한다는 문화구조의 이중성에 따른다. 그리고 이 무문토기 문화가 북부 큐슈에 접촉함으로 이해 야요이 시대라고 하는 수도농경사회가 일본열도에 시작되는 것이다. 이것은 동북아시아 농경화 제 4 단계이며 야요이 토기는 편보문화 이래의 토기제작 기술에서 기원하는 것이다.

이러한 동북아시아 농경화 제 2 단계, 동북아시아 농경화 제 3 단계의 변화는 석기에서도 나타나며, 상마석 패총 출토 석기의 분석에 있어서도 재확인 할 수 있었다. 특히 이들 각 단계에 있어서, 산동반도의 강한 영향이 요동반도에 나타나 마제석기의 변화를 낳는다. 그렇지만 청동기 시대의 상마석 A 구 하층에서는 그전까지의 석기조성과는 다른 변화가 있어, 석겸 등의 요서와의 관계를 나타내는 듯한 지역 간 관계의 변화를 나타낸다. 이 단계에서 상마석 유적에서도 청동기의 생산이 시작되었을 가능성이 있지만, 그것은 비교적 간단한 것이다. 상마석 B Ⅱ구기에서는 대형의 석추 등의 어로의 발달을 나타내는 모습이, 농경사회의 발전에서 보면 오히려 어로 활동이 활발해져 사회적으로는 후퇴현상으로 파악된다. 또는 생업의 지역분업화에 의한 어로 활동의 특화라는 사회적 복잡화가 나타나는 반대의 역사적 해석도 가능하다.

요녕식 동검이 출현하는 상마석 B Ⅱ구기에서는 상마석 유적에서는 요녕식 동검의 자가생산은 이루어지지 않았으며 대신 각검 (角劍) 이 출현하게 된다. 이가촌 2 기 이후, 상마석 유적에서도 요녕식 동검의 생산이 가능하게 될 가능성이 있으며, 그것들이 부장된 묘장 또한 1978 년에 발견되었다. 이처럼 사회생산 시스템은 이 지역에 있어서도 확실히 발전하고 있다고 할 수 있다.

이러한 생산의 변화는 토기의 압흔분석에서도 나타난다. 소주산 하층·중층기에는 곡물종자 압흔은 발견되지 않지만, 동북아시아 농경화 제 2 단계의 편보문화 단계에서 조가 존재하

韓国語要旨

는 것이 검증되었다. 또한 동북아시아 농경화 제 3 간계의 쌍타자 2 · 3 기에는 쌀의 종자 압흔이 발견되어 확실히 이 단계에서는 요동반도에서도 벼가 존재하는 것이 추인된다. 한편 청동기 시대의 상마석 상층문화에서는 팥 등의 새로운 곡물도 발견되어 요서와의 지역 관계가 시작되는 단계에 새로운 곡물이 도입된다는 것을 알 수 있다.

 이처럼 상마석 패총 발굴 조사 후의 재정리를 통해서 한반도 무문토기 문화의 성립 문제에 관하여 새로운 견해를 부여할 수 있게 되었다. 더욱이 한반도의 초기 철기 시대에 해당하는 점토대토기 문화의 출목문제의 해명에도 기여할 수 있게 되었다. 또한 역사 시대의 중원과의 병행관계를 나타내는 동북아시아 편년망의 작성에 의해 일본 열도를 포함한 동북아시아를 객관적으로 동아시아사 안에 위치 짓는 것이 가능하게 되었다. 그것으로부터 도출할 수 있는 연구 성과의 하나가 야요이 개시기의 실연대의 고고학적인 파악이다.

（高赫淳訳）

あとがき

　日本や韓国の先史社会を東北アジアあるいは東アジア先史社会全体の中で位置づけるためには，これらの地域を横断する相対編年網を構築しなければならない。C14年代測定があまり盛んでない当時，ヨーロッパではウラジミル・ミロイチッチやピゴットによって，こうした相対編年をヨーロッパ全体で押し広げる研究が行われていた。結果的にはこれらの説は否定されることになるが，私もこのような研究に刺激を受けたように，東アジア全体での先史社会の編年網の作成を試みようと，東アジア編年網の作成を35年前に始めたところである。

　このような研究を行うにあたっては，本書でも述べてきたように，とりわけ遼東半島土器編年の構築が重要であった。中国大陸と韓半島や日本列島を結節する要が，地勢的にも遼東半島にあったのである。しかし，日本にあってこのような研究が行いえたのは，京都大学や東京大学など戦前に中国で調査した考古学資料を目のあたりにできる環境があったからである。特に京都大学には，戦前の東亜考古学会や日本学術振興会が行った遼東半島の多くの発掘資料が収蔵されていた。当時，東亜考古学会の発掘資料は報告書が刊行されていたが，日本学術振興会の3遺跡の発掘資料は未公開のままであった。京都大学大学院修士課程の学生であった私は，当時の京都大学文学部陳列館の助手であった岡内三眞先生の逍遙で，貔子窩や赤峰紅山後などの既発表資料とともに，未発表資料の上馬石貝塚資料を調査できる機会を与えていただいた。また，日本学術振興会の発掘にあたられた名古屋大学名誉教授澄田正一先生は当時愛知学院大学で教鞭を執っておられ，私も教えを請うため何度か愛知学院大学を訪れ，文家屯遺跡資料を調査させていただいた。当時の京都大学文学部考古学講座教授の小野山節先生には資料整理とともにその掲載のご許可をいただき，こうした資料の一部を使って修士論文を書くことができた。そしてそこに東北アジア土器編年網の輪郭を構築することができた。爾来その内容を新出資料の登場とともに，少しずつ修正しながらいくつかの論文で発表してきたところである。

　京都大学文学部助手になってからは，澄田正一先生のご要望で，小野山節先生を中心として四平山積石塚の発掘報告書を作成する研究グループが組織され，整理調査が始まった。しかし，私を含めたグループメンバーが他大学に赴任したりして，整理調査が滞った状態が続いた。そうしたなか，この研究グループメンバーの一人であった京都大学人文科学研究所の岡村秀典教授は，愛知学院大学から京都大学人文科学研究所に移管した文家屯遺跡の報告書を2002年に刊行されている。一方，四平山積石塚は，本格的な編集作業を九州大学考古学研究室にて再開した後の2008年3月に，ようやく澄田正一・小野山節・宮本一夫編『遼東半島四平山積石塚の研究』として刊行することができた。そして最後の未発表遺跡として残ったのが，この上馬石貝塚であった。

あとがき

　上馬石貝塚について，古くからその報告書の刊行を望んでおられたのが，発掘調査に参加されていた澄田正一先生であった。四平山積石塚の報告書刊行後，次には上馬石貝塚の報告書を完成させることを決意していた私は，2008年当時の京都大学総合博物館の山中一郎教授に上馬石貝塚の遺物を九州大学考古学研究室にて借り受け，整理後発掘調査報告書を刊行する旨をお話し，山中先生ならびに京都大学大学院文学研究科考古学講座の上原真人教授のご許可を得て，上馬石貝塚の遺物の移管を2008年3月に行うことができた。その後，2010年度〜2013年度にかけて日本学術振興会基盤研究C「遼東半島土器編年からみた弥生開始期の実年代研究」（代表者宮本一夫）が採択され，上馬石貝塚遺物の整理調査を行った。この整理調査に参加したのは，九州大学大学院人文科学府修士課程・博士課程学生や九州大学大学院比較社会文化学府博士課程学生であった。この中で，当時博士課程学生であった三阪一徳，森貴教，李作婷が分担執筆し，共同研究者であった弘前大学の上條信彦准教授も分担執筆にあたった。また，整理調査の最終段階では，土器圧痕分析をすべての土器片にて行う必要から，熊本大学小畑弘己教授に土器圧痕分析の調査ならびに執筆をお願いした。さらに独立行政法人日本学術振興会平成26年度科学研究費助成事業（科学研究費補助金）（研究成果公開促進費）の交付を受けることができ，本書の刊行が可能となった。

　このように，こうした執筆者各位の努力がなければ，本書の完成はなかった。序文をいただいた小野山節先生とともに，執筆者各位に感謝申し上げる。そして，九州大学出版会の尾石理恵さんには編集にあたって大変お世話になった。また，編集の最終段階では，図面のトレースにあたった九州大学大学院人文科学府修士課程高赫淳君や，校正などにあたった九州大学人文科学府博士課程学生齊藤希さんと柿添康平君の献身的な努力があったことを記しておきたい。

　さらに，最終的な原稿の編集にあっては，2013年10月からの1年間のサバティカル期間にあたっていたことが幸いした。この期間を利用して，吉林大学や釜山大学に長期間滞在し，両大学にてそれぞれ中国東北部や韓国における研究の現状や実物資料にあたることができたのである。そして中国や韓国の研究者に講演という形で本研究の内容を報告し，討論を通じて原稿を改訂することができた。こうした過程で，より本書が充実したものとなった。

　最後に，上馬石貝塚の資料の貸し出しを許可された故山中一郎先生や上原真人先生には，衷心から感謝申し上げる。また，上馬石貝塚の発掘日誌や図面・写真などを提供いただいた京都大学人文科学研究所の岡村秀典先生にも感謝申し上げたい。さらには澄田正一先生のご子息である澄田峻さんには，ご自宅での先生の遺品探索を許可され，その中に残されていた上馬石貝塚の発掘写真や図面の提供を受けた。澄田峻さんにも深甚の謝意を申し上げるところである。

　そして，本書の完成が，私のこれまで35年間にわたって行ってきた研究の総括にあたるものと評価されたならば，望外の喜びとなるであろう。

　2014年6月20日

宮　本　一　夫
釜山大学校人文大学にて

編者紹介

宮 本 一 夫　九州大学大学院人文科学研究院教授
（第 1〜3・5・11 章・あとがき）

執筆者紹介（五十音順）

小野山　節　京都大学名誉教授
（序）

小 畑 弘 己　熊本大学文学部教授
（第 9 章）

上 條 信 彦　弘前大学人文学部准教授
（第 8 章）

長谷部言人　東京帝国大学理学部教授（執筆当時），故人
（附篇）

三 阪 一 徳　徳島大学埋蔵文化財調査室助教
（第 6 章）

森　　貴 教　大野城市教育委員会ふるさと文化財課嘱託職員
（第 4・7 章）

李　　作 婷　台湾国立自然科学博物館人類学組考古学研究助理
（第 10 章）

遼東半島上馬石貝塚の研究

2015 年 3 月 31 日　初版発行
2015 年 4 月 30 日　初版 2 刷発行

編　者　宮　本　一　夫
発行者　五十川　直　行
発行所　一般財団法人 九州大学出版会
〒 814-0001　福岡市早良区百道浜 3-8-34
九州大学産学官連携
イノベーションプラザ 305
電話　092-833-9150
URL　http://kup.or.jp/
印刷・製本　シモダ印刷株式会社

ⒸKazuo Miyamoto 2015　　　ISBN 978-4-7985-0149-9

Ancient People of the Central Plains in China

中橋孝博・樊温泉 編　　　　　　　　　　　　　　　　　B 5 判 278 頁 10,000 円

本書はこれまで長く不明だった中原の春秋戦国時代人について，多様な人類学的諸研究と主要遺跡に関する考古学的論考を集成したものである。巻末には春秋戦国時代人骨の頭蓋，歯，四肢骨の計測・観察データを個体別に掲載している。

弥生時代の青銅器生産体制

田尻義了 著　　　　　　　　　　　　　　　　　　　　　B 5 判 372 頁 7,600 円

弥生時代の青銅器生産に関して，従来顧みられることのなかった鋳型自体に注目し，鋳型に残る痕跡から鋳型製作に関する地域性や時期的変遷を調査し，同時に製品からも分析を進めて製作や流通の様相など各時期における生産体制を復元する。　　　　第 7 回九州考古学会賞受賞　第 4 回日本考古学協会賞大賞受賞

中国初期青銅器文化の研究

宮本一夫・白　雲翔 編　　　　　　　　　　　　　　　　B 5 判 294 頁 6,200 円

日中共同研究の成果によって，二里頭文化以前の中原や黄河下流域の初期青銅器のほとんどを，詳細な図面と写真で示す。青銅器の変遷を鋳造技術の変化によって考察し，さらに青銅器生産遺構や精製土器の分析などを通じて，夏王朝から商王朝への移行期を総合的に復元する。

胎土分析からみた九州弥生土器文化の研究

鐘ヶ江賢二 著　　　　　　　　　　　　　　　　　　　　B 5 判 254 頁 6,800 円

蛍光 X 線分析装置や偏光顕微鏡，分光測色計などの自然科学の分析手法や研究成果を積極的に取り入れ，弥生時代の土器生産と消費のシステムや遠隔地間の交流，環境資源の活用や適応など，従来とは異なる視点から九州の弥生土器文化の特質を論じる。

九州弥生文化の特質

中園　聡 著　　　　　　　　　　　　　　　　　　　　　B 5 判 660 頁 14,000 円

九州全域・沖縄を主な対象として，東アジア的脈絡から弥生時代中期社会を解き明かす。認知考古学などの理論や新しい方法論を縦横に駆使して，土器・集落・墳墓を分析。斬新なモデルと解釈を提示する。独自の視点から弥生社会の実像に迫る意欲作。

北部九州における弥生時代墓制の研究

高木暢亮 著　　　　　　　　　　　　　　　　　　　　　B 5 判 276 頁 7,400 円

弥生時代の北部九州地域の墓制を素材とした，縄文から弥生への文化・社会構造の変化と階層的な社会が成立するプロセスの研究。甕棺葬の成立過程，支石墓の変遷と地域的な特色などの考古学的な分析を通して，弥生社会の構造を照射する。

認知考古学の理論と実践的研究——縄文から弥生への社会・文化変化のプロセス——

松本直子 著　　　　　　　　　　　　　　　　　　　　　B 5 判 264 頁 7,000 円

本書は，伝播論や型式学などの考古学における普遍的かつ基本的問題に関わる理論的枠組みを認知的視点から再構築することをめざす著者が，認知考古学とは何かを日本考古学の資料を用いて世に問う本格的理論と実践の著である。　　　　　　　　　　　　　　　第 9 回雄山閣考古学賞特別賞受賞

（表示価格は本体価格）　　　　　　　　　　　　　　　　　　　　　**九州大学出版会**